목사님, 우리 같이 술 한 잔 하실래요?

심종석 지음

열린길

초　판 | 2015년 1월 5일
지은이 | 심종석
펴낸이 | 홍덕률
펴낸곳 | 열린길
경북 경산시 진량읍 대구대로 201
전화 053) 850-5661~3 | 팩스 053) 850-5669
등　록 | 2007년 4월 19일 제2007-3호
찍은곳 | 태양문화사
ISBN 978-89-964981-7-9-04300
정　가 | 15,000원

목사님, 우리 같이 술 한 잔 하실래요?

프롤로그

목사님, 우리 같이 술 한 잔 하실래요?

우리가 익히 잘 알고 있듯이 개신교(改新敎) 목사님들은 술(酒)을 일절 입에 대지 않습니다. 물론 개신교 신도들도 외견상(外見上) 처지는 매한가지입니다. 이처럼 술을 멀리하고 있는 이유는 '크리스천으로서 자신의 몸을 성결(聖潔)케 하여 경건한 신앙인으로서의 모범적인 삶을 통해 세상 앞에 하나님의 영광을 드러내기 위함'이라고 합니다.

그렇다면 『목사님, 우리 같이 술 한 잔 하실래요?』라는 이 책명은 당사자로서 개신교 목사님들은 물론, 신실한 기독신앙을 간직하고 있는 크리스천들의 명예를 훼손하고 종교적 정체성을 폄하(貶下)하기에 남음이 있는 그야말로 모욕적인 책명이 아닐 수 없을 것입니다.

더군다나 언감생심 필자가 말 그대로 술을 일절 입에 대지 않고 있는 목사님과 술 한 잔 하고 싶어서, 그들의 무정(無情)한 행태를 비아냥거리고 싶어서, 그도 저도 아니면 술을 금하고 있는 개신교의 야박한 처사를 지탄하고 싶어서 이 같은 책명을 지었다면, 이는 모욕적인 것이기에 앞서 정말이지 어디에 비할 데 없는 저급하고도 비열한 작태로 보아 마땅할 것입니다.

그렇지만 가슴에 손을 얹고 고백하기에, 필자 또한 내로라할 수는 없지만, 그나마 선데이 크리스천, 보다 정확히는 자칭(自稱) 구원의 확신을 가슴에 새기고 있는 크리스천임에 분명하다고 보아, 애초 책명을 이와 같이 작명하기까지는 많은 고민과 망설임이 있었습니다.

그럼에도 불구하고 왜 이처럼 해괴하고도 생경하기 그지없는 책명을 지었을까요? 그래서 이 시대에 어떠한 유익을 꿈꾸고, 나아가 여기에 얼마만큼의 따뜻한 덤을 얹으려고 의도했을까요? 정녕 책명으로부터 나타내 보이고 되새겨 보고자 했던 나름의 속 깊은 의미는 털 끝 만큼이라도 담겨 있기는 한 것일까요? 그럼에도 불구하고 재차 고백하기에, 애초 이처럼 책명을 작명하기까지에는 무척 많은 고민과 망설임이 있었습니다.

무책임한 이야기일는지는 모르겠으나, 필자 나름 여기서 책명을 이런 이유에서 또는 저런 이유에서 작명하였다고 시시콜콜히 내비치고 싶지는 않습니다. 그보다는 시나브로 차차 이 책의 처처에서 차근차근, 이 모양 저 모양으로 밝히는 것이 보다 바람직 할 것 같습니다. 왜냐하면 가슴에 담겨져 있는 회한(悔恨)이 너무도 쓰리고 아프기 때문입니다.

그렇지만 답답한 마음에 최근 우리나라의 저명한 신학교수가 적시(摘示)하고 있는 사실 하나를 인용해 보임으로써 비록 은유적(隱喩的)이나마 이 책명의 작명사유로 속내를 내비쳐두고자 합니다. 다만 여기서 한 가지 분명히 해 두어야 할 것은, 필자는 소위 교회지도자, 목사, 한걸음 더 나아가 우리 크리스천 모두를 싸잡아 나무라고 경책(警責)할 수 있는 적절하고도 마땅한 위치에 있지 않다는 사실입니다.

그러나 이후로는 말씀의 법과 필자의 신앙에 의지하여, 그도 명목상 허울에 그칠 수밖에 없다손 치더라도, 그 위치를 서서히 더듬어 나가 보고자 합니다. 그 과정에서의 옳고 그름의 판단은 오로지 필자 또한 크리스천 된 우리의 몫이 될 것입니다.

"한국교회가 겉으로는 엄청난 수를 자랑할 정도로 팽창했습니다. 그러나 이런 외적 크기만으로 하나님의 축복을 받았다고 자만하는 순간 내적으로 썩어갑니다. 내부적으로 교원싸움에 썩고, 외부적으로 금권과 정치권력에 타협해서 썩어 갑니다."

"그리스도인으로서 양심이라곤 조금도 없는 교회지도자들이 얼마나 많은지 모릅니다. 총회장이 되려고 밥 사주고, 돈 봉투 주고 난리 피는 사람들이 있습니다."

"교회가 마치 자기의 세상적인 기업인 양 헌금을 강요하여 큰 교회당을 짓고, 지방색과 정실(情實)로 파당지어 두목 노릇하는 사람들이 있습니다."

"통탄스럽게도 진정한 선교와 가난하고 억눌린 자를 돕지 않고, 선교라는 이름을 내세워 돈 거두어 해마다 이 나라 저 나라로 사치스럽게 떠돌아다니는 사기꾼목사, 선교지도자, 선교사들이 적지 않다는 이야기를 듣습니다."

"또 교회를 자꾸만 가르는 정치꾼 목사들, 돈 뜯기가 전공인 모리배부흥사들은 또 얼마나 많습니까? 이런 자들의 가르침을 받는 평신도들의 신앙과 삶이 건전하겠습니까?"

"강요된 헌금으로 교회는 날로 부유해지나, 가난하고 억눌린 자들은 날로 외면되는 현실로 인해 멍들어 있는 사회가 한국입니다."

(김세윤, 『구원이란 무엇인가』 111판, 두란노아카데미, 2013. 09, 94-95면)

각설하고 여기서 잠깐 흐르는 생각을 멈추고 자문(自問) 아닌 자문 몇 가지를 던져 보겠습니다. 윗글에 해당하는 목회자의 죄가 더 클까요? 아니면 설령 말뿐이라고 하더라도 필자와 우리 같이 술 한 잔 기울이고 있는 목회자의 죄가 더 클까요? 마음속에 괴수(魁首)의 마음을 적나라하게 품고 있는 교회지도자들이 더 나쁜 사람들일까요? 아니면 설령 말뿐이라고 하더라도 죄인 중에 자신이 괴수라는 사실을 통탄하고 괴로워하면서 끝내 술 한 잔에 취해버린 교회지도자들이 더 나쁜 사람들일까요? 비유가 적절할지 모르겠습니다만, 혹시 마르틴 루터(Martin Luther, 1483-1546)나 장 칼뱅(Jean Calvin, 1509-1564)이 끔찍한 애주가(愛酒家)였다는 사실은 알고는 계시나요?

되짚어 두기에, 필자가 이 책명에서 이야기하고 있는 '술'은 '술'(酒)이 아니라 '술'(述)입니다. 여기서 술(酒)은 앞선 신학자의 말대로 '신앙적으로 멍들어 가고 있는 작금의 참담한 한국교회의 현실'을 의미하며, 달리 술(述)은 '알게 모르게 잊혀져가고 있는 오늘날 부끄러운 크리스천의 자화상으로서 회개(悔改)와 참회(慙悔)'를 뜻합니다.

나아가 '우리 같이'에서 '우리'는 크리스천 된 우리는 물론, 이 세상을 아우르고 있습니다. 또한 '같이'는 '함께(Together)'라는 뜻과, '같이'(Similarly)라는 두 가지의 뜻 모두를 포함하고 있습니다.

그렇다면 이 책명에 담긴 뜻을 올바로 풀어 쓰면 "목사님, 신앙적으로 멍들어 가고 있는 작금의 참담한 한국교회의 현실을 바로 지켜보아, 알게 모르게 잊혀져가고 있는 오늘날 부끄러운 크리스천의 자화상으로서 회개와 참회를 통해, 우리 모두 함께 그리고 같은 마음으로 이야기 해보실래요?"라고 표현할 수 있을 것입니다.

결국 필자는 이 책명에 빗대어, 소위 교회지도자들이나 목회자를 개신교의 '목사님'으로 한데 묶어 그들을 우리와 함께 이 지면에 담아, 곧 외관상 한잔 술(酒)에 작금의 참담한 한국교회의 명을 담아, 이후로의 회개와 참회를 촉구하기 위한 끝장 술(述)판을 벌리고자 합니다.

그럼에도 불구하고 애당초 『목사님, 우리 같이 술(述) 한 잔 하실래요?』라는 책명을 작명하기까지에는 무척 많은 고민과 망설임이 있었습니다. 다시금 고백하기에 필자 또한 우리 모두의 가슴에 사무쳐 멍들어 있는 회한이 너무도 쓰리고 아팠기 때문입니다.

"우리 주의 은혜가 그리스도 예수 안에 있는 믿음과 사랑과 함께 넘치도록 풍성하였도다"

"미쁘다 모든 사람이 받을 만한 이 말이여 그리스도 예수께서 죄인을 구원하시려고 세상에 임하셨다 하였도다 '죄인 중에 내가 괴수'니라"(딤전 01:14-15)

오늘의 기독교가 있게 한 위대한 사도바울(St. Paul)은 죄인 중에 자신이 괴수(魁首)라고 고백하고 있음을 봅니다. 이 고백에서처럼 설령 바울이 괴수라면, 세간에 끊임없이 회자(膾炙)되고 예외없이 지탄받고 있는 자칭(自稱) 교회지도자들은 무엇에 비유할 수 있을까요?

외람되나마 필자 또한 이러한 지탄에서 결단코 자유로울 수 없을 것입니다. 모름지기 필자는 어디로 보나 자격없는 크리스천입니다. 보다 정확히는 철저하게 가식에 가려진 비열한 이중인격자로서의 크리스천입니다. 알량하나마 세상 앞에서의 인격과 하나님 앞에서의 인격을 따로따로 구분해 두고, 그때그때의 형편과 처지에 따라 얼굴 바꿔 이쪽저쪽을 오가며 빌붙고 있는, 그야말로 교활하기 짝이 없는 크리스천임을 고백합니다. 사도바울과 같은 필자의 고백이 있다면, 필자는 '괴수(魁首)의 수괴(首魁)'로서, 이를테면 '바울의 두목(頭目)'이 되기에 마땅하고도 충분한 자격 있는 사람일 것입니다.

차차 드러내 보이겠지만, 이 같은 적시(摘示)와 자각(自覺)이 이 책을 세상 앞에 나설 수 있도록 등 떠밀게 한 이유가 되었습니다. 무릇 그 이유의 밑바닥에는 필자를 포함하여 모든 크리스천들이 세상 앞에 스스로의 가슴을 찢고 폐부를 도려내는 속죄제(贖罪祭, Sin Offering)의 희생적 부르짖음이 터 잡고 있습니다(레 04). 처절한 회개와 참회 없이는 결단코 기독신앙은 세상 앞에 바로 설 수 없을 것이라는 생각이 단초(端初)가 되었음은 물론입니다.

필자의 짧은 생각일는지는 모르겠지만, 십자가는 지고 가는 것이 아닙니다. 이 세상 끝 날까지 십자가를 그저 그렇게 지고 간다고만 해서 그것이 우리에게 어떠한 유익을 가져다줄 수 있겠습니까? 예수님께서 십자가를 그저 지고 가시기만 했다면, 우리 죄를 대속하신 구세주로서 우리의 참 소망이 되셨겠습니까?

바로보아, 십자가의 본질은 거기에 달려 죽게 하기 위해 나무로 만든 사형도구 이상도 이하도 아닐 것입니다. 우리의 죄를 대속하시기 위해 이 땅위에 오셔서 십자가에 못 박혀 돌아가신 후, 사망권세를 이기시고 3일 만에 부활하신 예수님의 공로는 십자가에서 돌아가신 것에서 비롯된 것이지, 결코 지고 가신 것에서 비롯된 것이 아닙니다.

만약 예수님께서 가시면류관을 쓰신 것만으로, 옆구리에 창을 찔리신 것만으로, 빌라도(Pilate, *Pontios Pilatos*)에게 고난을 받으신 것만으로, 십자가를 지시고 골고다(Golgotha, Calvary) 언덕을 지쳐 가신 것만으로, 그리고 십자가에 못 박히신 것만으로 구원의 역사를 이루셨다면, 세상천지에 구세주는 부기지할 것입니다. 추상같은 사실로서, 십자가의 참된 의미는 거기에 달려 죽어야 하고, 이에 부활의 역사가 덧붙여져야 하는 것에서 바로 구할 수 있습니다.

모름지기 이 세상을 지치는 동안 크리스천으로서 필자 또한 우리 삶의 목적은 천국에 있을 것임이 자명할 것입니다. 말로 형언할 수 없는 구원의 은사에 감격하여 사는 당당한 크리스천이라면, 그 나라를 소망하며 살아야 하는 것은 당연한 본분이자 축복이겠지요. 그렇다면 우리도 예수님을 닮아 크리스천으로서 올곧게 바로 죽을 수 있어야 하지 않을까요? 그 바로 죽을 수 있음에 우리의 삶의 목적이 있어야 하지 않을까요?

적어도 크리스천의 명패를 두른 사람이라면, 뉘나 다름없이 예수님을 닮아 이 세상을 위해 가장 비참하게 죽어야 할 것입니다. 가장 비천한 곳에서 태어나 해골의 곳(Place of the Skull) 골고다의 구릉을 지쳐, 끝내 가장 비참하게 십자가에 매달려 이생을 마감하신 예수님을 닮고자 한다면, 우리 또한 예수님과 마찬가지로 이 세상을 위하여 또한 그 나라를 위하여 가장 비참하게 죽어야 할 것입니다.

가난한 자를 살릴 수 있다면 가장 먼저 죽어야 할 자가 크리스천이 되어야 하고, 소외된 이웃을 위하여 목숨을 담보해야 한다면 가장 먼저 나서야 할 자가 크리스천이 되어야 하며, 가진 것을 부단히 나눠 나보다 못한 자를 위하여 나눔의 사랑을 실천하여야 하는 주체도 크리스천이어야 하며, 이로 인하여 세상의 조롱거리가 되어야 한다면, 누구보다도 앞장서서 이를 감당하여야 하는 것이 크리스천의 몫이 되어야 하기 때문입니다.

예수님을 닮아 당당한 크리스천으로서 세상 누구 못지않게 가장 비참하고도 멋있게 죽으려고 안타깝게 애쓰는 삶, 바로 이 사랑의 메시지를 필자 또한 이 책을 읽는 우리 모두 가슴 처처에 바로 새겨 깊이 간직할 수 있었으면 합니다. 이것이 이 책과 책명에 숨겨진 은유적(隱喩的) 목적이라 할 수 있을 것 같습니다.

그간 우리에게 잊혀 있던 자랑스러운 크리스천으로서의 사명을 바로 찾아, 여기에 통한의 참회를 덧붙여, 변함없는 하나님의 사랑에 기쁨이 솟을 수 있게 우리 모두 함께 여지없이 십자가에 죽을 수 있었으면 하고 기대합니다.

『목사님, 우리 같이 술 한 잔 하실래요?』

비록 잘 차려진 술상(述床)은 아닐지라도 이 지면상의 조촐한 술(述) 대작(對酌)자리에 지금부터 아무나의 목사님을 초대해 보겠습니다. 왜냐하면 이렇게 하지 않고서는 교회지도자들을 향한 세간의 조롱과 손가락질은 물론이고, 크리스천을 향한 조소(嘲笑)와 경멸의 눈초리를 떨쳐버릴 수가 없을 것 같다는 생각에서입니다. 화제는 단연코 크리스천의 얼개로서 '예수님의 흔적', 곧 '사랑'입니다. 그것이 이 책명에서 이야기하고자 하는 다름 아닌 '술'(述)입니다.

이로부터 그간 거짓과 위선 그리고 교만의 실체로서 우리 크리스천의 뼛속깊이 스며있었던 옛 뱀 사탄의 간섭에서 벗어나, 우리 사람창조의 이유였던바 그대로 하나님 사랑에 속한 신실한 크리스천으로서 거듭날 수 있는 단초를 마련할 수 있었으면 합니다.

이 책은 필자 또한 우리 크리스천 모두의 회개를 촉구하고, 나아가 하나님 앞에서나 세상 앞에서 그간 부끄럽기 짝이 없었던 자화상을 십자가에 못 박아 그 속죄의 피로부터 거듭날 수 있는 계기를 마련하고자 써내려간, 이를테면 일련의 참회록(懺悔錄)이라 할 수 있습니다.

그렇지만 필자는 이 책에 그렇게 큰 기대는 하지 않고 있습니다. 왜냐하면 이 모두는 말씀의 법대로 정죄되어질 것이며, 또한 하나님께서 정하시고 계획하신 대로 추상같이 이루어질 것이기 때문입니다.

바로 되짚어 두기에, 이 책은 다만 과거를 써내려간 책입니다. 보다 정확히는 과거 이후로 지금까지 하나님 앞에서나 세상 앞에서 우리 크리스천이 저지른 패악무도(悖惡無道)한 죄를 낱낱이 들춰 보임으로써 이에 대한 회개를 촉구하고 하나님께 용서를 구하는 책입니다.

그 결과로서 부디 이 책이 가까운 장래에 크리스천 된 우리 모두의 속죄제의 향연(香煙)으로 쓸모를 다하여 호리라도 남김없이 세상 앞에서 갈기갈기 불태워질 수 있기를 소원합니다. 이 책이 필자 또한 우리 모두의 이 같은 소원을 이룰 수 있는 흠 없는 희생제물이 되었으면 하고 기대합니다.

바로 알고 가야할 이야기

이 책 본문에 덧붙여진 모든 사례들은 필자 임의로 지어낸 가공의 것이 아니라, 필자가 기독중재위원회의 발기(發起) 이후로 듣고 보아왔던 실제의 것들을 기술(記述)상 뿌리가 다치지 않도록 조심조심 첨삭을 가하여 엮은 것들입니다. 곧 이 책에 담긴 사례들은 모두가 하나같이 눈살을 찌푸리게 하고, 때로는 긴 한 숨을 쉴 수밖에 없는 이야기들 입니다.

그렇지만 이것은 지우려야 지울 수 없는 세상 앞에 비춰진 우리 크리스천의 자화상이라고 볼 수 있습니다. 가슴을 찢는 통한의 뉘우침을 담아 피하지 않고 정면으로 마주 대하여야 할 것입니다. 모름지기 농(膿)은 삭아 없어지는 것이 아닙니다. 드러내어 도려내고 필요하다면 남김없이 빨아내야 합니다.

본래 죄(罪)는 사함받기 이전에 먼저 행해져 존재한 것입니다. 따라서 지은 죄가 죄 됨을 진정으로 인식하게 되는 것은 시간적으로 깨닫게 되거나 또는 용서받은 후에 나타나는 것이 순리라 할 수 있습니다. 어찌 보면 이 말은 극히 모순된 것 같으나, 죄에 대한 회개와 참회의 경험이 있는 사람이라면, 누구나가 공감할 수 있는 사실일 것입니다. 곧 사람이 알게 모르게 죄를 짓고, 하나님의 심판을 두려워하다가, 끝내 심판을 받게 되고, 그러고 나서야 자신의 죄를 자복하게 되는 것이 모순 아닌 순리적 사실임에 분명할 것이라는 이야깁니다.

그러기에 이 책에서 이 같은 부끄러운 사례를 굳이 들추어 보이는 이유는 이미 저질러진 죄라고 하더라도 모름지기 죄는 죄 됨을 알아야 용서를 구하고 회개할 수 있다는 시각에서입니다. 그렇지만 이 사례를 접함에 있어 한 가지 분명히 해두어야 할 것은 회개와 참회를 무엇보다도 앞세워 두어야 한다는 사실입니다. 곧 회개하고 죄[사례]를 대하고 또 다시 참회하고 죄에 대한 용서를 구하여야 한다는 것입니다. 필자는 이 같은 마음이 예수님께서 지금도 우리에게 보여주고 계신바 그대로 이 시대 우리가 간직하여야 할 흔적(痕迹)이라 생각합니다.

한편 이 책에서 사례에 덧붙여두고 있는 신구약성경의 해제는 필자의 견해이자 해석입니다. 이 같은 견해와 해석은 필자 자신이 그간 한평생을 오로지 간직하고만 있었던 '성경면서'를 정면으로 접하는 중에, 여기다가 지금까지 필자에게 대물림 되고 있는 금쪽같은 신앙의 유산을 덧붙여 기술한, 이를테면 '성경독후감'이라고 이야기할 수 있습니다.

본문에 덧붙인 성경해제는 필자가 성경의 한 구절 한 구절 그리고 하나하나를 때로는 쪼개고, 때로는 이어가며, 서로서로 이를 쉽고도 재미있게 이해하고 바로 볼 수 있게끔 미력하나마 조력하기 위한 것에 본연의 취지를 두고 있습니다.

그 과정에서 필자는 어떠한 경우에도 어떠한 기록도 피해가지 않고 정면으로 마주 대하면서, 그 가운데 필자가 보고 느낀 하나님의 사랑 자체를 가감없이 있는 그대로 옮겨 두었습니다. 여기서 "피해가지 않았다"

라고 함은, 성경의 기록을 되짚어 봄에 있어 필자의 과도한 주장이나 한 곳으로 치우친 편협한 주관을 가급적 배제하였음을 의미합니다. 이 경우 필자가 옮긴 이 책의 내용이 옳은지 그른지는 둘째문제입니다. 그렇다고 덮어 놓고 이야기 한 것이 아님은 두말 할 나위 없을 것입니다.

무엇보다도 이 책에서 다루고 있는 성경의 기록은 오로지 하나님 사랑에 의지하여, 그간에 필자가 성경을 마주대함에 있어 모르고 있었던 것, 지나쳐 버리기 십상이었던 것, 알고도 바로보지 못하고 있었던 것, 전혀 뜻밖에 있었던 것, 부분적으로 이해하고 있었던 것, 왜곡하고 있었던 것 등을 필자 자신이 스스로에게 바로 잡아 이야기 하는 것처럼 써 내려간 결과라 할 수 있습니다.

특별히 본문을 접하기 전에 말머리에 제시된 성경기록은 반드시 살펴보아야 할 것입니다. 모름지기 지난 날 부끄럽기 그지없었던 크리스천으로서의 자화상에 덧대어 붙인 이 같은 필자의 견해와 해석이 부디 필자 또한 우리 모두의 속죄제물이 될 수 있기를 기대합니다.

이 책에서 인용하고 있는 성경은 국문의 경우 '개역개정판'을 사용하였고, 영문의 경우에는 NIV(The New International Version)을 그리고 찬송가의 경우 새찬송가를 인용하였습니다.

모쪼록 이후로는 세상 앞에 휘영청 등불을 비출 수 있는 보다 알차고 풍부하며 나아가 자랑스럽기 그지없는 양서(良書)가 우리와 세상 앞에 떳떳이 내놓아질 수 있기를 기대합니다. 한편으로 양서발간의 촉구는 이 책의 부차적인 발간목적일 수 있고, 또한 그 같은 양서발간의 사명은 앞선 신앙과 깊이 있는 학문적 식견을 겸비한 교회지도자들의 몫이 되었으면 하고 기대합니다.

예수님의 흔적, 그 사랑을 아낌없이

무엇보다도 이 책이 참회의 먹물을 뒤집어쓰고 세상 앞에 나올 수 있기까지에는 참으로 많은 분들의 격려와 동참이 있었습니다. 서로서로 제단 불을 밝혀가며 자성(自省)하고 회개의 눈물을 뿌리는 중에, 이 시대의 아픔을 함께 나누어 주신 고마운 분들을 기억하고, 아래 지면에 옮겨 둡니다. 재삼 머리 숙여 감사를 드립니다. 더불어 이 책을 읽는 독자 또한 이 대열에 함께 동참해 주실 수 있다면 우리 모두 서로서로의 무한한 영광이 될 것입니다.

이 책의 발간을 기꺼이 허락해 주신 DU 문화원과 편집부 관계자 여러분께 감사의 말씀을 전합니다. 무엇에 앞서 항상 기도로 권면해 주시고 격려해 주고 계시는 동두천 두레기도원 김진홍 목사님과 대구 샘물교회 소재운 목사님은 언제고 잊지 못할 분들입니다. 또한 필자의 성경해석과 견해가 뒤엉키지 않도록 길잡이가 되어주신 익명의 몇몇 신학대학 교수님들께 감사를 드립니다.

특별히 필자의 은사로서 한국외국어대학교 이균성 명예교수(장로)님, 성균관대학교 오원석 교수(장로)님, 계명대학교의 조현정 교수(장로)님,

그리고 고통 중에 불치의 병마와 싸우고 계신 한국외국어대학교의 김동훈 교수(안수집사)님께 머리 숙여 심심한 감사를 드립니다. 특별히 김동훈 교수님께는 여호와 라파의 은혜를 소원에 둡니다. 모름지기 이 분들은 신앙적으로나 학문적으로 항상 필자에게 편안한 안식처를 드리워주고 계신 존경하는 분들입니다.

거친 문장과 말투를 바로잡아준 대구대학교의 정소희 교수님, 더불어 원고의 교정에 힘을 보태준 사랑하는 제자들로서 대구대학교의 김태운 · 심갑영 박사와 박사과정의 김두수 · 손효석 · 김창섭 군 및 건국대학교의 윤상윤 교수, 그리고 먼 타국에서 하나님의 영광을 나타내기 위하여 파송선교사의 직분을 감당하고 있는 오효효 · 오월용 양(중국), Christina Yappi 양(인도네시아), 정희원(캐나다) 군 및 박인원(네팔) 사장님의 노고를 기억하고 이 지면을 통해 아낌없는 격려와 찬사를 보냅니다.

하나님의 영광을 이 땅위에 나타내고자 불철주야 애쓰고 있는 사랑하는 아들 민섭(珉燮), 케렌(Trumpet)으로 하나님을 기쁘시게 하고자 그 성호를 찬양하고 있는 사랑하는 딸 민주(珉珠), 무엇과도 바꿀 수 없는 귀한 신앙을 후사에게 바로 전하고자 날마다 새벽제단에 불을 밝히고 계신 사랑하는 부모님, 이에 부끄럽지 않은 신앙을 계수하고자 안타깝게 애쓰고 있는 사랑하는 아내에게 그간 보여줄 수 있는 사랑이 너무도 하찮았음에 진정 머리 숙여 용서를 구합니다. 이 책을 속죄제로 삼아 겸손히 그 발아래 둡니다.

2014년 11월 비호(飛虎)동산 연구재에서

필자 심종석 씀

차 례

갈릴리의 피와 실로암 망대

(이 글은 2014년 4월 16일 수난기간 중에 발생한 세월호 참사 즈음에 기록한 것입니다. 우리에게 회개와 참회의 계기를 선사하고 떠난 250명의 생때같은 우리자식들에게 이 글을 바칩니다.)

엊그제 2014년 4월 16일은 세월호 사건이 있던 날이었습니다. 이 날은 눈물이 바다가 된 날이자, 생때같은 우리자식들을 가슴에 묻은 날이기도 합니다. 그것도 차갑고 어두운 바다 한가운데 말입니다. 차라리 우리가 그곳에 잠겼더라면, 차라리 우리가 거기에 갇혔더라면, 한결 원통함이 덜했을 텐데 아는지 모르는지 앞서 간 우리자식들은 저 깊은 심연(深淵)에 숨죽인 채, 그렇게 아무 말이 없는 형편입니다.

얼마나 답답했을까요? 얼마나 무서웠을까요? 시나브로 차오르는 죽음의 그림자 앞에서 우리자식들은 어떤 생각을 품고 있었을까요? 무엇을 가슴속에 간직하고 누구를 떠올렸을까요? 지금도 생각하면 할수록 그저 하염없는 눈물만이 흐를 따름입니다.

말없는 우리자식들은 다시 되찾아올 수 없다손 치더라도 덩그러니 이 땅위에 외롭게 남겨진 우리부모들은 이제 남은 생을 어찌 살아가야 할까요? 그보다는 왜 하나님께서는 이처럼 뜻 모를 재앙을 우리에게 더하셨을까요? 모두가 한결같이 원망스러울 따름입니다. 그 원망스러움에 부모 된 우리의 눈물은 개울이 강이 되어 이제는 점점 바다로 차오릅니다.

그렇지만 그렇다고 어찌 하겠습니까? 남겨진 우리의 삶 또한 아닌 게 아니라 그도 어찌할 수 없는 운명이라면, 우리네 남은 인생이 다할 때까지 사랑하는 자식들을 쪼그라든 가슴에 고스란히 묻고 살아갈 수밖에 없을 것 같습니다.

하나님께서는 무엇 때문에 이처럼 견딜 수 없는 고난을 용납하셨을까요? 이로부터 대체 무엇을 우리에게 보이시고자, 대체 무엇을 우리에게 요구하시고자 계획하셨던 것일까요? 영혼을 팔아서라도 자식들과 우리의 처지를 뒤바꿔 놓을 수 있었으면 좋으련만, 오늘의 하나님은 여느 때와는 달리 너무도 가혹하신 하나님이신 것 같습니다.

오늘은 사고 발생 2일째 되는 아침입니다. 새벽부터 스산한 비가 부슬부슬 내리고 있는 음산한 날입니다. 하늘도 땅도 바다도 남겨진 우리 모두가 매한가지로 세월호의 슬픔 속에 잠겨있는 비통한 날입니다. 이 때문인지는 몰라도 오늘따라 유난히도 하루 내내 을씨년스럽기만 합니다. 그런들 어찌 세월호의 참담함에 비길 수 있겠습니까마는, 여하튼 오늘 우리 마음의 풍경은 무척 쓸쓸하고 참담할 따름입니다.

그럼에도 불구하고 오늘 아침 2014년 4월 18일자 조간신문에서는 세월호 사건에 빗대어 참으로 훈훈하고도 따뜻한 온기를 느낄 수 있었습니다. 저마다 처한 환경과 형편은 제각각이었어도 그들이 보여준 따뜻한 온기로서 사람사랑의 참모습은 실로 뭉클하기 한량없었습니다. 크리스천 된 우리가 보기에도 예수님의 흔적이 아닐 수 없었습니다.

스포츠스타와 유명 탤런트 등은 세월호 유가족을 위해 망설임없이 거액의 성금을 쾌척했다고도 하고, 국내 프로야구경기에서는 격한 응원을 일절 중단했다고 하며, 오락성 짙은 TV 프로그램은 유예(猶豫)되고, 온 거리 방방곡곡에 우리자식들을 추모하는 노란리본의 물결이 넘쳐나고 있습니다. 그 뿐만이 아닙니다. 지구촌 각지에서 세월호의 아픔을 함께 하고 슬픔을 나누고자, 이 모양 저 모양으로 위로와 격려의 손길을 전하고 있습니다. 이 같은 사랑의 흔적들은 그 어디에 모아둘 곳 없이 쌓여 넘쳐나고 있는 실정입니다.

지금 이 시간 세월호에서 비롯된 비통함과 참담함은 대한민국의 모든 것을 멈추게 한 계기가 되었습니다. 모든 것을 미루게 했고, 모든 것을 숙연하게 했으며, 모든 것을 다시금 뒤돌아보게 했습니다. 싸움도 분쟁도 다툼도 대충대충 그저 그렇게 흘려 지내왔던 우리네 지난날의 회한마저도 다시금 되짚어 보게 했습니다. 모두가 생때같은 우리자식들이 이생에서 우리에게 남긴 마지막 선물이라고 보아 또 다시 흐르는 눈물을 주체할 수가 없었습니다.

그런데... 그런데 말입니다.

같은 날. 오늘 아침. 놀랍게도 이 같은 회한과 눈물에도 아랑곳 하지 않고, 그 무엇에 눈 하나 깜작하지 않는, 세월호로 인하여 모든 것이 멈춰지고 미루어졌음에도 불구하고 구애됨이 없는, 한 떼의 자유로운 영혼들이 있었습니다. 필자가 보기에 그들은 스올[음부(陰府), Abode of the Dead, Hades, *Sheol*, ואשל]의 강가를 헤매고 있는 옛 뱀 사탄에 사로잡힌 자들로 보였습니다.

그것은 오늘 아침 조간신문의 하단 전체를 장식한 기사 때문이었습니다. 내용은 이렇습니다. 이 교회를 저 교회에게 팔아 넘겼는데, 왜 약속했던 매각대금을 지급하지 않느냐는 것이 주요 골자였습니다. 사실관계랍시고 그간의 경과와 다툼의 핵심이 된 사안과 증거를 조목조목 제시하면서 정해진 기일까지 매각대금을 지급하지 않으면, 저 교회 및 저 교회대표자에게 민 · 형사상의 모든 책임을 여하히 따져 묻겠다는 것이었습니다. 당사자 된 저 교회는 보통사람 누구나가 한 번쯤은 들어보았을 우리나라를 대표하기에 충분한 초대형교회였고, 이 교회는 서울 강남 한 복판 노른자위 땅에 위치한 또 다른 대형교회였습니다. 그들 기사에 담겨진 호가(呼價)는 상상을 초월한 금액이었습니다.

조간신문의 위아래 명암은 극명하게 엇갈려 있었습니다. 이 기사가 실린 지면의 상단(上段)에는 밤새도록 담요를 뒤집어 쓴 채 행여나 살아 돌아올까 노심초사 사고현장을 망연자실 바라다보고 있는 세월호 유가족의 사진이 함께하고 있었습니다. 이 뿐만이 아니었습니다. 신문 전체를 탈탈 털어 어느 기사도 세월호와 관계되지 않은 것이 없었습니다. 이 땅에 거하는 모든 이들의 눈과 귀가 세월호를 떠나지 않고 있었습니다.

그럼에도 불구하고 어찌된 영문인지 유독 이 기사만큼은 남달랐습니다. 세간의 따가운 시선과 조소(嘲笑)는 안중에도 없었습니다. 오히려 그들 나름엔 타인의 시선과 관심을 한 몸에 받으려는 옛 뱀 루시퍼(Lucifer, Old Serpent, *Satan*, שָׂטָן)의 날름거리는 혀를 앞세워두고 있었습니다. 이 참담한 세태와 참혹한 현실을 마주대하며 이를 감싸앉고 위로하기는커녕 보려고도 들으려고도 하지 않고 오로지 그들의 알량한 이해보전에 온 촉각을 곤두세우고 있었던 것입니다. 이 시대에 나귀 탄 발람(Balaam)의 후사(後嗣)

로 제격인 자들이었습니다.

도대체 무엇이 어디서부터 잘못된 것일까요? 도대체 이 노릇을 어떻게 이해해야 할까요? 처음부터 멈출 수는 없었을까요? 세월호를 지켜보며 모든 것을 숙연히 다시금 되돌아 볼 수는 없었을까요? 십리를 양보하여 정녕 아니 그럴 수 없었다면 세월호 참사에 빗대어 모든 행사를 미루거나 늦추거나 잠시 덮어둘 수는 없었을까요?

2014년 4월 25일. 사고 발생 9일째 되는 아침입니다. 속상하고 가슴 답답한 그날의 참담함과 분노가 채 가라앉기도 전에 또다시 같은 자리에 이제는 이도저도 아닌 한 교회의 실상이 터 잡고 있었습니다. 온 나라가 세월호에 침통해하고 살아 돌아오지 못한 우리자식들의 영정 앞에 피를 토하는 절규가 끊이질 않고 있는 차제에 이제는 한 교회의 회복과 갱신을 위한다는 명목으로 그 교회의 목사를 고발한다는 내용의 기사가 또 다시 조간신문의 하단기사로 같은 자리를 차지하고 있었던 것입니다.

학위논문표절, 수백억이 넘는 호화예배당 건축, 붉게 칠한 나무십자가를 신축예배당 공사현장에 꽂아놓고 하늘의 복을 받자며 벌인 땅밟기 캠페인, 횡령과 배임, 사문서 위조, 고소와 맞고소를 이유로 그러기에 세상 앞에 이를 바로 알리고자 그 교회의 목사를 이날 아침 조간신문의 지면을 빌어 고발한다는 내용이 그것이었습니다.

우리는 이 일을 어찌 보아야 할까요? 그럴 수도 있겠다싶게 보아야 할까요? 오죽했으면 그랬겠냐 싶게 맞들어 보아야 할까요? 이도 저도 아니면 기사내용에 편승하여 이쪽이든 저쪽이든 함께 참여하여 선한 싸움이랍시고 사생결단을 내야 할까요?

자괴적(自愧的)인 얘기라 할 수 있겠습니다만, 후일 그 어느 때에 지금의 이때를 회상해볼 요량이면 우리에게 세월호 사건은 어쩌면 희미한 기억 속에 가물가물해 있을 수도 있을 것입니다. 그렇지만 한편으로 생각해보기에 우리 사람에게 이처럼 어쩔 수 없이 주어진 망각도 달리 생각해보면 하나님께서 허락하신 축복일 수도 있을 것 같습니다. 고단한 이 세상을 지치며 이마저도 하나님께서 허락해 주시지 않았다면 침몰한 세월호와 같이 이생에서의 우리 삶이 얼마나 무겁고 곤비하겠습니까?

그럼에도 불구하고 세월호 사건에 덧붙여진 이 같은 어처구니없는, 보다 정확히는 끝 간 데 없이 패악한 사례들은 적어도 필자에게 있어서는 결코 잊힐 수 없을 것 같습니다. 그렇지만 제아무리 그렇다고 하더라도 필자 또한 우리 모두 이 같은 패악에서 결코 자유로울 수는 없을 것입니다. 왜냐하면 세월호에 덧대어진 이처럼의 패악한 모습이 다름 아닌 그간에 세상 앞에 내비춰진 필자 또한 우리 크리스천의 자화상(自畵像)이었기 때문입니다.

각설하고 그렇다면 하나님께서는 무엇 때문에 세월호 사건과 같은 재앙을 우리에게 보여주신 것일까요? 그 신앙적 의미는 무엇일까요? 그러기에 이를 지켜보는 우리는 어떤 마음을 새기고 또한 지녀야 할까요? 이하 함께 생각해 보기로 합니다.

로마의 빌라도[Pontios Pilatos, 재직 26-36. 참고로 빌라도는 유대총독 취임 시 로마의 황제상을 그린 군기를 들고 예루살렘에 입성하거나, 예루살렘 성전의 금고를 유용하기도 하고, 이에 항의하는 민중을 학살하는 등, 로마의 권력을 배경으로 고압적인 반유대정책을 취했습니다. 우리가 익히 알고 있듯이 예수님의 재판 시에는 유대교도의 압력에 굴복해서 본의 아니게 예수님을 십자가형에 처하기도 했습니다. 이후 빌라도는 사마리아의 민중학살 사건으로 로마에 소환되기에 이르고 끝내 자살했다고 합니다. 일설에 빌라도는 기독교인이 되었다는 전승도 있는데, 지금의 콥트(Coptic) 교회나 에티오피아(Ethiopia) 교회는 그와 그의 아내를 성인으로 추앙하고 있음이 이를 증합니다]가 유대를 통치하던 시절의 이야기입니다. 그는 갈릴리(Galilee, 이곳은 예수님께서 공생애의 대부분을 보내신 곳입니다. 산상수훈, 가나의 우물을 비롯한 유명한 사건들이 바로 이곳에서 있었습니다) 인근에 산당(山堂)을 세워놓고 로마의 이름 모를 우상을 가져다가 때마다 이곳에서 제사를 치렀습니다(행 17:22-23).

그 제사에서 빌라도는 갈릴리의 유대인 몇몇을 잡아다 죽이고, 그들의 피를 받아 제물에 섞어, 자신이 섬기고 있었던 이름 모를 잡신(雜神)에게 바치고는 했습니다. 이 때문에 유대인은 제사 때마다 어김없이 이유없는 피를 흘려야만 했습니다. 특히나 유대인의 민족적 최대의 절기이자 그들의 정체성이 담긴 유월절(踰越節, Passover, *Yiddish*, פסח) 즈음에는 참상이 극한에 이르렀습니다. 그런데 빌라도의 입장에서 왜 하필이면 갈릴리 유대인의 피를 필요로 했을까요?

필자가 이해하고 있는 이유는 다음과 같습니다. 당시 유대인은 저들 민족의 멸망을 목도하고, 바벨론 포로(Babylon Captivity) 귀환 이후에서야 비로소 하나님의 존재를 다시금 명명백백히 가슴에 새길 수 있었습니다. 곧 우상숭배(偶像崇拜)의 행악이 하나님께 얼마나 큰 죄가 되었는지를 낱낱이 깨닫게 된 것입니다.

그 결과, 이후로 유대인에게 우상숭배는 멸망과 동일하게 취급되었습니다. 이 같은 유대의 민족적(民族的) · 선민적(選民的) 자각의식(自覺意識)을 빌라도는 누구보다도 익히 잘 알고 있었습니다. 그러기에 빌라도는 비록 유대가 자신의 예속(隷屬) 하에 있었음에도 불구하고 자신이 섬기고 있었던 잡신의 비위를 맞추기 위해 온 유대를 일거에 산당 앞에 무릎 꿇게 하는 것은 어느 모로 보나 무리가 있었다고 판단했습니다. 곧 그가 생각하기에 혹시나도 모를 유대의 대대적인 폭거(暴擧)와 반란(叛亂)을 염두에 둔 때문이었습니다.

그렇지만 또 다른 시각에서 유대의 식민(植民)을 따로 떼어놓고 그들끼리만 제사를 행한다는 것은 지배자로서 빌라도 자신의 종교적 안위와 장래를 생각할 때, 잡신은 물론이고 자신 또한 부정(不淨)할 수밖에 없다고 생각했습니다. 이 같은 빌라도의 생각은 지금의 우리가 보기에도 그다지 큰 무리는 없어 보입니다.

이러한 와중에 빌라도는 놀랍게도 이러지도 저러지도 못했던 것을 합쳐, 이를 다시 반으로 쪼갠 타협안을 고안해내게 됩니다. 곧 산당이 있었던 갈릴리 유대인의 일부를 죽여 그들의 피를 본래 희생제물에 골고루 섞어 제사에 쓰면 될 것이라는 것이 그것이었습니다. 빌라도에게도 그가 섬기고 있었던 잡신에게도 그다지 만족스럽지는 못했겠지만 그렇다고 못마땅한 것도 아니었을 것입니다.

이를 본 유대의 두어 사람이 예수님께 던진 질문이 본장의 기록입니다(눅 13:01). 곧 그들은 자신들과 같은 동족이 무엇 때문에 이 같은 고초를 겪어야만 하는지를 예수님께 캐묻고 있는 것이 본장의 기록입니다. 참고로 당시 유대사람들은 빌라도에게 사로잡혀 죽임을 당한 사람은 그간에 하도 죄를 많이 지은 사람이었기 때문에 제물로 취해질 수밖에 없었던 것으로 치부하고 있었습니다.

지금에 와서 비유하기에, 당시 제물로 취해진 사람과 지금 세월호에 묻힌 우리자식들이 무엇 때문에 이러한 고초를 겪어야만 했는지, 왜 하나님께서는 이 같은 참담한 재앙을 허락하고 계신지가 그들 질문의 핵심이었다고 볼 수 있습니다.

이에 예수님께서는 이 두어 사람의 질문에 당시 발생한 또 다른 큰 참화(慘禍)를 결부하시면서 그들의 이해를 도우셨습니다. 여기서 큰 참화라고 함은 당시 실로암(Siloam, 예수님께서 소경의 눈을 뜨게 하신 곳으로 잘 알려져 있습니다)에 높다란 망대가 있었는데, 이 망대가 우연치 않게 와르르 무너져 인근에 있었던 18명의 무고한 희생자가 발생하게 된 사건이 그것이었습니다(눅 13:04).

빌라도의 희생제물 사건이나, 실로암 망대 사건이나, 세월호 사건이나, 별반 다르지 않은 매한가지의 사건으로 보아, 이 두어 사람은 예수님께 이들 사건의 모든 희생자들이 무슨 이유에서, 어떠한 연고로, 왜 이처럼 아무 이유 없이 희생을 당하여야 하는지를 따지듯 물었습니다. 이를 들으신 예수님께서는 즉답을 피하시고 다음과 같이 반문하여 이르셨습니다(여기서 세월호 사건은 본문내용에 부합하게 필자가 덧붙인 글귀임을 참고합니다).

"너희는 이 갈릴리 사람들이 이 같이 해 받음으로 다른 모든 갈릴리 사람보다 죄가 더 있는 줄 아느냐?"(눅 13:02)

"실로암에서 망대가 무너져 치어 죽은 열여덟 사람이 예루살렘에 거한 다른 모든 사람보다 죄가 더 있는 줄 아느냐?"(눅 13:04)

"세월호에서 죽은 사백 칠십 육 명의 사람이 대한민국에 거한 다른 모든 사람보다 죄가 더 있는 줄 아느냐?"

예수님께서는 이 말씀으로부터 당시 유대인들이 마음에 품고 있었던 잘못된 생각을 통렬히 질타(叱咤)하셨습니다. 곧 모든 희생자들이 남들보다 특별히 죄가 커서 희생되었을 것이라는 당시의 통념(通念)에 추상같은 일침을 가하셨습니다. 오히려 희생된 그들보다 남겨진 산 사람의 죄가 더 클 수 있음을 바로 보게 하셨습니다. 나아가 여기에 덧붙여 두신 말씀이 하나 더 있었기로, 이 말씀은 빌라도의 희생제물 사건이나 실로암의 망대 사건이나 지금의 세월호 사건이나 다름없이 적용할 수 있게 하신 말씀이었습니다.

"너희도 만일 회개하지 아니하면 다 이와 같이 망하리라"(눅 13:05)

무슨 뜻일까요? 이 말씀에 담겨진 올곧은 뜻이 무엇일까요? 예수님의 말씀을 정면으로 접하는 중에 그 뜻을 바로 헤아려 지금 우리의 마음과 생각을 재차 가다듬을 수 있었으면 합니다.

하나님께서 우리에게 허락하신 모든 것들은 우리의 것이 아니라 하나님의 것입니다. 해와 달도 부모도 남편도 아내도 자식도 재물도 어느 것 무엇 하나 여기에 예외가 있을 수 없습니다. 모든 것이 하나님으로부터 와서 하나님으로 말미암다가 하나님께 되돌아 갈 것입니다.

그런데 너나 할 것 없이 우리 모두는 이 세상을 지치는 동안 하루도 빠짐없이 하나님을 마치 채무자인 양 대하면서 언감생심 이전에 꾸어준 것을 되받기나 하려는 것처럼 뻔뻔하게도 모든 것을 구하고 채워주시라 요구하고 있는 것 같습니다. 설령 꿈속에서나마 우리가 하나님께 꾸어드린 것이 있었다면 그도 다행일 수 있겠습니다만, 대부분의 경우에는 밑도 끝도 없이 무작정 채워주고 달라는 것 일색입니다. 때로는 목청을 높여가며 고래고래 부르짖기도 하고, 때로는 눈을 뒤집고 몸을 비틀기도 하면서 그렇게 원성 아닌 원성을 자아내기도 합니다. 참으로 하나님 편에서는 기가 막히실 일이 아닐 수 없을 것 같습니다.

생각해 보세요. 죽을 수밖에 없었던 천한 종놈들이 그럼에도 불구하고 불쌍히 여겨 살려주었더니, 패악무도하게도 되레 주인을 십자가에 못 박아 죽인 것도 모자라 이제는 봇짐을 털어 자신에게 필요한 모든 것을 내어 놓으라고 하니 세상천지에 이 같은 패악이 어디에 있단 말입니까?

그것도 필요하고 간절하면 하나님을 주인으로 삼고, 넉넉하고 모자람이 없으면 자기 자신을 주인으로 삼고야마는 형국에서 도대체 하나님은 누구를 위한 하나님이고 누구를 위한 주인이란 말입니까?

바로보기에, 이러한 죄가 빌라도에게 피를 취하게끔 한 빌미가 되었고, 이러한 욕심이 실로암의 망대가 무너질 수밖에 없었던 이유였으며, 이러한 패악이 우리자식들을 세월호에 묻게 한 단초가 되었던 것입니다. 그래서 예수님께서 우리에게 추상같이 일러주신 말씀이 다름 아닌 "회개하라"는 것이었습니다.

그렇다면 이 모두의 희생을 일으킨 장본인은 다름 아닌 회개치 아니한 남겨진 우리가 되는 셈입니다. 곧 죄 많은 우리가 그 희생이 있게 한 그야말로 패악무도하기 그지없는 범인인 것입니다. 남겨진 자들의 관영(貫盈)한 죄, 그럼에도 불구하고 목이 곧아 회개치 않았던 우리의 패악한 죄 때문에 이러한 참담한 사건이 발생하게 되었다고 볼 수 있습니다.

이것이 예수님께서 그들 두어 사람에게 말씀하신 답변이자 가르침이었습니다. 빌라도의 만행과 실로암, 그리고 세월호의 참사를 대하면서 가슴을 찢는 마음으로 처절하게 회개하고 뼈를 도려내는 마음으로 참회하여야 할 이유가 바로 여기에 있습니다. 왜냐하면 예수님의 추상같은 명령이기 때문입니다. "회개하라"는.

갈릴리에서, 실로암에서, 세월호에서, 그렇게 아무 이유 없이 처참하게 희생된 사람들을 생각할 때, 그때나 지금이나 우리의 가슴은 갈래갈래 찢겨나갈 수밖에 없습니다. 더군다나 그들의 부모나 유족들은 두말 할 필요가 없겠지요.

그렇지만 예수님의 말씀에 비추어 보면, 그들은 예수님의 흔적을 품은 위대한 사랑의 사람들이었다고 생각합니다. 왜냐하면 우리의 죄를 바로보아 깨닫게 할 수 있는 계기를 선사해 주었으며, 지나 온 우리 삶을 뒤돌아보아 통렬히 회개할 수 있는, 나아가 다가올 삶을 겸손하고도 신실하게 맞이할 수 있는 꺼지지 않는 등경(燈檠)이 되어 주었다는 시각에서입니다. 골고다의 구릉을 지쳐 가신 예수님의 마음이 이 같은 마음이었다고 보아 필자는 앞에서 이를 예수님의 흔적이라고 표현하였습니다.

우리를 위해 희생된 그들의 삶 또한 마찬가지입니다. 이것이 이 땅위에서 하나님께서 그들에게 부여하시고 계획하셨던 삶이었다면, 못다 한 생이었으나마 더할 나위 없이 행복하지 않았겠습니까? 그렇다면 그들은 남겨진 자들의 표상으로서 우리에게 혈전(血戰)의 공로가 있는 선대(先代)가 되기에 마땅할 것입니다. 짧은 우리 생각과도 같이 그들의 죽음은 그렇게 덧없고 의미없는 죽음이 아니었습니다. 실로 그 죽음은 장엄하고 엄숙하며 숙연한 것이었습니다.

노파심에 여기서 한 가지 바로잡아두어야 할 것이 있습니다. 예수님의 말씀 중 "망하리라"고 하는 말씀에 대한 올바른 인식이 그것입니다. 이때의 망하리라는 말씀은 남겨진 그들과 우리가 보기에 말 그대로 망했다라고 하는 외견(外見)에 주안점을 둔 표현입니다. 곧 예수님께서 우리 눈에 보이는 그대로, 우리의 이해에 맞게, 우리식대로 이르신 배려의 말씀이라

볼 수 있습니다. 그럼에도 불구하고 남겨진 자들이 회개치 않은 경우에 이르게 될 망함은 곧이곧대로 예수님께서 계획하신바 그대로 스올에 이르는 영원한 죽음일 것입니다.

옛말에 "개똥에 굴러도 이승이 낫다"는 이야기가 있습니다. 저 천국에 소망을 두고 있지 않다면 모를 일이지만, 크리스천 된 우리가 보기에는 그야말로 헛되고 헛된 세상의 말이라 치부할 수 있습니다. 이 세상에서 우리에게 보이는 것은 시편기자의 말대로 모두가 헛되고 헛된 것입니다. 어디에서도 참다운 위로와 평안을 찾을 수 없고, 쉴만한 안식처를 발견할 수 없으며, 찢긴 상흔을 치료할 곳이 없기 때문입니다. 또한 남겨진 우리 크리스천의 삶의 목적은 바라보기에 저 천국에 있기 때문입니다.

고난을 우리 앞에 예비해 두신 하나님께 감사를 드립니다. 그 고난의 도상에서 우리를 향한 하나님의 참사랑을 다시금 바로 볼 수 있었으면 합니다. 그 고난의 끝에서 저 천국을 향한 소망가운데 하나님의 슬하(膝下)에 당당히 거할 수 있기를 기대합니다.

척박한 골고다의 구릉을 지쳐 가신 예수님의 발자취 또한 고난의 연속이었습니다. 그 고난의 길을 다 마치는 때, 하나님께서는 우리를 위하여 친히 즐거운 노래를 불러주시겠다고 약속해 주셨습니다. 참으로 영광되고 감격적인 은혜가 아닐 수 없습니다.

"너의 하나님 여호와가 너의 가운데 계시니 그는 구원을 베푸실 전능자이시라 그가 너로 말미암아 기쁨을 이기지 못하시며 너를 잠잠히 사랑하시며 너로 말미암아 즐거이 부르며 기뻐하시리라"(습 03:17)

2014년 4월 27일. 사고 발생 11일째 되는 주일아침입니다. 지금 이 시간 국화 한 송이 손에 들고 우리자식들의 영정(影幀)을 마주보며 있습니다. 참담한 우리의 마음을 아는지 모르는지 모두가 한결같이 밝고 환하게 웃고 있습니다. 하나같이 눈에 넣어도 아프지 않을 해맑고 꾸밈없는 씩씩한 얼굴들입니다. 그렇지만 이제 더 이상 안아볼 수 없다는 생각에 갈수록 품속이 아리고 시립기만 합니다.

적어도 크리스천의 명패를 두른 사람들이라면, 어느 때나 우리의 죄를 대속해 주신 예수님의 십자가를 바라보며 죄인 된 우리의 가슴을 찢었을 것입니다. 그렇다면 부디 피지도 못하고 꺾인 세월호에서 희생된 우리자식들을 생각할 때마다 마찬가지로 죄인 된 우리의 가슴을 찢고 회개할 수 있었으면 합니다.

분향소(焚香所) 앞을 지나며 문득 영문도 없이 영정 속에서나마 우리자식들이 바라보고 있는 우리모습은 과연 어떨까라는 생각이 들었습니다. 시나브로 필자의 머릿속엔 그들이 보고 있는 우리 모습 그대로가 말 그대로의 영정일 것이라는 생각을 떠올려 보았습니다. 이후로 자연스럽게 지금까지 우리가 우리자식들을 향하여 가슴을 치고 통탄해하며 그들 영정 앞에 향불을 사르고 있었던 것은 모두가 입장 바뀐 허상에 불과하다는 결론에 이르게 되었습니다.

이러한 연유에서 회개치 않은 우리가 지금에서야 죽은 것이고, 세월호에 묻힌 우리자식들이 산 셈이라는 결론을 죄 많은 필자의 가슴속에 간직하게 되었습니다.

그 옛날 갈릴리 산당에서 유대인을 잡아 피를 사방에 뿌렸던 빌라도가 꿈속에서나마 지금 이 땅에 다시금 출현하게 되었다면, 그는 누구의 피를 먼저 취하려고 했을까요? 만약에 필자가 빌라도였다면 아마도 세상의 지탄과 조소를 면치 못하고 있는 부끄러운 크리스천이 먼저였을 것이라 생각합니다. 왜냐하면 그래야만 치솟는 원성과 불만을 덜 수 있을 것이기 때문입니다(앞선 프롤로그에서 크리스천의 사명을 참조).

> "너희 안에 이 마음을 품으라 곧 그리스도 예수의 마음이니 그는 근본 하나님의 본체시나 하나님과 동등됨을 취할 것으로 여기지 아니하시고 오히려 자기를 비워 종의 형체를 가지사 사람들과 같이 되셨고"
> "사람의 모양으로 나타나사 자기를 낮추시고 죽기까지 복종하셨으니 곧 십자가에 죽으심이라"(빌 02:03-08)

우리의 처절한 회개와 참회로부터 다시는 이런 참사가 우리 눈앞에 나타나지 않기를 소원합니다. 나아가 그간 우리의 씻을 수 없는 강퍅(剛愎)한 죄와 악한 심사를 장막 앞 번제단(燔祭壇)에 남김없이 불사를 수 있기를 기대합니다.

빌라도의 만행에, 실로암의 망대에서 그리고 무엇보다도 세월호에서 그렇게 참담하게 죽어간 우리의 앞선 선대와 자식들이 남긴 유훈(遺訓)으로 가슴에 새겨둠과 동시에, 회개와 참회의 마음을 이 지면에 아로새겨 재차 우리자식들의 영정에 바쳐둡니다.

올라의 참된 의미

장황한 수사(修辭)를 동원하지 않더라도, 복잡다단한 이 시대의 특성을 한단어로 표현하기에 아마도 '분주'(奔走)보다 제 격일 수 있는 단어를 찾아보기란 힘들 것 같습니다. 이 경우 분주는 사전적 의미에서 동사적으로는 "몹시 바쁘게 뛰어다니다"로, 형용사적으로는 "이리저리 바쁘고 수선스럽다"는 뜻으로 풀이됩니다.

그러기에 우리는 복잡다단한 이 시대를 살아가고 있는 중에 고요한 내면적 성찰을 통한 풍요로운 정신적 삶의 추구보다도, 무엇이든 신속한 정보의 공유를 통해 삶의 실질(實質)에 부합할 수 있는 가시적 편익을 우선시 하고 있는 것 같습니다. 비유컨대 다림줄을 내려 하나하나 쌓고 다듬어 지은 부지하세월(不知何歲月)의 한옥보다도, 널따란 콘크리트 블록으로 쿵쾅쿵쾅 짜 맞춰 하루해에 세운 마천루(摩天樓)를 보다 친근하고 익숙하게 대하고 있는 것 같습니다.

필자만의 생각일는지는 모르겠으나, 산사의 고즈넉한 풍경(風磬)소리와 철따라 바뀌는 꽃내음은 제아무리 온 신경을 집중해도 이미 무뎌질 대로 무뎌진 우리의 감각으로는 느끼기가 그다지 쉽지 않고, 오히려 휴대폰이나

MP3에 꽂은 리시버의 음향(音香)을 보다 가깝게 느끼고 있는 것 같습니다. 우리는 너나 할 것 없이 이 시대의 분주에 휩싸여 있는 중에, 하루를 이틀로 쪼개어 생활하는 것보다, 되레 이틀을 하루에 담아 생활하는 것에 보다 익숙히 길들여져 있는 것 같습니다. 모두가 분주 때문이 아닌가 생각합니다.

세상은 참으로 빠르게 변하고 있습니다. 그 한 중심에 분주가 있는 것 같습니다. 분주는 부인할 수 없이 우리의 긴요했던 어제의 것들을 오늘에 쓸모없는 것으로 치부할 수 있게 하고, 오늘 우리에게 더했던 편익을 내일의 거추장스런 불편으로 내동댕이쳐 이내 눈앞에서 치워버리게 하는 고약한 성질을 지니고 있는 것 같습니다.

우리네 어릴 적 추억도 분주의 구속으로부터 자유로울 수는 없을 것 같습니다. 코쭝배기 속에 헌 양말을 덧대어 신은 추석빔의 흰색운동화 그것도 하루해가 지나기도 전에 개울가 도랑에 떠내려 보내고 죽죽 울던 기억, 논둑 밑 부엌에 옹기종기 똬리 틀고 구부려 앉아 톡톡 싸리 빗자루에 불을 놓아 서리태를 그슬려 볶아 먹던 친구들 하나같이 주둥이 언저리에 잿빛 수염을 무치고는 꼴좋다며 서로서로 죽어라죽어라 키득키득 뒤집어졌던 기억, 크게 뛰어올라야 그나마 운 좋게 꺾을 수 있었던 처마 밑 고드름 훌쩍훌쩍 누런 콧물을 섞어 어금니로 깨물어가며 그도 먹다가 얼어 지치면 볏짚발로 엮어 옥수수 타래 옆에 걸어두고 실로폰 소리타작에 신라의 달밤을 부르던 기억들. 하나같이 더듬어 풀어쓰자면 아리삼삼 꿈결 속의 달콤한 이야기(추억)인데도 지금의 우리가 보기에는 언제 그랬냐는 듯싶게 가물가물 잊힌 이야기가 아닐 수 없습니다. 모두가 오늘의 분주함 때문이 아닌가 생각됩니다.

본래 분주는 고즈넉하고 조용한 것과는 격이나 궁합이 맞지 않는 특성이 있습니다. 바로보기에 분주는 "항시 시끄럽고 어수선하며 가볍다"는 본성을 지니고 있는 것 같습니다.

이 지면에서 필자가 특별히 분주를 언급하며 따지고 있는 이유는 분주를 빌미삼아 우리의 생각 한 켜에 자리잡고 있는 예배의 형식과 정체성에 관한 의미를 바로 되짚어 두기 위함에 있습니다. 곧 기독교가 갈수록 침체되어가고 있고 세상 앞에 크리스천이 감당하여야 할 마땅한 사명과 소명의식 또한 흐려져 가고 있는 형국에 이 시대를 대변할 수 있는 분주의 의미를 곱씹어 이로부터 예배의 본질을 재차 바로 정립해 보는 것도 퍽이나 의미가 남다를 것 같다는 생각에서입니다. 하나하나 찬찬히 따져보며 생각해 보기로 하겠습니다.

성경의 기록에 비추어, 구약시대에 하나님께서 모세를 통하여 이스라엘에게 명하신 예배의 유래와 본질은 모름지기 출애굽(出埃及, Exodus) 이후 시나이광야(Sinai Wilderness) 유랑시절에 첫 모습을 보이게 됩니다.

"너희는 나를 비겨서 은으로나 금으로나 너희를 위하여 신상을 만들지 말고 내게 토단을 쌓고 그 위에 네 양과 소로 네 번제와 화목제를 드리라"

"내가 내 이름을 기념하게 하는 모든 곳에서 네게 임하여 복을 주리라"

"네가 내게 돌로 제단을 쌓거든 다듬은 돌로 쌓지 말라 네가 정으로 그것을 쪼면 부정하게 함이니라"

"너는 층계로 내 제단에 오르지 말라 네 하체가 그 위에서 드러날까 함이니라"(출 20:24-26)

시나이광야 유랑시절, 이스라엘이 하나님 앞에서 행한 예배는 죄 사함의 내용과 형식에 따라 크게 5가지가 있었습니다. 곧 번제[燔祭, 전제(全祭), Burnt Offering, *'olah*, קָרְבָּןעוֹלָה], 소제[素祭, 곡제(穀祭), Meat Offering, *Minchah*, מִנְחָה], 화목제[和睦祭, 구제제(救濟祭), 감사제(感謝祭), 수은제(酬恩祭), Peace Offering, *Shelamim*, שְׁלָמִים], 속죄제[贖罪祭, 정죄제(淨罪祭), Sin Offering, *Hatat*, חַטָּאה], 속건제(贖愆祭, Reparation Offering, *'asham*, אָשָׁם) 등이 그것입니다.

이상의 모든 제사에서의 희생제물은 모두가 제단에서 불살라져 하나님께 바쳐지게 되는데, 이 경우 희생제물은 하나님을 예배하려는 자를 대신하여 선취(選取)된 일련의 대속물(代贖物, Redeem)로서의 의미를 지닙니다. 이때 예배하려는 자는 희생제물을 마치 자신이 불타는 것처럼 제단에서 불살라 그 향연(香煙)과 함께 하나님께 드리게 됩니다. 이러한 행위 자체를 통칭하여 번제(燔祭)라고 합니다.

번제의 히브리 원어는 올라(*'olah*, עֹלָה)라고 하는데, 공교롭게도 그 뜻은 음운과도 같이 "올라간다"는 의미와 "은혜를 갚는다"는 의미를 동시에 갖고 있습니다. '올라'는 때때로 수은제(酬恩祭) 또는 화목제(和睦祭)라는 단어와도 동일하게 사용되기도 하였는데, 무엇보다도 '올라'는 '하나님과의 평화적인 관계 속에서 그 감사의 마음을 표시하기 위해 행하는 의식'이라는 뜻을 담고 있습니다(레 03).

이상의 제사는 구약성경 레위기에서 형식과 절차 및 규례 등이 기록되어 있는데(레 01-07), 본 기록에서는 하나님께서 이스라엘로 하여금 하나님의 이름을 기념하고자 하는 모든 곳에서 하나님을 예배하고자 할 때, 그 표시로서 제단을 구축하고 여기에서 각양의 제사를 드리면 그곳에 강림하셔서 복을 주시겠다는 언약이 뼈대를 이루고 있습니다.

기록에 비추어 번제를 위한 제단은 자연 그대로의 돌을 가져다가 다듬지 않은 채 쌓아야 합니다. 이 경우 특별히 제단에 계단을 두지 않았던 것은 이스라엘의 전형적(典型的)인 제사의식이 그대로 반영된 결과로 볼 수 있습니다. 예컨대 아브라함이나 이삭 야곱의 제단 모두가 마찬가지였습니다. 여기서 '전형적'이라고 함은 당시 이스라엘이 제사에 참예(參詣)할 때, 특별한 의복을 갈아입지 않고 평상시 복장 그대로 제사에 임하였음을 의미합니다.

이 같은 전형적인 제사는 이후 형식적(形式的)인 제사로 차츰 변모하게 되는데, 형식적인 제사는 전형적인 제사와는 달리, 계단의 구축은 물론이고 절제된 형식과 절차에 따라 진행되었고, 또한 이에 참예하는 모든 자들은 어김없이 특별한 의복으로 갈아입어야만 했습니다.

무엇보다도 당시의 전형적인 제사는 자연석에 흙을 개어 제단을 구축하고 양(羊)이나 소(牛)로 번제나 화목제를 드리는 전문적(專門的)인 제사와, 누구라도 자유로이 평상의 생활가운데 하나님을 예배할 수 있었던 통상적(通常的)인 제사로 구분됩니다. 그렇지만 이상의 모든 제사는 제사법전(祭祀法典)에서 규정하고 있는 복잡한 예배의식에 따라 정해진 대로 어김없이 드려져야 했습니다.

오늘날 우리의 분주한 생활가운데 구약시대 제사율법을 전하고 있는 레위기를 접할 요량이면, 대체로 고리타분하고 퀴퀴하기 그지없는 기록으로 치부될 수 있기에 무리가 없을 것입니다. 지난 우리의 경험에 비추어보아 성경통독의 과정에서 레위기의 기록을 접할 때면 뉘나 다름없이 그냥 건성으로 건너뛰거나 대충대충 읽어 넘겼던 것이 부인할 수 없는 사실일 것입니다. 만약 그렇다면 이 기회를 통하여 레위기를 바로 보아 그 심오한 하나님의 말씀이 지금의 우리에게 어떠한 영적 메시지를 전하고 있는지 바로 되새겨 두는 것도 일말의 유익이 있을 것으로 생각됩니다. 부디 짧은 지면상이나마 피해가지 말고 정면으로 접하는 중에 올곧은 의미를 바로 새겨둘 수 있었으면 좋겠습니다.

재차 보기에, 레위기의 기록은 '죄의 처리'(곧 죄 사함)를 1차적인 문제로 전면(前面)에 앞세워 두고, 이에 결부된 '죄'는 2차적인 문제로 뒤를 잇게 하고 있습니다. 언뜻 보기에 순서가 뒤바뀐 것이 아닌가 하는 의구심도 없진 않겠지만 이는 결코 그렇지 않습니다. 왜냐하면 '죄의 직관(直觀)'은 '죄의 인식(認識)'에 앞선다는 심오한 뜻을 밝히 보이고 있기 때문입니다.

당시 이스라엘은 "죄란 무엇일까?"라는 문제보다도, 어떻게 하면 하나님께로부터 "죄 사함을 받을까?"라는 문제를 보다 중요하게 취급하고 있었습니다. 이는 하나님 입장에서도 마찬가지였을 것으로, 곧 "이스라엘의 죄를 어떻게 사해 줄까?"하는 것이 "무엇을 죄로 삼을까?"에 앞선 문제이었을 것임은 같은 맥락에서 이해할 수 있습니다.

이 때문에 레위기에서는 죄 사함의 방법을 제시하고 있는 제사율법(祭司律法)을 맨 앞에 두어 이를 가장 중요하게 다루고 있습니다. 그리고 그 뒤를 이어 하나님과 이스라엘 사이에서 죄 사함을 중개하는 제사(祭司)의 직분을 보여 주고 있는 것이 레위기에서 일관하고 있는 제사율법의 근간입니다. 따라서 이처럼 죄 사함의 방법을 미리 엿보인 후에, 비로소 "죄가 무엇인가?"를 다루고 있음은 레위기 구성체계에 담긴 심오한 신앙적 교훈이라고 볼 수 있습니다.

거듭 이야기하기에 본래부터 죄는 사함받기 이전에 우선 행하여지거나 존재하게 되는 것이 정한 이치입니다. 곧 지은 죄가 죄 됨을 진정으로 인식하게 되는 것은 시간적으로 보아 죄를 깨닫게 되거나 또는 용서받은 후에 나타나는 것이 순리라 할 수 있습니다. 어찌 보면 이 말은 극히 모순된 것 같으나, 죄에 대한 회개와 참회의 경험이 있는 사람이라면 누구나 공감할 수 있는 사실일 것입니다. 이를테면 사람이 알게 모르게 죄를 짓고, 하나님의 공의의 심판을 두려워하다가, 끝내 심판을 받게 되고, 그러고 나서야 자신의 죄를 자복하게 되는 것이 모순 아닌 순리적 사실이라는 것입니다.

구약성경을 통해 이스라엘의 역사가 온통 이와 다름이 없었고, 후대의 역사 또한 마찬가지였으며, 지금의 우리에게도 예외 없이 적용되고 있는 추상같은 사실입니다. 이 또한 레위기의 구성체계가 우리에게 다시금 보여주고 있는 깊고도 심오한 신앙적 교훈일 것입니다.

레위기에서는 "죄란 무엇인가?"에 관하여, 곧 '바른 것'(聖潔)과 '더러운 것'(不淨)의 기준은 하나님께서 이르신 율법과 규례에 부합하느냐 그렇지 않느냐에 따라 결정되고, 마찬가지로 성결한 것이냐 부정한 것이냐의 기준은 하나님께서 열납(悅納)하심에 있어 자격이 있느냐 없느냐에 따라 결정되게 됩니다. 결국 레위기에서는 이러한 기준에 의하여 죄가 죄로써 정해지게 되는 것입니다.

언뜻 보아 레위기의 기사가 지금의 우리가 보기에는 도덕적으로 깊고도 심오한 곳까지는 이르지 못하고 있다고 생각할 수도 있겠지만, 당시 선민으로 택함을 받은 이스라엘의 처지에서는 모름지기 하나님의 절대적인 규례로서 자리매김 되었고 또한 될 수밖에 없었다는 점을 염두에 둘 때, 이러한 우리의 섣부른 생각은 겸손히 뒷전에 두어야 할 것입니다.

그런데 여기서 생각해 볼 것은 왜 이처럼 하나님께서는 복잡하기 그지없고 그것도 형식과 절차에 있어 까다롭기 이를 데 없는 케케묵은 제사율법을 이스라엘에게 요구하셨던 것일까요? 무슨 이유 때문에 유교에서처럼 홍동백서(紅東白西), 두서미동(頭西眉東), 면서병동(麪西餠東) 등과 같은, 아니 어쩌면 이보다 더 행하기 힘들고 알 수도 없는 골치 아픈 규례를 명하셨던 것일까요?

화제를 비약하여, 태곳적 하나님께서 선악과를 에덴동산에 두시지 않았더라면 아담과 하와가 따먹지도 않았을 것인데, 그럼에도 불구하고 무엇 때문에 선악과를 두셔서 그들로 하여금 따 먹을 수밖에 없도록 하셨을까요? 이 또한 골치 아픈 제사규례를 두신 것과 매한가지로 취급할 수 있지 않을까요?

이 같은 자문(自問)에 대한 해(解)를 바로 구할 수 있다면, 레위기는 지금의 우리가 접하고 있는 예배의식을 보다 깊이 생각하게 하고 또 고민케 하여, 그 결과로서 우리의 신앙적 지평을 다시금 견고하게 다질 수 있는 일말의 계기를 전해줄 수 있다는 시각에서 신앙적 유익이 남다를 것이라 생각합니다.

필자가 바로보고 있는 이유는 다름 아니라 우리 사람(이를테면 이스라엘이나 아담과 하와)에게 하나님을 사랑할 수 있는 방법과 표현을 밝히 보여주시기 위한 하나님 사랑에서 비롯된 특단의 배려에 있다고 보고 있습니다. 이해하기 쉽게 이야기하면, 하나님께서 이 같은 규례(곧 선악과나 제사율법)를 두신 것은 그들이 무시로 하나님을 찾아 발견하고 사랑할 수 있는 방법과 표현을 이 같은 규례를 지키는 것으로 대신해 두시고자 함에 뜻이 있었다고 봅니다. 곧 선악과를 따먹지 않는 것이 그리고 제사규례를 지키는 것이 하나님을 사랑하고 있다는 그들의 고백이 될 수 있게끔 배려하시고자 함에 있었다고 봅니다.

무지하고 연약한 우리들에게 이처럼 방법과 표현을 낱낱이 일러 주심으로써 하나님을 사랑할 수 있는 길을 터놓으신 하나님 사랑의 또 다른 표현이라고 보아 쉽게 이해할 수 있을 것입니다. 우리 주 예수님의 보혈의 공로를 믿는 것처럼 그렇게 간단하게 말입니다.

하나님 사랑에 의지하여 창조된 우리 사람을 그토록 사랑하셔서 그들로 하여금 하나님을 향한 사랑의 고백을 이 같은 방법으로 듣고 보시고자 하셨던, 곧 우리를 향하신 하나님의 애타는 사랑의 또 다른 표현이었다고 바꾸어 이야기 할 수 있습니다. 사도바울은 이 같은 하나님의 사랑을 다음과 같이 전하고 있음을 봅니다.

"우주와 그 가운데 있는 만물을 지으신 하나님께서는 천지의 주재시니"
"손으로 지은 전에 계시지 아니하시고 또 무엇이 부족한 것처럼 사람의 손으로 섬김을 받으시는 것이 아니니"
"이는 만민에게 생명과 호흡과 만물을 친히 주시는 이심이라"
"인류의 모든 족속을 한 혈통으로 만드사 온 땅에 살게 하시고 그들의 연대를 정하시며 거주의 경계를 한정하셨으니"
"이는 사람으로 혹 하나님을 더듬어 찾아 발견하게 하려 하심이로되"
"그는 우리 각 사람에게서 멀리 계시지 아니하도다"
"우리가 그를 힘입어 살며 기동하며 존재 하느니라"(행 17:24-28)

본래 '의식이 정신의 표현'이라고 할 때, 무릇 정신이 등한시되고 형식이 과중되게 되면, 뜻 없는 의식으로서 또 다른 의식이 발생하게 되는 것이 당연한 이치입니다. 곧 본래의 참된 정신이 이로 인하여 어지러워지고 또 흐트러지게 되는 것입니다. 레위기에 비추어 후기의 예언자가 적(敵)으로 삼아 경계한 것 중에 하나가 바로 이것이고, 또한 레위기의 여러 제사의식이 예언자의 논란의 표적이 된 것도 이 때문입니다. 그러나 지금 우리의 섣부른 생각과도 같이, 레위기 전체에 면면히 흐르고 또한 나타나고 있는 정신을 형식적이고도 케케묵은 일련의 복잡한 의식 자체로 치부하는 것은 결단코 경계해야 합니다.

어거스틴(*Augustinus De Cathecizandis Rudibus*, 354-430)은 "신약은 구약에 감추이고, 구약은 신약에서 나타난다"(*Novum Testamentum in Vetere latet, Vetus Testamentum in Novo patet*)고 이야기 하였지만, 레위기에 감추어져 있는 신인간(新人間)은 신약에 이르러 그리스도의 십자가에서 성취되고 완성되어 한 순간에 깨끗이 자취를 감추고야 맙니다. 이 같은 사실을 명명백백히 보여주고 있는 기록이 다름 아닌 신약의 히브리서(Hebrews)라 할 수 있습니다. 따라서 예수님의 십자가는 레위기를 배경에 두어야 비로소 참된 의미를 올바로 발견할 수 있는 것입니다.

비근한 예로 레위기의 제사율법은 신약에 이르러 예수님의 십자가에 죽으심을 통해 어김없이 성취되었음을 똑똑히 볼 수 있습니다. 이를테면 구약시대에 하나님께서는 유월절(踰越節, Passover)을 기념하여 어린 양을 잡아 하나님께 제사를 바칠 때, 양의 뼈를 어느 것 하나 꺾지 말 것을 규례로 두셨는데(민 09:12), 이는 신약에 이르러 어김없이 성취됩니다. 곧 예수님께서 십자가상에서 돌아가실 때, 당시 십자가에서 처형된 죄인들은 다리를 꺾어 부러뜨리는 것이 관례였습니다. 그렇지만 우리의 죄를 대속하신 예수님께서는 하나님께서 이르신 규례에 따라 온전히 그 몸 그대로 우리의 죄를 속량하시게 되었습니다. 우리가 예수님을 '유월절 어린 양'에 비하고 있는 것은 이 때문입니다. 레위기의 제사가 신약에 이르러서도 어김없이 지켜지고 행하여졌으며 성취되었음을 봅니다. 그 증거가 바로 다음의 기록입니다.

"… 여호와 앞에 마땅히 유월절을 지키되 … 어린 양에 무교병과 쓴 나물을 아울러 먹을 것이요 아침까지 그것을 조금도 남겨두지 말며"

"그 뼈를 하나도 꺾지 말아서 유월절 모든 율례대로 지킬 것이니라"(민 09:10-12)

"예수께서 신 포도주를 받으신 후에 이르시되 다 이루었다 하시고 머리를 숙이니 영혼이 떠나가시니라"

"이 날은 준비일이라 유대인들은 그 안식일이 큰 날이므로 그 안식일에 시체들을 십자가에 두지 아니하려 하여"

"빌라도에게 그들의 다리를 꺾어 시체를 치워 달라 하니"

"군인들이 가서 예수와 함께 못 박힌 첫째 사람과 또 그 다른 사람의 다리를 꺾고 …"

"예수께 이르러서는 이미 죽으신 것을 보고 다리를 꺾지 아니하고"

"… 이 일이 일어난 것은 그 뼈가 하나도 꺾이지 아니하리라 한 성경을 응하게 하려 함이라"(요 19:30-36)

그렇다면 위 말씀에 비추어 레위기를 어거스틴의 말에 접목해 보면, "그리스도의 십자가는 레위기에 숨어 있고, 레위기는 그리스도의 십자가에서 나타난다"고 말할 수 있을 것 같습니다.

다만 여기서 분명히 해 둘 것은, 이상의 관점은 레위기 전체에 면면히 흐르고 있는 정신이 그렇다는 것이지, 달리 레위기에 기록된 제사율법 하나하나가 곧이곧대로 예수님에게 적용된다는 의미는 아니라는 것입니다. 따라서 우격다짐으로 모든 것을 꿰어 맞추려는 어리석음은 반드시 경계해야 할 것입니다.

한편 이 같은 제사형식과 절차는 신약에 이르러 영적 예배의 형태로 또 다시 변모하기에 이릅니다. 곧 하나님은 영(靈)이신 까닭에 예배하는 자의 '올라'는 '영'과 '진리'로 바뀌었고 그러기에 어떠한 화목제나 수은제도 이후로는 필요치 않게 되었습니다. 이로 인하여 신약의 영적인 예배는 구약의 전통적인 제사에 비하여 형식과 절차에 있어 현격하게 간소화되었습니다. 그럼에도 불구하고 가장 중요하게 남겨진 제사형식이 하나 있기에, 그것은 스스로의 몸을 하나님이 기뻐하시는 거룩한 '산 제물'(Living Sacrifices)로 드려야 한다는 것입니다.

그렇다면 영적인 예배는 이전보다도 더한 진정성과 엄숙함을 요구하고 있다고 볼 수 있습니다. 그러나 아쉽게도 현재를 살아가고 있는 우리는 그 정도를 너무도 쉽게 이해하고 또 행하고 있음을 봅니다. 이러한 연유에서 지금의 기독교는 여타 다른 종교에 비하여 형식과 예배의식이 복잡하지 않아 접하기 쉽다는 장점이 있는 반면에, 외견상 그 모습을 지켜봄에 있어 너무도 경망스럽고 깊이와 내용이 얕다는 단점을 동시에 갖고 있기도 합니다.

이하 곰곰이 새겨보고 따져 볼 수 있었으면 합니다. 죽을 수밖에 없었던 우리의 죄를 대신하여 그것도 그냥 죽으신 것이 아니라 처참하기 이를 데 없는 참혹한 형벌로써 십자가에 못 박혀 돌아가신 예수님의 보혈의 공로를 생각할 때, 이를 기리고자 예배에 임하는 우리의 마음은 어떠해야 할까요? 그러기에 예수님을 향한 우리의 사랑을 바로 고백하기 위한 자세는 어떠해야 할까요?

달리 이를 것도 없이 가슴을 찢어야 하지 않을까요? 뼈를 깎는 아픔으로 참회의 눈물을 앞세워 두어야 하지 않겠습니까? 우리의 눈물이 마르는 것을 염려하면서 비통한 마음으로 땅 바닥에 두 무릎을 피나게 찧어야 하지 않을까요? 번제단(燔祭壇)에 불살라지기 위해 끌려가는 희생제물이 본래 우리였다면 모름지기 비통하고 참담하기 그지없는 숙연한 마음을 앞세워 두어야 하지 않을까요? 통한의 죄를 통렬히 자복하면서 우리를 향하신 하나님의 사랑 앞에 상한 갈대처럼 그렇게 꿇어 엎어져야 마땅하지 않겠느냐 이 말입니다.

그럼에도 불구하고 우리는 뻔뻔스럽게도 하나님께 이 세상에서의 영달(榮達)을 하염없이 구하고, 잠깐 왔다가는 허무한 세상에서 왜 필요한지도 모르게 온갖 부귀영화의 낱낱을 다만 채워달라고 부르짖고 있습니다. 만약 그렇다면 이 같은 우리의 패악한 모습을 번제단의 향연(香煙) 뒤 휘장막 지성소(至聖所, Holy of Holies, *Ḳodesh ha-Ḳodashim*, קֹדֶשׁ הַקֳּדָשִׁים)에 임재하고 계신 하나님께서는 이 모습을 어떻게 보시고 계실까요? 실로 두렵고 떨리는 심정 금할 길이 없을 따름입니다.

하나님의 성호를 찬양하고 우리의 죄를 속량해 주신 예수님의 공로를 가슴에 담아 기뻐할 수 있음은 진정한 회개와 참회가 있고 난 이후의 일이 되어야 합니다. 왜냐하면 구원의 확신을 가슴에 새긴 크리스천이라면 죄는 예수님의 십자가 공로에 의지하여 도말(塗抹)되어졌음이 분명할 터, 그렇다면 앞서 보았던 것처럼 남겨진 것은 죄에 대한 인식이고 또한 그 결과로서 가슴을 찢는 회개와 참회가 뒤따라야 할 것이기 때문입니다.

이러한 회개와 참회를 통해 우리 마음속에 기쁨이 솟는 것은 자명한 이치이고, 그러기에 우리는 또 다시 이 같은 구원과 기쁨의 은사를 주신 하나님을 찬양하여야 할 것입니다. 이것이 바로 레위기에 담긴 추상같은 함의(含意)이자 지금의 우리에게 다름없이 요구되고 있는 신앙고백이라 할 것입니다.

다시 앞선 화제로 돌아가 분주함을 재차 논해봅니다. 지금의 교회는 예배의 본말(本末)을 전도(顚倒)하고 있다고 생각합니다. 보다 정확히는 예배의 참된 의미를 왜곡(歪曲)하거나 호도(糊塗)하고 있다고 생각합니다. 곧 이 시대의 분주함에 덧붙여 예배를 그야말로 시끄럽고 소란하며 가볍기는 물론이고 어수선 한 것들에 맞추거나 맞들고 있다고 봅니다.

뜻 모를 외침은 귀청이 떨어져 나가는 것 같고, 그도 옆 사람의 부르짖음이 귓전에 들릴 요량이면 이 보다 더 큰 소리로 울부짖어야 하며, 굉음의 악기를 죄다 동원하여 두드리고 패대는 것은 물론, 엄숙한 설교제단을 아예 치우고 그곳을 아예 수선스러운 무대공연장으로 변용(變容)하고 있음을 볼 때, 이는 세상의 분주함을 그대로 옮겨두고 있는 듯 보입니다.

필자는 지금 이 지면에서 그러한 예배의 옳고 그름을 따지고 있는 것이 아닙니다. 그렇다고 그것이 신앙적으로 유익이 있고 없음을 논하고 있는 것도 아닙니다. 한 걸음 더 나아가 그 같은 예배를 싸잡아 매도하고 있는 것은 더더욱 아닙니다. 다만 여기서 필자가 바로 되짚어 두고자 하는 핵심은 예수님께서 시끄럽고 소란하며 어수선한 것을 좋아하셨다면 또 모를 일이겠지만, 앞선 레위기의 제사규례에 비추어 작금의 예배가 너무 시끄럽고 소란하며 어수선하다는 그 자체를 문제시 삼고 있는 것입니다.

오늘날 교회의 예배프로그램은 참으로 다종(多種)합니다. 형식도 참으로 다양(多樣)합니다. 신앙을 계도(啓導)하기 위한 각양의 교육프로그램도 한 치의 어긋남도 없이 참으로 정교하기 이를 데 없습니다. 그렇지만 바로보기에 지난 날 우리 어머님께서 보여주셨던 후미진 골방에서의 눈물어린 기도와 통한의 기도는 어디에서도 쉽게 찾아보기가 어렵습니다. 언감생심 필자는 이를 지적하고 있는 것입니다.

필자 또한 우리 모두 함께 떠올려 보기로 합니다. 어머님 자신은 물론이고 때마다 세상 죄에 허덕이며 스올의 강가를 헤매고 있는 죄 많은 남편과 자식, 인척과 가문, 더 나아가 나라와 민족의 장래를 앞에 두고 교회 한 귀퉁이 후미진 곳에서 침잠(沈潛)이 흐느끼며 가슴을 찢으셨던 새벽제단에서의 우리네 어머님의 기도를 기억하시나요? 때를 따라 내리시는 은혜를 사모하여 깍지 낀 두 손에 피멍들도록 예수님의 옷자락을 붙잡고자 안타깝게 애쓰셨던 우리네 어머님의 기도를 기억하시나요? 백 원짜리 몇 장 지폐를 다리미로 다려 주일헌금을 예비하고, 흰 소복으로 부활절을 맞으셨던, 그때 예배당에서 조용히 흐르는 눈물만을 말없이 우리 앞에 보여주셨던 우리네 어머님의 기도를 기억하고 계시느냐 말입니다. 무엇과도 바꿀 수 없는 참된 신앙을 올곧게 간직하고 있는 바로 우리가 이러한 기억들의 주인이자 산 증인들이 아니겠습니까?

그때 어머님께서 후사(後嗣)된 우리로 하여금 입에서 떠나지 않게 매일같이 들려주셨던 찬송이 '주를 나를 기르시는 목자'(570장), '예수께로 가면'(565장), '예수께서 오실 때에'(564장), '예수 사랑하심을'(563장), '주의 발자취를 따름이'(560장), '하나님은 나의 목자시니'(568장) 등의 찬송가가 아니었던가요? 이 모두가 당시 교회 유년주일학교의 선생님으로 일컫던 반사(班師)의 손을 붙잡고 불렀던 지금도 기억하고 있는 동요와도 같은 찬송이 아니었던가요?

바로보기에, 우리 어머님의 눈물어린 기도와 후사된 우리의 찬송 속에서 분주함이 있었습니까? 뜻 모를 외침이 있었나요? 세상의 기복(祈福)이 있었습니까? 귀청이 떨어질 때가 있었습니까? 나 또한 옆 사람의 부르짖음이 있었나요? 굉음의 악기가 있었습니까? 제아무리 세월이 변하고 천지가 개벽을 했더라도 말입니다.

노파심에 이 같은 필자의 회상을 대하며, 그 누구는 지금의 세상이 어느 땐데 호랑이가 그것도 고속버스 금연석에 앉아 담배피던 시절의 고리타분한 이야기를 들춰가며 변화된 이 시대를 싸잡아 매도하고 있느냐며 손가락질 할 수도 있을 것입니다. 정히 이 같은 말을 입에 담고자 한다면 차라리 그때의 시절로 돌아가라는 주문과 함께 말입니다.

그렇다면 필자가 그 누구에게 되묻기를, 우리의 후세들에게 앞서 그려보았던 지난날의 추억으로서 추석빔의 흰색운동화, 논둑 밑 부엌, 처마 밑 고드름, 신라의 달밤을 이야기하건대, 그들이 그 누구를 향하여 애니팡도, 넷마블도, 리니지도, K-POP도, 타요도 모르는 케케묵은 사람이라며 차라리 그때로 돌아가라면 어찌하시겠습니까? 그렇게도 아리삼삼 했던 추억을 뭉개고 지우시렵니까? 레위기에서 지금 이 시대에 비추고 있는 저 깊고도 심오한 신앙의 세계 또한 그렇게 뭉개고 지우시렵니까?

재차 되묻기에 그 누구는 지금까지 죄로 얼룩진 인생과 다가올 인생을 염려하며 얼마나 하나님께 마음으로부터의 솟구치는 회개와 참회의 고백을 연발해 보셨습니까? 말라가는 눈물이 다할 것을 염려하면서 얼마나 가슴을 찢고 통회자복 해 보셨습니까? 죄 많은 우리자식들의 앞날을 위해 그럼에도 불구하고 하나님의 영광을 위하여 귀하게 쓰임 받을 수 있도록 예수님의 옷자락을 붙잡고자 얼마나 하나님께 매달리고 소원해 보셨습니까?

그 보다는 험한 세상을 지쳐감에 있어 우리에게 필요한 것을 앞세워 두지는 않았는지요? 나를 남보다 낫게 여기고자 그래서 내가 남보다 앞서가고자 이를 위해 무시로 하나님께 졸라댔던 것이 그간의 기도제목이 아니었나요? 아니 그 보다는 하나님께서 우리의 형편과 처지를 깜빡하실 수도 있을 것이라는 노파심에 그간 줄곧 부르짖고 소리높여 외쳐대지는 않았는지요?

필자가 여기서 통렬히 지탄하고 있는 그 누구로서의 대상은 필자를 포함하여 이 글을 접하는 우리 크리스천이기도 하지만, 그에 앞서 오늘날 기독교의 위태한 형국에도 아랑곳하지 않고, 예배의 본말을 전도하고, 예배의 참된 의미를 왜곡하고 호도하고 있는 작금의 교회(교회지도자)를 눈앞에 두고 있습니다.

오늘날 교회는 패악한 시대의 흐름을 경계하고 바로 볼 수 있게 계도하기는커녕 그에 편승하여 무작정 따라가고 순응하기에 혈안이 되고 있는 듯 보입니다. 지금의 교회는 분주를 예배의 쳇바퀴에 쓸어 담고자 기를 쓰고 있는 것 같습니다. 무엇보다도 교회를 남보다 보다 크게 확장하기 위하여, 세상 앞에 교회의 지위와 자신(소위 교회지도자)의 명예를 곧추세우기 위하여, 셀 수도 없는 수천의 수만의 신도를 거느려 교회의 외연을 넓히기 위하여 그렇게 애쓰고 있는 것이 필자의 눈에는 참으로 딱하게 안타깝게만 보일 뿐입니다.

반론의 여지없이, 교회는 세상누구에게나 편안한 신앙의 안식처가 되어야 합니다. 이 세상에서 수고하고 무거운 짐을 온전히 내려놓을 수 있는 마치 우리의 본향과도 같이 포근하여야 합니다. 조용하고 깊은 심오한 영성을 회복할 수 있는 수가(Sychar)의 우물과도 같이 신령한 곳이어야 합니다(요 04:07, 09-14). 나아가 그곳에 가기만 하면 무한하신 하나님의 사랑을 체험할 수 있고 그러기에 기쁨의 눈물을 흘릴 수 있는 그런 아름답고 평안한 곳이어야 합니다. 자라나는 우리 다음 세대들이 하나님의 성호를 찬양하고, 그들을 구별하여 택하신 하나님의 무한하신 사랑에 의지하여, 하나님과 우리 사람이 보기에도 자랑스러운 나실인(*Nazir*, *Nazirite*, נָזִיר, '성별한다'는 뜻으로 대개 하나님께 헌신을 서약한 자를 말합니다)의 꿈을 설계할 수 있는 그런 은혜의 동산이 되어야 합니다.

그곳 우리 교회의 한 중심에 레위지파로서 자랑스러운 우리 목회자가 깊은 영성과 엄숙한 신앙의 텃밭위에 흔들리지 않는 모습으로 듬직하게 자리 잡고 있다면, 자신은 물론이고 하나님과 우리 사람 앞에서 얼마나 영광되고 자랑스러운 일이 될까요?

그러기에 목회자는 결단코 분주해서는 안 될 것입니다. 100m 달리기 선수가 되어서는 곤란합니다. 한적한 오솔길을 뒷짐 지고 여유롭게 걸어가는 도량있고도 꼿꼿한 신앙의 선비가 되어야 합니다. 나지막하고도 빠르지 않은 목소리로 그리고 엄숙하고도 신실한 모습을 비추며 하나님 말씀을 전하는 목회자, 마음 속 깊은데서 솟아오르는 간절하고도 영성 깃든 모습으로 하나님의 사랑과 축복을 구하고 있는 기도하는 목회자, 저들에게 때를 따라 내리시는 하나님의 은혜를 사모하여 그 은혜가 그들에게 닿을 수 있도록 안타깝게 중보(仲保)하고자 애쓰는 잔잔한 목회자가 그리운 때입니다. 필자는 이것이 하나님께서 레위기를 통해 우리 목회자에게 보여주고 계시는 특권이자 의무일 것이라 생각합니다.

예배는 엄숙하고도 장엄하여야 합니다. 회개와 참회를 앞세워 두고 있는 까닭에, 경건함은 물론이고 때로는 준엄(峻嚴)하기까지 하여야 할 것입니다. 그렇지 못한 교회와 예배가 있다면, 십중팔구 그곳의 교회와 목회자는 무척 분주할 것이 자명하고, 그러기에 그곳의 예배는 시끄럽고 소란하며 어수선할 것임이 분명할 것입니다.

들먹이고 싶지는 않지만, 고즈넉한 산사(山寺)의 풍경(風磬)소리, 홍건한 땀으로 뒤범벅이 된 법당에서의 오체투지(五體投地)의 예(禮), 잔잔히 돌아가는 묵주(默珠)소리, 찬연하게 타오르는 산사의 향(香), 가톨릭 성당(聖堂)의 은은한 향연(香煙), 눈감은 우리의 생각만으로 그려보기에도 그곳에는 평안함이 있을 것 같지 않습니까? 그러기에 우리 기독교와 비교하여 그나마 그들 종교는 세간의 근심과 걱정에서 탈피하여 이 시대에 교세(敎勢)를 면면히 확장하고 있는 것은 아닐까요?

광적으로 흥분한 말세의 적그리스도 예배, 박수무당의 굿판, 살(煞)을 벗겨낸다며 미친 듯이 울부짖는 복술가들의 무속(巫俗), 므리바(Meribah, Massah)에서 금송아지를 만들어 놓고 이를 애굽에서 자신들을 구해낸 하나님이라고 떠들어 댄 이스라엘 등을 떠올려 볼 요량이면, 그곳에는 조용함보다 온통 시끄럽고 정신없는 혼란함만이 요동(搖動)치고 있거나 요동쳤을 것이라 생각합니다.

다시 보기에 교회는 조용하여야 합니다. 그리고 엄숙하고도 장엄하여야 합니다. 항시 경건하고 준엄하여야 합니다. 그러기에 예배에로의 참예(參詣)는 번제단에 자신의 몸을 불태우리라는 마음으로 거룩하여야 합니다. 시끄럽고 분주한 세상 가운데 조용하고 엄숙하며 장엄하게 우뚝 서있는 교회가 있다면, 그 교회에는 필경 레위지파를 계승한 자랑스러운 목회자들이 그곳 한 중심에 자리 잡고 있을 것입니다. 그렇다면 그들은 하나님 앞에서나 사람 앞에서 참으로 자랑스러운 꼿꼿한 신앙의 선비들이라 일컫지 않을 수 없을 것입니다.

우리 교회에 세상의 시끄럽고 분주한 본성이 자리를 잡게 하거나 잡아 두어서는 결코 안 될 것입니다. 본래 세상의 물은 시끄럽고 분주한 곳으로 흐르는 것이 자명한 이치라 할 때, 이러한 세상물꼬를 교회에 터놓아서는 결단코 곤란할 것입니다. 올곧고도 조용한 아늑하기 그지없는 교회의 차분함을 세상 앞에 열어 놓아야 할 것입니다.

그렇다면 분주는 죄가 되는 셈입니다. 왜냐하면 분주는 시끄러움과 피를 나눈 형제지간이라는 생각 때문입니다. 레위기에 비추어 '올라'(*'olah*, עֹלָה)가 지금 이 시대에 우리에게 전하고 있는 예배의 자세라고 보아 그 참된 의미를 이 지면의 끝에 바로 새겨 둡니다.

같아지고 높아지고 또 비겨보고자

우리나라 삼국시대 이후 소위 제국(諸國)의 수장(首長)들은 보통 왕(王)이라고 칭해졌습니다. 사전에서 '왕'은 '나라를 다스리는 우두머리'로 정의됩니다. 물론 때로는 국가의 시조로서 조(祖), 패역(悖逆)한 군주로서 군(君)이라는 말도 사용되었지만 보편적으로 우리나라는 왕이라는 칭호를 가깝게 두었습니다.

그런데 같은 왕이라고 하더라도 대왕(大王)이나 태왕(太王)처럼 격(格)이 한 수 높은 호칭도 있습니다. 그렇지만 그것도 꼼꼼히 들여다보면 높임말이라기보다도 재위 시에 치적(治積)이 훌륭하여 후대에 기릴 수 있거나[대왕(大王)], 살아있음에도 실질적 왕위를 물려주고 뒷전에 들어앉은 경우 붙이는 것에[태왕(太王)] 족한 것이었습니다.

한편 왕이 스스로를 자신의 신하나 백성들에게 일컬을 경우에는 1인칭 대명사로서 짐(朕) 또는 과인(寡人)이라고 했는데, 이 경우 특별히 과인은 '덕(德)이 적은 사람'이라는 뜻으로 임금이 신하에게 자기를 낮추어 이르던 말이었습니다. 그렇고 보면 우리나라 임금들은 한 나라의 우두머리였음에도 불구하고 한결같이 심성이 고상하고 겸양한 인격을 소유하고 있었던 것 같습니다.

그런데 중국의 경우에는 우리와는 호칭의 격차이가 현격합니다. 대개의 경우 황제(皇帝)라는 호칭을 붙여두고 있다는 시각에서입니다. 일반적으로 우리가 생각하기에 중국의 황제는(대국이라서) 우리의 왕보다(소국이라서) 격을 한 수 위에 두고자 붙인 것으로 이해하고 있기 십상일 것 같은데 따지고 보면 굳이 그렇지도 않습니다.

자전(字典)에서 황(皇)의 뜻은 천제(天帝)로서 우리식대로 이야기하면 '만물의 주재자로서 하나님'을 뜻합니다. 제(帝) 또한 황과 마찬가지입니다. 소위 옥황상제(玉皇上帝)와 격이 같다고 볼 수 있습니다. 우리 크리스천이 보기에는 패악무도(悖惡無道)한 호칭이 아닐 수 없습니다.

그런데 옆 나라 일본은 여기에 한 술 더 떠서 천황(天皇)이라고 직설적으로 표현하고 있습니다. 외견상 천황은 '하나님[皇]의 하나님[天皇]'으로 새길 수 있기에 충분하다고 보아 실로 무시무시하고도 어마어마한 호칭이 아닐 수 없다고 봅니다.

이상의 호칭은 백성의 입장에서 볼 때, 말 그대로 그들의 우두머리로서 임금 이상도 이하도 아닐 것이라 생각합니다. 곧 격은 절대적인 것이지 상대적인 것은 아니라는 것입니다. 다만 우리가 비교하기에 왕이냐 황제냐 천황이냐 하는 각기의 호칭에 대한 우열만이 문제시 될 뿐입니다.

우스꽝스러운 괴변일는지는 모르겠지만 하나님께서 이웃나라 중국이나 일본보다도 그나마 우리나라를 특별히 사랑하신 이유가 이 같은 겸손에 있지 않았을까 생각도 해 봅니다. 왜냐하면 '왕'이라는 호칭은 황제와 천황과도 같이 일절 하나님을 대적하는 뜻을 담고 있지 않기 때문입니다. '대왕'도 '태왕'도 마찬가지입니다. 하물며 '군'이나 '조'는 두 말할 것도 없겠지요.

그런데 황제와 천황 같은 천부당만부당한 호칭은 과연 어디서 비롯되었을까요? 보다 정확히는 그 패악한 사람 심사의 발로가 과연 어디서부터 비롯되었을까요? 여기서 잠시 성경으로 돌아가 그 본류를 되짚어 보기로 합니다.

"너희가 그것을 먹는 날에는 너희 눈이 밝아져 하나님과 같이 되어 선악을 알 줄 하나님이 아심이니라"(창 03:05)

우리가 익히 잘 알고 있는 창세기 선악과에 관한 기사입니다. 그런데 위 기사에서 아담과 하와가 선악과를 따먹은 이유가 어디에 있었을까요? 위 기록에서 해(解)를 구하면 그것은 다름 아니라 밑줄에서와 같이 그들이 하나님과 같이 되기를 기대하고 있었기 때문입니다. 우리가 이를 때때로 반역사건(反逆事件)이라고 칭하고 있는 것은 이 때문입니다. 여기에 한 가지 사실을 덧붙여 봅니다.

"너 아침의 아들 계명성이여 어찌 그리 하늘에서 떨어졌으며 너 열국을 엎은 자여 어찌 그리 땅에 찍혔는고"
"네가 네 마음에 이르기를 내가 하늘에 올라 하나님의 뭇 별 위에 나의 보좌를 높이리라 내가 북극 집회의 산 위에 좌정하리라 가장 높은 구름에 올라 지극히 높은 자와 비기리라 하도다"(사 14:12-14)

위 기사는 하나님의 사람창조 계획에 반발을 품고 하나님을 대적한 사탄 마귀로서 소위 루시퍼(Lucifer)에 관한 기사입니다. 기사에서와 같이 루시퍼는 '아침의 아들 계명성'(Lucifer, Son of the Morning Star)이라고까지 불렸던, 그래서 하나님께서 한때 가장 아끼고 사랑하셨던, 그래서 항상 하나님의 오른쪽에 앉도록 허락받은 천사장(the Archangel, *Archangelus*)이었습니다. 곧 이름처럼 찬란하게 빛났던 루시퍼는 주위의 다른 천사들을 압도하는 아름다움과 용기 그리고 기품으로 가득 찬 천사장으로서의 지위를 보유하고 있었습니다.

이윽고 루시퍼는 그를 추종한 다른 천사들을 대동하고 하나님의 사람창조 계획에 대한 반발의 선봉장이 되기에 이릅니다. 배경에는 자신의 빛나는 기품을 앞세워 하나님과 맞서고자 했던 용솟음치는 교만(驕慢)이 터 잡고 있었습니다. 곧 루시퍼는 스스로가 하늘에 올라 뭇 별 위에 보좌를 높이고 북극 집회의 산 위에 좌정하여 가장 높은 구름에 올라 끝내는 하나님과 비길 수 있는 보좌를 차지할 수 있을 것이라 생각했습니다. 우리가 이들을 반역천사(反逆天使)라고 지칭하고 있음은 이 때문입니다. 이는 앞선 아담과 하와와 다를 것이 없습니다.

"하늘에 전쟁이 있으니 미가엘과 그의 사자들이 용과 더불어 싸울새 용과 그의 사자들도 싸우나 이기지 못하여 다시 하늘에서 그들이 있을 곳을 얻지 못한지라"

"큰 용이 내어 쫓기니 옛 뱀 곧 마귀라고도 하고 사단이라고도 하는 온 천하를 꾀는 자라 … 땅으로 내어 쫓기니 그의 사자들도 저와 함께 내어 쫓기니라"(계 12:07-09)

하나님께서는 명약관화(明若觀火)히 이 같은 루시퍼를 그냥 두지 않으셨습니다. 그를 추종한 반역천사들 또한 매한가지였습니다. 영원히 타오르는 꺼지지 않는 음부의 골짜기에 모두를 떨어뜨려 가두어 두시고는 이를 갈며 울부짖게 하셨습니다. 그들 우두머리 된 루시퍼가 다름 아닌, 곧 사탄(Old Serpent, called the Devil or Satan)이었음은 우리가 익히 잘 알고 있습니다.

말이 나온 김에 여기서 앞선 아담과 하와의 기사에 초점을 맞춰봅니다. 그렇다면 선악과를 따먹은 반역은 아담과 하와가 저지른 것인데, 왜 선악과를 따먹기는커녕 보지도 못했던 우리가 그 죄를 원죄(原罪)라고 하여 뒤집어쓰고 있는 것일까요? 누구나가 한 번쯤은 고민했던 사실이었을 것입니다.

이 문제를 논함에 있어서는 다양한 신학적 견해를 덧붙여야 하겠지만 여기서는 몇 가지 생각해 볼 수 있는 사실만으로 이를 대신해 두고자 합니다. 왜냐하면 이것이 보다 이해하기 쉽고 유익할 것이라 여기고 있기 때문입니다. 이하 꼼꼼히 대해 보기로 합니다.

우리는 태생이 하나님보다 자기 자신을 더 사랑하고 있는 악한 근성을 지니고 있습니다. 바로보기에 사람(우리)이 사랑(하나님의 본체로서)의 계획으로, 곧 지극하신 사랑 때문에 창조되었다면 그러기에 사람은 사랑일 수밖에 없습니다. 하나님께서 사람을 지극히 사랑하신 결과가 사람이라면 마땅히 사람은 사랑의 증거가 아닐 수 없습니다. 그렇다면 하나님께서는 우리 사람에게 이미 사랑을 확증하신 것이나 다름이 없습니다. 왜냐하면 지금 살아 숨 쉬고 있는 우리가 명명백백한 증거이기 때문입니다.

이제 남겨진 것은 우리가 사랑(하나님)을 사랑하고 있다는 증거일 것입니다. 무엇입니까? 내보일 수 있는 증거가?

우리가 하나님을 사랑할 수 있는 방법이(증거) 무엇일까요? 우리에게 간절히 원하고 계시는 하나님을 향한 우리 사랑의 확증이(증거) 무엇일까요? 무엇을 가지고 어떻게 해야 우리가 하나님을 사랑하고 있다고 떳떳하게 말하고 내보일 수 있을까요? 백 걸음을 양보하여, 말하지 않고 내보이지 않아도 하나님께서 우리의 사랑을 다 알고 계실 것이라는 생각이 증거라면 정말이지 우리는 한순간도 변함없이 하나님을 우리 자신보다 더 사랑하고는 있는 것일까요? 천 걸음을 양보하여 지금도 음부에서 우리를 집어삼키고자 한순간도 변함없이 골몰하고 있는 반역의 괴수 루시퍼의 유혹과 간섭을 물리치고 우리의 삶에 오로지 하나님(사랑)을 기쁘게 맞이하여 모셔두고는 있는 것일까요?

하나님(사랑)께 대적한 반역천사로서 루시퍼는 물론이고 아담과 하와 또한 하나님(사랑)으로 창조된 피조물입니다. 그들은 하나님 사랑에서 벗어나고자 하나님께 대적한 천추에 이를 반역자들입니다. 우리 또한 하나님 사랑에 힘입어 창조되었음에도 불구하고 되레 예수님을 십자가에 못 박아 죽게 한 장본인들임에야 더 이상 말할 것도 없습니다.

바로보기에, 오늘날 그 사랑에서 벗어나고자 나아가 그 사랑을 떨쳐버리고 우리의 의지와 생각을 앞세워두고자 기를 쓰고 애쓰며 있는 우리 또한 마찬가지로 패악무도한 반역자가 아닐 수 없습니다. 사랑(하나님)이 사랑의 혼을 심어 사람(우리)으로 만들어 놓았더니 그 사랑 깃든 사람이 이제는 반역의 괴수 루시퍼에 동조하고 있는 것입니다.

만 걸음을 양보하여 패악무도한 사람의 반역에도 불구하고 사랑(예수님)을 죽이기까지 하여 사람을 살려놓았더니 그럼에도 사랑을 등지며 혼자만의 생각으로 이 세상을 지치고자 애쓰고 있습니다. 그것도 교활하게 사랑과 루시퍼의 장막을 시시때때로 왔다 갔다 하면서 말입니다. 아니 그런가요? 이것이 반역이 아니고 무엇이란 말입니까?

아담과 하와는 단 한 번 이었을지 모르겠습니다만 우리는 시시때때로 선악과를 따 먹고 있습니다. 달콤하고도 짜릿한 맛은 둘째치더라도 하나님을 대적하는 것이 얼마나 즐겁고 유쾌한지 따 먹을 때마다 희열은 이루 말할 수가 없습니다. 그럼에도 불구하고 사랑(하나님)은 또 다시 선악과를 심어두시기에 급급하신 실정입니다. 왜냐하면 사람(우리)에게 더하신 사랑(예수님의 보혈의 공로) 때문입니다.

우리의 마음속에는 황제가 되려고 하는 때로는 이것도 모자라 천황이 되려고 하는 악한 심사가 숨어있습니다. 그래서 사람위에 군림하고자 하는 때로는 그것이 장성하여 사랑(하나님)위에 군림하고자 하는 패악한 심사가 깃들여 있습니다. 오늘날 우리가 눈으로 보기에 이 같은 증거는 한두 가지가 아닙니다.

바로 보세요. 우리가 만든 호칭입니다. 증경총회장(曾經總會長), 총회장(總會長), 총연합회(總聯合會), 총감독(總監督), 대표회장(代表會長), 교황(敎皇), 실로 무시무시한 호칭이 아닐 수 없습니다. 이에 비하면 언감생심 연세불수의 하나님 앞에서 장로(長老)라고 칭하고 있는 것은 그나마 다행이라 여깁니다.

이상의 호칭에서 총(總)이라는 글자는 '거느리다, 통괄하다, 다스리다'는 뜻을 갖고 있습니다. 누가 누구를 거느리고 통괄하며 다스리기에 이러한 호칭을 붙였는지는 모르겠지만 추상같은 사실은 이 같은 호칭이 남이 붙여준 것이 아니라 그렇게 칭해져 불리기를 원했던 그들 스스로가 만들어

붙인 것이라는 점입니다.

노파심에서 바로 되짚어 두기에, 필자가 이 지면에서 적시(摘示)해 두고자 하는 핵심은 호칭 자체나 이 같은 호칭을 붙여두고 있는 사람 자체가 아닙니다. 그렇다고 이러한 호칭을 붙인 처사를 폄하하거나 저급한 것으로 치부하기 위함은 더더욱 아닙니다.

그것은 다름 아니라 이 같은 호칭이 우리 앞에 신앙의 높고 낮음을 가늠하는 표식 내지 수단으로 사용되고 있는 것은 아닌지, 곧 그러한 호칭이 남에게 내보일 수 있는 신앙의 명함으로 사용되고 있는 것은 아닌지에 대한 의구심에 주안점을 두고 있습니다.

필자의 이러한 의구심이 기우(杞憂)라면 모르겠지만, 행여나 실제(實際)라면 이를 우리가 어찌 보아야 할까요? 아담과 하와처럼 '같이 되고자', 루시퍼처럼 '높이고자 비기고자' 의도하고 있는 악한 처사로 보아 마땅하지 않을까요? 마치 황제와 천황처럼 말입니다.

만약 예수님께서 이 땅위에 오셨을 때, 그것도 유대인의 왕 쯤 되는 호칭하나를 명패로 두르고 오셨다면 모르겠지만, 또한 사도바울이 스스로를 기독교황(基督敎皇)이라 칭하며 이를 우리에게 기억할 수 있도록 남겨주었다면 모르겠지만, 그러기에 이 같은 호칭은 보면 볼수록 대하면 대할수록 너무도 교만(驕慢)하고 강퍅(剛愎)한 호칭이 아닐 수 없다고 생각됩니다.

"인자가 온 것은 섬김을 받으려 함이 아니라 도리어 섬기려 하고"
"자기 목숨을 많은 사람의 대속물로 주려 함이니라"(마 20:28, 막 10:45)
"… 죄인 중에 내가 괴수니라"(딤전 01:15)

그렇다면 이 같은 호칭을 빌미삼아 우리 앞에 나서고 있는 교회지도자들의 마음가짐과 신앙적 자세는 어떠해야 할까요? 또 다시 레위기의 기록을 들춰보며 이에 대한 바른 마음가짐을 추론해 보기로 하겠습니다(레 08-10).

아시다시피 이스라엘은 제정일치(祭政一致)의 민족이었습니다. 따라서 이스라엘은 어느 민족보다도 대제사장과 제사장의 지위를 극히 중요하게 취급하였습니다. 왜냐하면 제사장은 백성에 대한 하나님의 대표임과 동시에, 하나님께 대한 백성의 대표였기 때문입니다.

그러기에 레위기에서는 제사장의 위임식(委任式)을 중요하게 다루어 이를 규례로 정해 두었습니다(레 08-10). 기록에 비추어, 위임식에 관한 규례는 외견상 으레 치러지는 형식적인 행사로도 보이지만, 제사와 정치가 일원화된 이스라엘에게 있어 위임식이 지닌 의의는 실로 엄숙하고 숙연한 것이었습니다.

당시 제사장의 임직은 모세에 의하여 준비되는데, 곧 모세가 "여호와께서 행하라고 명령하신 것이 이러하니라"라는 말을 통하여 시작되게 됩니다. 이때 아론과 그의 아들들을 포함하여 그들의 의복과 관유(灌油)와 속죄제의 수송아지와 숫양 2마리 그리고 무교병 1광주리를 준비하여야 하고 온 회중이 회막 문 앞에 집결해 있어야 합니다.

이후에 모세는 아론과 그 아들들을 목욕재계 시킨 후에, 제복을 입히고, 관유를 취하게 하여, 장막과 그 안에 있는 모든 성물에 발라 그들이 거룩할 수 있게 하였습니다. 이 경우 관유는 몰약(沒藥) · 육계(肉桂) · 창포(菖蒲) · 계피(桂皮) · 감람유(橄欖油)로 만든 것이었습니다(출 30:23-25). 이것이 끝나면 차례로 속죄제와 번제를 드려야 했습니다. 이 의식은 죄 사함 받고 헌신함으로써 비로소 하나님과 친교를 가질 수 있었다는 의미에서 매우 엄숙한 것이었습니다.

한편 제사장의 임직식은 하나님께 드리는 감사의 화목제이기도 했습니다. 곧 제사장의 임직식은 하나님께 감사의 예물을 드림과 동시에, 하나님을 감사의 자리에 초대하고 드린 제물의 남은 부분을 하나님의 존전(尊前)에서 먹음으로써 하나님께서 이스라엘과 회식의 친교를 같이하기를 구하는, 말 그대로 화목제로서 치러졌습니다. 이 경우 화목제로서 제사장의 임직식은 하나님과의 친교가 최우선이었으므로 먼저 몸을 정결하게 한 후에 그들의 죄 사함을 받고 하나님의 은혜에 힘입어 이스라엘을 대표하는 제사장의 지위를 부여받게 되었습니다. 기름을 붓는 의식으로 시작되는 임직식은 7일간에 걸친 축제로서 이후 이스라엘의 생활 터전에 견고히 자리 잡게 되었습니다.

지금의 우리에게도 임직식이 있습니다. 곧 목사, 장로, 안수집사, 권사 등의 직분이 수여되는 경우에 치러지고 있습니다. 이것은 이스라엘의 임직식에 비추어 참으로 엄숙한 것임은 물론이고, 하나님께 자신을 속죄제나 번제 그리고 화목제로 드린다고 하는 취지에서 매우 뜻 깊은 신앙의 행사로서 뿐만 아니라 참으로 아름다운 신앙의 축제로도 볼 수 있을 것입니다.

그렇지만 바로 보아, 임직은 지위(호칭)를 정하고 신앙의 높고 낮음을 가늠하는 의식 내지 수단이 아닙니다. 나아가 신앙의 정도를 측정할 수 있는 판단기준은 더더욱 아닙니다. 임직은 그 사람에게 더 높은 신앙의 수준을 요구하고, 더 깊은 희생을 요구함과 동시에, 하나님 앞에서나 사람 앞에서 더욱 더 낮아지는 모습과 행실을 요구하는 그야말로 엄숙하고도 경건한 의식인 것입니다.

당시 이스라엘의 대표로서 제사장의 임직은 아마도 이러한 정신이 깃든 행사였을 것이라 생각됩니다. 추상같은 사실로서 하나님께서 모세를 통하여 제사장을 세우신 것은 그들로 하여금 이스라엘의 대표로서 보다 높은 신앙을 요구하신 것이지, 그들로 하여금 이스라엘의 머리 위에 군림케 하시고자 세우신 것은 아니었을 것입니다.

무릇 지도자는 특별한 사람이어야 할 것입니다. 또한 남과는 다르게 학식과 경륜이 풍부하여야 할 것입니다. 그렇지만 지도자를 향한 하나님의 사랑이 우리를 향한 사랑보다 결코 더 귀할 것이라고는 생각할 수 없습니다. 왜냐하면 하나님의 사랑에는 귀하거나 천한 것, 크거나 작은 것이 없기 때문입니다.

다시 앞선 화제로 돌아가 봅니다. 필자가 이 지면에서 논했던 호칭은 그야말로 겉껍데기에 불과합니다. 곧 글자낱낱을 따져보며 이게 옳고 저게 그른 것이라고 쑥덕쑥덕 대는 것은 한갓 쓸데없는 무익한 일임이 분명할 것입니다. 지금까지 이야기가 그렇게 비춰졌다면 이 지면을 빌어 정중히 머리 숙여 사죄코자 합니다.

그렇지만 양보할 수 없는 사실이 하나 있습니다. 그것은 모든 호칭 속에 반드시 '섬김의 마음'과(예수님) '자신이 죄인 중에 괴수'라고 하는 고백이(사도바울) 결단코 담겨져 있어야 한다는 사실입니다. 만약 그렇지 않다면 그 모든 호칭의 배경에는 고라당의 패악한 교만의 습성이 뱀처럼 똬리를 틀고 있다고 보아(민 15-17) 레위지파의 춤추는 칼을 전가(傳家)의 보도(寶刀)로 삼아 끊어내야 할 것입니다(출 32).

호칭은 남이 붙이는 것입니다. 우리의 이름 또한 우리의 선대들이 붙였음을 볼 때, 이는 더 이를 것도 없을 것입니다. 또한 호칭은 격에 맞아야 합니다. 특히나 우리는 차치하고라도 하나님 보시기에 합당하고 지극히 겸손한 것이어야 합니다. 나아가 붙여진 호칭에 부끄럽지 않아야 함은 물론이고 호칭을 대하면 대할수록 항상 두렵고 떨리는 마음을 되새길 수 있어야 합니다.

지금 우리의 격(格)이 콩 반쪽에도 비치지 못하는 지극히 작고 미미한 것임에도 불구하고 아무 거리낌 없이 이에 집채만 한 호칭을 덧붙여두고 있다면 이를 부르기에 가장 기뻐할 자는 누구도 아닌 루시퍼가 아닐까 생각합니다.

자연채무와 예물의 소권

보시기에 딱딱한 법적 사실이라 할 수 있지만 그럼에도 참고 보아주셨으면 합니다. 왜냐하면 필자 나름 신앙적으로 우리에게 시사하는 바가 클 것이라는 기대 때문입니다.

자연채무(自然債務, *obligatio naturalis*)라는 법률용어가 있습니다. 이는 채무자가 채무를 이행하지 않아도 채권자는 소권(訴權, 법원에 소를 제기하여 심판을 청구할 수 있는 당사자의 권능)이 없는 채무를 말합니다. 이 경우 "소권이 없다"는 것은 채무자의 이행을 소로서 청구할 수 없음을 뜻하는데, 보다 쉽게 이야기하면 '책임 없는 채무'라고 할 수 있습니다. 언뜻 보기에 쉽게 납득할 수 없는 용어가 아닐 수 없을 것입니다. 채무가 있음에도 불구하고 채무를 이행하지 않아도 된다는 시각에서 말입니다.

올바른 이해를 위해 여기에 교회사건(서울지법 민사합의 2000가합5867) 하나를 예로 들어 보겠습니다. 독자의 편의를 위해 가급적 쉽게 써내려갈 테니 눈여겨 보아주셨으면 합니다.

한 교회가 있었습니다. 이 교회는 당시 예배당 신축(新築)을 계획하고 교회신도들에게 이를 위한 헌금약정(獻金約定)을 받고 있었습니다. 이에

A라고 하는 사람은 자신 소유의 집을 판 돈과 매월 일정금액(30-100만원)을 합친 총 10억원을 교회신축을 위해 헌금할 것을 교회의 대표자 B에게 약정하였습니다.

그런데 뜻밖에 불어 닥친 금융위기로 A의 경제상황이 악화되어 A는 약정한 기일 내에 헌금을 내지 못했습니다. 이로 인하여 교회 내에서 다툼이 발생하였고, 이에 A는 견디다 못해 헌금을 못 내겠다고 선언하고 급기야 교회를 박차고 나가기에 이르렀습니다.

이를 접한 B는 관할법원에 A를 상대로 "헌금하기로 약정한 교회 신축헌금을 지급하라"는 내용으로 약정금 반환소송을 청구하게 됩니다. 그들 각자의 주장을 판결문에서 낱낱이 볼 수는 없지만, 필자생각에 A는 "헌금 약정은 B와 한 것이 아니고 하나님과 한 약속이었기 때문에, B가 하나님이 아닌 이상인 바에야 자신에게 어떤 이유에서든 약정헌금을 요구할 수 없다"고 주장했을 것이고, 이에 반하여 B는 그럼에도 불구하고 "A는 교회를 상대로 약속하였기 때문에 응당 약정헌금을 내야한다"고 주장했을 것이라 봅니다.

이 사건을 접하신 독자제위가 만약에 법관이라면 어떻게 판결하셨겠습니까? 아니 그 보다는 하나님의 입장에서 보았다면 어떻게 판결하셨겠습니까? A가 그릇행하고 있었을까요? 아니면 B의 처사가 잘못되었다고 생각하십니까?

이 사건을 놓고 A와 B 저마다의 권리를 생각해 보면 "약정헌금을 내야 된다" 또는 "내지 않아도 된다" 등의 지엽적인 문제에 그치지 않고 이로 인하여 예상할 수 있는 2가지 문제가 뒤따라 발생하게 됩니다. 첫 번째는 A에게 법적으로 약정헌금을 내게 할 수 있는 강제력[소구력(訴求

力)]이 존재하는가에 대한 문제, 두 번째는 이 사건의 원인을 뒤바꿔서 만약 약속대로 A가 헌금을 교회에 납부한 이후 금융위기를 사유로 A가 B에게 이미 납부한 헌금을 반환해 달라고 주장할 수 있는지의 문제가 그것입니다.

첫 번째 문제에 대하여 법원은 신도가 신앙심으로 교회에 헌금할 것을 약정한 경우 신도의 헌금약정에 따른 의무는 자연채무에 불과하다고 보아, 이 사건에서 신도의 자의적인 헌금납부가 없는 경우 법률적으로 지급을 강제할 수는 없다고 판시했습니다. 그렇다면 A는 자신이 약정한 헌금을 B에게 내지 않아도 아무런 문제가 없게 됩니다. 결국 B는 기대와는 달리 씁쓸한 패소(敗訴)의 맛을 보아야 했습니다.

발생하지도 않은 문제였지만 법원은 친절하게도 장차 있을지도 모르는 분쟁에 대비하여 두 번째 문제에 대한 판시를 첫 번째에 덧붙여 두었습니다. 곧 법원은 그럼에도 불구하고 신도가 헌금약정을 이미 이행한 경우에는 그 금전이 이미 교회에 귀속되었다 할 것으로 신도는 반환을 청구할 수 없다고 덧붙여 두었습니다.

한마디로 이 사건의 판결요지는, 약정헌금은 당사자가 자발적으로 내지 않으면 법으로 강제할 수 없고(첫 번째), 이에 반하여 당사자가 약정헌금을 이미 교회에 납부했다면 당사자는 이를 다시 반환해 달라고 주장할 수 없다는 것으로(두 번째) 요약할 수 있습니다. 이 경우 첫 번째에 해당하는 법리가 책임 없는 채무로서 앞서 이야기했던 자연채무가 됩니다.

참고로, 앞서 이야기했듯이 이 사건 및 이 책에서의 모든 사건은 필자가 임의대로 지어낸 허구가 아닙니다. 오늘날 우리에게 바로 보여 지고 있는 말 그대로 혀를 끌끌 찰 수밖에 없는 씁쓸하기 그지없는 현실입니다.

지금 이를 접하신 독자제위의 마음에서 일고 있는 심상(心想)은 어떠하신가요? 이왕지사 허물어진 마음이라면 이하 한 술 더 떠 보기로 하겠습니다.

헌금과 관련하여 현재 끊임없이 논란이 되고 있는 신앙적인 문제 중에서 아마 십일조만큼이나 찬반(贊反)에 대하여 뜨겁게 쟁점화 되고 있는 이슈는 찾아보기 힘들 것 같습니다. 기쁘고 즐거운 마음으로 십일조를 드리고 있는 신실한 크리스천은 예외라 할 수 있겠지만, 필자의 편협한 생각으로 보기에 아마도 대부분은 이 같은 십일조에 관한 찬반 이슈에 적잖이 곤혹스러워하고 계시리라 봅니다.

찬반론자들은 누가 먼저랄 것도 없이 저마다의 해박한 지식과 성경구절 등을 죄다 동원해 가며, 이러쿵저러쿵 각자의 주장을 피력하고 있음을 주위에서 어렵지 않게 듣고 볼 수 있을 것입니다. 아마도 이 문제는 예수님께서 다시 오실 그날까지 해결의 실마리는커녕 그 단초조차 찾지 못할 논쟁으로 남아 있을 것이라는 생각도 가져봅니다.

이 지면에서까지 찬반의 명분이나 주장하는 바의 근거를 시시콜콜히 따져 보는 것은 그다지 유익이 없을 것 같습니다. 한강에 돌 하나 던진다고 해서 수위가 높아질 요량이라면 모를 일이지만 여하튼 무익하다고 생각합니다. 다만 핵심만은 명백히 되짚어 두어야 할 것 같습니다. 왜냐하면 필자 또한 우리 모두의 신앙을 보다 깊은 데로 이끌기 위한 처방일 수 있을 것이라는 기대 때문입니다.

무엇보다도 십일조는 교회재정에서 차지하는 비중이 가장 높은 헌금 중에 하나임이 분명합니다. 그러고 보면 사회적 통념에 비추어 교회의 입장에서는 대개 십일조를 바쳐야 한다는 입장에 서있을 것이고, 달리 십일조를 부담스러워 하고 있는 바치는 자의 입장에서는 아마도 십일조를 드리지 않아도 된다고 하는 논리의 편에 서있을 것이 통상일 것이라고 생각합니다.

그런데 여기서 먼저 생각해 볼 것은 '예물'(禮物)과 '재물'(財物)에 대한 명확한 인식입니다. 두 말할 필요 없이 십일조는 삼척동자가 보기에도 하나님께 정성을 다하여 드리는 예물일 것임에 분명할 것입니다. 그렇다면 기쁘고 즐거운 마음으로 드려야 할 것이 마땅할 것입니다. 더욱이 성경 전체를 통하여 십일조를 드리지 말라는 기록이 있다면 또 모를 일이지만 드려야 한다는 기록이 존재하고 있는 한 드려야 할 것입니다. 그것이 구약이든 신약이든 문제될 수는 없을 것입니다.

구약 레위기에 화목제[和睦祭, Peace Offering, *Shelamim*, שלמים, 때로는 구제제(救濟祭), 감사제(感謝祭), 수은제(酬恩祭), 낙헌제(樂獻祭)라고도 합니다]의 하나로서(레 03) 낙헌제(樂獻祭, Free-will Offering, *Nedabah*, נדבה)라는 것이 있습니다(레 21-24). 낙헌제에 관한 제사의 형식과 절차는 차치하더라도 낙헌제는 지금의 '감사헌금'으로 명목을 일치시킬 수 있습니다. 그런데 오늘날 우리가 보기에 십일조와는 달리 감사헌금에 대해서는 지금 어디에서도 찬반의 주장을 찾아볼 수 없습니다.

그럼에도 불구하고 왜 유독이 십일조만 문제 삼고 있는 것일까요? 액수가 감사헌금에 비하여 많다는 것이 이유일까요? 아니면 부담 때문일까요? 필자가 보기에 이유는 이들 문제에서 비롯된 또 다른 이유에 있다고 생각합니다. 곧 한편에서는 애써 거두려고 하고, 다른 한편에서는 애써 내지 않으려는데 있다는 것입니다.

바로보기에 십일조고 무엇이고 간에 가만히 놔두어 알아서 할 수 있게끔 했어야 함에도, 굳이 박박 긁어 부스럼을 만들어 급기야 지금처럼의 찬반논리에 휩싸이게 했다고 생각합니다. '애써 거두려고'하기에 봉헌자의 입장에서는 짜증나고 신경질 나는 것이며, '애써 내지 않으려고'하기에 피봉헌자의 입장에서는 짜증나고 신경질 나는 것이 인지상정(人之常情)이 아니겠습니까?

지금 필자의 이야기에는 실로 엄청나고도 심각한 문제가 하나 숨어 있습니다. 그것이 무엇인지 구약성경 레위기의 기록을 들추어 제시하면 다음과 같습니다.

"그리고 그 땅의 십분의 일 곧 그 땅의 곡식이나 나무의 열매는 그 십분의 일은 여호와의 것이니 여호와의 성물이라"(레 27:30)

'십일조의 주인은 하나님'이십니다. 다시 한 번 강조하기에 주인은 하나님이십니다. 그럼에도 불구하고 찬반론자들은 주인은 가만히 계신데, 마치 그들이 주인인 것처럼 행세하고 있지 않은가하는 생각이 그것입니다. 따지고 보세요.

십일조는 주인인 채권자로서 하나님과, 드려야 하는 채무자로서 우리의 일입니다. 이것은 채권자 되신 하나님과 채무자 된 우리가 결정하여야 할 문제임을 의미합니다. 앞서 본 세상의 판결 또한 이를 증하고 있지 않습니까?

그럼에도 불구하고 당사자도 아닌 사람(교회 또는 교회지도자)들이 왜 드려야 한다고 이야기하고, 왜 드리지 않아도 된다고 이야기하고 있는 것일까요? 필자는 도대체 영문을 알 수가 없습니다. 우리가 깜빡하고 모르고 있을 수도 있기에 가르치고자 그것도 노파심에서 한두 번도 아니게 그렇게 목이 터져라 줄기차게 강조하고 있는 것일까요?

필자가 보기에, 설령 찬반론자의 주장에 빗대어 각기 주장하는 바가 아무리 옳다손 치더라도 신앙의 척도까지 간섭하여 마구잡이로 재단하고자 든다면, 이는 엄청난 죄라고 생각합니다. 왜냐하면 십일조를 드리는 마음 또한 다름없이 하나님을 향한 우리의 신앙고백이라고 보아 마땅할 수 있기 때문입니다. 곧 십일조는 우리의 지식과 판단으로 우리 스스로가 깨달은 것이 아니라, 하나님께서 우리의 마음과 생각 속에 심어주신 선물이자 감사의 결과로 보아야 함을 의미합니다.

그럼에도 불구하고 소중하고도 귀한 신앙을 상(床)위에 올려놓고 이것이 맞다 저것이 맞다 서로가 다투고 있다면, 참으로 얼마나 어리석고 답답한 일이겠습니까?

추상같은 사실로서 십일조는 '하나님께서 우리로 하여금 바치게 하신 것'이지 '우리 스스로가 바치는 것'이 아닐 것입니다. 보다 정확히 이야기하면 '하나님께서 스스로가 정하셔서 거두어 가신 것'이라고 볼 수 있습니다. 그렇다면 '십일조를 바치지 않은 것은 우리 자신이 결정한 셈'이 됩니다. 그것이 '죄'라면 더더욱 그러할 것입니다. 그러기에 레위기의 기록 또한 '하나님께서 요구하신 것'이 아니라 '이스라엘이 바치겠다고 서원한 것'으로 보아 마땅할 것입니다.

레위기가 지금의 우리에게 똑똑히 전하고 있는 핵심은 모든 희생제물로부터의 대가는 '죄 사함'이라는 사실입니다. 그렇다면 모든 희생제물은 하나님께서 죄를 사하여 줄 테니 바치라고 한 것이 아니라, 자신들의 악한 죄를 사함받기 위하여 이스라엘이 그렇게 하기로 하나님께 바친바 된 것임은 두 말할 필요 없는 사실이 됩니다. 왜냐하면 앞서도 보았듯이 제사가 먼저였던 것이 아니라 죄가 먼저였고, 하나님을 향한 사람의 사랑이 먼저였던 것이 아니라 사람에게 향하신 하나님의 사랑이 먼저였기 때문입니다.

그렇다면 이스라엘은 애초 그들의 죄 사함을 받을 방법이 없었습니다. 그러기에 하나님께서는 죄 사함을 받을 수 있는 방법을 모세를 통하여 이스라엘에게 일러주신 것입니다.

그럼에도 불구하고 이것을 두고 하나님께서 이스라엘에게 바치라고 요구하신 것으로 보아야할까요? 천부당만부당(千不當萬不當)한 이야기가 아닐 수 없습니다. 모두는 죄 사함의 방법을 몰라 헤매고 있었던 이스라엘을 딱히 보시고 하나님께서 일러주신 특단의 배려로서 하나님 사랑의 또 다른 표현이라 볼 수 있습니다. 모든 율법과 규례가 이로부터 비롯되었음은 추상같은 사실인 것입니다.

다시 앞선 화제로 돌아가 봅니다. 하나님께서는 무엇이 부족하여 십일조를 우리에게 요구하고 계신 것은 아닙니다. 만약 무엇이 부족하셨다면 레위기의 기록은 하나님께서 이스라엘에게 요구하신 것이 분명할 것입니다.

그렇다면 십일조를 바치지 않아도 된다고 스스로를 정당화하지 말고, 먼저 마음의 중심을 헤아려 볼 것입니다. 십일조를 바쳐야 된다고 섣불리 남에게 주장하지 말고, 그간에 자신이 바친 십일조에 문제는 없었는지 그 또한 헤아려 볼 것입니다.

바로보기에, 번제 · 소제 · 화목제 · 속죄제 · 속건제 어떠한 제사에서도 대제사장이나 누구를 포함하여 희생제물을 강요하거나 다그쳐 억압한 적은 추호도 없었습니다. 다만 하나님께서는 저들의 죄는 저들에게 고스란히 돌리셨을 뿐입니다.

십일조는 하나님께 바치는 예물(禮物)입니다. 온전한 마음에 정성을 담아 드리는 가히 귀하고도 값진 희생제물인 것입니다. 바꾸어 말하면 십일조는 하나님께 바치는 재물(財物)이 아닙니다. 그 재물로부터 하나님께서 우리에게 빚진바 되어 재물에 상응하는 축복으로서 되갚아 주시는 그런 대가(對價)로서의 재물은 더더욱 아닌 것입니다.

귀가 따갑도록 들어왔던 이야기로서 십일조를 드리면 30배, 60배, 100배 아니 그 몇 배로 축복을 받는다고요? 지금은 구약이 아니기 때문에 십일조를 드리지 않아도 된다고요? 모두가 예물을 재물로 보고, 보다 정확히는 '돈'으로 보고 말하고 있는 작태로 보아 그간 이러한 생각에 괴로워하고 있었던 필자 또한 우리 모두 속죄제에 임하는 마음으로 회개하여야 할 것입니다.

재차 거론하기에, 우리가 이 세상을 지치는 중에 하나님께서 우리에게 허락하신 모든 것들은 우리의 것이 아닙니다. 부모와 자식 어떠한 것도 여기서 자유로울 수는 없습니다. 심지어 우리도 우리 자신의 것이 아닐 것입니다.

누구는(하나님께서는) 사랑하는 외아들의 생명까지도 아끼지 않고 내어주셨음에도, 이로써 덕본 죽을 수밖에 없었던 미물보다도 못한 천한 자들이 어느 존전(尊前)이라고 "내야 된다"고 "내지 않아도 된다"고 알량한 괴변을 늘어놓고 있는가 말입니다.

레위기에 비추어, 번제단 위에서 불태워지거나 피를 흘려야 했던 희생제물은 본래 소도 양도 염소도 나아가 비둘기도 아니었습니다. 곧이곧대로라면 그것은 다름 아닌 우리였습니다. 그것들이 우리를 대신한 것이지 결단코 그들이 우리는 아니었다는 말입니다. 예수님 보혈의 공로를 되갚을 요량이면, 우리의 생명을 바쳐도 속량할 수 없었을 것인데, 그럼에도 불구하고 이를 면케 해주신 하나님 앞에서 다음 달에 바칠 십일조를 걱정하고 있거나, 따지고 있다면, 이를 어찌 보아야 할까요? 하나님께 드리는 예물은 십일조든 감사헌금이든 구제헌금이든지 간에 우리의 생명을 드리는 마음으로 드려야 할 것입니다.

낙타가 바늘귀로 나가는 것이 부자가 하나님의 나라에 들어가는 것보다 쉬울 것이라고 이르신 예수님의 말씀은(마 19:24), 부자라서 어려울 것이라는 말씀이 아니라, 마치 하나님의 것을 자기 것인 양 따지고 계산하고 있는, 곧 예물을 돈(재물)으로 보고 있는 자들에게 이르신 추상같은 말씀으로 바로 새겨두어야 할 것입니다.

예물은 우리의 생명을 드리는 마음과도 같이 엄숙하고도 경건하게 드려야 할 것입니다. 그렇다면 세상에서의 판결과 같이 십일조는 책임 없는 채무로서 자연채무가 아니라, 말 그대로 마땅한 채무가 되는 셈입니다. 이를 증할 수 있는 레위기의 마지막 기록을 이 글의 결론으로 대신해 둡니다.

"그리고 그 땅의 십분의 일 곧 그 땅의 곡식이나 나무의 열매는 그 십분의 일은 여호와의 것이니 여호와의 성물이라"

"또 만일 어떤 사람이 그의 십일조를 무르려면 그것에 오분의 일을 더할 것이요"

"모든 소나 양의 십일조는 목자의 지팡이 아래로 통과하는 것의 열 번째의 것마다 여호와의 성물이 되리라"

"그 우열을 가리거나 바꾸거나 하지 말라 바꾸면 둘 다 거룩하리니 무르지 못하리라"

"이것은 여호와께서 시내 산에서 이스라엘 자손을 위하여 모세에게 명령하신 계명이니라"(레 27:30-34)

이름 모를 나무

필자가 중학교 다니던 시절에 주일학교 반사님으로부터 책 한권을 선물로 받은 적이 있었습니다. 책의 제목은 쉘 실버스타인(Shel Silverstein)의 '아낌없이 주는 나무'였습니다. 짧지만 '아낌없이 주는 나무'의 줄거리는 다음과 같습니다.

"한 나무가 있었습니다. 어린 소년은 때로는 나무 그늘 밑에서 낮잠도 자고, 때로는 그네를 매달아 타기도하며 그렇게 나무와 친분을 쌓아갑니다."

"세월이 지나 소년이 장성한 때 그는 나무가 준 열매를 따서 내다 팝니다. 아무 말 없이 열매를 내준 나무는 그 모습을 보고 기꺼워합니다."

"또 다시 세월이 흘러 소년은 중년에 이르게 되고 이때 소년은 그 나무를 잘라 배를 만듭니다. 이번에도 아무 말 없이 자신의 몸통을 내준 나무는 그 모습을 보고 기꺼워합니다."

"시간은 더욱더 흘러 이윽고 소년은 노인이 됩니다. 그때 나무는 밑동밖에 남아 있지 않았습니다. 그럼에도 불구하고 나무는 그 소년에게 자신의 밑동부분까지 내어주며 노인이 된 소년의 의자가 되어줍니다."

필자는 그때 나무를 어머니로 해석하였습니다. 그런데 최근 TV의 한 광고에서 이와 비슷한 내용을 담고 있은 것을 보았습니다. 필자는 이를 '아낌없이 주는 나무'의 후속편이라 여겨 가슴에 새겨두고 있습니다. 자막은 이러합니다.

"자식은 맛난 것을 먹고 배불러 하고, 부모는 자식이 먹는 것을 보고 배불러 합니다."

"자식은 제 몸에 탈이 나서 아파하고, 부모는 자식 대신 아파 줄 수 없어 아파합니다."

"자식은 자기 잘 될 꿈을 꾸고, 부모는 자식 잘되기를 꿈꿉니다.

세간에 회자(膾炙)되는 이야기로서 하나님께서 친히 우리를 일일이 사랑하실 수 없었기에 우리에게 하나님을 대신하여 어머니를 보내주셨다는 이야기가 있습니다. 그렇다면 나무를 어머니로, 달리 어머니를 나무로 보아도 위 책과 광고에 담긴 의미는 그다지 다르지 않을 것이라 생각해 봅니다.

그런데 여기 또 다른 나무하나가 있습니다. 누구나 어렸을 적 한번쯤은 불러보았을 '나무야 나무야 겨울나무야'라는 동요입니다.

"나무야 나무야 겨울 나무야 눈 쌓인 응달에 외로이 서서 아무도 찾지 않는 추운 겨울을 바람 따라 휘파람만 불고 있느냐"

"평생을 살아 봐도 늘 한자리 넓은 세상 얘기도 바람께 듣고 꽃 피던 봄 여름 생각하면서 나무는 휘파람만 불고 있구나"

아직 철이 들지 않았던 그때는 그저 낭만적인 동요로 보았겠지만 아낌없이 주는 나무에 비할 요량이면 참으로 비참하기 그지없는 나무로 보입니다. 왜냐하면 아무도 찾지 않는 곳에 외로이 서서 그저 그렇게 한 세월만 보내고 있다는 시각에서입니다. 그렇지만 한 가지 새겨볼 수 있는 사실은 우리 어머님을 이 나무에 빗대어 보면, 어쩌면 그리도 똑같을까 하는 것입니다. 무심한 자식을 위한 근심과 걱정에 한 세월을 지쳐 가신 희생을 생각해 볼 때 말입니다.

위에서 이야기한 소년과 자식을 지금의 우리로 바꿔보면 어떤 생각이 드십니까? 위에서 이야기한 나무를 우리 어머님으로 바꿔보면 또 어떤 생각이 드십니까? 어느 모로 보나 소년과 자식이 너무도 뻔뻔하게 생각되지는 않습니까?

한 걸음 더 나아가 위에서 이야기한 두 나무를 우리의 하나님으로 바꿔보면 또 어떤 생각이 드십니까? 어느 모로 보나 소년과 나무를 바라보고 있는 우리가 너무도 가증스럽고 패악해 보이지는 않습니까? 혹시라도 어머님을 생각하면 눈물이 나는데, 하나님을 생각하면 눈물이 날 것도 같고, 아닐 것도 같다는 생각이 드십니까?

"너희 중에 누가 아들이 떡을 달라 하는데 돌을 주며 생선을 달라 하는데 뱀을 줄 사람이 있겠느냐"

"너희가 악한 자라도 좋은 것으로 자식에게 줄 줄 알거든 하물며 하늘에 계신 너희 아버지께서 구하는 자에게 좋은 것으로 주시지 않겠느냐"(마 07:09-11)

지금 이후로는 나무를 우리로 치환해 봅니다. 필자가 여기서 내보이고자 하는 나무는 아낌없이 주는 나무도, 겨울나무도 아닌, '이름 모를 나무'입니다. 결론부터 이야기하자면 필자 또한 우리 모두 '이름 있는 나무'가 아닌 곧이곧대로 '이름 모를 나무'가 되어야 한다는 것입니다. 구약성경의 기록을 통해 이로부터의 신앙적 유익을 구해 보기로 하겠습니다.

이스라엘은 하나님의 구속사적(救贖史的) 계획에 따라 모세의 인도아래 애굽을 탈출하여 홍해를 건너, 이윽고 시나이반도(Sinai Pen.)에 이르게 됩니다. 이스라엘은 이때서야 비로소 확고한 민족적(民族的) · 선민적(選民的) 자각을 갖게 됩니다. 이 시기는 단순한 유랑의 세월이 아니었고, 오히려 그들의 연약한 신앙을 바로 세울 수 있는 신앙의 연단기(鍊鍛期)였으며, 하나님께서 그들 조상에게 약속하신 땅으로서 가나안 정착의 준비단계이기도 했습니다.

홍해를 건너 척박한 수르(Shur)광야에 이르게 된 이스라엘은 3일 동안 그렇게 찾아 헤매었음에도 불구하고 한 방울의 물도 얻지 못했습니다. 기록에는 광야로 표현하고 있지만, 수르지역은 차라리 사막이라고 하는 것이 보다 나을 정도의 황량하고 척박한 메마른 곳이었습니다.

이스라엘은 지치고 지친상태에서 수르광야 인근 마라(Marah)라고 하는 곳에 이르렀을 때에서야 비로소 물을 구하게 되었습니다. 그렇지만 그 물은 입에 대지도 못할 정도로 무척 써서 마시기에는 부적합했습니다. 이때 홍해를 건넌 환희와 기쁨은 일순간에 사라지고, 이스라엘은 또 다시 모세에게 불평과 불만을 토해내기에 이릅니다.

"백성이 모세에게 원망하여 이르되 우리가 무엇을 마실까 하매"
"모세가 여호와께 부르짖었더니 여호와께서 그에게 한 나무를 가리키시니"
"그가 물에 던지니 물이 달게 되었더라"(출 15:24-25)

무지하고도 믿음이 연약했던 이스라엘은 애굽의 마지막 재앙으로서 가축이고 사람이고 할 것 없이 모든 장자를 죽게 하셨던 유월의 기적과, 그들의 탈출을 위하여 바다를 가르신 홍해의 기적을 눈앞에서 생생하게 몸소 체험하고도, 선민(選民)이 아닌 난민(亂民)인 듯 하나님을 향한 온전한 신앙을 또 다시 저버리고야 말았습니다. 위 기록에서의 탄식과 원망이 증표입니다.

물론 광야의 유랑생활 가운데 그들의 삶이 때로는 고달프고 때로는 견디기 힘든 역경에 지치게도 했을 테지만, 그들을 변함없이 사랑하셔서 그들 앞에 항상 불기둥 구름기둥으로 인도해 주고 계셨던 하나님의 사랑을 털 끝 만큼이라도 가슴에 간직하고 있었더라면, 이처럼 마라에서의 불평은 없었을 것입니다.

그렇지만 하나님을 향한 그들의 신뢰와 믿음은 더 이상 논할 가치가 없었습니다. 그들은 이후로도 그들이 갹출(醵出)한 금은 고리로 형형색색의 우상을 만들어 하나님을 배반하기도 하였고(출 32), 때로는 출애굽의 하나님을 극도로 원망한 것은 헤아릴 수도 없고, 때로는 애굽에서의 고기 가마와 떡을 그리워하기도 하였음에야(출 16:03), 하나님께서 그들에게 기억하게 하셨던 하나님의 장자로서 선민(選民)이라는 이름은 이미 헌신짝이 되어 그들의 마음속에서 지워지고 없었습니다. 시나이광야의 유랑이 필요했던 것은 이 때문입니다. 왜냐하면 하나님께서는 이스라엘의 패악한 심사와 행악을 모두 낱낱이 알고 계셨기 때문입니다. 그러기에 연단이 필요했던 것이지요.

이스라엘의 이 같은 행악을 보면, 당시 그들은 아마도 하나님은 그들을 위해 존재하고 계신다고 생각했던 모양입니다. 그들 자신이 하나님을 위해, 곧 하나님 사랑가운데 거하며 존재하고 있다는 사실을 바로 깨달아 알 수 있었다면, 그들을 애굽에서 이끌어 인도해 주신 하나님께 대한 일말의 보답으로써 뿐만 아니라 사람의 마땅한 도리로서 이 같은 원망과 불평을 뒤로 하고 오직 하나님 손에 모든 행사를 맡겼을 것이 아니겠습니까?

그렇지만 이스라엘 백성들의 무지와 연약함, 나아가 그들의 배반까지 모든 것을 헤아리고 계셨던 하나님께서는 그들을 광야에서부터 시나이반도에 한동안 붙잡아 두셨습니다. 생각해 보면 이 또한 그들을 향한 하나님의 더 없는 사랑이었다고 볼 수 있습니다. 다시금 되새겨 보기에 이는 또 다시 하나님을 사랑할 수 있는 기회를 유랑의 도상에서 넉넉히 주셨다고 보아 이 또한 하나님 사랑이라고 볼 수 있을 것입니다.

필자가 만약 꿈속에서나마 시나이반도를 유랑하고 있었던 이스라엘을 어찌할 수 있었더라면, 아마도 저들을 다시 애굽에 되돌려 보냈거나, 아니면 이민족(異民族)들의 노예로 삼아 뿔뿔이 흩어지게 하여 끓어오르는 화를 잠재웠을 것입니다.

외람된 이야기일는지 모르겠지만 이 지면에서 필자는 마라에서 하나님께서 모세에게 주셨던 마라의 '이름 모를 나무'를 통해 우리 사람에게 향하신 하나님의 사랑을 재차 발견해 보고자 합니다.

우리 사람은 본래, 내가 먼저 남을 인정하기 보다도 남이 먼저 나를 인정해 주기를 바라고 있는 것 같습니다. 아니 그런 것 같다기보다는 이 같은 사람의 생각이 필시 사람의 본능적 심사일 것이라 생각합니다. 모두가 하나님께서 우리에게 바라고 계시는 진정한 사랑의 의미를 바로 깨닫고 있지 못한 이유에서 비롯된 결과라 아니할 수 없을 것입니다. 이에 마라의 '이름 모를 나무'는 이 같은 사람의 본능적인 심사에 일침을 가할 수 있는 귀한 메시지를 남겨주고 있다고 봅니다.

앞선 수르광야에서의 이야기를 다시 이어갑니다. 수르광야에 임한 이스라엘 백성들은 애나 어른이나 할 것 없이 지칠 대로 지쳐 있었습니다. 그토록 물을 찾아 헤매었지만 한 방울의 물도 발견할 수 없었습니다. 그러던 중에 마라에 이르러 그토록 찾던 물을 발견하긴 했지만 불행히도 그 물은 쓰디 쓴 물이었던 까닭에 마실 수가 없었습니다. 지칠 대로 지쳐있었던 육신은 드디어 이성을 잃고 하나님을 원망하고 또 모세를 원망하기에 이릅니다. 이때 하나님께서는 한 이름 모를 나무를 모세에게 가리키셨고, 이에 모세는 나무를 물에 던져 넣게 됩니다. 그러자 뜻밖에도 그 물은 마실 수 있는 물로 변화되어 그간 그토록 시달렸던 목마름의 갈증을 한시름 달랠 수 있었습니다.

그런데 지금의 우리가 이 기사를 재차 보기에, 한 이름 모를 나무를 던져 넣음 없이 단지 하나님 말씀 한마디로 그냥 마실 수 있는 물로 변화시켜 주셨으면 되었을 것을, 굳이 번거롭게 이 같은 이적을 통해 물을 취하게 하신 하나님의 의도는 어디에 있었을까요?

필자는 아마도 하나님께서 항상 그들 곁에 계시다는 사실을 분명히 깨달아 알게 하기 위한, 곧 '사랑의 증표'가 아니었을까 생각합니다. 그렇다면 마라의 나무는 하나님 사랑의 증표가 되는 셈이 됩니다.

이스라엘을 구한 마라의 나무는 지금까지 어떤 효능을 갖고 있는 나무인지, 어디에 자생하고 있는지 또한 정확한 이름이 무엇인지 전혀 모르고 있는 것이 사실입니다. 곧 이름도 없이 한낱 척박한 광야 어느 한 귀퉁이에 뿌리를 내리고 언젠가는 바람에 휩쓸려 말없이 그렇게 사라질 수밖에 없었던 한 나무가 제 몸 하나를 던져 온 이스라엘을 살려냈던 것입니다. 그렇다면 겨울나무와 같이 그렇게 외롭고 쓸쓸한 나무는 아니었던 셈이 됩니다.

이 세상에 생명을 움트고 있는 것들 중에 이름 없는 것이 있을까요? 풀 한포기, 심지어 눈에 보이지 않는 미물(微物)들에게도 제각기의 이름이 있기 마련인데, 하물며 온 이스라엘을 구해낸 희생제물로서 한 나무의 이름을 여태 우리가 모르고 있다는 것은 참으로 놀라지 않을 수 없는 사실입니다.

사람의 본능적인 심사를 향해 마라의 나무는 어떻게 생각하고 있을까요? 하나님께서 혹여 우리를 마라의 나무로 여기시고 이 세상 속에 던져 넣으신다면 우리는 이에 기꺼이 순종할 수 있을까요? 이름도 없이, 빛도 없이, 사람사랑에 대한 희생제물로서 말입니다. 성경의 기록은 이 뿐만이 아니라 또 다른 이름 모를 나무로서 지금의 우리가 추정하고 있는 타마리스크의 나무 또한 언급하고 있습니다(출 16). 모두가 한결같이 이름 모를 나무입니다.

그럼에도 불구하고 오늘날 우리와 교회의 형편은 이와는 정반대로 흘러가고 있는 것 같습니다. 곧 이름 모를 나무는 온데간데없이 사라진지 오래고 천지사방에 온통 형형색색 빛나는 이름 있는 나무들만 무성할 따름입니다.

보통 교회에는 직분이 있습니다. 목사, 장로, 권사, 집사 등이 그것입니다. 보통 우리는 이 같은 직분을 신앙의 척도로 잘못 인식하고 있는 것 같은데, 만약 그렇다면 우리는 이 같은 잘못된 생각을 여지없이 바꿔야 할 것입니다. 앞서 보았던 것처럼 직분은 지위고하(地位高下)가 있는 것이 아닙니다. 바로보기에 직분은 하나님 앞에서 엄숙하고 경건한 '신앙고백의 표상'이라고 할 수 있습니다.

그러기에 직분은 직분에 걸맞은 엄숙한 신앙이 요구되고, 깊고도 넓은 희생이 요구되고 있음과 동시에, 하나님 앞에서나 사람 앞에서 더욱 더 낮아지는 모습과 행실이 요구됩니다. 따라서 직분은 그야말로 신실한 크리스천으로서의 명패가 되어야 합니다. 상대적인 것이 아닌 절대적인 것으로서 말입니다.

그런데 우리는 보통 사회적인 지위와 명예 그리고 품위 등의 명함을 그대로 교회로 끌고 들어오는 경우가 다분한 것 같습니다. 곧 신앙고백의 표상으로서 그 엄숙한 직분에 이 같은 명함을 덧붙여두고 있는 것 같습니다. 직분 그대로 크리스천의 명패로 취급하고 있는 것이 아니라 항시 사회적 명함의 프리즘을 통해 직분을 줄 세우거나 가늠하고 있다는 말입니다.

이 같은 형편에 익숙한 사람들은 교회에서의 직분을 그저 말뿐인 허울로 뒷전에 두고 사회적 명함을 직분에 덧대어 내세워두고 있는 경향이 짙다고 볼 수 있습니다. 그러기에 대체로 이런 부류의 사람들은 교회 내에서 목소리가 크고, 가는데 마다 소란함을 대동하며 다니는 것이 통상입니다. 한쪽으로 치우친 필자만의 편협한 생각일까요?

필자가 다니는 교회에 장로님은 필자가 알기로 젓갈장사를 하시는 분인데 언제나 조용하고 말이 없으십니다. 장로가 앉는 단상을 박차고 나오셔서 예배는 항상 자모실(子母室)에서 드리십니다. 그것도 우리네 손자들을 돌보시면서 말입니다. 또 한 분의 권사님은 시장에서 순대국밥집을 하시는 분인데 언제나 한복차림으로 예배에 임하고 계십니다. 그리고 예배가 끝나면 부리나케 교회식당으로 가셔서 뜨거운 가마솥에서 국수 삶는 일을 도맡아 하고 계십니다. 항상 흥건히 젖어 있는 한복밑단을 볼 때마다 절로 고개가 숙여지기 다반삽니다.

그런데 대기업의 사장님 또는 중역인 몇몇 분의 집사님, 정계의 높은 자리에 있는 장로님, 건물을 몇 채씩 가지고 있는 재력가로서 장로님, 대학에서 은퇴하신 교수로서 장로님 등은 이야기하기 꺼림칙하지만 어디를 가나 존경을 한 몸에 받고 있습니다. 모든 사람들이 말도 잘 따르고 깍듯하게 예우하고 있음을 봅니다. 그들의 모든 일거수일투족은 교회의 주보 광고란에 어김없이 실려집니다. 교회에 머무는 동안 화제는 단연코 이들에 대한 신변잡기에 집중되어 있음을 봅니다.

말이 나온 김에 교회주보에 관한 이야기도 이에 덧붙여 볼까 합니다. 왜냐하면 지금의 논제와 밀접한 연관성이 있기 때문입니다. 통상 주보의 겉표지에는 대개 교회 목사님의 이름이 묵직하고도 듬직하게 자리 잡고 있습니다. 담임목사 누구누구라는 식으로 말입니다. 교회건물의 투시도는 뒤에 배경이 되어 있음이 통례입니다. 장로들의 이름도 마찬가지입니다. 그리고 예물의 봉헌자(奉獻者) 이름도 낱낱이 살필 수 있습니다. 십일조, 감사헌금, 건축헌금, 선교헌금, 장학헌금, 꽃꽂이헌금 등으로 구분된 란에 가나다순으로 찾아보기 쉽게 말입니다. 그곳에 올라있는 자신의 이름을 발견할 때마다 그 희열을 남다르게 맛보고 또 미소 짓기 위함입니다. 이 같은 형식은 주보가 사라질 때까지 대를 물려 이어갈 변치 않을 형식입니다. 아니 그런가요?

그런데 지난 주 교회에 처음 나온 새신자의 이름은 쉽게 찾기가 힘듭니다. 그것도 뒤지고 뒤져야 찾을 수 있습니다. 99마리의 양보다도 길을 찾아 나온 1마리의 양이 소홀히 취급되고 있음은 자명한 현실이 아닐 수 없습니다. 주보의 전면에 사진과 함께 듬직하게 그것도 자랑스럽게 실어야 마땅하지 않을까요? 아니 그런가요?

연말 구세군의 냄비에 어마어마한 돈을 그것도 익명으로 희사한 미담을 들어보셨습니까? 때마다 동사무소 앞에 수천만 원의 현금다발을 놓아두고 좋은 곳에 써달라며 사라진 날개 없는 천사의 이야기를 들어보셨나요? 국화빵, 젓갈, 해장국, 폐지 등을 팔아 평생을 털어 꼬깃꼬깃 모아둔 돈으로 우리의 후세들을 위해 아낌없이 쾌척한 우리네 할머니 할아버지들의 풋풋한 사연을 들어 보셨습니까? 이 모든 사연들이 그들의 이름을 만천하에 드러내 보이고자 의도했던 결과였을까요? 그렇다면 그 이름들은 지금에 어디서 찾을 수 있습니까?

마라의 나무, 타마리스크 나무, 아낌없이 주는 나무, 겨울나무 등을 포함하여 할머니 할아버지들의 나무, 우리네 어머님들의 나무, 한 마리 양의 나무, 모두의 공통점은 모두가 '이름 모를 나무'라는 것입니다. 아니 그런가요?

그렇다면 하나님께서 우리의 마음과 생각 속에 심어주신 나무는 어떤 나무여야 할까요? 예수님께서는 이를 명명백백히 다음과 같이 이르고 계십니다.

"이와 같이 좋은 나무마다 아름다운 열매를 맺고 못된 나무가 나쁜 열매를 맺나니"

"좋은 나무가 나쁜 열매를 맺을 수 없고 못된 나무가 아름다운 열매를 맺을 수 없느니라"

"아름다운 열매를 맺지 아니하는 나무마다 찍혀 불에 던져지느니라"(마 07:17-19)

"못된 열매 맺는 좋은 나무가 없고 또 좋은 열매 맺는 못된 나무가 없느니라"

"나무는 각각 그 열매로 아나니 가시나무에서 무화과를 또는 찔레에서 포도를 따지 못하느니라"(눅 06:43-44)

그렇다면 예수님의 말씀 따라 모든 이름을 떨쳐버린 우리는 예수님께 어떻게 고백해야 마땅할까요? 이 찬송을 그 고백으로 대신해 둡니다.

"존귀 영광 모든 권세 주님 홀로 받으소서"

"멸시 천대 십자가는 제가 지고 가오리다"

"이름 없이 빛도 없이 감사하며 섬기리다"

"이름 없이 빛도 없이 감사하며 섬기리다"(323장, 3절)

깜깜한 밤의 그림자

충북 보은우체국에 근무하는 집배원 길만영이라는 분이 계십니다(이 분에 얽힌 사연은 이미 세상에 알려졌기에 그 실명을 거론합니다. 그럼에도 불구하고 혹시나 하는 무례를 염려하고 이 지면을 빌어 당사자께 이해를 구합니다. 이하 '이분'이라 칭합니다). 이분은 일반인이 평생에 한 번을 구경하기도 힘들다는 산삼을 놀랍게도 지난 3년 동안 100여 뿌리를 캤다고 합니다.

더더욱 놀라운 것은 이 산삼을 어디에도 팔지 않고 오로지 마을 어르신께 선물로 드렸다고 합니다. 이유는 이 산삼을 드신 어르신이 이로 인하여 건강을 되찾고, 설령 건강을 되찾지는 못했다고 하더라도 그분들로 하여금 산삼으로 인하여 건강해지고 있다는 긍정적인 생각을 갖게 하기 위함에 있었다고 합니다.

이 소식을 접한 주위 모든 사람들은 미친 짓이라고, 넋 빠진 짓이라고, 어리석기 그지없는 일이라고 놀려댔지만 이분은 이에 아랑곳하지 않고 더더욱 아낌없이 산삼을 나누었다고 합니다. 한번은 친한 친구들이 이분을 붙잡고 그저 소원이니 한 뿌리만 달라고 했을 때, 그분은 고민 고민 끝에 산삼 한 뿌리를 술에 담가 이를 친구 여럿이 한 잔씩 나누어 먹을 수 있게끔 그래서 모두가 기쁘고 즐거워할 수 있도록 배려했다고 합니다.

어느 한 사람은 이분에게 이중에 한 뿌리라도 자신을 위해서 먹을 수는 없었느냐고 따지듯 물었지만, 이분은 그럼에도 불구하고 먹을 수 없었다고, 정확히는 먹지 않아도 되었다고 답변했다 합니다. 왜냐하면 집배할 때마다 마을 어르신이 자신에게 건네주신 커피 한 잔과 건강드링크 한 병이 산삼보다 더 큰 약이 되었기 때문에 굳이 먹을 필요가 없었다는 것이 이분의 답변이었습니다.

또 다른 한사람은 그럼에도 불구하고 몇 뿌리를 내다 팔았다면 일확천금을 손에 쥘 수 있었을 텐데 왜 그렇게 하지 않았느냐고 묻자, 또 다시 이분은 자신은 지금 우체국에서 월급이 나오고 있고 풍족하지는 않지만 과하게만 쓰지 않으면 다달이 생활하는데 큰 불편함이 없었기에 굳이 그럴 필요가 없었다고 답변했다 합니다.

이분은 산삼을 캐면서 몇 가지 소중한 교훈을 깨닫게 되었다고 말하고 있습니다. 곧 산삼을 나누어주겠다고 생각하고 산에 오르면 그날따라 산삼이 눈에 잘 띄었고, 산삼을 드시고 행복해 하시는 어르신의 얼굴을 떠올리면 더 많은 산삼이, 한걸음 더 나아가 아프신 마을 어르신을 생각하면 더더욱 많은 산삼이 이분의 눈에 비쳤다고 합니다. 아프신 어른들을 생각했던 어떤 날은 한꺼번에 12뿌리의 산삼을 캔 적도 있었다고 합니다. 어느 날은 산에서 내려오면서 지나는 사람 그 누구에게 아무것도 바라지 않고 무작정 캔 산삼 한 뿌리를 드렸더니 너무도 좋아 행복해 하는 모습을 보고 이분 또한 더 없는 기쁨을 느낄 수 있었다고도 했습니다.

산삼은 그렇다고 하더라도 이분의 선행은 이뿐만이 아닙니다. 지금까지 20년이 넘게 우편집배원 생활을 하면서 우편물 배달은 기본이고, 마을 주민들을 대신해 각종 생필품 심부름에, 공과금 납부에, 손과 발이 되어

주었을 뿐만 아니라 몇 년 전에는 한파에 쓰러진 어르신을 구조해 화제가 되기도 했습니다. 나아가 이 같은 선행이 세상에 알려져 세상이 이분에게 그 보답으로 선사한 문화대상 시상금 또한 고향 보은의 어려운 학생들에게 모조리 쾌척하기도 했습니다. 그분의 자랑스러운 이름을 불러보기에 보은 우체국 집배원 길만영씨 입니다.

크리스천 된 우리의 눈으로 보기에, 예수님께서 이르신 이 땅에서의 가장 큰 사명으로서 이웃사랑을 올곧게 실천한 우리의 신앙적 표상이자 모범으로 여겨 그 자랑스러운 이름을 여기서 재차 불러보고자 합니다. 산삼나르미 길만영.

화제를 바꿔서, 필자가 사는 동네 인근에 심한 분란을 겪고 있는 교회하나가 있습니다. 지역 내에서는 이름만 들어도 누구나가 알 수 있는 대형교회입니다. 분란의 이유는 신도 수 만 명을 목표로 수백억의 건축헌금을 약정하여 예배당신축에 임하겠다는 교회목사님의 예상치 못한 선언 때문이었습니다. 교회 한편에서는 수백억을 들여 교회를 신축하는 것보다 이를 10개로 쪼개어 지역 인근사방에 지교회(支敎會)를 건립하는 것이 낫다며 목소리를 높였고, 다른 한편에서는 커져가는 본교회의 교세를 바로 보아 가일층 교회역량을 배가하여 이를 통해 지역사회에 기여해야 한다며 책상을 치게 되었습니다. 양자의 주장은 팽팽히 맞서다가 끝내는 분란의 소용돌이에 휩싸이고야 말았습니다.

이 사건은 필자가 직접적으로 듣고 보지 못한 까닭에 숨겨진 사실관계를 속속들이 파악하진 못하고 있지만, 분명한 것은 예배당 신축에 의한 분란은 기정사실로 받아들여지고 있는 실정입니다. 그렇다면 이 교회는 소위 기여는 명목상 기치(旗幟)에 불과하고 초대형교회로의 발돋움을 계획하고 있었다고 콕 집어 말할 수 있습니다. 우리는 이 양자의 주장을 앞에 놓고 어느 편을 드는 것이 바람직할까요?

또 한편의 교회에서는 새로 부임한 목사님이 값비싼 외제차에 전담기사를 대동하고 그것도 외부 부흥회나 설교에 임할 때면 어김없이 수행비서(경호원)를 붙이고 다닌다는 사실이 비화되어 끝내는 교회분열의 극단까지 치닫는 형국에 이르고야 말았습니다.

일각에서는 그럼에도 불구하고 목사님의 영역(靈域)에 왈가불가하는 것은 격에 맞지 않고, 옳고 그름은 오로지 하나님께서 판단하실 일이라며 묵인하여야 한다는 주장과, 다른 일각에서는 청빈하고 신앙적 모범을 보여야할 목사가 제아무리 형편과 처지가 뒷받침되었다고 하더라도 이러한 처사가 교회와 인근각지의 비난의 빌미가 되고 있다면 당장에 멈추어야 한다는 주장이 대립되었고 끝내는 이것이 교회분열의 단초가 되었습니다. 우리는 양자의 주장을 앞에 놓고 어느 편을 드는 것이 바람직할까요?

한 교회의 목사님은 분기에 한 두 번씩 해외선교 차 여러 나라를 순방하며 그것도 한인교회를 대상으로 부흥회나 설교에 임하고 있었습니다. 이로 인해 외국출타 중에 공석이 된 교회의 모든 예배와 행사는 부교역자가 번갈아 가며 도맡을 수밖에 없었음은 불 보듯 빤한 일이었지요.

그런데 사건이 비화된 것은 그간에 수차례의 항공편 이용에서 쌓아둔 항공마일리지로 경비를 대신했으면서 그럼에도 이를 감추고 되레 지불된 적도 없는 비행기 삯을 때마다 교회에 청구하여 착복한 사실이 드러나 물의를 빚게 되었습니다. 이에 한편의 주장은 목사님 예우차원에서 이는 목사님의 임의처분에 맡겨두어야 한다는 주장과, 다른 한편에서는 교회를 비운 것도 모자라 빠듯한 교회재정형편에도 아랑곳하지 않고 해외선교에 막대한 교회비용을 투입한 것은 응당 잘못된 처사로 보아 이제는 제동을 걸어야 한다는 주장이 첨예하게 충돌하였습니다. 그 결과 소위 당회는 쪼개지고 제직회는 분열의 길을 걸을 수밖에 없었습니다. 우리는 양자의 주장을 앞에 놓고 어느 편을 드는 것이 바람직할까요?

한 교회에서는 교회헌금의 명목을 임의로 뒤바꿔 이를 소위 예비비로 편성해 두고 본교회 목사님의 판단아래 수억 원의 자금을 동원하여 사모펀드(소수의 투자자로부터 모은 자금을 주식 · 채권 등에 운용하여 이익을 취하고자 하는 이른바 투자신탁)에 투자하였습니다. 물론 투자에 따른 일부의 수익이 있어 그나마 교회재정을 축내지는 않았지만, 재정담당 장로님의 지적에 따라 이 같은 사실이 교회에 알려져 교회분위기가 상당한 혼란에 빠지게 되었고, 급기야 당회는 재정장로를 교회분열을 획책한 주범으로 몰아 출교처분을 명하기에 이르렀습니다. 이에 재정장로는 당회의 결정이 위법하다고 보아 사회법에 호소하기에 이르고 이것이 계기가 되어 교회는 걷잡을 수 없는 분열의 길로 치닫고야 말았습니다.

한편에서는 이 같은 일은 당회에서 거론하여 적절히 대처했어도 될 일이었는데 굳이 이 사실을 교인들에게 들춰 보임으로써 혼란을 야기한 것은 결코 묵과할 수 없다고 주장했고, 다른 한편에서는 사회를 감싸고 보듬어야 할 교회가 그럼에도 불구하고 사회로부터 이득을 편취하려고 의도했던 것은 목회자의 사명과 직분을 고려할 때 결코 용납할 수 없는 처사로 보아야 한다고 주장했습니다. 양자의 주장은 날카로운 대립각을 세우다가 끝내 교회는 두 개로 쪼개지고야 말았습니다. 우리는 양자의 주장을 앞에 놓고 어느 편을 드는 것이 바람직할까요?

또 다른 한 교회에서는 당회결의에 따라 담임목사님을 보좌하기 위하여

한 분의 부목사님을 청빙하게 되었습니다. 이 부목사님은 부임한 이후 열정적인 사역을 통해 상당히 짧은 기간이었음에도 교회신도들에게 신앙적으로 지대한 유익을 끼쳤습니다. 일례로 한산하였던 새벽예배에 불을 놓아 주일예배에 필적할 정도로 온 교인의 참여를 유도하였고, 그 결과 매일 같이 새벽시간에는 교회인근 구석구석을 말 그대로 주차장으로 변모케 하였습니다. 또한 주일학교가 활성화되어야 교회부흥의 발판을 마련할 수 있다는 시각에서 주일학교 프로그램을 다채롭고 화려하게 구상하여 이웃고 교회의 교육관이 수용할 수 없을 정도로 교회학교를 부흥시키기에 이릅니다.

그런데 어느 한 날 당회장으로서 담임목사님은 영문도 알 수 없이 독단적으로 부목사를 해임하기에 이르고 이에 일부신도들은 이유를 알 수 없다며 담임목사에게 항변하기에 이릅니다. 교인 일부는 부목사 또한 언제까지 부목사일 수는 없고 이제는 담임목사로서 성장할 수 있는 기회를 주어야 한다는 취지에서 담임목사의 편을 들었고, 다른 일부는 담임목사의 정년이 불과 몇 년밖에 남지 않은 상황에서 그간의 공로를 보아 후임 담임목사로 천거해야 함이 마땅하다는 시각에서 이에 반발하였습니다.

결국 부목사는 담임목사의 뜻대로 교회에서 해임되어 또 다른 사역지로 떠나게 되고야 말았습니다. 이일로 교회는 분란에 휩싸이게 되었고 그 결과 부목사가 부임하기 이전보다 더욱 쪼그라든 교회로 전락하고야 말았습니다. 우리는 양자의 주장을 앞에 놓고 어느 편을 드는 것이 바람직할까요?

필자가 지금까지 이야기한 사례들은 앞서 명백히 되짚어 두었던 것처럼 허구의 것이 아니라 실상 그대로입니다. 필자의 양심에 손을 얹고 고백하기에 필자가 이 지면에서 논하고자 하는 핵심은 누구의 잘잘못을 따지려는데 있지 않습니다. 목사님의 치부를 일일이 드러내어 작금의 위태한 형국에 불 기름을 끼얹고자 하는데 있지도 않습니다. 그렇다고 교회분열의 현장을 낱낱이 고발하여 마치 이것이 오늘날 교회에 맞닥뜨려진 총체적 위기로 보아 위기의식을 더욱 부추기고자 함에 있는 것은 더더욱 아닙니다.

핵심은 어떠한 심사에서 이 같은 일이 발생되었느냐 하는 것에 두고 있습니다. 곧 왜 이러한 일이 발생할 수밖에 없었고 또한 끊임없이 발생하고 있느냐에 두고 있습니다. 왜 그럴까요? 무엇 때문일까요? 이유는 어디에 있을까요? 마찬가지로 이하 구약성경의 기록을 통해 그 이유를 되짚어 보기로 하겠습니다.

본장의 배경으로서 민수기 16장은 시나이반도를 유랑하던 시절 이스라엘의 반역(反逆)을 다루고 있는 장입니다. 반역의 장본인은 남쪽에 진을 치고 있었던 레위지파 중에 고핫(Kohath)의 자손 고라(Korah)와 르우벤지파의 다단(Dathan), 아비람(Abiram), 온[On, 발루(Pallu)의 아들 엘리압(Eliab)이라고 보는 것이 전후 문맥상 옳을 것 같다. 민 26:08-09] 등이었습니다.

이들이 연합하여 당(黨)을 짓고 그들의 지도자 모세와 대제사장 아론에게 대적(반역)한 이유는, 대제사장 아론의 지위가 분수에 맞지 않게 너무 높다는 것과(고라의 주장), 당초 가나안으로 저들을 인도하시겠다는 하나님의 약속이 이루어지지 않은 것에 대한 불만에 두고 있었습니다(다단, 아비람 등의 주장).

당시 고라는 자신의 반역이유를 모두 모세와 아론에게 돌렸습니다. 곧 고라는 이스라엘이 모두 하나님의 선민으로서 거룩한 백성들인데, 유독 모세와 아론이 머리 위에서 높임을 받고 있는 것은 부당하다고 하면서, 그러기에 자신 또한 레위지파로서 제사장직을 수행하여도 문제될 것이 없다고 주장하고 이에 자신에게도 걸맞은 직위(대제사장)를 요구하였습니다. 고라의 속내는 모세와 아론처럼 자신도 뭇 이스라엘로부터 높임을 받고자 기대하고 있었습니다.

한편 다단과 아비람은 하나님께서 가나안으로 인도하시겠다는 약속을 하셨음에도 불구하고, 왜 모세와 아론이 가나안을 자신들에게 허락하지 않고, 그것도 광야에서 온 이스라엘을 죽게 내버려 두었냐는 것에 반역의 이유를 두었습니다. 그들은 또한 모세가 스스로 이스라엘의 우두머리가 되고자 계획하고 있다는 사실을 꼬집어 이를 온 회중 앞에 공공연히 적시하였습니다.

그렇지만 고라의 반역과 다단 · 아비람의 반역은 취지가 서로 달랐습니다. 고라는 이스라엘의 머리꼭대기로서 제사장직에 흑심을 품고 반역을 도모하였고, 다단 등은 가나안의 입성이 좌절된 것에 기치를 두고 있었던 것이 그것이었습니다. 다만 그들의 불만은 모두 모세와 아론을 향한 것이었기 때문에, 사전에 이 같은 반역모의(反逆謀議)를 이스라엘의 남쪽 진영 어느 후미진 은밀한 곳에 모여 작당하면서 서로가 연합할 수 있었을 것입니다. 그렇지만 한결같은 그들의 심사는 그들 스스로가 이스라엘로부터 존경을 받고 떠받듦을 받을 수 있는 높다란 지위에 뜻을 두고 있었습니다.

그런데 저들 중에 다단과 아비람은 고라보다 더욱 교활하고 패악한 속내를 드러내고 있음을 엿볼 수 있습니다. 즉 고라는 단순히 자신도 이스라엘로부터 높임을 받고자 했던 끝 모를 권력욕에 사로잡혀 있었지만, 다단과 아비람은 이 같은 권력욕에 덧붙여 모세와 아론을 빗대어 하나님의 처사에 반발을 품고 이에 강한 원망과 불평을 쏟아내고 있었던 것입니다.

모세는 이들을 불러 공의의 하나님 앞에 세우고자 했습니다. 단순했던 고라는 영문도 모르고 무슨 일이야 있을까하는 마음으로 앞에 섰고, 그보다 교활했던 다단과 아비람은 고라와는 달리 모세의 소환에 응하지 않았습니다.

다단과 아비람은 고라의 제사장직에 대한 권력욕이 잘못되었음을 분명히 알고 있었다고 볼 수 있습니다. 그들은 아론의 아들들[곧 나답(Nadab)과 아비후(Abihu)]이 장막의 거룩한 불을 잘못 다루어 하나님의 진노를 불러 즉시 불에 타 죽은 것을 눈으로 똑똑히 보았을 것입니다(레 10장을 참조할 것입니다. 이하 후술합니다). 그러기에 그들은 이를 두려워하여 내심 그들 생명을 보전할 목적으로 모세의 소환에 응하지 않았을 것입니다. 그렇다면 자신들과 연합한 고라와도 일정한 간격을 두고 있었음이 분명할 것으로 보입니다. 필자는 이를 모세의 소환에 응하지 않은 다단과 아비람의 속내로 보고 있습니다. 때문에 다단과 아비람이 고라보다도 더욱 교활하다고 보고 있는 것입니다.

"모세가 엘리압의 아들 다단과 아비람을 부르러 사람을 보냈더니"
"그들이 이르되 우리는 올라가지 않겠노라"(민 16:12)

뿐만 아니라 다단과 아비람의 패악함을 되짚어 보면, 그들의 교활함이 어느 정도였는지를 쉽게 가늠해 볼 수 있습니다. 그들은 모세와 아론에게 저들을 가나안에 인도하지 않았다고 적시하면서, 나아가 왜 가나안을 우리에게 기업으로 주지 않았냐고 대들고 있음을 봅니다. 지금 그들은 가나안은 모세와 아론이 하나님과 알아서 저들에게 당연히 바쳐야만 하는 땅이었다고 주장하고 있는 것입니다.

"네가 우리를 젖과 꿀이 흐르는 땅으로 인도하여 들이지도 아니하고"
"밭도 포도원도 우리에게 기업으로 주지 아니하니"
"네가 이 사람들의 눈을 빼려느냐"
"우리는 올라가지 아니하겠노라"(민 16:14)

그간에 다단과 아비람이 하나님께 드렸던 헌물(獻物)은 가나안을 저들의 소유로 삼기 위해 하나님께 드렸던 한낱 재물(財物)로서 흥정의 대가였습니다. 곧 하나님께 자기들 소유의 재물을 드렸으니 하나님 또한 그에 상응하는 대가로서 가나안을 자신들에게 주어야 한다는 것이었습니다. 모세가 하나님께 그들의 예물을 돌아보지 말아달라고 간청했던 것을 보면 이 같은 사실은 너무도 명명백백합니다.

모세는 우선 고라와 그를 추종하는 250명에게 그들이 개인적으로 소유하고 있었던 향로(香爐)를 들고 하나님 앞에 설 것을 명하였습니다. 그리고 이에 덧붙여 온 이스라엘에게 고라 · 다단 · 아비람의 장막에서 멀찌감치 떨어져 있으라고 명하였습니다. 이윽고 모세는 온 회중을 향하여, 만일 하나님께서 그들이 서있는 땅이 갈라져 고라와 그의 모든 소유물을 삼켜 산 채로 음부(陰府, 앞서 본 대로 '스올'이라고도 합니다. 당시 스올은 삶에서 분리된 세계로 지하에 있다고 생각하고 있었던 곳임을 덧붙여둡니다)에 빠지게 하시면, 이들이 하나님을 멸시한 증거로 똑똑히 보아 알게 될 것이라고 설파하였습니다.

모세의 말이 끝나자마자 고라와 그의 종들은 여지없이 갈라진 땅속으로 묻혀버리고야 말았습니다. 또한 고라를 추종하였던 핵심당원 250명은 그들이 들고 있었던 향로에서 나온 하나님의 불로 모두 태워지고야마는 처절한 죽음을 맛보게 됩니다. 이 경우 고라의 아들들은 천만다행으로 그들 아버지의 반역에 가담하지 않아 죽음을 면하였습니다. 참고로 그들의 자손들은 후일 다윗시대에 성전에서 노래하는 자(지금으로 보아 찬양대)들이 되기에 이릅니다(대하 20:19).

하나님께서는 모세에게 고라를 추종한 250명이 손에 들었던 향로를 녹여 제단을 싸는 철판을 만들라고 명하시게 됩니다. 이후로 이스라엘 자손에 이를 기억하게 할 수 있는 추상같은 증표로 보이시기 위함이었습니다. 곧 고라당과 같은 또 다른 반역을 미연에 방지하기 위한 추상같은 상징으로 나타내 보이시기 위함에 있었습니다.

만약 고라와 그들의 무리가 이스라엘을 일깨워 온 회중의 죄를 진심으로 자복하는 마음으로 하나님께 속죄제를 드렸다면 상황은 어떻게 되었을까요? 그런 연후에 그들이 가나안땅을 정복하기 위하여 죽음을 두려워하지 않고 앞장서서 진군하겠노라고 하나님께 자원하였다면 상황은 어떻게 바뀌었을까요? 그렇다면 모세의 청원을 허락하신 하나님께서 이 같은 고라당의 자원과 결연한 다짐을 눈앞에서 보셨다면 어떻게 섭리하셨을까요?

여기서 우리가 바로 보아야 할 것은 고라당 반역의 괴수는 고라도 다단도 아비람도 아니라고 하는 사실입니다. 그 자는 다름 아닌 옛 뱀이자 마귀라고도 한 루피퍼, 곧 사탄이었습니다. 그들 모두의 공통점은 본향(本鄕)이 스올이라는 것입니다. 고라당의 결말은 이러했고 사탄의 종말은 저러했습니다.

"땅이 그 입을 열어 그들과 그들의 집과 고라에게 속한 모든 사람과 그들의 재물을 삼키매"

"그들과 그의 모든 재물이 산 채로 스올에 빠지며"

"땅이 그 위에 덮이니 그들이 회중 가운데서 망하니라"(민 16:32-33)

"큰 용이 내쫓기니 옛 뱀 곧 마귀라고도 하고 사탄이라고도 하며 온 천하를 꾀는 자라"

"그가 땅으로 내쫓기니 그의 사자들도 그와 함께 내쫓기니라"(계 12:09)

그 대가는 죽음이었던 것입니다. 여기서의 죽음은 없어져 사라지는 것이 아닙니다. 없어져 사라질 수만 있다면 그것도 다행일 것이나 결코 그렇지 않습니다. 죄의 대가로서 죽음이란 음부에서 타오르는 불꽃 가운데서 영원한 고통 중에 괴로워하는 것을 말합니다. 이것이 죽음의 실상입니다.

"그가 음부에서 고통 중에"

"… 나를 긍휼히 여기사 …"

"그 손가락 끝에 물을 찍어 내 혀를 서늘하게 하소서"

"내가 이 불꽃 가운데서 괴로워 하나이다"(눅 16:23-24)

음부에서 괴로워하고 있는 고라당의 당원들은 지금 무슨 생각을 하고 있을까요? 왜 하나님께서 자신들을 이곳 음부에 보냈는지 알고는 있을까요? 순간의 선택이 영원을 좌우한 셈입니다.

참고로 본장의 화제에 결부하여 여기서 잠깐 나답(Nadab)과 아비후(Abihu)의 이야기를 들춰봅니다. 위에서 언급한 사례에 비추어 볼 때,

고라처럼 자기의 이름을 돋보이고자 하는 사람의 대부분은 주어진 책임을 말 그대로 마땅히 감당하여야 할 책임(의무)으로 앞세워 두고 있다기보다, 되레 이를 자기의 명예로 변용하여 한갓 입신양명(立身揚名)의 수단으로 삼기에 온 신경을 집중하고 있는 특성이 있습니다. 그러기에 그 사람은 대체로 하나님의 존엄과 권능은 뒷전에 두고 자기의 명예와 권력을 앞세워 본연의 책임과 의무를 쉽게 망각하게 되는 길로 빠지게 됩니다.

구약시대에 하나님께서는 이 같은 죄에 대하여 어떠한 예외도 두시지 않고 오직 죽임으로 응징하셨습니다. 그 대상이 된 희생제물이, 곧 아론의 아들이자 이스라엘의 제사장으로서 나답과 아비후였습니다. 그들은 그들 임의대로 제각기의 향로를 가져다가 하나님께서 어디에서도 이르신 바 없었던 생뚱맞은 부정한 불을 담아 하나님께 분향하게 되고 이에 즉시 불이 하나님으로부터 나와 그들 모두를 사르게 되었습니다. 왜냐하면 그들은 화제[火祭, 소제(素祭, 곧 곡식헌물)를 태우는 제사의식입니다(레 02장을 참조)]에 관한 하나님의 명하신 명령을 헌신짝처럼 내팽개치고 하나님께 드려야 할 화제가 아닌 다른 불을 드렸기 때문입니다.

앞선 화제로 재차 돌아가 보겠습니다. 교회분열의 모든 원인은 마음속에 고라의 마음을 품고 있기 때문이 아닌가 생각됩니다. 세상에서 스스로 획득하거나 주어진 지위와 명예라면 모르겠지만, 하나님께서 허락하신 지위(직분)에는 결단코 높고 낮음이 없습니다. 무한하신 하나님의 사랑에 의지하여 창조된 사랑의 증거로서 사람에게 그럼에도 불구하고 지위고하(地位高下)가 존재한다면 마찬가지로 하나님의 사랑 또한 지위고하가 존재하여야 할 것입니다. 만약 그렇다면 하나님께서는 이러기에 이 사람을 더 사랑하시고, 저러기에 저 사람을 덜 사랑하시고, 이도 저도 아닌 경우라면 그 사람은 아예 사랑에서 제쳐두고 계셔야 할 것입니다. 아니 그런가요?

그럼에도 불구하고 우리 사람은 모든 것에 격(格)을 두어 그 차이를 가늠하고자 애쓰고 있는 것 같습니다. 심지어 존경, 명예, 칭송, 떠받듦 등도 스스로가 창출하여 남으로부터 이끌어내고자 애쓰는 경향이 짙습니다. 예를 들어 존경(사전적 의미에서 '존경'은 '남의 인격, 사상, 행위 따위를 내가 받들어 공경함'을 말합니다)은 내가 창출하는 것이 아니라 남이 창출해 주는 것입니다. 곧 '받는 것'이지 '받아야 하는 것'이 아닙니다. 명예(사전적 의미에서 '명예'는 '세상에서 그 사람에게 훌륭하다고 인정하고 있는 이름이나 자랑거리'를 말합니다), 칭송(사전적 의미에서 '칭송'은 '내가 남을 칭찬하여 일컬음'을 말합니다), 떠받듦도 존경과 다름이 없습니다.

그런데 위에서 본 각양의 불미스런 교회사건에는 한 가지 공통점이 숨어 있습니다. 그것은 공히 나를 남 앞에 내보이고자 드러내고자 하는 교만(驕慢)과 탐욕(貪慾)입니다. 이 경우 교만과 탐욕의 본성은 '받아야 하는 것'에서 비롯됩니다. 비유하자면 목사로서 존경을 받는 것이 아니라 목사니까 마땅히 남들로부터 존경을 받아야 하고, 장로로서 명예를 받는 것이 아니라 장로니까 마땅히 남들로부터 명예를 받아야 하고, 교회지도자이니까 떠받듦을 받는 것이 아니라 마땅히 남들로부터 떠받듦을 받아야 하는 것으로 착각하고 있음에서 비롯되는 것입니다.

바로보기에, 고라는 교만과 탐욕에 휩싸여 이스라엘로부터 존경을 받고자 스스로를 앞세웠던 까닭에 죽음에 이르렀습니다. 다단과 아비람은 그 결과로서 하나님께 대적하다가 죽음을 맛보게 되었습니다. 나답과 아비후는 패악하게도 하나님을 뒷전에 두고 자신의 지위를 교만하게 앞세우다 불에 살라지는 처참한 죽음을 경험하게 되었습니다.

그렇다면 목사는 목사 '다워야' 합니다. 장로는 장로 '다워야' 합니다. 권사와 집사도 권사와 집사 '다워야' 합니다. 하나님 앞에서는 물론이고 우리 사람 앞에서는 더 이를 것도 없습니다. 그러기 위해서는 존경과 명예 그리고 칭송과 떠받듦을 나 아닌 다른 사람의 발 앞에 겸손히 그렇지만 떠받치듯 내려두어야 할 것입니다.

내가 가진 것을 아낌없이 나누어 남을 존경하고, 내가 필요한 것을 미련없이 쪼개어 남의 명예를 돋보이게 하고, 내가 소중하게 아끼고 있는 것을 거리낌없이 덜어내어 남을 칭송하고, 내가 가진 달란트를 남에게 기꺼이 덧붙여 그를 떠받들고, 이것이 '다워야' 하는 것의 실체라 생각합니다.

"아무 일에든지 다툼이나 허영으로 하지 말고 오직 겸손한 마음으로 각각 자기보다 남을 낫게 여기고"
"각각 자기 일을 돌볼뿐더러 또한 각각 다른 사람들의 일을 돌보아 나의 기쁨을 충만하게 하라"(빌 02:03-04)

그렇다면 수백억은 10개를 낫게 여겨 쪼개야 합니다. 담임목사는 부목사를 낫게 여겨 지극히 존경하여야 합니다. 허울뿐인 해외선교는 알찰 빈 교회를 낫게 여겨 이제 그만 멈추어야 합니다. 외제차는 분수와 처지를 낫게 여겨 용도를 폐기처분하여야 합니다. 사모펀드는 구제헌금을 낫게 여겨 칭송하여야 합니다. 당회는 재정장로를 낫게 여겨 그를 떠받들어야 합니다. 이것이 '다워야' 하는 것의 실체이자 저마다에 붙여진 직분(지위)의 본질일 것입니다.

목사가 목사답고, 장로가 장로답고, 권사와 집사가 권사와 집사답다면, 존경과 명예와 칭송과 떠받듦은 애써 힘들게 붙이려고 하지 않아도 자연스레 그림자처럼 항상 곁을 떠나지 않을 것입니다. 그럼에도 불구하고 우리는 지금까지 깜깜한 밤에 그림자를 찾고자 그토록 목매가며 안타깝게 헤매고 있었던 것 같습니다.

세상이 그를 존경하였던 것은 남을 나보다 낮게 여겼기 때문입니다. 세상이 그를 칭송하였던 것은 교만과 탐욕이 없었기 때문입니다. 세상이 그를 명예롭게 대했던 것은 항상 주위를 돌아보아 그 사랑을 함께하고자 안타깝게 애썼기 때문입니다. 세상이 그들 돌아보아 떠받들었던 것은 누구도 할 수 없을 것이라 생각했던 일을 누구보다도 쉽게 행했기 때문입니다. 또 다시 그의 이름을 크리스천 된 우리 신앙의 표상이자 모범으로 여겨 여기에 존경의 눈물을 먹물삼아 꼭꼭 눌러 기억해 두고자 합니다.

길/ 만/ 영/

제발이지 같은 말이라도

개신교(改新教) 교회의 목사님들은 술과 담배를 일절 입에 대지 않습니다. 물론 기독교 신도들도 외견상 이는 매한가지라 볼 수 있습니다. 그 이유는 술과 담배를 멀리함으로써 자신의 몸을 성결케 하여 구별되고도 절제된 경건한 삶을 통해 하나님의 영광을 세상 앞에 드러내기 위함에 있다고 합니다(앞선 프롤로그 참조).

그렇다면 술과 담배는 적어도 크리스천들에게 있어서는 부정(不淨)한 것의 본질로서 취급되고 있다고 말할 수 있습니다. 이 같은 연유에서인지는 몰라도 복잡다단한 사회생활을 통해 술과 담배를 입에 대지 않는 사람을 마주 대하게 되면 누구나가 무심코 이 사람은 틀림없이 크리스천일거라는 생각을 떠올리게 되는 것 같습니다.

세간에 널리 회자되고 있는 에피소드라 볼 수 있지만 필자가 이 이야기를 접한 때는 대학 다니던 시절이었습니다. 목사님 주일설교 중에 접했던 한 조각 우스갯소리입니다. 목사님이 시골교회에서 전도사로 시무하시던 때의 이야기라고 합니다. 그때 한 집사님이 계셨는데 그분의 신앙은 참으로 돈독했다고 합니다. 마을사람 누구에게나 신앙적으로 모범을 보였고 인근마을에서도 이로 인하여 칭송이 자자했다고 합니다. 그런데 그 집사님은 한 가지 끊을 수 없는 기호(嗜好)를 갖고 있었는데 그것이 다름 아닌 끽연(喫煙)이었습니다. 곧 골초 중에 골초였던 것이지요.

어느 무더운 여름날이었습니다. 교회의 재래식 화장실에 하도 구더기가 많이 들끓자 목사 사모님은 생각다 못해 탈곡에 쓰던 발동기의 기름을 빼내다가 화장실에 들이 부었다고 합니다. 아닌 게 아니라 오로지 구더기를 없애기 위함이었습니다. 그런데 이 사실을 전혀 모르고 있었던 한 집사님은 남들의 눈을 피해 몰래 이곳 화장실에 몰래 들어가 그것도 담배하나 물고 용변을 보다가 무심코 기름에 뒤범벅이 된 변통에 떨어뜨린 담뱃불이 화근이 되어 화장실은 둘째 치고 자신의 엉덩이에 큰 화상을 입게 되었다고 합니다. 온 동네에 난리 아닌 난리가 났음은 자명한 일이었겠지요.

한 집사님은 지금까지 30년 동안 줄기차게 즐겨왔던 끽연의 즐거움을 끊고 바야흐로 해방[금연(禁煙)]의 기쁨을 맛보기에 이릅니다. 마치 애굽으로부터 이스라엘의 해방처럼 말입니다. 그런데 여기서 한 집사님이 금연에 이르게 될 수밖에 없었다고 하는 간증(干證)이 실로 가관이 아닐 수 없었습니다. 곧 그 집사님은 금연할 수밖에 없었던 이유가 자신을 지극히 사랑하고 계셨던 하나님께서 그것도 지저분하고 냄새나는 화장실까지 찾아오셔서 오순절(五旬節, Pentecost, *Pentecostes*) 성령의 불을 놓아 지금까지 잘못된 자신의 죄를 일시에 도말해 주셨다는 것입니다. 만약 그때 운 좋게 살아남은 구더기가 지금까지 살아있다면 그 구더기는 한 집사님의 산 증인이 되는 셈입니다.

이 사연을 들먹이시면서 목사님께서는 당시 필자를 포함하여 젊은 우리에게 끽연의 패악함을 추상같이 이르셨습니다. 잘못하다간 엉덩이는

커녕 온 몸을 불사를 수도 있다는 경고의 메시지와 함께 말입니다.

화제를 바꾸어, 레위기의 기록으로 잠깐 돌아가 보겠습니다. 레위기에서는 우리가 취할 수 있는 음식을 성별해 두고 있습니다(레 11, 신 14). 곧 먹어도 되는 음식과 먹지 말아야 할 음식을 구분해 두고 있습니다. 물론 제사규례로서 말입니다. 이를 일컬어 '코셰르(*Kashrut, Kashér, Kosher,* כַּשְׁרוּת) 율법'이라고 합니다.

레위기에 기록된 음식, 곧 먹을 수 있는 것(예를 들면, 식물, 소, 양, 염소, 사슴, 닭 등 먹지 말아야 할 음식을 제외한 모든 것)과, 그렇지 않은 것(예를 들면, 돼지고기, 조개, 맹금류, 게, 박쥐, 메기를 포함하여 지느러미와 비늘이 없는 어류 등)에 대한 구분은 지금의 우리가 보기에 심히 낯설고 또한 선뜻 납득할 수 없는 것들이 대부분입니다. 나아가 왜 이러한 음식들이 부정한 것으로 또는 혐오스러운 것으로 취급되었는지 이유 또한 명쾌하지 않은 실정입니다.

그러나 당시의 종교적 사정과 환경을 이해한다면, 결코 이 기록이 그렇게 부자연스러운 기록이라고는 섣불리 이야기할 수는 없습니다. 예컨대 돼지고기를 부정한 것으로 취급하여 먹지 말라고 했던 것은, 당시 돼지는 이방신교(異邦神敎)가 창궐했던 가나안(Canaan)에서 우상(偶像)에 대한 희생제물로 사용되고 있었고, 바벨론[Babylonia, 현재의 '이라크'(Iraq)]이나 구브로[지금의 사이프러스(Cyprus)] 및 시리아(Syria, 성경에서는 '수리아') 등에서는 신성한 동물로서 존중시 되고 있었습니다. 이러한 시대적 배경을 고려하면, 그다지 수긍 못할 것도 없을 것입니다.

한편 이와 병행해서 자연계의 사물에 대한 당시의 종교관도 코셰르 율법에 상당한 영향을 끼쳤을 것으로 생각됩니다. 예컨대 뱀을 부정한 것의 원인으로 삼은 것은 뱀이 잡신(雜神)의 힘을 가지고 있을 것이라는 당시의 사회적 인식에 기초하고 있음을 엿볼 수 있습니다. 이 같은 코셰르의 판단기준은 무엇보다도 그 배경이 선민(選民, 곧 이스라엘)과 이교(異敎)와의 뒤섞임을 방지하기 위한 것에 본연의 뜻을 두고 있었습니다.

다른 한편 코셰르 율법은 현대의 의학적 견지에서도 일견 타당성을 엿보이고 있습니다. 곧 그것을 자주 취하는 경우 사람 몸의 건강상 치명적인 해를 끼치거나 끼칠 수 있는 것들이 대부분임을 상기할 때, 한편으로 레위기에서 식물(食物)의 취사선택은 퍽이나 재미를 더하고 있음을 엿볼 수 있습니다. 그렇지만 이 모두를 규례로 두신 하나님께서는 이유를 각자 이스라엘의 몸을 구별하여 깨끗하고 성결하게 하여 거룩히 보존하여야 함에 두시고, 그 낱낱을 이스라엘의 처분에 맡겨두셨을 것이라고 봅니다. 오늘날 술과 담배처럼 말입니다.

그런데, 코셰르 율법에서 '피'(血)에 대해서 잠시 생각해볼까 합니다. 이해를 돕기 위해 화제를 조금 비약해 봅니다. 히브리어로 성(聖)은 코데쉬(*Kodesh*, קדש)라고 하는데, 이것은 '하나님의 것으로 구별된 것'을 뜻합니다. 성(聖)과는 반대로 속(俗)은 *초올*(*Chol*, חול)이라고 하며, 이것은 하나님께서 사용하시는 것 이외에 '(평상시에) 보통으로 사용되는 것'을 의미합니다. 우리는 보통 거룩[성(聖)]을 순수한 도덕적 의미에서 이를 새겨두고 있지만, 레위기의 기록에서는 그에 앞서 예배상의 문제로 보고 있습니다. 곧 성과 속에 대한 율법의 기본 명제는 다음의 기록에서 찾을 수 있습니다.

"너희는 거룩하라 이는 나 여호와 너희 하나님이 거룩함이니라"(레 19:02)

여기서 "하나님께서는 거룩하시다"는 의미는 오직 하나님만이 천상천하에 유일하신 하나님이시라는 것과, 그 앞에만 예배를 드려야 하고, 어떠한 형상이든지 모습이든지 다른 신에게는 예배할 수 없음을 강조하고 있는 취지로 이해하여야 합니다. 또한 "너희는 거룩하라"라고 하는 명령은 이스라엘이 하나님의 백성으로서 하나님만을 예배하고 어떠한 신에게도 예배하지 말 것을 요구하고 있는 것으로 해석하여야 합니다. 따라서 기록에 비추어 '거룩'이라는 의미는 하나님 앞에서만 예배드려야 한다는 명령을 담고 있다는 시각에서 그 뜻을 바로 새겨두어야 합니다. 결국 '거룩하다'는 것은 모든 율법의 뼈대를 이루게 되고, 이에 따라 이스라엘은 하나님의 선민으로서 거룩한 백성이 되게 됩니다.

그러나 '거룩'은 예배상의 문제에만 국한하고 있다고는 볼 수 없습니다. 하나님의 백성인 이스라엘이 하나님만을 예배한다는 것은 오로지 하나님의 명령만을 따라야 할 것임을 표창하고 있기에, 결국 하나님의 명령은 하나님과 이스라엘과의 관계에서 뿐만 아니라 이스라엘 상호 간의 관계에도 영향을 미치게 됩니다. 이러한 시각에서 '거룩'이라는 것에 사람 상호 간의 도덕적 요소가 가미되게 되는 것입니다. 그렇다면 거룩은 하나님과 사람을 범위(대상)에 두고 있는 셈이 됩니다.

한편 당시 시나이반도 유랑가운데 이스라엘에게는 하나님께 드리는 희생제물을 제외하고 누구도 도살(屠殺)은 허락되지 않았습니다. 곧 하나님께 드리는 제사 이외에 도살을 범하는 자는 살인죄를 범하는 자와 매한가지로 취급하였습니다. 이 경우 모든 제사의 희생제물은 그것도 장막 내에서만 도살해야 했습니다. 또한 모든 희생은 하나님께만 드려야 함은 물론이고, 이때 희생제물의 피는 어떠한 경우라도 입에 대거나 취할 수 없었습니다.

그럼에도 불구하고 만약 피를 취하거나 먹은 자는 극형으로 처벌하였습니다. 이는 신약에 이르러서도 처지는 마찬가지입니다.

"우상의 더러운 것과 음행과 목매어 죽인 것과 피를 멀리하라고 편지하는 것이 옳으니"(행 15:20)

여기서 피를 먹지 못하게 규정하고 있는 취지는 모든 피에는 생명이 깃들어 있는 것으로 취급하였기 때문입니다. 곧 피를 하나님과의 생명을 연결하는 끈으로 보고 있었기 때문입니다. 피는 사람이나 동물의 것을 불문하고 이를 다치게 하거나 상하게 할 수 없었습니다. 결국 피는 거룩한 것으로서 온전히 하나님을 위해서만 사용할 수 있는 것으로 용도를 제한해 두었습니다. 이는 장막 안의 가축에게는 물론이고, 수렵에 의해 잡은 조수(鳥獸)의 피 또한 다름이 없었고 또한 이에 덧붙여 스스로 죽은 짐승과 찢겨 죽은 짐승의 고기도 먹을 수 없었습니다.

"그러나 고기를 그 생명 되는 피째 먹지 말 것이니라"(창 09:04)
"다만 크게 삼가서 그 피는 먹지 말라"
"피는 그 생명인즉 네가 그 생명을 고기와 함께 먹지 못하리니"(신 12:23)

지금의 우리가 일상에서 취하고 있는 음식 중에서 이 기록(피)에 해당할 수 있는 것이 아마도 '선지'가 아닐까 싶습니다. 먹을거리로서 '순대'나 '선짓국' 또는 '따로국밥' 등이 그것이 아닐까 생각합니다. 앞서 본 바와 같이 신구약 공히 이를 멀리 하고 있음에 따라 말씀대로라면 결코 입에 대지 않는 것이 좋을 듯합니다. 구약의 그때였으면 정말이지 죽었을 일입니다. 그럼에도 불구하고 마지못해 먹을 수밖에 없게 된 때나, 참지 못해 먹게 된 경우에는 그때를 떠올리며 먹을 일입니다.

한편 신약에 이르러 예수님께서는 입으로 들어가는 모든 음식은 모두 깨끗하다며 이를 폐하시기에 이릅니다. 곧 우리가 취할 수 있는 모든 것을 음식으로 취하게 하셨습니다. 다만 이 경우에도 피는 멀리하여야 할 것입니다.

> "예수께서 이르시되 너희도 이렇게 깨달음이 없느냐 무엇이든지 밖에서 들어가는 것이 능히 사람을 더럽게 하지 못함을 알지 못하느냐"
> "이는 마음으로 들어가지 아니하고 배로 들어가 뒤로 나감이라"
> "이러므로 모든 음식물을 깨끗하다 하시니라"(막 07:18-19)

그렇지만 여기서 우리가 바로 보아야 할 것은 마음으로 들어가는 음식입니다. 곧 '생명의 양식'을 말하는 것입니다. 영(靈)이 강건하려면 육(肉) 또한 건강하여야 할 것입니다. 마찬가지로 육이 건강하려면 영 또한 강건하여야 할 것입니다. "건강한 신체에 건강한 정신이 깃든다"는 말을 허투루 대할 수 없는 이유가 바로 여기에 있다고 봅니다.

하나님께서 레위기에서 이르신 바와 같이 우리 몸을 거룩하게 하여야 하는 것은 해도 되고 안 해도 되는 허투루 것이 아니라 그때나 지금이나 추상같은 하나님의 명령으로 새겨야 할 것입니다. 왜냐하면 우리의 몸과 마음을 거룩하게 하고자 안타깝게 애쓰는 삶, 그 속에 술 취함이 들어올 수 없고, 담배가 스밀 수 없으며, 피가 버무려 질 수 없을 뿐만 아니라 정욕과 탐욕이 깃들 수 없는 것이라 보아 마땅하기 때문입니다.

> "나는 여호와 너희의 하나님이라 내가 거룩하니 너희도 몸을 구별하여 거룩하게 하고 … 스스로 더럽히지 말라"(레 11:44)

다시 앞선 화제로 돌아가, 피는 물론이고 술과 담배와 관련하여 필자가 이 지면에서 논하고자 하는 핵심은 술과 담배를 배타시하고 있는 우리 크리스천의 자세를 탓하고자 함에 있는 것이 아닙니다. 그렇다고 언감생심 술과 담배에 크리스천을 결부하고 있는 비뚤어진 세간의 시선을 질타(叱咤)하고자 함은 더더욱 아닙니다. 모름지기 그것은 세간의 시선에 용해(溶解)되어 있는 크리스천의 저급한 행실을 적시하고자 함에 있습니다.

> "기독교는 좋은데, 기독교인들은 정말이지 싫어요"
> "우리가 '기독교'를 '개독교'라 부르는 이유는 모두 기독교인들 때문입니다"

크리스천이라면 아마도 처음 들어본 이야기는 아닐 것이라 생각합니다. 그렇다면 자문해 보기에, 지금처럼 술과 담배를 입에 대지 않으면 크리스천일 것이라는 세간의 보편적인 생각은 어디서부터 비롯된 이야기일까요? 이에 반하여 가난하고 불쌍한 사람들을 돌보고 위로하는 일에 안타깝게 애쓰는 사람들이야말로 분명 크리스천일 것이라는 생각은 어디에 파묻혀져 있는 것일까요?

아마도 세간의 생각은 착한 행실로 남들의 귀감이 되는 사람들을 크리스천에 결부하고 있는 것보다도 오히려 술과 담배를 입에 대지 않는 사람들을 크리스천으로 취급하고 있는 것이 보편적인 생각일 것이라 봅니다. 무엇 때문에 이처럼 기독교인들을 바라보는 세간의 시선은 본말(本末)이 전도된 채 냉담하고 싸늘하게 왜곡되어 있는 것일까요?

착한 행실과 인격으로서 나 아닌 다른 사람을 돌보고 배려하는 사람들을 볼 때마다 아마도 저 사람은 필시 크리스천일 것이라는 생각이 세간의 보편적인 시선이 되어야함에도, 어떠한 이유에서 세간은 술과 담배를 피하고 있는 사람들에게 크리스천이라는 호칭을 덮어씌워 두고 있는가 말입니다. 떠올리기 싫은 끔찍한 가정일지 모르겠으나, 혹시 술과 담배가 소위 세간에서 비아냥거리고 있는 말 그대로 "기독교인이 싫다"는 때로는 '개독교인'라는 칭호와 어떠한 연관성을 두고 있는 것은 아닐까요?

각설하고 필자는 이 지면에서 술과 담배를 겉과 속이 다른 기독교인들의 표리부동(表裏不同)한 이중성을 표창(表彰)하고 있는 매개(媒介)로 취급하고 있습니다. 이 경우 "표리부동하다"는 의미는 말씀의 법을 따라 '하라'는 것은 지독히도 하지 않고, '하지 말라'는 것은 기를 쓰고 찾아서 행하는 크리스천의 이율배반성(二律背反性)을 의미합니다.

그렇다면 세간의 시선과 다름없이 술과 담배에 은유적(隱喩的)으로 빗대어진 크리스천은 모두가 부정하기 그지없는 방탕(放蕩)의 주체가 되는 셈이 됩니다. 여기서 '방탕'이라고 함은 사전에서와 같이 '행실이 좋지 못하고 마음이 들떠 갈피를 잡을 수 없는 상태'를 의미합니다. 아무리 그렇다고 해도 크리스천을 부정하기 그지없는 방탕의 주체로 싸잡아 몰아가는 것은 지나치게 과장되고 비약된 망발(妄發)이 아닌가는 생각도 가져볼 수 있으리라 봅니다.

그럼에도 불구하고 생각하고 또 생각해 봐도 무시로 가난하고 소외된 이웃들을 향하여 온정의 손길을 베푸는 사람을 볼 때마다 뉘나 다름없이 "아마도 저 사람은 크리스천일거야"라고 쉽게 떠올릴 수 있게 하여야 함이 옳은 일이 아닐까요? 그렇지만 지금의 형국은 술과 담배를 입에 대지 않는 행위 자체를 크리스천에 결부해 두고 있는 것이 세상 사람들의 보편적 통념이 되고 있는 형편인 것 같습니다. 만약 그렇다면 참으로 기가 막힌 현실이 아닐 수 없다고 봅니다. 이것이 필자만의 고루(固陋)하기 그지없는 퀴퀴한 생각일까요?

순대나 선짓국은 뒷전에 두고서라도 그간에 술과 담배를 즐겨하고 있는 크리스천을 대할 때마다 어떠한 생각이 드셨습니까? 아니 그보다는 크리스천으로서 술과 담배를 즐기고 있는 중에 또 다른 크리스천에게 현장을 들키고야 말았을 때 어떠한 생각이 드셨습니까? 그럼에도 불구하고 개의치 않고 계속 담배를 물고 계셨습니까? 그럼에도 불구하고 계속 술잔을 들이키고 계셨습니까?

이 같은 질문에 또 다시 결코 오해는 하지 말아 주십시오. 필자가 여기서 지적하고자 하는 것은 술과 담배를 즐겨하고 있는 우리 크리스천을 탓하고 있는 것이 아닙니다. 그것은 재차 이야기하기에 크리스천의 정체로서 필자를 포함하여 크리스천 된 우리의 행실을 우리 앞에 드러내고자 기를 쓰고 있는 것뿐이지 그 이상도 이하도 아닙니다.

지금까지 귀가 따갑도록 들어왔던 이야기가 아닐 수 없습니다. '제발이지 같은 말이라도' 세상을 본받지 말라고 이야기하지 말고, 세상을 감싸라고 이야기 해 주십시오.

'제발이지 같은 말이라도' 패악하기 그지없는 악한 세상이라고 이야기하지 말고, 우리가 그 패악을 이끈 장본인으로서 죄인 중에 괴수라고 고백해 주십시오.

'제발이지 같은 말이라도' 세상과 연합하지 말 것을 위해 기도하지 말고, 세상 앞에 보다 겸손해질 것을 위해 기도해 주십시오.

'제발이지 같은 말이라도' 세상에 획을 그으려 하지 말고, 지금 쌓여 있는 벽을 허물고자 애써 주십시오.

'제발이지 같은 말이라도' 우리로 하여금 세상을 향한 지탄의 화살에 활촉하나를 더해 얹게 하지 말고, 세상을 대신하여 쏟아지는 화살에 맞아 죽을 수 있는 결연한 의지를 다질 수 있도록 이끌어 주십시오.

그 최선봉에 목사님이 계시고, 장로님이 계시고, 권사님이 계시고, 집사님이 계시다면, 언감생심 만군의 여호와 하나님께서 뒷짐 지신 채, 그저 내려다만 보고 계시겠습니까?

지금 이 시간에도 여러분은 하나님께 간절히 간구하고 계실 줄 압니다. 그렇다면 지금 무엇을 구하고 이후로 무엇을 구하시렵니까? 헛되고 헛된 이 세상에서의 영달을 구하고 이후로 자신의 안위를 구하시렵니까? 세상이 우러를 수 있는 높은 지위와 재산과 무사안일의 형통을 구하고 이후로 단위에 당당히 올라 있는 자랑스러운 자신의 모습을 구하시렵니까? 세상은 우리에게 고래고래 욕하고 조소하고 있는데도 그럼에도 하등의 미동도 없이 그도 뻔뻔스럽게 악한 세상을 불쌍히 보고 그러기에 용서해 달라고 구하고 이후로 세상을 위해 혀를 찰 수 있도록 해달라고 구하시렵니까?

해마다 연초에 우리에게 기도의 제목을 써내라고 요구하셨지요? 무엇 때문에 써내라고 하셨습니까? 그렇고 저렇고 간에 그렇다면 기도의 제목에서 남을 위해 세상을 위해 죽겠다는 기도의 제목은 몇 장이나 보셨습니까? 혹시나 모든 것이 남이 아닌 자신을 위해 이 세상에서 그저 바라고 그저 원하고 있었던 것은 아니었습니까? 자칭(自稱) '하나님의 말씀을 대언(代言)하는 주의 종'이라는 무시무시한 호칭을 기억할 때, 정녕 하나님께서 그렇게 써내라며 이르셨던가요? 정녕 하나님께서 그렇게 이 땅위에서의 기복을 위해 기도하라고 이르셨던가 말입니다.

알게 모르게 술과 담배는 그렇게도 멀리하라며 죄악시하고 있음에도 불구하고 왜 그보다 더한 순대나 선짓국에는 아무 말 없이 침묵하고 계십니까? 혹시나 세상에 뜻 모를 획을 그으려는 심사는 아니었습니까? 그간에 예수님을 닮아 세상을 위해 가장 비참하게 죽으라는 말은 무엇 때문에 그토록 아껴두셨는가요? 예수님께서 이미 다 이루어 주셨다는 이유에서였습니까? 몰라서 여쭈어 보기에 술과 담배를 즐겨하는 크리스천의 죄가 더 무거울까요? 아니면 세상의 따가운 시선에도 아랑곳하지 않고 한결같이 자신을 감싸 안고, 아닌 게 아니라 그저 구하고만 있는 크리스천의 기복신앙(祈福信仰)의 죄가 더 무거울까요?

그렇고 저렇고 간에 오늘 목사님의 기도제목은 무엇입니까? 그러기에 오늘 따라 미치도록 술 생각이 간절할 따름입니다.

『목사님, 술 한 잔 하실래요?』

도량 있는 선비

지금까지 끊이지 않고 해결되지 않은 채 계류(繫留)되어 있는 교회문제 중의 하나로 소위 성직자로서 목회자의 세제(稅制)문제를 들먹일 수 있습니다. 누구나가 이 문제를 접할 때면, 통상 상식과 감정의 의지하여 목회자가 나라에 세금을 내는 것이 마땅한지 그렇지 않은 지를 재단하기 십상일 것이라 생각합니다.

그렇지만 여기서는 그 경우를 조금은 다른 각도에서 접근해 보고자 합니다. 곧 이하 풀어가겠지만 목회자가 세금을 내고 안내고 하는 것이 누구의 입장에서 바라보아야 마땅한지의 시각에서 다루어 보고자 합니다.

목회자의 납세문제를 바로 보는 것은 그렇게 쉬운 일이 아닙니다. 왜냐하면 당사자로서 목회자 자신은 물론이고 교회와 또한 징수자로서의 국가 간에 첨예한 이해와 고민이 결집되어 있기 때문입니다. 그러기에 말도 많고 탈도 많아 지금까지 이곳저곳에서 무익한 탁상공론만이 난무하고 있는 실정입니다.

이 문제를 깊이 있게 들여다보지 않은 상황에서는 목회자 또한 국민의 한 사람으로서 마땅히 세금을 내야 된다고 단순히 생각할 수도 있겠지만,

최저생계비의 보존이나 국민보험(연금, 의료, 고용, 산재보험 등) 등에 대한 국가의 막대한 부담을 고려하면 그도 쉽지만은 않은 상황입니다. 그렇다고 목회자는 세금을 내지 않아도 된다는 견해에 치우치게 되면, 사회법은 차치하고서라도 작금의 교회현실을 바라보고 있는 사회통념에 반하게 되는 우(愚)도 간과할 수는 없는 형편입니다.

이 문제는 비단 목회자만의 문제로 그치지 않고 어쩌면 우리에게도 해당될 수 있습니다. 일례로 십일조에 관한 것이 그것입니다. 곧 다달이 우리의 소득급여 중에서 과세이전의 총수입금액으로 십일조를 떼어야 하는지, 아니면 과세이후 실질수령금액으로 떼어야하는지의 선택의 문제일 수도 있습니다. 여러분은 이 문제를 어떻게 보고 계신가요? 아니 그보다는 어떻게 해결하여야 이후로의 설왕설래(說往說來)의 무익한 변론(辯論)을 잠재울 수 있을까요? 함께 생각해 보기로 합니다.

목회자의 납세를 주장하고 있는 사람(전자)들의 사회법적 근거는 통상 헌법 제38조에 두고 있습니다. 이에 따르면 모든 국민은 세금을 내야 한다는 소위 국민개세주의(國民皆稅主義)와 과세형평원칙(課稅衡平原則)을 기치에 두고 있습니다.

이에 반하여 그렇지 않다고 주장하고 있는 사람(후자)들은 교회헌금은 기부금일 뿐만 아니라 종교법인에 대한 면세규정과 현행 국세법상 목회자에 대한 납세의무규정을 뒤적여볼 때 어디에도 납세의무를 부가하고 있는 규정은 찾아볼 수 없다는 점을 들어 전자에 대항하고 있습니다. 나아가 교회헌금으로부터 비롯된 목회자의 소득은 근로소득으로 볼 수 없고 폭넓은 사회봉사활동으로 보아 사례금으로 취급해야 한다는 논리도 덧붙여 두고 있습니다. 또한 만약 우리나라에서 목회자에게 납세의무를 부과한다면 목회자에게도 앞서 본 국민보험혜택을 국가가 보장하여야 하며, 전체 목회자 대비 기본생활비(4인 기준 170만원 정도)에도 못 미치고 있는 80% 이상의 목회자 수입을 고려할 때, 국가는 최저생계비(마찬가지로 120만원)를 기준한 생계비 또한 보존해 주어야 할 것이라며 전자에 맞불을 놓고 있는 상황입니다.

그렇지만 전자의 시각에 힘을 싣고자 의도하고 있는 사회일각의 견해도 존재합니다. 좀 지난 최근에 공중파 TV에서는 이 문제에 관하여 집중적으로 조명하면서 빙산의 일각이나마 목회자의 현재 생활상태(수준)를 보도한 적이 있었습니다. 곧 시가 3억 원에 달하는 외제 승용차를 몰고 다니는 대형교회의 목사, 골프연습장이 달려 딸려 있는 고급빌라에 살고 있는 목회자, 수십억 원을 호가하는 전원주택에서 살고 있는 목회자들의 실상을 집중 조명한 적이 있었습니다. 이와 함께 목회자들의 수입이 얼마나 되고 그 또한 어디서 나오고 있는지에 대해서도 추적보도 하였는데, 일례로 골프연습장이 딸려있는 고급빌라에 살고 있는 한 목회자의 연봉이 자그마치 12억 원에 육박한다는 사례 또한 적시해 두고 있었습니다. 한 가지 씁쓸한 사실은 이 기사 보도 이후 소위 한국의 기독교를 대표한다는 몇몇 단체에서는 공문을 보내 이 같은 보도를 자제해 줄 것을 요청한 것으로 알려졌습니다. 그렇지만 이유는 지금까지 알려져 있지 않은 차제에 있습니다.

한편 목회자의 납세문제는 비단 소득세에 그치지 않고 있습니다. 재산세에 관련한 것도 도마에 오르고 있습니다. 낱낱을 여기서 시시콜콜히 따져보는 것은 무익할 것으로 여겨 생략하기로 하고, 다만 우리 실정법상의 처지를 몇 가지 판례를 참조하여 이에 대신해 두기로 하겠습니다.

우선 교회 담임목사의 사택은 비과세대상이라고 보고 있습니다(대법원판결 1983.12.07. 83누298). 취지는 담임목사의 주택은 교회의 목적사업에 직접 사용되는 것으로 보아야 하므로 세금을 부과해서는 안 된다는 것에 두고 있습니다. 이 경우 사택이 교회의 경내에 있지 아니하고 떨어져 있다고 하더라도 달리 볼 것이 없다고 하여 마찬가지로 비과세대상으로 판단하고 있습니다.

그렇지만 부교역자(부목사, 강도사, 전도사 등)의 사택은 교회의 목적사업을 수행함에 있어 필요불가결한 중추적 존재라고는 볼 수 없다고 보아, 이들이 주거용으로 사용하고 있는 주택은 일체 비과세대상에서 제외하고 있습니다. 곧 과세대상으로 보고 있습니다. 이 경우 교회 사찰의 사택 또한 마찬가지입니다.

그렇다면 외국(미국이나 일본)의 경우에는 어떨까요? 결론부터 이야기하면 외국의 목회자들은 우리나라와는 다르게 공히 세금을 납부하고 있습니다. 그렇지만 그 형편은 우리와는 사뭇 다릅니다. 곧 이들은 퇴직 후에 각종의 연금혜택과 사회보장제도의 혜택을 일반인과 다름없이 수혜하고 있다는 시각에서 입니다. 그렇다면 외국의 처지를 우리와 동일한 선상에 놓고 꿰다 맞춰 내야 된다는 식으로 재단하는 것은 일견 형평에 맞지 않을 것입니다.

한편 전자에도 후자에도 속해 있지 않은 또 다른 부류의 사람들은 위에서와 같은 외국의 사례를 참조하여 성직자들이 납세의 의무를 지는 대신에 국가가 사회보장제도나 연금혜택 등을 수혜할 수 있도록 하여야 한다고 주장하고 있습니다. 단지 시기를 잘 조정하여야 할 것을 조건에 두고 양자의 타협을 모색하고 있기도 합니다.

그렇다면 성경은 어떤 태도를 취하고 있을까요? 우선 지금의 목회자들이 구약시대에 레위지파에 해당한다고 보아 본장 말머리에서 제시한 민수기의 기록(17-18)을 통해 이하 면면을 찬찬히 들여다보기로 하겠습니다.

앞서 우리가 보았던 고라당의 반역사건을 계기로 하나님께서는 레위지파에게 주신 특권을 이스라엘에게 다시금 명확히 보여주실 필요가 있었습니다. 민수기 17장은 이를 다루고 있는 기록입니다. 이 기록은 구약성경에서 레위지파의 특권을 확인하고 있는 마지막 기록이 되는데(민 16:01-35, 36-50, 17), 내용은 어느 지파를 하나님께서 선택하셨는지 밝히 보여주시고 계신 것과, 이스라엘이 하나님의 자비하심을 구하는 것으로 구분할 수 있습니다.

본 기록에 비추어 하나님께서는 모세를 통하여 이스라엘 12지파에게 각각의 지팡이를 취하게 하시고 거기에 각 족장의 이름을 쓰게 하셨습니다. 다만 레위의 지팡이에는 대제사장 아론의 이름을 쓰게 하셨습니다(이유는 이스라엘 중에서 레위지파를 특별히 구별하여 선택하셨다는 사실을 밝히 보여주시기 위함에 있었습니다). 그리고 하나님께서 구별하여 택한 지파의 지팡이에는 싹이 자랄 것이라고 하시면서 이를 이스라엘에게 보여주시기 위해 모두의 지팡이를 장막 안 증거궤(證據櫃) 앞에 두라고 하셨습니다. 또한 이 증표로서 앞으로 고라당과 같은 반역을 그치게 하시겠다고 덧붙여 두셨습니다.

모세가 하나님의 명대로 모든 지팡이들을 증거궤 앞에 두고 다음 날 그곳에 들어갔을 때, 레위지파의 지팡이, 곧 아론의 이름이 적힌 지팡이에 움이 돋고, 순이 나고, 꽃이 피어, 살구열매가 열리게 되는 이적이 나타나게 됩니다.

모세는 싹이 돋은 아론의 지팡이를 포함하여 나머지 지팡이 모두를 온 이스라엘에게 보이고 이에 레위지파를 구별하여 선택하신 하나님의 뜻을 전하면서 아론의 지팡이를 증거궤 앞으로 다시 되가져다 놓고, 그곳에 간직하여 반역한 자에 대한 증표로 삼을 것임을 선언하게 됩니다.

마침내 이스라엘은 그들을 대신해서 자신들의 죄를 속죄하기 위하여 하나님께 가까이 나아갈 사람이 필요함을 다시금 확실히 깨닫게 되었고 그 결과 제사장 직분이 사람이 어찌해서가 아닌 하나님께서 구별해 주신 특권이었음을 명명백백히 알 수 있게 되었습니다.

이후 하나님께서는 아론의 대제사장직을 명확히 하시면서 재차 제사장과 레위인의 공식적인 의무에 관한 규례를 분명히 확정해 두셨습니다. 이유는 자주 동요하고 혼란에 빠지는 이스라엘에게 하나님의 뜻을 다시금 명확히 깨닫게 하시기 위함에 있었습니다.

그 내용은 우선 레위지파의 공식적인 의무와 레위지파의 의무이행에 따른 소득으로 구분할 수 있습니다. 이 규례는 제사장에게 돌아가는 십일조에 관한 내용만을 제외하고 하나님께서 모세가 아닌 아론에게 직접 말씀하신 것이라는 특징이 있습니다.

이 경우 레위지파의 소득에 관하여 주목하여야 할 것은 십일조에 관한 것입니다. 곧 하나님께서는 모든 이스라엘의 십일조를 레위인에게 주셨습니다. 본래 십일조에 관한 규례는 신명기의 기록이 가장 오래된 것이고(신 14:22-29), 그것이 이어져 레위인을 포함하여 나그네와 고아나 과부 등에게도 주라고 명하신 레위기의 기록(레 27:30-33) 그리고 본장에서의 기록이(24) 뒤를 따르고 있습니다. 결국 모든 이스라엘의 십일조는 레위인에게 돌아갔습니다. 그렇지만 레위지파 또한 그들 소득의 십일조를 성별하여 하나님께 바쳐야 했습니다.

신약에 이르러서는 상황이 구약과는 다르게 전개됩니다. 당시 교활했던 바리새인들은 예수님을 말씀을 꼬투리 잡고자 세금을 빌미삼아 예수님을 시험하기에 이릅니다. 기록은 다음과 같습니다.

"이에 바리새인들이 가서 어떻게 하면 예수를 말의 올무에 걸리게 할까 상의하고 자기 제자들을 헤롯 당원들과 함께 예수께 보내어 말하되"

"… 그러면 당신의 생각에는 어떠한지 우리에게 이르소서 가이사에게 세금을 바치는 것이 옳으니이까 옳지 아니하니이까 하니"

"예수께서 그들의 악함을 아시고 이르시되 외식하는 자들아 어찌하여 나를 시험하느냐"

"… 이에 이르시되 그런즉 가이사의 것은 가이사에게, 하나님의 것은 하나님께 바치라 하시니 그들이 이 말씀을 듣고 놀랍게 여겨 예수를 떠나가니라"(마 22:17-22, 막 12:13-17)

여기서 교활했던 바리새인들의 의도는 예수님께서 세금을 바치라고 하면, 어떻게 하나님의 아들이라 칭하고 있는 예수님께서 당시 유대인의 압제자로서 군림하고 있었던 로마의 가이사(Caesar)에게 세금을 내라고 하느냐며 따질 요량이었고, 달리 예수님께서 바치지 말라고 이르시면, 로마에게 고발하여 예수님을 궁지에 몰고자 계획하고 있었습니다. 그도 저도 아니게 아무 말씀도 아니 하시면, 어떻게 하나님의 아들이라면서 아무 말도 하지 않느냐고 따지면서 되레 그것도 모른다고 조롱하려는 그들의 검은 속내를 감춰두고 있었습니다. 그들 생각에는 예수님께서 어떤 답변을 하시든 자신들의 꾀에 틀림없이 걸려들 것이라고 생각하고 있었던 것입니다.

이에 예수님께서는 그들 바리새인들과 수하(手下)들의 속내를 보시고 이를 통렬히 질타하시면서 유명한 명언으로서 '가이사의 것은 가이사에게, 하나님의 것은 하나님에게'라는 말씀을 남겨 주시게 됩니다. 그렇다면 쉽게 보아 '세금은 세금대로, 예물은 예물대로'라는 말씀으로 바로 새길 수 있을 것입니다.

앞선 화제로 돌아가 그렇다면 목회자의 납세문제에 관하여 신구약은 일정한 함수관계를 갖고 우리에게 해결책을 암시하고 있다고 보여 집니다. 먼저 구약에서 레위지파의 소득은 전적으로 이스라엘의 갹출(醵出)에 의존하고 있음을 볼 수 있습니다. 여기서 갹출된 것의 본질은 하나님께 바친 십일조로서 재물이 아니라 예물로 취급할 수 있습니다. 따라서 만약 레위인이 이스라엘로부터 취한 십일조에서 일정부분을 따로 떼어내어 이스라엘의 공익을 위해 또 다시 세금으로 바쳤다면 이는 어불성설이 될 것입니다. 왜냐하면 하나님의 것이 또 다시 사람에게 돌아가기 때문입니다.

다음으로 신약에 이르러 예수님께서 이르신 대로 '가이사의 것은 가이사에게, 하나님의 것은 하나님에게'라는 말씀을 보면 한마디로 '(가이사의 것) 따로 (하나님의 것) 따로'라는 말씀으로 해석할 수 있을 것 같습니다. 따라서 하나님의 것을 또 다시 떼어 내어 가이사에게 바친다면 이 또한 어불성설이 될 것입니다. 왜냐하면 마찬가지로 이중과세로 볼 수 있기 때문입니다.

그렇다면 신구약을 종합할 때, 목회자(레위지파)는 소득에 관한 한 국가에 세금을 납부하지 않아도 된다는 결론에 이르게 됩니다. 왜냐하면 우리는 우리의 소득을 따로(하나님께 드리는 예물로서) 따로(국가에 납부하는 세금으로서) 구분하여 이미 드렸거나 냈기 때문입니다. 결국 국가는 목회자에게 세금을 내라 내지 않아도 된다고 이야기 할 수 있는 처지에 있다고 볼 수 없습니다. 물론 신앙적인 시각에서 말입니다.

신구약성경의 기록에 비추어, 그렇다면 목회자의 납세에 관한 작금의 문제는 모두 해결되었다고 볼 수 있을까요? 결단코 그렇지 않습니다. 문제는 지금부터 시작입니다. 왜냐하면 필자가 앞에서 언급한 대로 누구의 시각에서 이 같은 문제를 바로 보아야 하느냐에 대한 실타래는 엉킨 그대로 고스란히 남아 있기 때문입니다. 이 실타래를 풀기 전에 잠깐 시선을 밖으로 돌려 보겠습니다.

생각하기에 성당의 신부나 사찰의 승려들의 사례비는 얼마나 될까요? 얼마나 되는지를 묻는 것이 타 종교 간에 있어서 예의가 아니라면 말을 바꾸어 용처(用處)는 대개 어떠한 것들이 있을까요? 그들에게 집이 있나요? 자식이 있나요? 그렇다고 땅 한 평 소유하고 있나요? 기껏해야 필요한 것이 그도 술값이나 담뱃값 또는 책값 뭐 이런저런 사소한 것들에 있지 않을까요? 그들에게 억만금을 준다고 한들 그들이 자신들을 위해 사용할 수 있는 용처가 몇 가지나 또한 얼마나 되겠습니까? 이 지면에서 이를 시시콜콜히 따지고 들기에 너무 유치하다고 보아 논제의 범위 내에서 또 다시 화제를 바꾸어 보겠습니다.

저 심오한 불교세계의 그것도 한평생을 두고 참선(參禪)에 임하고 있는 수행자들의 고행(苦行)을 떠올려 보세요. 수년 또는 수십 년 동안 장좌불와(長坐不臥, 눕지 않고 앉아서 하는 수행)나, 면벽좌선(面壁坐禪, 벽을 보며 수행하는 것), 묵언수행(默言修行), 하안거(夏安居), 동안거(冬安居) 등은 말할 것도 없고, 방문을 걸어 잠그고 때로는 후미진 음산한 동굴에 좌정하여 참선에 임하고 있는 그들의 모습을 떠올려 볼 때, 어떤 생각이 드십니까?

수도원에서 때로는 묵언으로, 때로는 말씀을 상고하며, 때로는 노동으로, 그들 하루를 빈틈없이 쪼개어 수행의 길에 임하고 있는 신부나 수녀들의 수행을 떠올려 볼 때, 또 어떤 생각이 드십니까?

몇 달씩 수십 수백리 길을 오체투지(五體投地, 양 무릎과 팔꿈치 그리고 이마 등 신체의 다섯 부분을 땅에 닿게 하는 절의 예법)의 예(禮)로 삼보일배(三步一拜)의 순례를 마다하지 않고 있는 라마교(티벳 불교의 속칭, Lamaism)의 피에 버무려진 인고의 길은 둘째치더라도 그 길의 한 중심에 서있는 라마승의 고행길을 떠올려 볼 때, 이참엔 또 어떤 생각이 드십니까?

사람보다 신이 더 많은 나라라고 하는 인도에서 나름의 깨달음을 얻기 위해 또는 그들 경전의 가르침에 따라, 때로는 온몸을 혹사시켜가며, 때로는 짓눌러가며, 우리가 보기에 괴롭고 처량하기 그지없는 고행 길을 마다하지 않고 지쳐가고 있는 수행자들의 모습을 지켜볼 때, 또 다시 어떤 생각이 드십니까?

바로보기에 그들이 이 같은 수행에 임하면서 필요한 것이 무엇이 있겠습니까? 아니 그들이 이러한 수행을 통하여 그토록 얻고자 하는 것이 무엇이겠습니까? 시가 3억 원에 달하는 고급승용차일까요? 고급빌라일까요? 수십억 원을 호가하는 전원주택일까요? 12억 원에 육박하는 연봉일까요? 이도저도 아니면 이 같은 수행에 임하고 있는 그들에 대한 보도자제 요청공문일까요?

또 다시 보기에, 여기에 비하면 우리 목회자의 필요는 명목이 상세하고도 분명합니다. 상여금을 포함한 사례비는 더 말할 것도 없고, 목회비, 교회 법인카드에 의한 대외협력비, 유학비(해외체류비, 왕복항공료, 과외교육비 등)를 포함한 일체의 자녀학자금, 생활비 및 품위유지비, 차량구입비,

의료비, 사택유지관리비 등이 그것입니다. 앞서 우리가 이야기했던 사례비는 이중 한 가지 항목에 불과합니다. 목회자의 시각에서 이러한 세목에 해당하는 금액이 얼마나 되는지를 묻는 것이 목회자를 향한 모욕이고 명예를 실추시키는 것이라면 더 이상의 거론은 지양하겠습니다.

그렇지만 결단코 침묵할 수 없는 첫 번째 질문이 있습니다. 그렇다면 수행은 어디서 어떻게 하고 계십니까? 장좌불와로 하십니까? 오체투지의 예로 하십니까? 묵언수행으로 하십니까? 면벽좌선이나 온몸의 고행으로 하십니까? 소망 없는 그들의 모든 고행을 한갓 헛되고 헛된 몸부림이라고 치부할 수 있다손 치더라도 도대체 레위지파로서의 영역(靈域)은 어디서 어떻게 확보해 두시고 계시느냐 이 말입니다. 그럼에도 불구하고 돈과 영역은 따로따로의 것이라고 이야기 할 수 있겠습니까? 이 또한 목회자를 향한 모욕이고 명예를 실추시키는 것이라면 또 다시 이 질문은 덮어두기로 하겠습니다.

그럼에도 불구하고 결단코 침묵할 수 없는 두 번째 질문이 있습니다. 그렇다면 수행은 얼마만큼 하고 계십니까? 우리가 알기로 그다지 시간이 나질 않을 것 같은데 말입니다. 보세요. 예배를 위한 각양의 설교준비는 물론이고, 심방도 해야 하고, 주일학교 인도도 해야 하고, 교회의 제반 행정업무도 놓칠 수 없는 일이고, 경조사를 포함하여 전도와 봉사 등등 공식적으로 수행하여야 할 업무만도 한두 가지가 아닐 뿐만 아니라 주일예배, 수요예배, 금요예배, 철야기도, 새벽기도, 부흥회, 특별집회, 선교예배, 헌신예배, 찬양집회, 노방전도, 해외선교, 연합대성회, 노회, 총회 등등. 어디 이 뿐입니까? 자녀도 양육하여야지, 일가붙이도 돌보아야지, 사회생활도 어김없이 지켜가야지, 도대체 그 깊은 영성과 엄숙한 신앙의 세계는 언제 맛보고 꾸려가고 계시느냐 이 말입니다. 한 걸음 더 나아가 소위 유명세를 타고 있는 목회자라면 이는 더 이상 이야기할 가치가 없을 것입니다. 이로부터 자유로울 수 없다면 왜 이지경이 되었다고 생각하십니까? 왜 이 같은 처지에 이르게 되었다고 생각하십니까? 그렇다면 도대체 이유가 어디에 있다고 생각하십니까?

필자가 생각하기에 가장 중요한 이유는 목회자의 교만(驕慢) 때문이 아닐까 생각합니다. 보다 정확히는 교회를 목회자의 소유로 보아 보다 크게 만들어나가기 위한 마음을 앞세워 두고 있는 까닭에 그렇다고 해야 할 것 같습니다. 곧 여리고성보다도 더 큰 교회, 교회이름을 앞세우는 것보다 차라리 목회자 이름을 앞세우는 것이 보다 이해가 빠른 교회, 하나님께 예물을 드리기 위해 가장 먼저 해야 할 일이 순서를 정하기 위해 번호표를 뽑아야할 정도로 큰 교회를 만들었거나 만들고자 하는 목회자의 교만과 헛된 탐욕에서 비롯된 소산이라고 생각합니다. 그렇다면 목회자가 바쁠 수밖에 없는 이유는 바로 여기에 숨어 있었다고 보아도 무리가 없을 것 같습니다.

앞서 이미 우리가 보았듯이 고라는 스스로가 제사장이 되기를 원했습니다. 이유는 이스라엘로부터 자신의 '지위'와 '명예'를 드러내기 위함이었습니다. 또한 다단과 아비람이 모세에게 반역의 기치를 든 것은 '탐욕' 때문이었습니다. 탐욕은 가나안에 있었고 그곳은 그들에게 재물의 보고(寶庫)나 다름이 없었습니다. 그렇다면 고라당이 음부에 빠진 결정적 동인(動因)은 '지위', '명예' 그리고 재물을 향한 '탐욕'에 있었다고 말할 수 있습니다.

하나님께서 제사장 지파로서 레위인에게 주신 특권은 제사(지금으로 이야기 하면 예배)의 집전과 이스라엘로부터 갹출된 십일조에 관련된 것

외에는 다른 것이 없습니다. 그렇지만 이 경우(갹출된 십일조의 취득)에도 레위인은 이스라엘과 마찬가지로 십일조 및 각양의 제물을 봉헌하여야 했으며(레 18:25-32), 이에 그치지 않고 이스라엘에 비하여 봉헌에 따른 절차와 형식이 보다 까다롭게 요구되었습니다. 하나님께서 레위지파에게 주신 특권은 이스라엘 앞에 그들의 지위를 구별하는 특권이 아니었고, 오로지 하나님을 위해 그들이 지켜야할 추상같은 의무 그 이상도 이하도 아니었습니다.

목회자의 수입(사례비)은 하나님의 것에서 비롯된 것입니다. 말씀으로 보다 정확히 되짚어 두자면, 우리가 하나님께 바친 것을 하나님께서 다시금 목회자에게 주신 것입니다. 그렇다면 앞으로는 떨리는 마음을 앞세워 가장 최소한의 필요한 것만을 필요한 때마다 정확하게 이야기해야 할 것입니다. 그것도 생각하고 또 생각해서 두려운 마음을 앞세워서 말입니다. 이에 우리는 비록 풍족하지는 않지만 그 가족 또한 우리가 최선을 다해 뒤처짐 없이 돌보고 기쁨으로 살피겠습니다.

이 같은 뜻 깊은 행실을 우리에게 비추어 부디 저 깊고 깊은 영성의 도상에서 '스스로 계신 이'(I AM WHO I AM, *ehyeh asher ehyeh*, אֶהְיֶה אֲשֶׁר אֶהְיֶה)의 말씀을 따라 그 손에 이끌려 듣고 깨달았던 낱낱의 것을 우리에게 전할 수 있기를 기대합니다(경건한 예배의 집전). 이로부터 우리에게 자랑스러운 목회자로서 또한 이 세상 앞에 '도량 있는 선비(목회자)'로서 어디서나 극진한 존경을 한 몸에 변함없이 받을 수 있었으면 하고 기대합니다. 필자는 이것이 오늘날 하나님께서 레위지파로서 목회자에게 허락하신 사명이자 명령이라고 생각합니다.

그렇다면 오늘날 설왕설래의 납세문제는 지금까지의 무익한 시각에서가 아닌 새로운 시각에서 해결되었을 것이라 봅니다. 곧 모든 것을 하나님의 입장에서 그 기준을 두어야 할 것입니다. 외람되나마 필자의 생각엔 그럼에도 불구하고 척박한 골고다의 구릉을 지쳐 가신 예수님을 본받아 속죄하는 마음으로 우리와 마찬가지로 아낌없이 세상 앞에 내어 놓아야 할 것 같다는 생각이 듭니다(전자). 속죄하는 마음을 담아 이 세상을 향한 하나님의 선한사업으로 영광을 나타내겠다는 결연한 의지에 용처를 두고 말입니다. 그 옛날 하나님의 마음에 합했던 우리 신앙의 열조로서 다윗의 고백이 오늘밤 필자 또한 우리와 함께할 수 있는 기도의 제목이자 고백이 될 수 있기를 간절히 소망합니다.

"우리 하나님이여 이제 우리가 주께 감사하오며 주의 영화로운 이름을 찬양하나이다"

"나와 내 백성이 무엇이기에 이처럼 즐거운 마음으로 드릴 힘이 있었나이까 모든 것이 주께로 말미암았사오니 우리가 주의 손에서 받은 것으로 주께 드렸을 뿐이니이다"

"우리는 우리 조상들과 같이 주님 앞에서 이방 나그네와 거류민들이라 세상에 있는 날이 그림자 같아서 희망이 없나이다"

"우리 하나님 여호와여 우리가 주의 거룩한 이름을 위하여 성전을 건축하려고 미리 저축한 이 모든 물건이 다 주의 손에서 왔사오니 다 주의 것이니이다"

"나의 하나님이여 주께서 마음을 감찰하시고 정직을 기뻐하시는 줄을 내가 아나이다 내가 정직한 마음으로 이 모든 것을 즐거이 드렸사오며 이제 내가 또 여기 있는 주의 백성이 주께 자원하여 드리는 것을 보오니 심히 기쁘도소이다"

"우리 조상들 아브라함과 이삭과 이스라엘의 하나님 여호와여 주께서 이것을 주의 백성의 심중에 영원히 두어 생각하게 하시고 그 마음을 준비하여 주께로 돌아오게 하시오며"

"또 내 아들 솔로몬에게 정성된 마음을 주사 주의 계명과 권면과 율례를 지켜 이 모든 일을 행하게 하시고 내가 위하여 준비한 것으로 성전을 건축하게 하옵소서 하였더라"(대상 29:13-19)

창 06, 19

자꾸 왜 그러느냐

고대 그리스 신화에 등장하는 인물 몇의 형상(形象)을 살펴보겠습니다. 여기서의 주안점은 오로지 그들의 형상입니다. 그들 존재의 배경과 이력 그리고 눈으로 볼 수 있는 모습 등은 본문 내용에 비추어 그다지 중요하지 않게 다루고 있음을 염두에 두고 보기로 합니다.

켄타우로스(Centauros)는 수인(獸人)입니다. 일족(一族)은 익시온(Ixiōn)과 여신 헤라(Hera)의 모습을 한 구름과의 사이에서 낳았다고도 하고, 또는 그 둘 사이에서 낳은 아들이 페리온산(Perion Mt.)에서 암말과 교접하여 낳았다고도 하여 대체로 상반신은 사람의 모습이고 하반신은 말로 묘사되어 있습니다. 이 경우 하반신 말의 부분은 태양에 속하는 남성적인 힘을 나타내며, 이 힘을 다스리는 정신이 상반신을 이루는 사람의 부분에 있다고 합니다.

북풍(北風)의 신으로서 보레아스(Boreas)는 거친 북풍을 의인화한 신으로서 흔히 턱수염을 기르고 날개가 달린 모습으로 묘사됩니다. 그는 자신이 사랑하였던 오레이티아(Orithyia)를 납치하여 자신의 아내로 삼고야 맙니다.

사티로스(Satyros)는 반인반수(半人半獸)의 정령으로 묘사되고 있습니다.

그는 농경의 신으로서 몸과 팔과 얼굴이 인간이며, 하반신은 염소인 괴물로 등장합니다. 곧 상반신만이 인간이며, 하반신은 산양의 다리로 형체를 구성하고 있습니다. 또 머리에는 2개의 뿔과 뾰족한 귀를 달고 있습니다. 그는 너무나 여자를 좋아하여 현재 'Satyric'[호색(好色)]이라는 형용사에 이름의 자취를 남기고 있습니다.

프리아포스(Priapus)는 번식과 다산(多産)을 상징하는 인물입니다. 유난히 큰 성기(性器)를 지닌 기형적인 모습으로 묘사되고 있는데, 실체는 번식의 상징인 팔루스[남근(男根), Phallus]입니다. 프리아포스는 지금의 터키 다르다넬스(Dardanelles) 해협 지역을 중심으로 숭배되었는데, 이 풍습이 그리스와 이탈리아에 유입되어 밭작물이나 가축을 지켜 번식과 풍요를 돌보는 신으로 변모되었습니다.

헤르마프로디토스(Hermaphroditos)는 남녀 양성을 모두 갖춘 존재입니다. 이름은 헤르메스(Hermes)의 어근 'Herm'과 아프로디테(Aphrodite)의 어근 'Aphrodit'에서 유래합니다. 헬레니즘 시대의 전설은 헤르마프로디토스를 헤르메스와 아프로디테 사이에서 태어난 아름다운 소년으로 미화하여 이를 전하고 있습니다. 전설에 따르면 카리아(Caria)의 살마키스(Salmakis) 샘에 사는 요정이 그에게 반하여 헤르마프로디토스와 영원히 결합하게 해달라고 신들에게 간청했다고 합니다. 그 결과 반은 남성이고 반은 여성이 되었다고 합니다.

피톤(Python)은 거대한 구렁이입니다. 땅의 여신 가이아(Gaia)의 아들입니다. 크기가 누우면 산자락 하나를 덮을 만큼 엄청난 크기였다고 하며, 때로는 용(Dragon)의 형상이 되어 나타나기도 했습니다. 암컷 피티아(Pythia)를 거느리고 살면서 가이아의 신탁(神託)을 전하는 일도 수행하였습니다.

성질이 포악하여 샘물을 마시러 오는 사람과 짐승을 함부로 잡아먹다가 어느 한 때 신탁소를 세울 장소를 찾아 헤매던 아폴론(Apollon)의 활에 맞아 죽었다고 합니다.

필자가 여기서 이야기하고자 하는 것은 그리스 신화에 나오는 이들의 이름과 이력을 설명하고자 함이 아닙니다. 그들 세계[世系, 참고로 여기서 세계는 대대로 내려오는 계통(족보)을 말합니다]의 근원과 종말을 이야기하고자 함입니다.

이를 위해 먼저 하나님께서 처음 창조하신 인간을 무엇 때문에 대홍수로써 멸절(滅絶)하셨는가에 대한 이유부터 따져 보기로 하겠습니다. 이는 최초 인류멸망의 원인이 무엇이었는지의 의문과 다르지 않다고 할 것입니다. 기록에 비추어 대홍수 이전에 하나님께서 눈여겨보고 계셨던 사람의 본성과 행실은 이러하였습니다.

"여호와께서 사람의 죄악이 세상에 관영함과 그 마음의 생각의 모든 계획이 항상 악할 뿐임을 보시고 땅 위에 사람 지으셨음을 한탄하사 마음에 근심하시고 가라사대 … 이는 내가 그것을 지었음을 한탄함이니라 하시니라"(창 06:05-07)

"때에 온 땅이 하나님 앞에 패괴하여 강포가 땅에 충만한지라 하나님이 보신즉 땅이 패괴하였으니 이는 땅에서 모든 혈육 있는 자의 행위가 패괴함이었더라 하나님이 노아에게 이르시되 모든 혈육 있는 자의 강포가 땅에 가득하므로 그 끝 날이 내 앞에 이르렀으니 내가 그들을 땅과 함께 멸하리라" (창 06:11-13)

결국 사람의 죄악이 세상에 관영(貫盈)했던 것과 온 땅과 모든 혈육 있는 자들의 행위가 패괴(敗壞)하고 강포(强暴)하였던 것이 멸절의 이유가 되었습니다. 그 결과 하나님의 진노는 우리가 익히 알고 있듯이 물(대홍수)로써의 멸절이었습니다.

그렇다면 관영한 죄와 패괴하고 강포하였던 행위의 실체는 무엇이었을까요? 필자는 육신을 입은 사람의 음란(淫亂, Lechery)때문이었다고 생각하고 있습니다. 대홍수 이전에 구약성경은 다음과 같이 기록하고 있음을 엿볼 수 있습니다.

> "사람이 땅 위에 번성하기 시작할 때에 그들에게서 딸들이 나니 하나님의 아들들이 사람의 딸들의 아름다움을 보고 자기들이 좋아하는 모든 여자를 아내로 삼는지라"
>
> "여호와께서 이르시되 나의 영이 영원히 사람과 함께 하지 아니하리니 이는 그들이 육신이 됨이라 그러나 그들의 날은 백이십 년이 되리라 하시니라"(창 06:01-03)

이 같은 음란으로 인하여 하나님께서는 죄의 대가로 인간의 수명을 단축하시게 되었으나, 그럼에도 불구하고 인간의 음란은 여기에 그치지 않고 물결처럼 널리 퍼져만 갔습니다. 대홍수로 쓸어 버리셨어도 아랑곳하지 않고 꿋꿋하게 버텨나갔던 것입니다. 그때 이 같은 음란이 횡행하고 널리 관영된 곳이 다름 아닌 소돔(Sodom)과 고모라(Gomorrah)였습니다. 그곳에서의 음란의 실상이 이러하였습니다.

창세기 기록에 따르면, 사람으로 변한 천사 둘이 아브라함(Abraham)의 조카 롯(Lot)의 집에 거하게 되었는데, 당시 이를 본 소돔 사람들은 그

두 사람(천사)을 롯에게 끌어내게 하여 그들의 몸을 요구하였습니다. 그 요구는 다름 아닌 동성애(同性愛, Homosexuality)를 만끽하기 위해서였습니다. 이 모습을 본 롯은 당시 가나안(Canaan)의 습속(習俗)에 따라 천사를 대신하여 자신의 딸을 소돔사람들에게 주고자 했습니다.

그럼에도 불구하고 소돔사람들의 행패는 이만저만이 아니었습니다. 소돔사람들은 롯의 집에 거하고 있었던 외지사람으로서 천사 둘을 그들의 정욕을 채우기 위해 집요하게 요구하였던 것입니다. 당시 그곳에는 이 같은 동성애뿐만 아니라 짐승과의 수간(獸姦)을 포함하여 사람이 할 수 있는 모든 음란이 거침없이 자행되고 있었습니다.

"그들의 눕기 전에 그 성 사람 곧 소돔 백성들이 무론 노소하고 사방에서 다 모여 그 집을 에워싸고 롯을 부르고 그에게 이르되 이 저녁에 네게 온 사람이 어디 있느냐 이끌어 내라 우리가 그들을 상관하리라"

"롯이 … 내 형제들아 이런 악을 행치 말라 내게 남자를 가까이 아니한 두 딸이 있노라 청컨대 내가 그들을 너희에게로 이끌어 내리니 너희 눈에 좋은 대로 그들에게 행하고 이 사람들은 내 집에 들어왔은즉 이 사람들에게는 아무 짓도 하지 말라"

"… 그 사람들이 롯에게 이르되 이 외에 네게 속한 자가 또 있느냐 네 사위나 자녀나 성중에 네게 속한 자들을 다 성 밖으로 이끌어내라"

"그들에 대하여 부르짖음이 여호와 앞에 크므로 여호와께서 우리로 이곳을 멸하러 보내셨나니 우리가 멸하리라"(창 19:04-13)

그 결과 하나님께서는 이 같이 널리 관영한 죄의 실체로서 그곳 소돔사람들의 음란과 행악을 아시고 유황불을 그곳에 비같이 내리셔서 소돔성 뿐만 아니라 성에 딸린 들과, 성에 거주하는 모든 백성과, 땅에 난 것을 엎어 멸하시게 됩니다. 신약에서의 기록이 이를 명명백백히 증하고 있습니다.

"여호와께서 하늘 곧 여호와에게로서 유황과 불을 비 같이 소돔과 고모라에 내리사 그 성들과 온 들과 성에 거하는 모든 백성과 땅에 난 것을 다 엎어 멸하셨더라"(창 19:24-25)

"소돔과 고모라와 그 이웃 도시들도 그들과 같은 행동으로 음란하며 다른 육체를 따라 가다가 영원한 불의 형벌을 받음으로 거울이 되었느니라"(유 01:07)

그렇다면 다시금 생각해 보기에, '음란'은 무엇을 의미하는 것일까요? 생각해 보기로 하겠습니다. 음란의 사전적 의미는 '음탕하고 난잡함'을 말합니다. 성경적으로는 생령(生靈, Living Soul)으로서 하나님의 형상을 따라 창조된 사람이 한낱 육신의 정욕을 앞세워 본질을 망각하는 행위를 일컫습니다. 곧 음란은 하나님 사랑으로 창조된 사람이 그 사랑을 왜곡하여 사람을 사랑하지 아니하고 죄의 본체로서 육신을 입은 사람을 사람의 정욕으로 탐하는 것이라고 말할 수 있습니다. 이는 하나님의 사랑에 의지하여 창조된 사람의 사랑은 고귀하고도 아름다운 것인 반면에, 사람의 육신에 관계한 사람의 정욕에 기한 음란은 더러운 죄 자체임을 의미합니다.

구약성경의 기록에 비추어, 하나님의 생기(生氣, Breath of Life)에 힘입어 생령으로 창조된 사람의 음란은 다음과 같았습니다. 보면 볼수록 기가 막힌 일이지만 본래 이것이 우리 사람이었습니다. '관영한 죄의 주체'로서 말입니다.

육신의 정욕을 따라 골육지친(骨肉之親)은 물론이고, 어미의 하체(下體),

계모의 하체, 자매의 하체, 타인의 아내 등을 포함하여(레 18: 06-20), 동성의 교접은 물론(레 18:22), 심지어 짐승과의 수간(獸姦) 또한 서슴지 않았습니다 (출 22:19, 레 18:23, 레 20:15-16, 신 27:21).

생각해 보기에 왜 이 같은 규례가 있었을까요? 무엇보다도 기록에서 이를 명백히 금하고 있음은 실제 사람의 경험이 있었기 때문입니다. 보고 들은 것은 물론이고 실제의 경험이 있었다는 이야기입니다. 소돔과 고모라에서의 음란이 아마도 이와 다름이 없었을 것입니다.

결국 그리스 신화에서 보았던 인물들의 근원과 형상은 인간의 상상 속에서 만들어진 말 그대로 가상의 것이 아니라 인간의 경험으로부터 비롯된 실체적 산물이자 구체적인 형상 자체라고 단정할 수 있습니다. 그렇다면 그들의 조상은 사람이 되는 셈이며, 구약성경의 기록에 비추어 그들의 세계와 함께 시조(始祖)로서 사람의 말로는 오직 죽음뿐입니다. 음란을 경계하여야 할 이유가 바로 여기에 있는 것입니다.

"모든 사람은 결혼을 귀히 여기고 침소를 더럽히지 않게 하라 음행하는 자들과 간음하는 자들을 하나님이 심판하시리라"(히 13:04)

"이제 하늘과 땅은 그 동일한 말씀으로 불사르기 위하여 보호하신 바 되어 경건하지 아니한 사람들의 심판과 멸망의 날까지 보존하여 두신 것이니라" (벧후 03:07)

" … 그러므로 하나님께서 저희를 마음의 정욕대로 더러움에 내어 버려두사 저희 몸을 서로 욕되게 하셨으니 이는 저희가 하나님의 진리를 거짓 것으로 바꾸어 피조물을 조물주보다 더 경배하고 섬김이라 주는 곧 영원히 찬송할 이시로다"(롬 01:18-25)

"나는 너희에게 이르노니 음욕을 품고 여자를 보는 자마다 마음에 이미

간음하였느니라"(마 05:28)

"그와 같이 남자들도 순리대로 여자 쓰기를 버리고 서로 향하여 음욕이 불 일듯 하매 남자가 남자와 더불어 부끄러운 일을 행하여 그들의 그릇됨에 상당한 보응을 그들 자신이 받았느니라"(롬 01:27)

그렇다면 창세기를 통해 볼 때, 인간이 물과 불로써 멸절된 이유는 다름 아닌 '음란'이 원인이었던 셈이 됩니다. '정결하게 하는 샘'(264장)에서 씻을 일입니다. 우리 생각과 마음에서 비롯된 그리고 비롯될 음란의 원죄를 말입니다.

본론으로 돌아가 보겠습니다. 우스갯소리일는지는 몰라도 세간에서 흔히 이야기하기를 아무리해도 설득이 되질 않는 3부류의 사람이 있다고들 합니다. 곧 선생님, 목사님, 스님이 그것입니다. 그런데 "아무리해도 설득이 되질 않는다"는 세간의 이야기를 전적으로 수용하기에는 일말의 무리가 있다고 하더라도, 그렇다고 전적으로 부정할 수 있을 것도 아닐 것 같습니다. 왜냐하면 필자가 선생이다 보니 그런지는 몰라도 스스로가 이 이야기에 공감하고 있기 때문입니다. 이는 필자가 세간의 이야기를 곧이곧대로 수용하고 또한 납득하고 있음을 의미합니다.

그런데 필자가 여기서 한 가지 되짚어 두고자 하는 사실은 설득과 관련하여 우리 목회자에게 "자꾸 왜 그러십니까?"하는 말을 내비춰 보고자 하는 것입니다. 그렇다면 그 실체가 무엇인지를 이끌어내기 위한 의도에서 여기서 목회자의 차이점을 다른 부류, 곧 신부님과 스님을 비교하여 살펴보기로 하겠습니다.

무엇보다도 위 3사람은 성직자라고 하는 공통점이 눈에 띕니다. 그렇지만 심심풀이 땅콩 식의 생각으로 차이점을 대별하면, 모름지기 목사님으로부터 쉽게 도출할 수 있을 것 같습니다. 첫 번째는 정해진 유니폼이 없다는 것입니다. 보다 정확히는 있어도 무척 자유스럽다는 것입니다. 때로는 양복에, 때로는 예복에, 제각각일 때가 많습니다. 그러기에 목사님이 교회 밖을 나설 때면 그 즉시 익명성에 가려져 특별히 마주해서 이런저런 대화가 없다면 이 분이 목사님인지 아닌지의 여부를 쉽게 판단할 수 없게 됩니다. 그렇지만 신부님의 수단(Soutane)과 스님의 가사(袈裟)는 어느 때고 반드시 착용하고 있기 때문에, 목사님과는 달리 이런저런 대화가 없어도 우리는 금방 이를 식별할 수 있습니다. 두 번째는 대부분 기혼자(旣婚者)라는 것이고, 마지막 세 번째는 신부님과 스님은 기본적인 자격이 무엇보다도 이 세상과 속세로부터 완전히 인연을 끊어야함을 요건으로 두고 있지만 목사님은 그렇지 않다는 것입니다.

이 중에서 필자가 눈여겨보고자 하는 것은 두 번째의 것입니다. 곧 목사님은 기혼자라는 사실이 그것입니다. 필자는 감각이 무뎌 듣고 보는 것이 어리숙해서 잘 모르겠습니다만, 혹시 여러분은 그간에 신부님이 성추행 사건에 휘말려 사회적 물의를 일으킨 적을 접하신 적이 있으십니까? 대처승[帶妻僧, 화택승(火宅僧)]은 그렇다고 치더라도 혹시 스님들이 같은 처지에 몰려 물의를 일으켰다는 소식을 들어보신 적이 있으십니까? 필자는 목사님이 되레 이 같은 물의 때문에 사회적 충격을 주었다는 이야기는 곧잘 들어보았어도, 신부님이나 스님들이 물의를 일으켰다는 이야기는 그다지 들어보지 못한 것 같습니다. 들먹이고 싶지는 않지만 만약 그렇다면 이 또한 차이점으로 보아 네 번째의 것으로 취급해도 무방하지 않을까요? 언뜻 보기에 미혼자인 신부님이나 스님들이 네 번째에 해당할 수 있는 개연성이 더 클 것이라 생각되는데, 그럼에도 불구하고 왜 기혼자인 목사님이 더 많은 것일까요? 참 해괴한 일이 아닐 수 없습니다. 여기에 화제를 덧붙여 몇 가지를 더 생각해 보겠습니다.

여러분은 혹시 '부처님(하느님)의 법(말씀)을 대언하는 스님(신부님)'이라는 말을 들어보셨습니까? 아니면 '부처님(하느님)의 거룩한 제자(종)로서 스님(신부님)'이라는 말을 들어 보셨습니까? 또는 '양 무리[중생(衆生)]의 목자로서 신부님(스님)'이라는 말을 들어 보셨습니까? 필자는 이러한 말은 좀체 들어보지는 못했습니다만, 적어도 목사님을 '거룩한 주의 종', '하나님의 말씀을 대언하는 목자', '말씀의 선포자', '주님의 말씀을 증거하는 자', '양 무리의 목자' 등의 표현은 곧잘 들어본 것 같습니다. 그렇다면 이 또한 다섯 번째의 차이점으로 손꼽을 수 있지 않을까요?

하나 더 보겠습니다. 여러분은 혹시 목사님(설교), 신부님(강론), 스님(설법) 중에서 누구의 목소리가 가장 크다고 생각하십니까? 누가 가장 시끄러운 분이라고 생각하십니까? 구분할 수 있을라치면 이 또한 여섯 번째의 차이점으로 손꼽을 수 있지 않을까요?

마지막으로 하나 더 보겠습니다. 여러분은 목사님, 신부님, 스님 중에서 누가 가장 바쁠 것이라고 생각하십니까? 안에서든 바깥에서든 누가 가장 분주할 것이라고 생각하십니까? 외견상 드러나는 엄숙한 품위로 보아 안팎에서 누구의 입이 가장 무거울 것이라고 생각하십니까? 생뚱맞으나마 세 분이서 달리기 시합을 한다면 누가 가장 빠를 것이라고 생각하십니까? 구분할 수 있을라치면 이 또한 일곱 번째의 차이점으로 손꼽을 수 있지 않을까요?

본장의 화제에 결부하여 한 가지 비유를 통해 이 글을 갈무리해 볼까 합니다. 어느 한 날 영험 있는 노(老)스님이 거하고 있었던 방장(方丈)에 깨달음에 목이 말라 있었던 한 제자가 한 수 가르침을 받고자 그것도 먼 길을 마다하지 않고 노스님을 찾아갔다고 합니다. 아무 말 없이 합장하고 노스님 앞에 예를 다하여 잠자코 서있던 한 제자에게 노스님은 느닷없이 이처럼 처음 말문을 뗐다고 합니다.

"무엇을 가지고 왔느냐?"

아무 것도 손에 들지 않고 노스님 앞에 그저 합장하고만 서있던 한 제자는 어안이 벙벙하여 뭔가 잘못 들었나싶게도 여겼지만 이내 저도 모르게 일상 그대로 답할 수밖에 없었습니다.

"아무 것도 가져온 것이 없습니다."

이후로 그들의 대화[화두(話頭)]는 그리 오래가지는 않았습니다.

"그렇다면 바닥에 모두 내려 놓거라"

"노스님, 말씀드렸다시피 아무 것도 가져온 것이 없습니다."

"그렇다면 다시 가지고 가거라"

이에 한 제자는 노스님의 말(화두) 속에 담긴 깊은 뜻을 되새겨 보아 비로소 큰 깨달음을 얻고 이후 존경받는 불교계의 큰 거목이 되었다고 합니다. 한 제자의 깨달음은 무엇에서 비롯되었을까요? 이들의 대화가 우리에게 시사하고 있는 신앙적 유익은 어디에서 구할 수 있을까요? 무릇 음란(淫亂)과 피를 나눈 형제지간으로서 "탐욕(욕심)을 경계하라"는 의미로 보아 마땅하지 않을까요?

앞에서 하나 둘 꼽은 모든 것(이유, 원인, 모습 그리고 함축된 의미 등)은 탐욕으로부터 비롯된 악한 행사로 취급해도 별반 무리는 없을 것입니다. 모든 것이 자신을 세상에 드러내 보이고자 하는 교만에서 비롯된 악한 행사가 아닐 수 없습니다. 모든 것이 자신을 남보다 낫게 여기고자 하는 강퍅한 심사에서 비롯된 악한 행사가 아닐 수 없습니다. 모든 것이 하나님의 말씀을 가볍게 여긴 패악한 심사로부터 비롯된 악한 행사가 아닐 수 없습니다.

우리 신앙의 길잡이로서 목회자를 그것도 하나님의 사랑이 충만하게 올곧게 담겨 있는 목회자를 지금까지 오만불손(傲慢不遜)하게 폄하한 필자의 펜대가 조만간 하나도 남김없이 자취를 감출 수 있기를 기대합니다. 뿐만 아니라 지금까지 필자의 경거망동(輕擧妄動)한 심사 또한 조만간 하나도 남김없이 자취를 감출 수 있기를 기대합니다. 노스님의 말을 크리스천 된 우리의 신앙으로 치환하여 하나님과의 대화로 이끌어 봅니다.

"자꾸 왜 그러느냐?"

"자꾸 그런 것이 없습니다."

"그렇다면 자꾸 그러지 말거라"

"하나님, 말씀드렸다시피 자꾸 그런 것이 없습니다."

"그렇다면 자꾸 그러지 말고 이제 그만 세상 앞에 나가 보거라"

창 01-02,11

옥황상제가 되신 하나님

천지간 모든 세상만물에는 정히 이름(명칭)이 있습니다. 그 이름들의 공통점은 모두가 우리 사람이 붙인 것들이라는데 있습니다. 우리 저마다의 이름은 물론이고 하늘도 태양도 개도 호랑이도 모두가 사람이 붙인 것들입니다. 그러기에 우리가 호랑이를 '호랑이'라고 부를 수 있는 것은 호랑이에게 '호랑이'라는 이름을 붙여두었기 때문일 것입니다.

그런데 호랑이의 입장에서는 우리와 생각이 좀 다를 수도 있을 것 같습니다. 그도 우리 사람처럼 그들 스스로도 이름을 붙여두고 있다면 말입니다. 곧 호랑이 자신은 자신의 이름을 '으르렁'이라고 붙여 두고 있는데, 생뚱맞게도 사람이 자신을 '호랑이'라고 부르고 있는 것을 볼 때, 호랑이의 입장에서라면 기분이 어떨까요? 마찬가지로 호랑이는 우리 사람을 '멍멍이'라고 부르고 있는데 사람이 지들 멋대로 '사람'이라고 부르고 있다면 기분이 어떨까요? 그렇다면 누가 붙인 이름이 맞는 것일까요? 필자의 생각에는 둘 다 맞을 것 같은데 말입니다.

여기서 또 하나의 공통점을 발견할 수 있습니다. 곧 모든 이름은 나 자신보다 앞서 살았던 사람[선대(先代)]들이나 나 아닌 다른 사람이 붙인 것이라는 사실입니다. 물론 자신 스스로 아호(雅號)나 별호(別號)를 붙이는 경우도 있지만 이름은 본래 남이 부를 수 있도록 하기 위해 붙여둔 것이라면 외람되지만 스스로 붙인 이름은 어찌 보면 호랑이가 우리 사람에게 붙인 '멍멍이'와 다를 것이 없다고 생각합니다. 그렇다면 여기에 덧붙여 이름은 부를 수 있는 것이어야 한다는 공통점을 재발견 할 수 있습니다.

그런데 이상의 공통점은 상호 떼려야 뗄 수 없는 연관성을 갖고 있음을 엿볼 수 있습니다. 바꿔 말하면 매한가지로 취급할 수 있다는 것입니다. 곧 이름(명칭)은 나보다 앞서 살았던 사람이 부르기 위해서 붙여 둔 것이라고 단정하여 말할 수 있습니다.

필자의 이름은 필자의 조부(祖父)께서 지어주었습니다. 이 책명도 필자가 붙여두었습니다. 필자가 다니고 있는 교회이름도 초창기 선교사께서 붙여주신 명칭입니다. 그렇지만 '호랑이'라는 이름은 누가 붙였는지 알 수는 없습니다. 다만 우리 앞서 살았던 누군가가 붙였다는 사실만큼은 분명할 것입니다.

그런데 신앙의 눈으로 바로보아 되짚어 둘 것이 하나 있습니다. 우리가 보통 사용하고 있는 '하나님'이라는 칭호는 누가 붙인 것일까요? 하나님이 '하나님'이라는 이름으로 불리기 위해서는 위에서 이야기했던 조건을 다름없이 만족하여야 합니다. 곧 하나님보다 앞서 사셨던 어떤 분이 부르기 위해서 붙여 둔 것이어야만 할 것입니다.

그렇다면 여기서 심각한 문제가 발생합니다. '하나님'이라는 이름이 곧이곧대로 이름이 되기 위해서는 하나님보다 앞서 사셨던 누군가가 '하나님'의 이름을 붙였어야 한다는 것이 그것입니다. 만약 '하나님'이 우리가 붙인 이름이라면 '하나님'은 이름이 될 수 없습니다. 왜냐하면 우리가 하나님보다 앞선 선대일 수 없기 때문입니다. 비유컨대 이는 우리 할아버지의 이름을 우리가 붙인 것과 다름이 없습니다.

사람(인간)보다 앞서 살았거나 생겼던 모든 것들에게도 다름없이 이름이 있습니다. 모두의 이름은 그것들보다 앞서 계셨던 하나님께서 붙여두신 것입니다. 이것은 인류 최초의 조상이었던 우리의 앞선 선대로서 아담도 마찬가지입니다. 창세기의 기록은 이를 낱낱이 증하고 있음을 봅니다. 이 경우 하나님께서는 아담에게 이름을 부여할 수 있는 권한을 주신 것으로 해석하여야 합니다. 왜냐하면 아담보다 앞서 이것들을 창조해 두셨기 때문입니다.

우스갯소리일는지는 몰라도 이 경우 창세기의 기록대로라면 호랑이는 아마도 우리보다 먼저 창조되었을 것입니다. 그렇다면 호랑이의 입장에서 볼 요량이면, 호랑이의 말이 맞게 됩니다. 곧 우리는 '멍멍이'가 되는 것이고 그러기에 필자의 생각은 여지없이 틀린 셈이 됩니다. 적어도 호랑이가 우리의 이름을 '멍멍이'라고 붙여두었다면 말입니다.

> "여호와 하나님이 흙으로 각종 들짐승과 공중의 각종 새를 지으시고 아담이 무엇이라고 부르나 보시려고 그것들을 그에게로 이끌어 가시니"
>
> "아담이 각 생물을 부르는 것이 곧 그 이름이 되었더라"
>
> "아담이 모든 가축과 공중의 새와 들의 모든 짐승에게 이름을 주니라"(창 02:19-20)

구약성경의 맨 처음은 "태초에 하나님이 천지를 창조하시니라"라고 시작합니다. 이때 하나님이라는 이름은 이 기록을 작성한 모세가 붙인 것으로 보아 그렇다면 하나님은 본래의 이름이 될 수 없습니다. 왜냐하면 하나님의 본래 이름이 하나님이 되려면 "태초에 하나님인 내가 천지를 창조하였느니라"라고 기록되어야 할 것이기 때문입니다. 곧 3인칭이 아닌 1인칭 대명사가 되어야 한다는 말입니다. 다시 보기에 이름이 되기 위해서는 이름보다 앞서 살았던 누군가가 부르기 위해서 붙여 둔 것이어야 합니다.

그렇다면 하나님의 이름은 무엇일까요? 앞선 조건에 비추어 창조주 하나님의 이름은 무엇일까요? 분명한 것은 창조주 하나님 앞에 아무것도 누구도 없었다면 하나님의 이름은 스스로 지으셨다고 밖에는 달리 볼 것이 없을 것이라 생각됩니다. 그렇다면 이 같은 생각이 옳다고 볼 수 있을까요?

물론입니다. 하나님께서는 스스로의 이름을 스스로 붙이셨습니다. 이는 창조주 하나님으로서 무한하신 권능이자 권한이었음을 의미합니다. 전능하신 하나님께서는 스스로 붙이신 그분의 거룩하신 이름을 우리에게 그것도 딱 한번 다음과 같이 일러 주셨습니다.

"… 나는 스스로 있는 자이니라 …"(출 03:14)

하나님의 본래 이름은 앞서 '도량 있는 선비'에서 본 바와 같이 '스스로 있는 자(I AM WHO I AM, *ehyeh asher ehyeh*, אֶהְיֶה אֲשֶׁר אֶהְיֶה)'입니다. 그렇다면 그간에 우리가 부르고 있는 하나님은 우리가 하나님께 붙여 둔 오만불손하기 그지없는 이름이라고 보아 마땅할 것입니다. 그 거룩하신 이름을 멋대로 만들어 부르고 있었다는 이유에서 말입니다. 비유컨대 필자의 이름이 '심종석'인데 필자의 손자가 '멍멍이'라고 부른다면 필자의 기분이 어떨 것이라 생각하십니까? 지금의 필자 생각대로라면 아마도 며느리의 뱃속에 다시 처넣었을 것임에 틀림없을 것입니다. 죄목은 오만불손(傲慢不遜)이 될 것입니다.

본래 이름은 어떤 대상을 향하여 남이 붙여주는 것이 일반적입니다. 유독 하나님께서는 스스로의 이름을 스스로가 붙이셔서 우리에게 일러 주셨습니다. '스스로 있는 자'라고 말입니다. 창세기의 창조기사를 눈여겨 볼 경우에도 이름의 부여는 곧 창조행위였다고 볼 수 있습니다. 다만 우리 사람은 하나님의 이름을 제외하고 하나님께로부터 비롯된 모든 창조물에 대하여 하나님께로부터 이름을 부여 할 수 있는 권한을 받았습니다. 그러고 보면 하나님의 이름을 하나님께서 스스로의 지으신 것은 어찌 보면 창조주로서 당연한 이치일 것입니다.

"여호와 하나님이 흙으로 각종 들짐승과 공중의 각종 새를 지으시고 아담이 무엇이라고 부르나 보시려고 그것들을 그에게로 이끌어 가시니"
"아담이 각 생물을 부르는 것이 곧 그 이름이 되었더라"(창 11:09)

지금 우리가 부르고 있는 하나님의 이름에 대한 연원(淵源)은 다음과 같습니다. 곧 구약성경에서 하나님은 2가지로 불리고 있음을 살필 수 있습니다. 하나는 보통명사로서 곧이곧대로 '하나님'인데, 이는 히브리어로 엘로힘(*Elohim*, םיהלא)이라고 합니다. 다른 하나는 고유명사로서 4자음으로 표현하고 있는데, 그것은 'YHWH'입니다. 이들 4개의 자음글자로 된 하나님의 이름을 우리가 '4글자'라는 뜻의 이른바 조어(造語)로서 테트라 그래머탄(Tetragrammaton)이라고 부릅니다.

그런데 이스라엘 사람들은 'YHWH'라는 단어가 나오면 본래 발음 대신 주(Lord)라는 뜻의 아도나이(Adonay)라고 불렀습니다. 이후 'YHWH'에 'ⓐdⓞnⓐy'를 뭉뚱그려(이 경우 ⓐ는 모음조화에 따라 ⓔ로 변화하게 된 것으로 보입니다) 'YⓔHⓞWⓐH'로 조작(造作)되고 이로부터 하나님의 이름, 곧 '여호와'(Yehowah)가 탄생됩니다. 이것이 하나님의 이름에 대한 간략한 연원입니다. 그렇다고 하더라도 분명한 것은 '하나님', '엘로힘', 'YHWH', '아도나이', '여호와' 등은 우리 사람이 하나님을 찾아 부른 이름으로서, 달리 하나님께서 스스로를 일컬으신 이름은 다름없이 '스스로 있는 자'입니다. 어쨌거나 분명한 것은 하나님이라는 이름은 우리가 지어 부르는 말이라는 것입니다. 그런데 이 지면에서 필자가 되짚어 두고자 하는 것은 명칭에 대한 사람의 검은 속내입니다. 이하 그 실상(검은 속내)을 찬찬히 바로 보고 따져보겠습니다.

지금까지 이야기했듯이 하나님이란 말은 우리가 지어 쓰는 말입니다. 그런데 바벨탑(Babel Tower, 창 11)에서 흩어진 죄 많은 우리 사람들은 제각기 흩어진 대로 머문 곳의 말에 따라 다양하게 하나님을 불러왔습니다. 예컨대 미국인은 'God', 독일인은 'Gott', 프랑스인은 'Dieu', 이태리인은 'Dio', 중국인은 '天主', 일본인은 'かみさま', 한국인은 '하나님' 또는 '하느님'으로 사용하고 있는 것이 그것입니다. 다만 여기서 분명히 할 것은 제아무리 신명(神明)이 다르다고 해서 각기 부르는 이름 따라 하나님의 본체를 달리하고 있는 것은 아닙니다. 곧 미국인이 부르고 있는 'God'와 독일인이 부르는 'Gott'가 그 발음과 형태가 다르다고 해서 이들이 각기 다른 하나님을 지칭하고 있는 것은 아니라는 것입니다. 중요한 것은

저마다 처한 그리스도교의 신앙과 문화, 역사 그리고 언어의 전통 안에서 토착화된 이름을 부르고 있을 따름임을 간과해서는 안 된다는 점입니다. 곧 모두가 제각기 달리 부르고 있는 하나님은 결국 한 분의 하나님을 지칭하고 있는 것입니다. 이 경우 하나님의 속성은 공통적으로 삼위일체(三位一體)이신 하나님, 세상을 창조하신 하나님, 이 세상을 다스리시며 주관하는 하나님, 모든 인류를 사랑하여 독생자 예수그리스도를 보내시어 우리의 죄를 속량해 주심과 동시에 구원을 얻게 하신 하나님 등입니다.

그런데 지금 우리가 부르고 있는 '하나님'이라는 이름은 참 특이하고도 해괴합니다. 다른 나라에서는 적어도 개신교와 가톨릭이 신명만은 일치하고 있는데, 유독 우리는 그렇지 않다는 것입니다. 이를테면 개신교에서는 '하나님'으로, 가톨릭에서는 '하느님'으로 부르고 있는 것이 그것입니다. 그러면서 아이러니컬하게도 영어에서의 'God'는 그대로 인정(수용)하고 있음을 볼 수 있습니다. 따지고 보면 '하나님'이라고 하는 단어와 이름은 적어도 우리나라에서 만큼은 개신교에서 사용하는 배타적인 단어가 아닐까 생각합니다. 곧 개신교에서는 '하나님'과 '하느님'을 엄연히 다르다고 보아 이를 구분하여 사용하고 있다는 것입니다.

필자의 생각에 그 배경은 '하나님'은 유일신으로서 천지를 창조한 창조주에 주안점을 두고 있다고 생각됩니다. 따라서 적어도 개신교에서만큼은 '하느님'을 옛날 우리가 그랬듯이 하늘에 있는 온갖 신으로 취급하여 이를 구분하여 사용하고 있는 듯 보입니다. 모두가 우리가 만든, 보다 정확히는 언감생심 우리가 붙여 부르고 있는 상징적인 이름임에도 말입니다. 정히 그렇다면 주기도문도 바뀌어야 하지 않을까요? "하늘에 계신 우리 아버지여…"가 아니라 "오직 한 분뿐인 우리 아버지여…"로 말입니다. 이에 더하여 애국가(하느님이 보우하사)는 둘째치고서라도 이러한 말씀들은 도대체 어떻게 새겨야 합니까?

"… 이같이 너희 빛이 사람 앞에 비치게 하여 그들로 너희 착한 행실을 보고 하늘에 계신 너희 아버지께 영광을 돌리게 하라"(마 05:16)

"그러므로 하늘에 계신 너희 아버지의 온전하심과 같이 너희도 온전하라"(마 05:48)

"땅에 있는 자를 아버지라 하지 말라 너희의 아버지는 한 분이시니 곧 하늘에 계신 이시니라"(마 23:09)

우리는 하늘에 계신이 하나님은 오직 한 분뿐이신 줄을 믿고 있습니다. 이는 변함없는 우리의 신앙고백이자 또한 하나님을 사랑하는 것에 대한 기초가 됩니다. 필자가 여기서 지적하고 싶은 것은 하나님이냐, 하느님이냐가 중요한 것이 아니라 사람을 향한 또한 사람을 안타깝게 사랑하고자 하는 마음이 보다 중요하다는 것입니다. 이는 달리 때로는 그들만의 기준으로 세상 앞에 획을 그으려는 개신교의 이기적인 잣대에 일침을 가하고 있다는 의미와 다르지 않음을 시사합니다. 궤변일지는 모르나, 만약 주장하는바 그대로 하늘에 계신 '유일하신 하나님'에 주안점을 두고 '하나님'이라 쓰라고 한다면, '하늘에 계신 하느님'은 어쩌면 경우에 따라 잡신(雜神)의 부류에 속할 수 있을지도 모를 일입니다. 다른 나라에는 볼 수 없는 이 같은 일에 왜 우리만 이처럼 헷갈려해야 하고 시달려야만 할까요?

그럼에도 불구하고 개신교에서는 오로지 '하나님'만을, 가톨릭에서는 오로지 '하느님'만을 굳이 쓰겠다고 고집한다면, 외람되나마 필자가 이를 중재하여 그도 저도 아닌 타협안으로서 '옥황상제'(玉皇上帝)라는 이름을 제시하면 어떻겠습니까? 다만 이 경우 '옥황상제'는 도가(道家)나 민간신앙(民間信仰)의 그것과는 달리 앞선 하나님의 속성에다가 우리가 이 세상을 마치는 날 임하게 될 본향으로서 청옥(青玉)과도 같은 찬란한 천국의 주재자로서 하나님의 주인되심을 덧붙여 둔 뜻으로 새겨야 할 것입니다(필자가 여기서 이야기하고자 하는 뜻을 모쪼록 바로 새길 수 있기를 기대합니다. 필자가 이 지면에서 질타하고 있는 것은 세상 앞에 뜻 모를 획을 긋고자 하는 교만과 욕심에 있음을 재차 분명히 되짚어 둡니다).

"이스라엘의 하나님을 보니 그의 발 아래에는 청옥을 편 듯하고 하늘 같이 청명하더라"(출 24:10)

"하나님의 영광이 있어 그 성의 빛이 지극히 귀한 보석 같고 벽옥과 수정 같이 맑더라"(계 21:11)

'하나님'이냐 '하느님'이냐하는 신명(神明)의 문제는 그렇다고 치고 헷갈리는 것은 이 뿐만이 아닙니다. 언제인가부터 '사도신경'도 깡그리 바꾸어졌습니다. 주기도문은 두 말할 것도 없고 찬송가는 가사나 편제나 장수나 할 것 없이 모두 바꾸어졌습니다. 엄숙하고 장엄하기 그지없어야 할 예배의 형식과 절차 또한 두말하면 잔소립니다.

이 뿐만이 아닙니다. 놀랍게도 '기독교'(基督教)라는 낯설기 그지없고 생경하기 그지없는 명칭은 누가 붙여 사용하고 있는 말입니까? 지금에서도 뜻을 알고나 쓰고 있는지 되묻지 않을 수 없습니다. 불현 듯 '기독교'라는 말(이름)을 들먹여 당황하셨습니까? 그렇다면 우리의 잘못된 인식 또한 질타하지 않을 수 없을 것 같습니다.

간단히 살펴보기에, 본래 '크리스트'(Christ)라는 말은 '기름부음을 받은 자'라고 하는 의미를 담고 있는 그리스어 '크리스토스'(*Christos*)를 어원(語源)에 두고 있습니다. 이 경우 '크리스토스'와 동일한 뜻을 갖고 있는 히브리어 단어는 우리가 익히 알고 있는 '메시아'(Messiah, משיח)가 되고, 이 '크리스토스'를 한문으로 표기(음역)하면 '기리사독'[基利斯督, 중국식 발음은 지리스뚜(Jilisudu)]이 됩니다.

그렇다면 지금의 '기독교'라는 단어는 마땅히 '기리사독교'가 되어야 할 것입니다. 바쁜 세상에 일일이 음운을 새겨가며 부르기가 고단해서였는지는 몰라도 우리는 언제부터인가 '기리사독'을 줄여 '기독'이라고 부르고 있는 것입니다. '그리스도'[기리사독(基利斯督)]의 이름에 빗대자면 졸지에 이름이 '그도'[기독(基督)]가 되어버린 것입니다. 그 거룩하신 이름으로서 '예수 그리스도'가 맞습니까? 아니면 '예수 그도'가 맞습니까? 자랑스럽게 세상에 내보여야 할 우리 종교의 이름이 '기리사독교'가 되어야 할까요? 아니면 '기독교'가 되어야 할까요? 재차 비유컨대 필자의 손자가 '심종석'이라는 필자의 이름을 두고 부르기 고단하다며 다만 끝 글자(석) 만을 따서 '석아, 석아'라고 부르면 필자의 기분이 어떻겠습니까? 이는 며느리와 함께 내쫓아야 할 패악한 죄로 보아 마땅하지 않겠습니까?

다시금 재차 캐묻지 않을 수가 없습니다. 그럼에도 불구하고 '하나님'이 맞을까요? '하느님'이 맞을까요? '하느님'이라고 부르고 있는 사람이 더 무지한 사람일까요? 아니면 '기독교'라고 부르고 있는 사람이 더 무지한 사람일까요? 외견상(外見上) 유일신(唯一神)이라는 뜻만을 드러내고 있는 '하나님'만을 써야 한다고 주장하는 것이 이치에 합당할까요? 아니면 모세와 아론과 나답과 아비후와 이스라엘 장로 70인이 눈으로 똑똑히 보았던 하늘에 계신 그것도 청옥같은 천국을 주재하고 계신다는 뜻을 드러내고 있는(출 24:10) '옥황상제'를 써야 한다고 주장하는 것이 이치에 합당할까요? '기리사독교'가 이 땅에 전래된 이후로 줄기차게 그것도 우리의 자랑스러운 혈전(血戰)의 선대들의 신앙고백이 되었던 사도신경과 주기도문을 그것도 우리에게 단 한마디의 말도 없이 하루아침에 바꾸어 버린 사람들이 터무니없을까요? 아니면 옛날 그대로의 신앙고백을 다름없이 읊조리며 간직하고 있는 사람들이 터무니없을까요?

세상사람들은 그리스도교를 참으로 '이기적(利己的)인 종교'라고 폄하(貶下)하고 있습니다. 아마도 곧잘 들어보셨을 줄로 압니다. 아니 그보다는 이글을 접하고 계신 모든 분들 중에 이 같은 말을 들어보지 않은 분들은 단연코 없을 것이라 생각합니다. 필자의 처음 생각에는 이 같은 폄하가 '오직 예수', '세상에 한 분뿐이신 하나님'에서 비롯된 망발(妄發)로 치부하고 뒷전에 두고 있었습니다. 또한 그렇게 해석하고도 있었습니다.

그런데 이제부터는 그렇게 보지 않고 오히려 그런 이야기를 들을 때마다 귀하고 소중하게 접하기로 했습니다. 왜냐하면 이 이야기 속에 담긴 의미는 크리스천 된 우리를 걱정하고 안타까워하며 한결같이 위하는 뜻을 올곧게 담고 있는 말일 것이라는 생각 때문입니다.

"우리는 그리스도교 보다 그리스도인을 더더욱 싫어합니다"

이 말은 아시다시피 필자 또한 우리 크리스천 모두의 검은 속내에 드리워져있는 뜻 모를 교만과, 세상 앞에 획을 그으려고 호시탐탐 기도(企

圖)하고자 의욕하고 있는 우리의 저급한 신앙을 적시하고 있는 세간의 말입니다. 그렇다면 너무나도 고맙고 감사한 말로 새겨야 할 것입니다. 왜냐하면 교만과 탐욕 그리고 지금까지 저급했던 우리의 신앙을 낱낱이 들춰내어 가슴을 찢는 회개와 참회의 단초로써 새길 수 있기 때문입니다.

우리의 죄를 대속해 주시기 위하여, 사랑하는 외아들을 이 땅에 보내셔서, 죽을 수밖에 없었던 우리의 죄를 대신 피 흘려 속량해 주셨음은 물론, 또 다시 우리를 자녀로 삼아, 청옥(靑玉)과 같은 천국을 우리의 본향으로 예비해 주신, 만군의 여호와 우리의 대장되시며 창조주 되신 '옥황상제'(玉皇上帝)의 은혜에 감사와 존귀와 영광을 호흡이 다하는 날까지 외치고자 합니다. 이 같은 우리의 신앙고백의 외침 앞에 이 세상에서의 한결같은 외침 또한 메아리쳐 들려올 수 있기를 소망합니다.

"우리는 그리스도교 보다 그리스도인을 더더욱 좋아합니다"

하나님의 춤과 노래

우리가 익히 알고 있듯이 예수님의 제자는 모두 12명입니다. 어두운 얘기가 될 수 있을지는 모르겠지만, 여기서는 그들이 이 땅에서의 생을 어떻게 마감했는지를 살펴보고자 합니다.

그에 앞서 여기서 한 가지 되짚어 두어야 할 것은, 성경에서는 야고보(James, *Iacobus*)의 죽음만을 제외하고 나머지 11명의 사도들이 어떻게 죽음을 맞이했는지에 관해서는 이야기하고 있지 않다는 사실입니다. 그렇지만 우리는 교회에 관련한 오래된 사서(史書)의 기록들을 통해 이들의 죽음을 엿볼 수 있습니다. 이하 기록들을 토대로 하나하나 면면을 따라가 보기로 하겠습니다.

먼저 성경에서 요한의 형제 야고보는 헤롯(Herod, *Herodes*)의 칼에 죽었다고 기록하고 있습니다(행 12:02). 곧 참수(斬首)된 것으로 보입니다. 이 당시 헤롯은 로마제국이 유대를 간접적으로 지배하기 위해서 내세웠던 소위 분봉왕(分封王, Client King)이었습니다. 우리는 일반적으로 신약의 4복음서(마태, 마가, 누가, 요한복음)를 통해 헤롯왕을 잔인하고 음흉한 광기어린 군주로 생각하고 있는 경향이 짙지만, 자세히 들여다보면 그도 그렇지만은 않습니다. 곧 헤롯은 신도시(新都市)를 건설하고 신진농업을 장려하여 유대의 경제적 기반 확충에 힘쓴 식견 있는 통치자이기도 했습니다.

일례로 유대지방에 대가뭄으로 기근이 들자 이집트로부터 곡물을 수입하고 세금을 감면해 주기도 했고, 때로는 원근각지에 흩어져 있던 유대인의 보호자로 자처하기도 했습니다. 이 때문인지 당시 헤롯은 유대지역 외에 살았던 유대인들에게는 꽤나 좋은 평가를 받기도 했습니다. 무엇보다도 헤롯은 솔로몬 시대의 영광을 재현하고자 유대인들이 가장 소중한 곳으로 여기고 있었던 예루살렘성전을 더 크고 화려하게 재건하기도 했다는 사실이 이를 증합니다.

그렇지만 헤롯의 가정사는 끊임없는 의심과 모함 그리고 처형으로 얼룩진 삶 자체였습니다. 곧 헤롯은 재위 시 자신의 아내나 아들들을 포함하여 장모까지도 살해하는 패륜을 저지르기도 하였는데, 이 때문에 그는 항상 정신적으로나 육체적으로 큰 고통 속에 정서적으로 불안한 삶을 살 수밖에 없었습니다.

당시 헤롯은 유대전통에 반하는 이교적(異敎的)인 일들을 수없이 자행하였습니다. 이는 앞서 보았던 갈릴리(Galilee)에서 빌라도(Pilate, *Pontios Pilatos*)의 만행과 크게 다르지 않았던 것으로 보입니다. 기록에 비추어 야고보는 이 같은 헤롯의 이교적 풍습에 따라 희생양으로 선택되어 참수되었을 것으로 생각됩니다. 다만 갈릴리 사건과 다른 한 가지 사실은 이때 유대인들은 야고보의 참수를 접하고 매우 기뻐했다는 것입니다.

그 결과 베드로(Peter, Simon, *Petrus*) 또한 야고보와 마찬가지로 처형될 위기에 직면하게 되나 하나님께서 보내신 천사에 의해 일촉즉발의 위기를 면하게 됩니다(행 12:03-12). 그렇지만 베드로는 이후 그에게 주어진 사역을 올곧게 감당하다가 예수님께서 예언하셨던 그대로 로마에서 X자 모양으로 틀어진 십자가에 그것도 거꾸로 매달려 최후의 삶을 마감하고야 맙니다.

> "내가 진실로 진실로 네게 이르노니 네가 젊어서는 스스로 띠 띠고 원하는 곳으로 다녔거니와"
>
> "늙어서는 네 팔을 벌리리니 남이 네게 띠 띠우고 원하지 아니하는 곳으로 데려가리라"
>
> "이 말씀을 하심은 베드로가 어떠한 죽음으로 하나님께 영광을 돌릴 것을 가리키심이러라 …"(요 21:18-19)

한편 마태(Mathew, *Matthaios*, *Matthaeus*)는 에디오피아에서 칼에 맞아 순교했고, 요한(John, *Johannes*)은 로마의 가혹한 기독교 대박해(大迫害) 시기에 펄펄 끓는 기름가마에서 처형될 위기를 맞게 되나 기적적으로 죽음만은 면하게 됩니다. 대신에 밧모섬(Patmos)에 유배를 당하고 그곳 감옥에서 광석 캐는 징역형을 선고받게 되는데, 이때 기록한 것이 곧 요한계시록(Revelation)입니다. 이후 요한은 현재 터키(Asia Minor, Anatolia)로 석방되어 그곳에서 남은 생을 지나게 됩니다. 요한은 예수님의 제자 중에 평화롭게 죽은 유일한 사도입니다.

참고로 로마는 한때 대화재로 도시 대부분이 불타게 되는데(A.D.64), 당시 로마황제 네로(Nero, *Lucius Domitius Ahenobarbus*, A.D.37-68)는 책임을 기독교도에게 전가하게 됩니다. 이를 기점으로 이후 수많은 기독교도들이 가혹한 박해의 대상이 되고야 맙니다. 사서(史書)에 따르면 당시 로마제국은 기독교도를 처형함에 있어 십자가에서의 처형은 말할 것도 없고 그들의 시체를 기름가마에 넣거나 심지어 개들의 밥으로 주기까지 했다고 전하고 있습니다. 이를 우리는 로마의 '기독교 대박해'라고 합니다.

공식적인 제자는 아니었지만 예수님의 형제였던 야고보(James, *Adelphotheos*)는 초지일관 올곧은 신앙을 지켜간 사도로서 예루살렘교회 수장(首長)의 사명을 감당하였습니다. 그는 예루살렘 인근 템플(Temple)지역 동남쪽에 있는 약 30m 높이의 탑에서 이교도(異教徒)에 의해 떨어뜨려져 죽임을 당했다고 합니다. 야고보가 땅에 떨어졌을 당시 그나마 숨은 붙어 있었지만 그를 밀쳐 떨어뜨렸던 이교도는 그 모습을 보고 채찍으로 가혹하게 때려 숨을 끊어 놓았다고 합니다. 일설(一說)에 그 탑은 우리가 익히 잘 알고 있기로 예수님께서 사탄의 시험에 맞서고자 오르셨던 탑이었다고도 합니다(마 04:05, 눅 04:09).

나다니엘(Nathanael, '하나님의 선물'이라는 뜻)이라고도 불리는 바돌로매(Bartholomew, *Bartholomaeus*)는 예수님을 증거하기 위해 소아시아(Asia Minor, Anatolia, 지금의 '터키')로 간 일련의 선교사였습니다. 그는 오늘날 아르메니아(Armenia)에서 설교 중에 붙잡혀 채찍에 맞아 순교하였습니다.

안드레(Andrew, *Andreas*)는 그리스에서 베드로와 마찬가지로 X자 형의 십자가에서 처형당했는데, 당시 7명의 군사가 안드레의 살이 벗겨지도록 잔인하게 채찍질을 한 후, 고통을 더하기 위해 십자가에 이틀을 더 묶어두었다고 합니다. 안드레를 따랐던 사람들은 그가 처형되기 직전에 다음과 같은 말을 남겼다고 전하고 있습니다.

"나는 이 행복한 순간을 얼마나 기다리고 기다려 왔는지 모릅니다."

"십자가는 십자가에 달리신 그리스도의 몸으로 신성하게 된 것입니다."

안드레는 이틀 동안 십자가상에서의 고통에도 아랑곳하지 않고 그를 십자가에 매달았던 군인들에게 숨이 멎을 때까지 예수님의 말씀을 전했다고 합니다. 의심 많았던 예수님의 제가 도마(Thomas)는 인도에서 교회를 세우고 그곳에서 예수님을 증거하다가 선교여행 중에 이교도의 창에 찔려 순교했습니다. 가룟유다(Judas Iscariot, *Iudas Iscariot*)를 대신해서 선택된 맛디아(Matthias)는 돌에 찍힌 후에 참수되었다고 하고, 사도바울 또한 혹독한 고문을 당하고 로마의 네로에게 참수되었다고 합니다(A.D.67). 사서의 기록은 바울이 죽기 전에 마지막으로 남긴 말이 '예수'였다고 합니다. 기록에서 바울의 마지막 유언은 다음과 같습니다.

"하나님 앞과 살아 있는 자와 죽은 자를 심판하실 그리스도 예수 앞에서 그가 나타나실 것과 그의 나라를 두고 엄히 명하노니 너는 말씀을 전파하라 때를 얻든지 못 얻든지 항상 힘쓰라 범사에 오래 참음과 가르침으로 경책하며 경계하며 권하라"

"때가 이르리니 사람이 바른 교훈을 받지 아니하며 귀가 가려워서 자기의 사욕을 따를 스승을 많이 두고 또 그 귀를 진리에서 돌이켜 허탄한 이야기를 따르리라"

"그러나 너는 모든 일에 신중하여 고난을 받으며 전도자의 일을 하며 네 직무를 다하라"

"전제와 같이 내가 벌써 부어지고 나의 떠날 시각이 가까웠도다 나는 선한 싸움을 싸우고 나의 달려갈 길을 마치고 믿음을 지켰으니 이제 후로는 나를 위하여 의의 면류관이 예비되었으므로 주 곧 의로우신 재판장이 그 날에 내게 주실 것이며 내게만 아니라 주의 나타나심을 사모하는 모든 자에게도니라"(딤후 04:01-08)

예수님의 제자들은 왜 한결같이 이처럼 끔찍한 죽음에 이르러야만 했을까요? 당시의 시대상황(기독교 대박해)에 비추어 그럴 수밖에 없었다손 치더라도, 그럼에도 불구하고 하나님께서는 무엇 때문에 이들의 죽음을 이처럼 참혹히 맞이하게 하셨을까요? 필자가 보기에는 그들의 소원(所願) 때문이 아니었을까 생각합니다. 그렇게 처참하게 죽고자 원했던 그들의 한결같은 소원 말입니다.

신앙의 눈으로 잠시 생각해 보겠습니다. 무엇보다도 이처럼 참혹하게 죽어간 이들의 모습을 하늘 보좌에서 보시고 계셨던 하나님의 심사는 과연 어떠하셨을까요? 하나님께서 너무도 우리를 사랑하셔서 그 사랑을 확증하시기 위해 하나뿐인 아들 예수님을 이 땅에 보내셔서 우리를 위해 대신 죽게 하셨던 것은 둘째치더라도, 그들 또한 예수님을 향한 사랑에 보답하고자, 그들 또한 예수님을 향한 사랑을 확증하고자, 그것도 끓는 기름가마에, 때로는 거꾸로 박힌 십자가에, 숨이 끊어지는 순간까지, '예수님'만을 기껍게 부르며 죽어간 그들의 모습을 보셨을 때, 하나님의 마음은 과연 어떠하셨을까요? 하늘 보좌에 앉으신 채로 그렇게 넉넉히 보고만 계셨을까요?

필자가 알고 있는 하나님께서는 결단코 그러실 분이 아닐 것 같습니다. 아마도 발을 동동 구르시며 가슴을 쓸어내리시며 전전긍긍 하셨을 것 같습니다. 바로보기에 얼마나 참담하고 비참하셨겠습니까?

우리 생각에, 악한 세상 이곳저곳에서 예수님의 사랑을 전하기 위하여 온갖 고난을 마다하지 않고, 그것도 기뻐하는 중에 안타깝게 그 사명을 감당하고자 애썼던 제자들을 하나님께서 누구보다도 사랑하시고 귀히 여기셨다면, 이 같은 고난을 그저 그렇게 맞도록 내버려 두셨을까요?

천부당만부당한 얼토당토않을 소립니다. 아마도 그들 앞에서 이 같은 고난의 형장(刑場)을 눈앞에서 깡그리 쓸어버리셨을 것입니다. 이 땅위에 예수님을 보내셨을 때와 마찬가지로 이들은 내 사랑하는 아들들이요 내 기뻐하는 자들이라고 하시면서(마 30:17) 그들을 죽이고자 했던 이교도를 되레 죄다 잡아 산 채로 스올에 빠치셨을 것입니다.

그렇다면 남는 것은 그들의 소원뿐일 것입니다. 바로보기에 그들은 그처럼 참혹하게 죽어 그들에게 보여 주셨던 예수님의 사랑을 그들 또한 예수님께 확증하고자 했을 것입니다. 그들은 자랑스러운 선대로서 후사(後嗣)된 우리로 하여금 자신들로 인하여 예수님의 사랑을 기억하게 하고 또한 기리게 할 수 있도록 소원에 두었을 것입니다. 나아가 우리로 하여금 그들과 마찬가지로 그렇게 예수님을 향한 사랑의 흔적을 또 다시 우리의 후세들에게 이어줄 수 있도록 소원에 두었을 것입니다. 모두가 예수님께서 그들에게 보여주셨던 지극하신 보혈(寶血)의 공로에서 비롯된 신앙의 유산이었다고 생각합니다. 이것이 베드로의 고백이었고 사도바울의 고백이었음을 우리는 똑똑히 보아 알고 있습니다.

"… 요한의 아들 시몬아 네가 나를 사랑하느냐 … 주님께서 모든 것을 아시오매 내가 주님을 사랑하는 줄을 주님께서 아시나이다"(요 21:17)
"내가 그리스도와 함께 십자가에 못 박혔나니 그런즉 이제는 내가 사는 것이 아니요 오직 내 안에 그리스도께서 사시는 것이라"
"이제 내가 육체 가운데 사는 것은 나를 사랑하사 나를 위하여 자기 자신을 버리신 하나님의 아들을 믿는 믿음 안에서 사는 것이라"(갈 02:20)

자랑스러운 우리 신앙의 선대로서 예수님 제자들의 소원은 지금 이 땅에서도 면면히 계수(繼受)되고 있음을 봅니다. 이 같은 자랑스러운 혈전(血戰)의 공로는 지금도 사라지지 않고 우리 앞에 대를 이어가며 이어지고 또 기억되고 있습니다. 모든 것이 예수님으로부터 비롯된 사랑의 흔적이 아닐 수 없습니다(갈 06:17).

"하나님, 내 손톱이 빠져 나가고 내 코와 귀가 잘리고 내 손과 다리가 부러져도 그 고통은 견딜 수 있사오나, 나라를 잃어버린 그 고통만은 견딜 수가 없습니다. 나라에 바칠 목숨이 오직 하나밖에 없는 것만이 이 소녀의 유일한 슬픔입니다."[유관순(柳寬順, 1902-1920) 열사의 유언]

"잘 살려고 노력하지 말고, 잘 죽기 위해 끊임없이 노력하라."[손양원(孫良源, 1902-1950) 목사님의 유언]

"내 살아서 이 붉은 벽돌문 밖을 나가리라 기대하지 않습니다. 나를 위해 기도해 주십시오. 저 또한 하나님 나라에 가서 조선의 모든 교회를 위해 기도하겠습니다. 하나님, 나의 죽음이 한 알의 밀알이 되어 지기를 원합니다. 따뜻한 숭늉 한 그릇 먹고 싶습니다."[주기철(朱基徹, 1897-1944) 목사님의 유언]

"이제 신생국가로서 우리 조국 대한민국은 기독교 진리 위에 바로 세워져야 합니다. 경찰서 열 개를 세우는 것보다 교회 하나 짓는 것이 보다 중요함을 인식하여야 합니다."[김구(金九, 1876-1949) 선생의 어록 중]

"우리는 오늘 역사적인 자주독립국가 대한민국의 첫 번째 국회를 열기 위하여 모였습니다. 우리가 오늘이 있게 된 데 대하여 무엇보다도 하나님의 은혜와 우리 애국선열들의 희생적 혈전의 공적을 감사히 새겨야 할 것입니다."[이승만(李承晩, 1875-1965) 의장의 최초 제헌국회 개회사 중]

"우주와 만물을 창조하시고 인간의 역사를 섭리하시는 하나님, 이 민족을 돌아보시고 이 땅에 복을 내리셔서, 감사에 넘치는 오늘이 있게 하심을 진심으로 감사합니다. 하나님께서 오랜 세월 동안 이 민족의 고통과 호소를 들으시고, 정의의 칼을 빼셔서 일제의 폭력을 굽히셨으며, 세계인의 양심을 움직이시고 우리 민족의 염원을 들으심으로써, 역사적인 환희의 날이 우리에게 오게 하시고, 하나님의 섭리가 세계만방에 드러나게 하셨음을 믿습니다. 하나님, 아직까지 남북이 둘로 갈린 이 민족의 고통과 수치를 씻어 주시고, 우리 민족, 우리 동포가 손을 같이 잡고 웃으며, 노래 부르는 날이 우리 앞에 속히 오게 해 주시기를 기도합니다. 하나님, 민생의 도탄이 오래 갈수록 이 땅에 악마의 권세만 확대될 것이오니, 거룩하신 하나님의 영광이 속히 이 땅에 임하게 하시기를 원합니다. 우리에게 독립을 주신 하나님, 이제는 남북의 통일을 주시고, 또한 민생의 복락과 아울러 세계평화를 허락하여 주시기를 원합니다. 우리 주 예수 그리스도 이름으로 기도합니다. 아멘"[이윤영(李允榮, 1890-1975) 감리교 목사의 최초 제헌국회 대표기도]

"나는 솔직히 우리 자손들에게 남길 유산은 하나도 없습니다. 문자 그대로 나는 내게 속한 집 한 칸 땅 한 평도 없는 사람입니다. 나는 본래 내 마음을 하나님께 바칠 때에 그저 온전히 모든 것을 바치기로 결심했습니다. 주님을 따르는 나로서 무슨 재산을 소유한다는 것은 어딘지 모르게 부끄럽습니다. 그리스도의 사랑과 인내와 지혜와 덕을 배워 그리스도의 최고 인격에 도달하고자 하는 목표를 갖고 신앙생활을 하기 바라며, 전도하고, 사랑을 베풀고, 돕고, 좋은 사업을 하고, 또 누구에게나 어디서나 선한 씨를 많이 뿌려야 할 것입니다."[한경직(韓景職, 1902-2000) 목사님의 유언]

그렇다면 신앙의 사도로서 목회자를 포함하여 필자 또한 우리들은 어떻게 죽어야 할까요? 아니 어떻게 죽고자 원하고 계십니까? 그 죽고자 하는 것이 우리의 앞선 선대들의 신앙고백에 비추어 부끄럽지는 않으신가요? 아닌 게 아니라 그도 저도 아니라면 또 다시 이 세상을 향하신 하나님의 사랑은 어떻게 확증하시렵니까? 지금은 십자가는커녕, 돌도 없고, 채찍도 없으며, 참수도 없을 뿐만 아니라 그렇다고 끓는 기름가마도 없는 형편인데, 그렇다면 어떻게 죽는 것이 마땅한 도리이자 우리의 한결같은 신앙고백이 되어야 할까요?

모름지기 이 세상을 지치는 동안 크리스천 된 필자 또한 우리 삶의 목적은 저 천국에 있을 것임이 자명할 것입니다. 말로 형언할 수 없는 구원의 은사에 감격하여 사는 당당한 크리스천이라면 그 나라를 소망하며 살아야 하는 것은 당연한 본분이자 축복이겠지요. 그렇다면 우리도 예수님을 닮아 크리스천으로서 올곧게 바로 죽을 수 있어야 할 것입니다. 그 바로 죽을 수 있음에 우리의 삶의 목적이 있어야 할 것입니다.

적어도 크리스천의 명패를 두른 사람이라면 뉘나 다름없이 예수님을 닮아 이 세상을 위해 가장 비참하게 죽어야 할 것입니다. 가장 비천한 곳에서 태어나 골고다의 구릉을 지쳐, 끝내 가장 비참하게 십자가에 매달려 이생을 마감하신 예수님과 제자들을 닮고자 한다면, 우리 또한 마찬가지로 예수님처럼 세상을 위하여 또한 그 나라를 위하여 가장 비참하게 죽어야 할 것입니다.

가난한 자를 살릴 수 있다면 가장 먼저 죽어야 할 자가 크리스천이 되어야 하고, 소외된 이웃을 위하여 목숨을 담보해야 한다면 가장 먼저 나서야 할 자가 크리스천이 되어야 하며, 가진 것을 부단히 나눠 나보다 못한 자를 위하여 나눔의 사랑을 실천하여야 하는 주체도 크리스천이어야 하며, 이로 인하여 세상의 조롱거리가 되어야 한다면, 누구보다도 앞장서서 이를 감당하여야 하는 것이 크리스천의 몫이 되어야 할 것입니다.

예수님을 닮아 당당한 크리스천으로서 세상 누구 못지않게 가장 비참하고도 멋있게 죽으려고 안타깝게 애쓰는 삶, 바로 이 사랑의 메시지를 필자 또한 이 책을 읽는 우리 모두 가슴 처처에 바로 새겨 깊이 간직할 수 있었으면 합니다. 그간 우리에게 잊혀 있던 자랑스러운 크리스천으로서의 사명을 바로 찾아 여기에 통한의 참회를 덧붙여 변함없는 하나님의 사랑에 기쁨이 솟을 수 있게 우리 모두 여지없이 십자가에, 돌과 창에, 기름가마에, 죽을 수 있었으면 하고 기대합니다.

이 세상에서 우리가 이처럼 가장 비참하고도 멋있게 생을 마친 후 바야흐로 그토록 소망하며 간절히 염원했던 저 천국에 입성하는 때, 하나님께서는 우리를 어떻게 맞아 주시겠습니까? 그냥 보좌에 낮으셔서 두 팔로 감싸 안아만 주시겠습니까?

필자가 알고 있는 하나님께서는 결단코 그러실 분이 아닐 것 같습니다. 아마도 우리의 선대들과 함께 우리의 손을 붙잡아 놓지 않으시고 춤을 덩실덩실 추시며, 여기에 그치지 않으시고 노래까지 덧붙이시면서 그렇게 그 기쁨을 표현하지 못하실 것이라 생각합니다.

그 증거가 여기에 있습니다. 하나님께서 이를 위해 준비해 두고 계신 노래가 바로 그것입니다. 그렇지만 이 노래를 듣기 위해서는 반드시 죽어야 합니다. 그것도 가장 비참하게 그리고 당당하고도 자랑스럽게 말입니다.

"너의 하나님 여호와가 너의 가운데에 계시니"

"그는 구원을 베푸실 전능자이시라"

"그가 너로 말미암아 기쁨을 이기지 못하시며"

"너를 잠잠히 사랑하시며"

"너로 말미암아 즐거이 부르며"

"기뻐하시리라 하리라"(습 03:17)

마 28, 눅 16

한 부자의 형제들

흔히들 “사람의 욕심은 끝이 없다”고 합니다. 그런데 이 말은 비교의 대상이 없어 가늠하기가 상당히 모호하고 그저 막연한 이야기가 아닐 수 없다고 봅니다. 이를테면 대상(끝)을 깊음에 견주어 ‘바다’에, 높음에 견주어 ‘산’에 두었다면 또 모르겠지만, 그저 밑도 끝도 없이 말 그대로 “끝이 없다”고만 이야기 하고 있으니 말입니다.

그렇다면 도대체 사람의 욕심은 끝이 어디쯤 있다고 가늠할 수 있을까요? 아니 끝은 가늠할 수 있는 것일까요? 필자의 생각에는 잘만하면 끝을 가늠할 수도 있을 것 같은데 여러분의 생각은 어떻습니까? 필자의 생각대로 이하 끝을 한 번 따라가 보시지 않겠습니까? 다만 옳고 그름은 여러분께서 판단하셔야 합니다. 왜냐하면 필자의 주관적(신앙적)인 시각이 척도가 되고 있기 때문입니다.

옛날 한 마을에 만석지기 ‘한 부자’라는 갑부가 있었습니다. 그는 셈이 빠른 무척 교활한 사람이었습니다. 그러기에 부자가 되었을지는 모르겠지만 여하튼 그는 따지기 좋아했고 무엇이든 확실히 되짚기를 좋아했던 그런 꼼꼼한 성격을 가진 사람이었습니다.

한편 그에게는 수하(手下)에 '나 사로'라는 머슴이 있었는데, 그는 '한 부자'와는 달리 하루해 넘기기가 버거웠을 정도로 모든 생활이 무척 궁핍한 사람이었습니다. 그렇지만 마음 씀씀이만큼은 누구보다도 너그럽고 다정한 사람이었습니다.

어느 날, '한 부자'는 '나 사로'의 경제적 무능을 속내에 두고 이내 그를 내쫓을 심산으로 한 가지 제안을 하기에 이릅니다. 곧 하루의 품삯을 쌀 한 톨로 치고 이후로 그의 품삯을 날의 승[乘, (쌀 톨)[2]]으로 쳐서 셈해 주겠다고 제안합니다. 그러면서 만약 이 제안을 거절하면 내쫓겠다고 으름장을 놓았습니다. 동시에 만약 이 제안을 수용하는 경우에는 자신의 곡간에 쌀이 떨어질 때까지 그를 자신의 수하에 둘 것이라고 약속하였습니다.

이 제안을 접한 '나 사로'는 고민에 고민을 거듭하게 됩니다. 그렇지만 선택의 여지가 없었습니다. 왜냐하면 내쫓기게 되면 죽을 수밖에 없었기 때문입니다. '한 부자'는 '나 사로'가 이 같이 나오리라는 것을 익히 잘 알고 있었습니다. 그러기에 이러한 제안을 스스럼없이 할 수 있었던 것입니다. '나 사로' 또한 그도 며칠만 참고 지내면 그나마 입에 풀칠은 할 수 있을 것이라는 생각에 한편으로 자신을 내쫓지 않은 '한 부자'를 되레 고맙게 여겨 이내 머리를 조아릴 수밖에 없었습니다.

'한 부자'의 셈을 보다 정확히 이해하기 위해서는 여기서 한 가지 기준(초밥)을 참고해야 합니다. 실제로 내로라하는 달인이 만든 초밥 하나에 담긴 쌀의 개수는 대개 350톨 내외라고 합니다. 여기서는 350톨을 다만 536톨로 셈 쳐 두겠습니다. 왜냐하면 이는 여기서 도출하고자 하는 결론에 그다지 영향을 미치지 않을 것이기 때문입니다.

그렇다면 이후 '한 부자'의 검은 속내(욕심)에서 비롯된 이 같은 셈의 결과는 어떠했을까요? 한 달이 채 가기도 전에 '한 부자'의 입장에서는 실로 감당하기 힘든 그야말로 무시무시한 결과에 이르게 됩니다. 이해를 돕기 위해 10일째까지 '나 사로'가 품삯으로 받은 쌀 톨 개수를 하나하나 셈하여 보겠습니다[이하 괄호 안은 일수(日數)입니다].

"1(1), 2(2), 4(3), 8(4), 16(5), 32(6), 64(7), 128(8), 256(9), 512(10)"

보시다시피 10일째에 이르러 '나 사로'는 달랑 초밥 하나를 목구멍에 넘길 수 있게 됩니다. 그런데 이제부터는 상황이 실로 무시무시하게 급진전됩니다. 곧 30일째에 이르러서는 초밥으로 환산하기에 그 양이 10만개가 넘어서게 됩니다. 이후로 '한 부자'는 '나 사로'를 우러러 볼 수밖에 없었습니다. 왜냐하면 자신의 곳간에 채워진 모든 곡식을 '나 사로'에게 품삯으로 줄 수밖에 없었기 때문입니다.

"1,024(11), 2,048(12), 4,096(13), 8,192(14), 16,384(15), 32,768(16), 65,536(17), 131,072(18), 262,144(19), 524,288(20), 1,048,576(21), 2,097,152 (22), 4,194,304(23), 8,322,608(24), 16,777,216(25), 33,554,432(26), 67,108,864 (27), 134,217,728(28), 268,435,456(29), 53,687,912(30)"

이러한 셈이 앞서 필자가 이야기 했던 끝의 가늠이냐고요? 그럴 리가 있겠습니까? 지금부터가 시작입니다. 예수님께서는 이 같은 '한 부자'의 욕심이 어디까지 다다를 수 있을지에 대하여 또 다시 비유로 우리에게 말씀해 주셨습니다.

이를 증하고 있는 성경에서의 기록을 꼼꼼히 되새겨 보는 중에 추상같은 말씀에 담겨져 있는 올바른 의미를 분별해 보도록 하겠습니다. 필자가 앞에서 비유했던 '한 부자'와 '나 사로'라는 이름은 예수님께서 이르고 계신 비유에서의 이름과 매한가지로 똑 같습니다.

"한 부자가 있어 자색 옷과 고운 베옷을 입고 날마다 호화롭게 즐기더라"

"그런데 나사로라 이름하는 한 거지가 헌데 투성이로 그의 대문 앞에 버려진 채 그 부자의 상에서 떨어지는 것으로 배불리려 하매 심지어 개들이 와서 그 헌데를 핥더라"(눅 16:19-21)

여기서의 '나 사로'는 앞선 '나 사로'와 처지가 남다릅니다. 곧 궁핍함이 이루 말할 수 없습니다. 개가 상처 난 자신의 몸을 핥고 있음을 볼 때 말입니다. 기록에서는 '한 부자'의 상에서 떨어지는 것으로 배를 불렸다고는 하나 그도 그렇지만은 않을 것 같습니다. '한 부자'의 입장에서 어떻게 더럽고 지저분하기 그지없는 '나 사로'와 겸상(兼床)을 했겠습니까? 아닌 게 아니라 '나 사로'는 대문 밖에 버려져 있는데 말입니다. 아마도 '나 사로'는 대문 밖에 '한 부자'가 먹다 버린 음식물 찌꺼기 더미를 뒤져가며 배를 채웠을 것입니다. 여기서 바로 보아야 할 것은 '한 부자'는 결코 '나 사로'에게 먹을 것을 주지 않았다는 사실입니다. 그렇다면 '한 부자'와 '나 사로'는 주인과 종의 관계가 아니었음을 눈여겨 볼 수 있습니다.

"이에 그 거지가 죽어 천사들에게 받들려 아브라함의 품에 들어가고"
"부자도 죽어 장사되매 그가 음부에서 고통중에"[눅 16:22-23(상)]

이후 그들 모두는 수명을 다하고 이 땅에서 죽어 각각의 믿음에 따라 '한 부자'는 지옥(음부)에 '나 사로'는 천국에 들어가게 됩니다. 곧 '나 사로'는 믿음의 조상 아브라함(Abraham)의 품에, '한 부자'는 음부의 고통 품에 각각 안기게 됩니다. 또 다시 여기서 바로 보아야 할 것은 '하나님의 품'이 아니라 '아브라함의 품'이라는 것입니다. 왜 예수님께서는 '하나님의 품'이 아니라 '아브라함의 품'이었다고 비유하셨을까요? 이유는 '차차 보시면 아시게 되실 것'입니다.

"눈을 들어 멀리 아브라함과 그의 품에 있는 나사로를 보고 불러 이르되 아버지 아브라함이여"[눅 16:23(하)-24(상)]

음부의 고통 중에 '한 부자'는 교활하고 패악무도하게도 '아브라함'을 '아버지'라고 부르고 있습니다. 죽기 전에 주위사람들은커녕 대문밖에 버려진 채 그것도 상처 난 몸의 헌데를 개가 핥고 있었던 '나 사로'를 모른 채 내버려 두었던 그가 이제는 자신의 처지를 동정해 달라고 교활하게도 아브라함을 '아버지'라 부르며 호소하고 있는 것입니다. 곧 아브라함의 신실한 신앙을 빌미삼아 자신 또한 천국에 이를 수 있는 일말의 틈을 비집고 들어가고자 아브라함의 자비(동정심)에 호소하면서 시험하고 있는 것입니다. 그 증거가 바로 '아버지'라는 호칭입니다. 이 같은 교활하고도 패악한 '한 부자'의 심사는 여기에 머무르지 않고 한 술 더떠갑니다.

"나를 긍휼히 여기사 나사로를 보내어 그 손가락 끝에 물을 찍어 내 혀를 서늘하게 하소서 내가 이 불꽃 가운데서 괴로워하나이다"[눅 16:24(하)]

기록에서 '한 부자'는 아브라함에게 자신을 '긍휼히 보아 달라'고 청원하고 있습니다. 겉으로 보기에는 그도 그럴 듯한 애원으로 보이지만 실상은 그게 아닙니다. 왜냐하면 '긍휼히 보아 달라'는 이면(裏面)에는 음흉한 목적이 숨어 있기 때문입니다.

그 목적은 '나사로를 보내어'라는 말로부터 쉽게 유추할 수 있습니다. 곧 '한 부자'는 그때까지도 '나 사로'를 일개 천한 종으로 취급하고 있다는 사실이 그것입니다. '한 부자'가 전면(前面)에 아브라함을 아버지라고 내세워 두었던 이유는 아브라함의 자비를 비집고 들어가 아브라함으로 하여금 자신이 그의 아들이라는 사실을 인정할 수 있도록 유도하고 있음과 동시에, 그렇다면 '나 사로'는 죽기 전과 마찬가지로 마땅히 아브라함(아버지)과 자신(아들)의 종으로 취급하여야 함을 넌지시 밑바닥에 깔아 두고 있는 것입니다.

그러기에 '한 부자'는 이 세상에서 종이었던 '나 사로'를 보내(종처럼 시켜서) 그 손에 물을 찍도록 하여 자신에게 가져오게끔 명령 아닌 명령을 하고 있는 것입니다. 그게 아니었다면 한 부자는 "나 사로여, 나를 긍휼히 보아 내 혀를 서늘하게 하소서"라고 간청했어야 할 것입니다.

여기서 바로 보아야 할 것으로, '한 부자'는 자신의 암울한 처지만을 앞세워 천국과 지옥의 경계를 허물고자 함에 검은 속내를 드리우고 있다는 사실입니다. 이 같은 '한 부자'의 패악한 심사는 갈수록 강도를 더해갑니다.

"아브라함이 이르되 얘 너는 살았을 때에 좋은 것을 받았고 나사로는 고난을 받았으니 이것을 기억하라 이제 그는 여기서 위로를 받고 너는 괴로움을 받느니라"

"그뿐 아니라 너희와 우리 사이에 큰 구렁텅이가 놓여 있어 여기서 너희에게 건너가고자 하되 갈 수 없고 거기서 우리에게 건너올 수도 없게 하였느니라" (눅 16:25-26)

그렇다면 '나 사로'는 무엇 때문에 천국에 이르렀고, '한 부자'는 무엇 때문에 지옥에 빠졌을까요? 기록에서는 찾아볼 수 없지만 불 보듯 뻔하지 않겠습니까? 지금의 우리로 보아 죄로 인하여 죽을 수밖에 없었던 우리를 위하여 대신 돌아가신 예수님 보혈의 공로를 시인했느냐 안 했느냐의 차이에서 비롯된 결과였겠지요. 결국 '나 사로'는 고난 가운데서도 예수님의 사랑을 몸소 실천했던 자였다고 볼 수 있고, '한 부자'는 다만 그 공로를 자신의 부와 안일에 두었던 자였다고 미루어 짐작할 수 있을 것입니다.

기록에서 아브라함은 천국과 지옥의 경계를 분명히 밝히고 있습니다. 결단코 이곳(천국)에서 저곳(지옥)으로 오고 갈 수 없다는 추상같은 말로 '한 부자'에게 일침을 가합니다. 그럼에도 불구하고 '한 부자'는 극악무도하게도 또 다시 아브라함을 시험하기에 이릅니다.

"이르되 그러면 아버지여 구하노니 나사로를 내 아버지의 집에 보내소서"

"내 형제 다섯이 있으니 그들에게 증언하게 하여 그들로 이 고통 받는 곳에 오지 않게 하소서"(눅 16:27-28)

여기서도 마찬가지로 '나 사로'를 종처럼 취급하고 있음을 엿볼 수 있습니다. 곧 '나 사로'를 시켜서 자신의 집에 보내라는 것입니다. 나아가 죽기 전에 자신이 살았던 집에 거하고 있는 자신의 형제 5명에게 지옥의 참담한 현실을 '나 사로'로 하여금 똑똑히 증언하게 하여 그들로 하여금 자신과 같이 행여나 지옥에 떨어지는 일이 없도록 그렇게 조치하라는 것입니다.

이 같은 '한 부자'의 속내에는 자신이 살아있었을 때, 왜 천국과 지옥을 그럼에도 불구하고 자신에게 보여주지도 알려주지도 않았냐는 지탄 섞인 불만을 감춰두고 있음을 바로 보아야 합니다. 이 불만에 대한 아브라함의 대답은 추상같았습니다.

> "아브라함이 이르되 그들에게 모세와 선지자들이 있으니 그들에게 들을지니라" "이르되 그렇지 아니하니이다 아버지 아브라함이여 만일 죽은 자에게서 그들에게 가는 자가 있으면 회개하리이다"(눅 16:29-30)

위 기록에서 아브라함은 '한 부자'에게 이 세상에서 하나님의 말씀으로부터 이미 모든 것을 보여주었고 알려주었다고 이야기하고 있습니다. 그럼에도 불구하고 이 세상을 사는 동안 말씀을 배반하고 믿지 않고 있다가 끝내 지옥에 떨어지고 난 이후에야 후회하고 회개하는 것은 무익한 일이라고 '한 부자'를 꾸짖고 있습니다.

그러나 '한 부자'는 또 다시 항변하기에 이릅니다. 곧 지옥의 모든 사람들을 다시 세상에 보내게 될 요량이면, 모두가 한결같이 말씀에 따라 결단코 지옥에 또 다시 들어오는 일은 없을 것이라고 말입니다.

실로 극악무도하기 이를 데 없는 언변이 아닐 수 없습니다. 왜냐하면 하나님의 공의와 심판에 정면으로 도전하고 있는 처사로 보아 마땅하기 때문입니다. 언뜻 생각해보기에 '한 부자'의 말이 일견 일리가 있다고도 보여 질 수 있겠지만, 이하 아브라함의 마지막 대답을 들어보면 결단코 그렇지 않습니다.

"이르되 모세와 선지자들에게 듣지 아니하면 비록 죽은 자 가운데서 살아나는 자가 있을지라도 권함을 받지 아니하리라 하였다 하시니라"(눅 16:31)

설령 '한 부자'의 말대로 지옥에서 허덕이고 있는 자들을 이 세상에 다시 보내어 또 다시 보여주고 알려주어도 그럼에도 불구하고 애초에 '믿지 않을 자'는 결단코 '믿지도 믿으려고도 하지 않을 것'이라는 것이 아브라함의 답변입니다.

성경의 기록들 중에는 아브라함의 이 같은 답변을 입증할 수 있는 증거가 셀 수 없이 많고 많습니다. 한정된 지면상에 낱낱을 모두 끄집어내어 밝힐 수는 없고, 다만 이 지면에서는 그 중에 일부로서 한 가지 명백한 사실(증거)만을 예로 들어 아브라함의 답변을 입증해 보도록 하겠습니다.

"예수께서 그들을 만나 이르시되 평안하냐 하시거늘 여자들이 나아가 그 발을 붙잡고 경배하니"

"이에 예수께서 이르시되 무서워하지 말라 가서 내 형제들에게 갈릴리로 가라 하라 거기서 나를 보리라 하시니라"

"여자들이 갈 때 경비병 중 몇이 성에 들어가 모든 된 일을 대제사장들에게 알리니"

"그들이 장로들과 함께 모여 의논하고 군인들에게 돈을 많이 주며"

"이르되 너희는 말하기를 그의 제자들이 밤에 와서 우리가 잘 때에 그를 도둑질하여 갔다 하라"

"만일 이 말이 총독에게 들리면 우리가 권하여 너희로 근심하지 않게 하리라 하니"

"군인들이 돈을 받고 가르친 대로 하였으니 이 말이 오늘날까지 유대인 가운데 두루 퍼지니라"(마 28:09-15)

막달라 마리아(Maria Magdalena)와 다른 마리아 그리고 무덤을 지키고 있던 경비병들은 예수님의 부활을 처음으로 목격한 사람들이었습니다. 마리아는 부활하신 예수님 앞에서 떨며 무서워하였습니다. 이윽고 예수님의 명령을 좇아 부활하신 예수님을 제자들에게 알리고자 부리나케 달음질하게 됩니다.

한편 이 사실을 곁에서 함께 지켜보고 있었던 경비병들은 그들 또한 대제사장에게 달려가 이 사실을 전하게 되나, 대제사장과 그들과 함께 한 장로들은 서로 공모하여 경비병에게 돈을 주면서 예수님께서 부활하셨다는 사실을 결단코 다른 사람들에게 알리지 않게끔 그들을 입막음하기에 이릅니다. 곧 예수님께서 부활하셨다는 사실이 밖으로 새어나가지 않도록 철저히 입막음해 두었던 것이지요.

한편으로 생각해 보기에, 이 같은 입막음이 자신들의 입지와 지위를 보전하기 위한 최선의 처방이었다면 그들 경비병 모두를 죽여 후환을 없앴어야 했을 텐데 그들에게도 일말의 양심은 있었던 모양입니다. 이후로 이러한 입막음의 효과는 끝까지 함구된 채로 이어져, 곧 지금까지 유대인들에게 곧이곧대로 전해져, 그들은 지금까지 예수님의 존재를 믿으려고도 보려고도 하지 않고 있는 형편입니다. 예수님께서 이르신 바가 그대로 성취되었음을 똑똑히 바로 보아 알 수 있는 증거라 할 수 있습니다.

자. 어떻습니까? 그럼에도 불구하고 '한 부자'의 말에 일리가 있다고 생각하십니까? 보여주면 믿을 수 있다고 생각하십니까? 들려주면 믿을 수 있다고 생각하십니까? 그들 경비병들이나 제사장들 나아가 유대인들은 보고도 듣고도 예수님의 부활을 믿지 않았습니다. 애초에 '믿지 않을 자'는 결단코 '믿지도 믿으려고도 하지 않을 것'이라는 아브라함의 답변이 추상같이 바로 서게 되는 결정적인 증거가 아닐 수 없습니다.

필자는 앞에서 한 가지 사실(예수님의 부활)만을 들어 '한 부자'의 패악함을 드러내 보이겠다고 했으나, 답답한 가슴을 달랠 길이 없어 몇 가지를 더 늘어놓고자 합니다. 홍해(Red Sea)와 요단강(Jordan Riv.)을 갈라도, 여리고(Jericho)성을 일순에 무너뜨려도, 벧 호론(Beth Horon) 언덕에서의 해가 기브온(Gibeon)에서 달이 아얄론(Aijalon) 골짜기에서 멈추어 서게 해도, 땅을 갈라 고라(Korah)당을 스올에 빠뜨려도, 죽은 나사로를 살려도(요 11:01-12), 오병이어(五餠二魚)의 이적을 보여도(마 14:14-21, 막 06:34-44, 눅 09:12-17, 요 06:05-13), 물로 포도주를 만들어도(요 02:01-11), 베데스다(Bethesda) 못에서 38년 된 병자를 포함하여(요 05:01-09), 문둥병자(마 08:02-04, 막 01:40-45, 눅 05:12-16), 중풍병자(마 09:02-08, 막 02:03-12, 눅 05:18-26) 등의 병을 고쳐주어도, 애초에 믿지 않을 자들이었음에 그럼에도 불구하고 보여주었더니 믿었습니까? 들려주었더니 믿었습니까? 어림 반 푼어치도 없는 말입니다.

한 걸음 더 나아가 경비병들이나 대제사장들이나 유대인은 둘째치고 보여주어도 들려주어도 믿지 않을 자들의 행태는 어떠했습니까? 귀에서 빼낸 금 고리를 각출(醵出)하여 이를 녹여 조각칼로 송아지 형상을 만들어 놓고 이것을 향해 자신들을 애굽땅에서 인도해 낸 하나님이라고까지 칭송하지 않았던가요?(출 32) 그러한 수많은 이적을 통해 우리에게 무한하신 사랑을 확증하시고자 했던 예수님마저도 십자가에 못을 박고 그것도 모자라 옆구리에 창까지 찔러대고는 "네가 만일 유대인의 왕이면 네가 너를 구원하라"며 희롱해대지 않았던가요?(눅 23:32-38)

다시 앞선 화제로 돌아갑니다. 그렇다면 '한 부자' 욕심의 끝은 어디까지였다고 생각하십니까? 10억? 아니면 100억? 그도 저도 아니면 1000억까지였을까요? '한 부자' 욕심의 끝은 다름 아닌 '하나님까지'였습니다. 곧 끝은 하나님이었다고 말할 수 있습니다. 그렇다면 세간에서 흔히 이르기를 사람의 욕심은 끝이 있게 되는 셈입니다. 곧 패악무도하게도 저들이 '하나님까지' 이르고자 하는 심사가 욕심의 끝이 됩니다.

그런데 여기서 한 가지 풀리지 않는 의문이 있습니다. 필자가 앞에서 남겨두었던, 곧 '차차 보시면 아시게 되실 것'이라고 했던 것으로 왜 예수님께서는 '하나님의 품'이 아니라 '아브라함의 품'이었다고 비유하셨는가에 대한 의문입니다.

이유는 간단합니다. 예수님께서는 '한 부자'를 지목하셨던 것이 아니라 '한 부자'의 본래 이름으로서 '옛 뱀, 사탄, 마귀'(Old Serpent, Satan, Devil)를 지목하시고자 했기 때문입니다. 곧 마귀와 아브라함과의 대화를 통해 우리에게 하나님의 뜻을 바로 전해주시고자 하셨던 것입니다. 이 또한 미약하고 연약하며 무지하기 그지없는 우리의 이해를 돕고자 하셨던 예수님 사랑의 또 다른 표현이라고 보아 감격하지 않을 수 없습니다.

예수님께서는 낙타가 바늘귀로 나가는 것이 부자가 하나님의 나라에 들어가는 것보다 쉬울 것이라고 하셨습니다(마 19:24, 막 10:25, 눅 18:25). 여기서 부자는 '한 부자'의 이름입니다. '한 부자'는 스스로가 아브라함에게 이르기를 자신에게 형제가 5명이 있었다고 말하고 있습니다. 필자가 알고 있는 그 형제들의 이름은 다음과 같습니다.

"'한 교만'(驕慢), '한 탐욕'(貪慾), '한 죄악'(罪惡), '한 불신'(不信), '한 음란'(淫亂)"

그들 계보(系譜)의 조상은 다름없이 '옛 뱀, 사탄, 마귀'(Old Serpent, Satan, Devil)가 되는 셈입니다. 결단코 그들은 천국에 들어갈 수 없습니다. 왜냐하면 그들은 모두가 '한 부자'와 피를 나눈 형제들이기 때문입니다.

나를 남보다 낫게 여기고자['한 교만(驕慢)'], 끊임없는 욕심에 자신의 배를 불리고자['한 탐욕(貪慾)'], 한씨 일가 형제들의 죄를 변명하고 덮어두고자['한 죄악(罪惡)'], 하나님의 말씀위에 자신의 지위를 걸어두고자['한 불신(不信)'], 세상의 정욕을 좇아 하나님의 사랑을 파괴하고자['한 음란(淫亂)'] 안타깝게 애쓰고 있는 '믿지 않을 자'들을 대할 요량이면 우리는 어찌해야 할까요?

기록에 비추어 '나 사로'는 단 한마디도 말하지 않고 있음을 볼 수 있습니다. 그렇다면 도대체 '나 사로'는 뭘 하고 있었을까요? 필자의 생각에는 아마도 이 땅위에서 '한 부자'처럼 기를 쓰고 살아가고자 애쓰고 있는 '한 부자'의 후세들을 지켜보며 그들을 위해 하나님께 간구하며 있었을 것입니다. 한 명이라도 자신처럼 구원에 이를 수 있도록 가슴을 쓸어내리며 말입니다. 그러기에 '아브라함의 품'에 있었을 것입니다. 그 옛날 '아브라함의 기도'를 본받아 말입니다.

"아브라함이 가까이 나아가 이르되 주께서 의인을 악인과 함께 멸하려 하시나이까"

"그 성 중에 의인 50명이 있을지라도 … "

"오십 의인 중에 5이 부족하다면 … "

"거기서 40명을 찾으시면 … "

"거기서 30명을 찾으시면 … "

"거기서 20명을 찾으시면 … "

"거기서 10명을 찾으시면 … "(창 18:23-32)

그럼에도 불구하고 뭐라고요? 3억의 외제차라고요? 골프연습장이 딸려 있는 고급빌라라고요? 수십억 원을 호가하는 전원주택이라고요? 연봉이 자그마치 12억 원이라고요? 이글을 처음부터 다시 써내려가도록 하겠습니다. 이 지면 끝까지 말입니다.

흔히들 "사람의 욕심은 끝이 없다"고 합니다. 그런데 이 말은 비교의 대상이 없어 가늠하기가 상당히 모호하고 그저 막연한 이야기가 아닐 수 없다고 봅니다. 이를테면 대상(끝)을 깊음에 견주어 '바다'에, 높음에 견주어 '산'에 두었다면 또 모르겠지만, 그저 밑도 끝도 없이 말 그대로 끝이 없다고만 이야기 하고 있으니 말입니다. 그렇다면 도대체 사람의 욕심은 끝이 어디쯤 있다고 가늠할 수 있을까요? 아니 끝은 가늠할 수 있는 것일까요? 우리는 그 끝을 낱낱하고도 상세하게 보았습니다. '하나님까지'가 그 해(解)입니다.

살풀이 예배

혹시 여러분께서는 무당(무속의 사제자로, 길흉화복을 점치고 굿을 주관하는 사람들)의 굿판을 보신 적이 있으십니까? 살(煞)을 벗겨낸다며, 귀신을 불러내거나 쫓아낸다며, 관모(冠帽)에 홍도포(紅道袍)와 관대(冠帶)를 두르고 쉴 새 없이 칠쇠방울[칠금령(七金鈴)]을 흔들어대며, 행하는 푸닥거릴 말입니다. 거기에 징에다 꽹과리에다가 그것도 하늘이 머리에 닿을 정도로 펄쩍펄쩍 뛰어가며 정신없이 주문을 외고 있는 형국이란 가히 압권이 아닐 수 없습니다.

더군다나 그것도 분위기가 무르익어 무당이 작두날에나 한 번 오르게 되면, 팥죽의 새알 빗듯 두 손 비비며 기복(祈福)에 임하고 있는 주위사람들의 온 얼굴은 그야말로 6.25는 난리도 아니게 눈물과 콧물로 범벅이 되기 십상입니다.

설상가상으로 주위의 누군가가 실신해 땅위에 벌러덩 드러눕게 될 요량이면 급기야 주위사람들 모두 혼비백산(魂飛魄散)에 이르게 됩니다. 그렇지만 이 같은 무아지경에도 아랑곳하지 않고 그 자태를 미소로 꿋꿋하게 버티고 있는 것이 하나 있다면 그것은 상위에 싹둑 잘려진 목만 삐끗하게 내보이고 있는 돼지머리가 아닐까 생각됩니다.

무당굿은 그렇다 치고, 혹시 여러분께서는 아이돌 그룹이나 유명가수의 콘서트에 가보신 적이 있으십니까? 필자 또한 여러 번 가봤습니다만 여기에 비할라치면 무당굿은 굿도 아닙니다. 혼비백산은 둘째치고서라도 내가 옆 사람인지 옆 사람이 난지 도대체 분간하기가 힘들 정도입니다.

형형색색의 야광막대, 굉음의 전자악기음향, 여기에 휘황찬란하게 번뜩거리는 레이저 빔(Laser Beam)까지 그야말로 언제나 그곳은 너나 할 것 없이 모두가 무당 아닌 무당의 집성촌이 되고야 맙니다. 비록 작둣날은 없어도 이로부터 비롯된 때마다의 콧물과 눈물 그리고 왕왕 몇몇의 실신은 무당굿과 다름이 없습니다. 그렇지만 이 같은 무아지경에도 아랑곳하지 않고 그 자태를 미소로 꼿꼿하게 버티고 있는 것이 하나 있다면 그것은 하늘에 걸린 반 토막 난 몸만 삐끗하게 내비치고 있는 하현달(下弦月)이 아닐까 생각됩니다.

좀 지난 최근에 필자는 지금까지 이런저런 이유에서 미뤄두고 있다가 끝내는 큰맘 먹고 집에 케이블 TV를 설치하게 되었습니다. 곧 슬하에 두 자식 모두 출타하여 외유(外遊) 중에 있었던 까닭에 그런대로 부담은 덜 했기 때문입니다. 지금까지 다양한 케이블 TV 편성 프로그램 중에서 필자가 때마다 눈여겨보며 시선을 떼지 않고 있는 것은 다름 아닌 몇 개의 기독교방송 채널입니다.

필자는 방송매체를 통한 '선교사역'(宣敎使役)이나 '순수복음전파'(純粹福音傳播)의 시각에서 이 같은 기독교방송을 매우 뜻 깊고 의미있다고 보아 이를 긍정적으로 평가하고 있습니다. 평가의 핵심은 모든 방송의 목적이 오로지 수익창출에 있는 것이 아니라, 단지 이 세상에 하나님의 말씀을 전하고 나아가 그 결과로부터 하나님의 영광을 드러내는 일에 두었을 것이라는 생각 때문입니다. 이 생각이 자명하다면 필자뿐만 아니라 이를 접하고 있는 크리스천 된 우리 모두 또한 그 뜻과 의미를 다르지 않게 새기실 수 있을 것이라 생각됩니다.

기독교방송 프로그램 중에서 실시간으로 방송되고 있는 주일예배는 처한 형편이 허락되지 않아 교회에 나갈 수 없는 사람, 예를 들면 환우(患友)나 멀리 원양어선에 몸을 싣고 있는 선원 또는 해외동포들에게는 가뭄에 단비가 아닐 수 없을 것이고(순수복음전파의 시각에서), 또한 해외선교 사업의 당위와 필요성에 관한 역설(力說)을 통해 이에 직간접적으로 참여할 수 있는 길을 터놓을 수 있다는 차원에서(해외선교 사역의 시각에서) 모두 함께 본래의 순기능적 의미를 곧추세울 수 있을 것으로 생각됩니다. 뿐만 아니라 각양의 심도 있는 교육프로그램을 통해 시시때때로 순수복음의 낱낱과 면면을 바로보고 또한 뜻 깊게 새길 수 있다는 시각에서 그 효용성은 두 말할 필요가 없을 듯합니다.

그런데 필자의 편협한 시각에서 비롯된, 보다 정확히는 왜곡된 시각에서 비롯된 편견일는지는 모르겠지만, 가끔은 괜스레 짜증나고 신경질 나며 어떤 때는 창피할 때가 혹간 있기도 합니다. 모두가 필자의 삐뚤어진 시각에서 비롯된 것으로 보아 필자에게 삿대질이 집중된다면 그도 어쩔 수는 없겠지만, 그렇다고 그 삿대질을 피하면서까지 필자의 시각을 덮어둘 생각은 없습니다. 곧 그것은 그것대로 필자는 필자대로 서로 등을 지겠다는 말입니다. 이 경우 '등을 지겠다'는 의미는 언감생심 원수지간이 되겠다는 의미가 아니라 시각을 달리하고 있는 삿대질의 신앙적 양태(樣態)에 간섭하거나 해코지하지 않겠다는 의미입니다. 이하 필자가 왜 짜증을 내고 신경질을 냈는지 그간에 필자가 본 몇몇의 TV 화면 그대로를 마치 생방송처럼 표현해보면서 조심스럽게 이유를 밝혀볼까 합니다.

예배집회장은 온통 깜깜했습니다. 다만 천정에는 형형색색의 불빛들이 마치 흐르는 물처럼 뒤덮여 흐르고 있었습니다. 장내는 온통 전자악기의 음향이 가득했고 그 가운데서도 하늘을 향해 두 팔 벌린 사람들의 메아리치는 함성과 모습들이 화면에 힐끗힐끗 보이기도 했습니다.

강단위의 예배인도자는 와이셔츠 차림에 소매옷깃을 걷어붙이고 그것도 마이크 하나 붙잡고 강단 이쪽에서 저쪽으로 쉴 새 없이 오고가면서 때로는 리듬에 맞춰 몸까지 흔들어 가며 찬송을 인도하고 있었습니다. 중간 중간 삽입된 설교는 마치 내일이면 세상의 종말이 오기라도 할 것인 양 그렇게 의기양양하고 무섭기만 했습니다. 설교 한 마디가 끝나면 회중의 떠들썩한 화답이 이어지기를 반복하다가 또 다시 긴 찬송 또 다시 짧은 설교가 반복되어지기를 수차례였습니다. 그 와중에도 형형색색 불빛은 엉킨 듯 어지럽게 난무하고 있었습니다.

평소에 TV 음량은 귀를 쫑긋 세워야 들릴 수 있도록 고정해 두었지만 이때 필자는 화급히 음량을 줄이지 않으면 안 되었습니다. 그것도 오래된 TV도 아니었는데 말입니다. 무당은 둘째치고라도 아이돌 그룹이나 유명가수가 이 모습을 보았다면 아마도 한 수 배워가지 않았을까라는 생각은 한동안 필자의 머리를 떠나지 않고 맴맴 돌고 있었습니다. 지금까지 이 모습은 필자의 머릿속에 선연합니다.

또 한 번은 한 교회의 주일설교를 지켜보았습니다. 설교자 또한 앞선 모습보다는 덜했지만 이곳저곳 강단을 오고가며 회중을 나무라듯 설교에 임하고 있었습니다. 목소리가 두드러지게 컸음은 둘째치고 화법은 존대(尊

待)가 아니라 하대(下待)로 일관하고 있었습니다.

한편 다른 채널에서는 젊은이를 위한 예배가 있었는데, CCM이나 소위 Worship 찬양과 함께 간혹 인도자의 짧은 성경구절의 인용멘트가 뒤섞이고 있었습니다. 요사이 젊은이들의 예배가 이것이 다인가 싶게 생각했던 것도 잠시, 이내 필자의 생각은 틀린 것이 아니었습니다. 그것이 예배의 전부였습니다. 앞서 본 콘서트와 다른 점이 하나있다면 그것은 그보다는 조금은 조용했다는 것입니다.

그런데 한 가지 확실하게 되짚어 둘 것으로, 케이블 TV를 필자의 집에 들이고 지금까지 필자가 들여다 본 다른 채널, 곧 불교나 가톨릭의 예배나 강론 또는 설법은, 어느 방송프로그램도 TV 음량을 높였으면 높였지 지난번처럼 낮추는 일은 결코 없었다는 사실입니다.

여기서 화제를 비약하여 한 번 생각해 보기에, 이 시대의 정서와 다양한 음악적 표현들이 시시각각 급변하고 있는 시대의 흐름에 편승하여 여과 없이 무방비로 수용되어도 괜찮을까요? 유교의 제례의식에 비추어 열대과일이나 현대의 인스턴트식품들이 젯상에 오를 때도 종단(宗團)이나 종가(宗家)의 심사숙고 끝에 그것도 수 년 동안의 숙의(熟議) 끝에 오르고 내리는 것이 상례인데, 하물며 하나님께 바치는 제사로서 예배가 그때그때 시대의 흐름 따라 제멋대로 바뀌어도 무방할 것이냐는 질문입니다. 여러분은 이러한 질문에 어떻게 답변하시겠습니까? 이하 예배의 규례와 정체성에 관하여 하나하나 따져보며 본류를 되짚어 보기로 하겠습니다.

무엇보다도 이상에서 열거한 바대로 작금의 변화된 예배의 모습과 형식이 알게 모르게 예배의 정수(精髓)로 자리매김 되어 있고 또한 되어가고 있는 이유가 무엇일까요? 필자의 생각에는 아마도 2가지의 이유밖에는 생각해 낼 것이 없을 것 같습니다. 하나는 지금까지의 예배가 너무 고답적(高踏的, 사전적 의미로 보아, 현실과 동떨어진 것을 고상하게 여기는 구석)이고 고루하다(固陋, 사전적 의미로 보아, 낡은 관념이나 습관에 젖어 고집이 세고 새로운 것을 잘 받아들이지 아니하다)고 보는 시각에서 비롯된 결과가 아닐까 생각됩니다. 한 마디로 이야기하면 '시대에 걸맞지 않다'는 것이지요.

다른 하나는 예전의 예배보다도 새로운 예배가 본질적인 의미에 보다 가깝다고 보는 시각에서 비롯된 결과가 아닐까 생각합니다. 한 마디로 이야기하면 "지금 것이 예전보다 낫다"는 의미가 될 것입니다. 모두를 종합하면 지금까지의 예배는 "시대에 걸맞지 않고 또한 지금 것이 예전보다 더 낫다"는 것으로 요약할 수 있을 것입니다. 이에 덧붙일 또 다른 다른 이유가 없다면 말입니다.

그렇다면 앞선 사례로 다시 돌아가 생각해 보겠습니다. 무당의 굿판은 누구를 위한 것일까요? 콘서트는 누구를 위한 것일까요? 모름지기 이 모두는 나(자신)를 위한 것이 아닐까요? 마찬가지로 유교의 제사나 조상의 은덕을 기리고자 드리는 각양의 제사를 생각해 볼 때, 이는 누구를 위한 것일까요? 조상을 위한 것일까요? 그렇지 않습니다. 이 또한 조상의 음덕(蔭德)을 빌미삼아 그 대가로 살아있는 후손들의 복(福)을 구하는데 두고 있을 것이라 봅니다. 그렇다면 모두의 공통점은 나(자신)를 위한 것에 두고 있음에서 구할 수 있습니다. 우리는 이 모두를 기복(祈福)이라고 여겨 철저히 배격하고 있음을 바로 볼 수 있습니다.

같은 시각에서 "시대에 걸맞지 않고 또한 지금 것이 예전보다 더 낫다"는 주장을 쪼개어 볼 때, 이는 누구의 생각에서 비롯된 것일까요? 곧 "시대에 걸맞지 않다"는 생각은 누구의 생각입니까? "지금 것이 예전 것보다 더 낫다"는 생각은 누구의 생각입니까? 언감생심 이 모두가 하나님의 뜻일 것이라 생각하고 계십니까? 혹여 그 알량한 믿음을 담보로 믿음만 변치 않으면 될 것이라는 생각에 예배는 만수산 드렁칡이 얽혀 있는 그대로 이런들 저런들 그저 그렇게 드려도 매한가지라고 생각하고 계십니까?

비유하기에, 시부모를 존경하고 사랑하고 있다는 마음은 변함이 없다는 기치아래 며느리가 안이 훤히 비치는 속옷을 입고 껄렁껄렁 시부모 앞에 밥상을 서슴없이 들이밀어도 괜찮을까요? 조상을 공경하는 마음은 변치 않고 있다고 지껄이면서 아들놈이 젯상머리 앞에서 그것도 널브러져 있는 채로 이어폰 끼고 머리를 끄덕여가며 리듬을 타고 있어도 괜찮을까요? 처한 형편에 따라 '할 짓'이 따로 있고 '하지 말아야 할 짓'이 따로 있다면 그것이 의식 아닐까요? 그렇다면 이러한 비유를 염두에 두고 도대체 우리는 의식(예배)의 의미를 어떻게 바로잡아 세워두어야 할까요?

사전적 의미로 보아 '예배'(禮拜)는 '초월적 존재 앞에 경배하는 의식(儀式) 또는 그런 의식(儀式)을 행함'으로 풀이됩니다. 이 경우 '초월적 존재'는 우리로 보아 '하나님'이 되심에 마땅할 것입니다. 이 경우 의식은 '할 짓'을 명확히 하여 이를 규례로 삼고 있는 것을 말합니다. 만약 여기에 '하지 말아야 할 짓'이 개입되게 되면 이는 다름없이 패륜(悖倫)으로 지목될 것입니다. 그렇다면 위에서 며느리와 아들놈은 패륜의 주체가 되는 셈입니다. 아니 그런가요?

'의식'은 본래 '하기 싫은 것을 옭아매서 이를 형식에 가둬둔 것'입니다. "형식(의식)에 뜻(마음)이 있다"는 말은 이를 가리키는 말입니다. 따라서 스스로를 그것도 누가 시켜서가 아니라 자발적으로 옭아매는 의식이 곧 예배의 형식이 될 것임은 두 말할 나위없을 것입니다. 왜냐하면 사전적 의미에서 다시보기에 '예배는 의식'이기 때문입니다.

그렇다면 예배는 재미있어야 할까요? 예배는 누가 뭐래도 말 그대로 유쾌·상쾌·통쾌하여야 할까요? 이도 저도 아니면 예배를 통하여 그간의 스트레스를 확 날려 버리는 것에 본연의 뜻을 두고 있어야 할까요? 앞서 우리가 이미 보았듯이 예배는 의식이 있기에 엄숙하여야 하고 숙연하여야 하며 때로는 비장하기까지 하여야 합니다. 적어도 올곧은 신앙을 간직하고 있는 크리스천이라면 두 말할 나위 없을 것입니다.

시끄럽고, 소란하며, 정신없고, 왁자지껄한 것은 아무리 그 안에 의식이 담겨져 있다고 하더라도, 올곧은 마음이 스며있다고 하더라도, 그것은 결단코 예배라고 볼 수는 없습니다. 왜냐하면 예배가 시장(市場), 지옥(地獄), 무당의 굿판 등과 다른 점은 '소란한 것이냐' 아니면 '엄숙한 것이냐'의 기준에 따라 구분할 수 있기 때문입니다.

그렇다면 위에서 본 몇몇 기독교방송에서의 그것들은 우리가 어떻게 해석하고 또 그 의미를 바로 새겨두어야 할까요? 필자가 보기에 그것들은 모두가 예배가 아니라고 단언하여 말할 수 있을 것 같습니다. 이유는 시끄럽고, 소란하며, 정신없고, 왁자지껄하며, 그러기에 의식이 없다는 시각에서입니다.

또 다시 그렇다면 왜 이 모양의 예배를 따라가고 때로는 추종하기를 서슴지 않고 있는 것일까요? 이유는 간단합니다. '목회자의 교만(驕慢)' 때문입니다. 곧 교회를 지금보다 크게 하고자, 교회를 지금보다 더욱 세상에 알리고자, 목회자 자신의 지위를 높이고자, 목회자 자신의 명성을 세상 앞에 드러내고자 함에 이유가 있다고 봅니다.

시도 때도 없이 그것도 분별없이 스스로의 말에 취하고, 무슨 말을 했는지도 모르게 중언부언(重言復言)하고, 얼토당토않은 배경 없는 사견(私見)을 들먹이는 것은 보통이고, 이것을 저것과 섞어 짜깁기한 그것을 마치 새로운 기록인 양 혼선에 혼선을 거듭하게 하고, 오늘날 또 다른 선지자가 나타난 것도 아닐 것임이 분명한데 아닌 게 아니라 회중을 낮잡아 하대는 고사하고 싸잡아 죄인취급하고, 근본도 없고 배경도 없는 세상의 유명인사를 불러다가 시도 때도 없이 단상(壇上)을 어지럽히기 십상이고, 때로는 목회자를 비난하거나 그 생각 또한 마음에 품었다면 하나님의 종을 깔본 죄로 보아 필경 하나님께서 가만두시지 않을 것이라는 경고의 메시지까지 더하고 있음을 보면, 이 모두가 목회자의 교만에서 비롯된 것이 아니라면 도대체 이유는 어디에 있다는 말입니까?

젊은이의 예배가 본래 그런 것이라고요? 물론 지금의 그러한 의식이 곁들여진 예배를 젊은이들이 싫어할 턱이 없겠지요? 유쾌 · 통쾌 · 상쾌한 신나고 재미있을 것이라는 사실을 누군들 모르겠습니까? 그렇다면 되묻기에 그들 우리의 후사(後嗣)들은 어디에 옭아매져 있는 것인가요? 보다 정확히는 어디에 옭아매두고 계십니까? 말씀위에요? 신앙위에요?

바로 되짚어 두기에 필자는 지금 말씀과 신앙을 논하고 있는 것이 아니라 행여나 그들의 마음 한 중심에 간직하고 있을지도 모르는 재미로서, 유쾌 · 상쾌 · 통쾌, 스트레스 해소의 방편으로 예배(의식)를 경계하고 있는 것입니다. 바꾸어 말하면 예배의 엄숙과 숙연함과 비장함을 요구하고 있는 것입니다. 재차 묻기에 어디에 옭아매두고 계십니까?

이후로의 예배는, 죽을 수밖에 없었던 우리의 죄를 자복하고, 그럼에도 불구하고 또 다시 알게 모르게 지었던 죄를 숙연하게 그리고 낱낱이 참회하고, 마귀의 간계를 능히 대적하기 위하여 하나님께서 주신 전신갑주를 입고자 비장한 각오로 그 마음가짐을 결연히 할 수 있는 그런 의식이 올곧게 담겨 있어야 할 것입니다. 나아가 하나님 은혜에 감사하여 우리가 하나님의 성호를 높이 부르고, 예수님의 보혈의 공로를 찬양하며, 이 세상 다하는 날 우리가 이를 천국에의 소망을 노래하는 것이 순리(順理)에 맞는 자연스러운 의식이라고 보아, 이 같은 우리들의 찬양과 노래는 거룩한 영적 예배 이후의 또 다른 의식으로서, 말 그대로 크리스천 저마다의 성대한 잔치(축제)가 되어야 할 것입니다.

그렇다면 넉넉잡아 마음 편히 생각하기에 목회자를 비롯하여 필자 또한 우리 모두 지금까지 예배와 잔치를 잠시나마 깜빡 혼동하고 있었던 것 같습니다.

"아버지께 참되게 예배하는 자들은 영과 진리로 예배할 때가 오나니"
"곧 이 때라 아버지께서는 자기에게 이렇게 예배하는 자들을 찾으시느니라"
"하나님은 영이시니 예배하는 자가 영과 진리로 예배할지니라"(요 04:23-24)
"그러므로 형제들아 내가 하나님의 모든 자비하심으로 너희를 권하노니 너희 몸을 하나님이 기뻐하시는 거룩한 산 제물로 드리라"
"이는 너희가 드릴 영적 예배니라"
"너희는 이 세대를 본받지 말고"
"오직 마음을 새롭게 함으로 변화를 받아"
"하나님의 선하시고 기뻐하시고 온전하신 뜻이 무엇인지 분별하도록 하라"
(롬 12:01-02)

들음단

2012년 문화체육관광부의 주관 하에 우리나라의 종교현황에 관한 통계자료가 발간된 적이 있습니다. 이하 우리의 신앙생활에 비추어 참조할 수 있거나 유익이 될 수 있는 것들을 중심으로 지표 몇몇을 살펴보기로 하겠습니다.

우리나라 전체인구(47,041천명) 대비 종교를 가지고 있는 사람들(종교인, 24,971천명)은 53%에 이르고 있습니다(단자리에서 사사오입). 길을 막고 물어보면 2명 중에 1사람은 종교인이라는 것이지요. 그런데 종교인들 중에(53%→100%) 개신교가 점하고 있는 비율은 약 35%에 이르고 있습니다(불교의 경우 43%, 가톨릭의 경우 21%).

그렇지만 비종교인과 종교인을 모두 합친 전체 인구(47,041천명) 중에 개신교가 차지하는 비율은 약 18%에 이릅니다(불교의 경우 23%, 가톨릭의 경우 11%). 개략적으로 종교인 3명 중에 1명이 개신교인이고, 전체인구 중에서는 5명 중에 1명이 개신교인이 되는 셈입니다(2005년 통계청 자료).

그런데 이상은 단순지표에 불과하고, 추이를 지켜보면 상황은 좀 달라집니다. 곧 1995년에서 2005년 10년 사이에 변화된 주요 종교(불교, 개신교,

가톨릭)의 추이로서, 증감된 신도 수는 불교의 경우 41만 명, 가톨릭의 경우에는 무려 220만 명이 증가한 것으로 나타나고 있습니다.

이에 반하여 개신교는 약 15만 명이 감소한 수치를 보여주고 있습니다. 참고로 1985년에서 1995년 10년 사이 개신교의 신도 수는 약 230만 명이 증가한 것으로 집계되고 있습니다. 이 추계가 그대로 2005년까지 이어졌다고 가정하면 당연히 증가하여야 했을 230만 명과 떨어져 나간 15만 명을 합쳐 개신교는 못 잡아도 240만 명 이상이 감소한 셈이라는 결론에 이르게 됩니다. 이 수치는 필자가 살고 있는 대구시의 전체인구를 넘어서는 수치입니다.

한편 또 다른 수치는 우리에게 심각성을 더해 주고 있습니다. 이번에는 지금까지의 10년이 아니라 최근 3년의(2008년→2011년) 통계수치입니다. 이 기간 동안에 불교 사찰 수는 4,856개(21,935→26,791), 가톨릭 성당 수는 220만의 신도 수 증가에도 불구하고 98개가(1,511→1,609) 소폭 증가하는데 그치고 있습니다. 이에 반하여, 개신교는 교인 수가 현격하게 감소한 형편에서도 어찌된 영문인지 교회 수는 무려 19,354개가(58,612→77,966) 증가한 것으로 집계되고 있습니다.

다른 한편 또 다른 수치는 우리에게 충격 자체가 아닐 수 없습니다. 같은 기간에 성직자 수는 불교의 경우 되레 2,503명이 감소하였고, 가톨릭의 경우(220만의 신도 수 증가에도 불구하고) 1,321명이 소폭 상승하였음에 반하여, 개신교의 경우(15만의 신도 수 감소에도 불구하고)에는 놀랍게도 44,887명이 증가한 수치를 보이고 있습니다.

2005년 기준 개신교의 총 신도 수는 8,616,438명으로 집계되고 있는데, 이 수치를 그대로 2011년에 끌어다 놓으면 교회 1곳 당 신도 수는 약

111명이 되는 셈입니다. 동일한 시각에서 보면 불교의 경우에는(10,726,463명) 400명, 가톨릭의 경우에는(5,146,147명) 약 3,200명에 달합니다. 이하 불교와 가톨릭은 논외의 대상으로 두고, 위에서의 통계를 교회와 목회자들에게 덧붙여 이러한 실상의 원인과 배경 등에 관하여 찬찬히 한 번 따져보기로 하겠습니다.

통상 목사가 되려면 원칙적으로 3년 코스의 신학대학원을 졸업하고 개별 교단에서 정하고 있는 목사고시에 합격하면 됩니다. 이 경우 정규코스가 아닌 각 교단에서 정하고 있는 바에 따라 그 예하에 두고 있는 소위 신학원으로 가서 목사안수를 받을 수도 있습니다.

그렇지만 가장 바람직하게 추천되고 있는 코스는 신학대학 4년을 졸업하고 신학대학원으로 가서 그곳에서 3년 코스를 밟는 것입니다. 그렇다면 짧게는 3년 길게는 7년이 되는 셈입니다. 물론 목사고시와 일정한 사역활동에 따른 교단 저마다의 의무기간은 제외하고 말입니다.

이 경우 정규교과과정은 실로 형편과 처지에 따라 다양하지만 대개 4개의 분야로 대별할 수 있습니다. 차례로 보면, 성서신학(주석 및 역사적 비판연구), 역사신학(교회사 및 교리사), 조직신학(교의학 및 윤리학), 그리고 실천신학(예배학, 설교학, 교회교육학, 사목학) 등 입니다.

그런데 여기서 한 가지 분명히 해 둘 것은 신학과 교회와의 상관관계입니다. 저명한 신학자 프레드릭 슐라이에르마허(Friedrich Schleiermacher)는 이 문제에 관하여 다음과 같이 말하고 있습니다[김광식, 조직신학(I), 대한기독교서회, 1988, 12-13면].

"신학의 본질은 교회와의 관련에서만 바르게 규정할 수 있다."

"곧 신학지망생이 목회에 뜻이 없다든지 교회적 실천과 상관없이 학문만을 위한 신학 혹은 신학을 위한 신학만을 꿈꾼다면, 그것은 열매를 맺지 않은 꽃을 가꾸는 것과 마찬가지이다."

이 말에 담긴 함의(含意)는 신학을 단지 사색과 심미(審美)와 관상(觀賞)을 위한 학문적 유희(遊戲)로 생각해서도 다루어서도 안 된다는 것입니다. 뿐만 아니라 신학을 사회적 실천을 위한 방편으로 이해해서는 더더욱 안 되고 오직 '교회적 실천'을 중요시해야 한다는 내재적(內在的) 의미를 담고 있기도 합니다.

다른 한편으로 우리에게도 익히 잘 알려져 있는 신학자로서 칼 바르트(Karl Barth)는 그의 저서 교회교의학[教會教義學, *Kirchliche Dogmatik* (I)] 첫머리에서 다음과 같이 말하고 있습니다.

"… 신학을 하는 자는 기독교 교회가 자신에게 고유한 하나님에 대한 언설을 '들음'을 통해 학문적으로 자기 검증하는 것이다."

이 말을 쉽게 풀어 쓰면, 신학을 하는 자(목회자로 치환할 수 있을 것입니다)는 물론 신학자이지만 모든 설교(언설)는 '교회의 일원'으로서 하는 것이라고 해석할 수 있습니다. 곧 신학자는 개인으로서 멋대로 설교해서는 안 되고 교회의 전통과 성경에 근거해서 이에 임하여야 한다는 뜻을 담고 있습니다. 이 경우 신학하는 자 또는 목회자 언설(설교)의 출처는 바로 '들음'이라는 사실을 바로보아야 합니다.

"그러므로 믿음은 '들음'에서 나며 '들음'은 그리스도의 말씀으로 말미암았느니라"(롬 10:17)

필자가 생각하기에 '믿음의 출처'는 언설(설교)과 마찬가지로 '들음'에 있다고 봅니다. 이 경우 '들음'은 성령으로 말미암아 일어나는 일대 신앙적 사건이라고 말할 수 있습니다. 그러기에 말씀(복음)을 참으로 듣는 것은 또한 보는 것은 모두가 '성령의 역사'로 볼 수 있습니다.

그렇다면 '들음'은 '복음전도'와 밀접한 연관성을 갖고 있습니다. 따라서 말씀을 전하는 것은 결코 자기의 말을 제멋대로 지껄이는 일이 되어서는 안 됩니다. 왜냐하면 '말씀'은 '복음'이기 때문입니다. 그러기에 '들음'이 없는 전파는 맹목적이 될 수밖에 없고, 복음(말씀)전파가 없는 '들음'은 공허할 수밖에 없게 됩니다.

필자가 굳이 신학자의 말을 인용하면서까지 이 글을 써내려가고 있는 이유는 두 가지가 있습니다. 하나는 '들음'의 저편에 있는 '말함'을 경계해 두기 위함이고, 다른 하나는 외람되나마 신학지망생(목회자지망생)들을 위한 충고로서 '들음'이 코스웍(Course Work) 기간 동안의 모든 것이 되어야 한다는 것에 두고 있습니다. 왜냐하면 필자가 생각하기에 앞서 보았던 일련의 심각하고도 충격적인 통계지표는 모두가 '들음'[겸손(謙遜)]을 도외시하고 오로지 '말함'[교만(驕慢)]을 앞세워두었기에 발생한 것이라고 보고 있기 때문입니다. 곧 모든 것이 세상으로부터의 '들음'을 외면하고, 가난한 자로부터의 외침을 나몰라하고, 악한 세상과의 선한 싸움에 등을 돌리기 일쑤이고, 오로지 자기의 언변과 지위를 드러내고 나타내 보이기 위하여 그저 '말함'을 최우선으로 여겼던 것에서 비롯된 마땅한 결과로 보고 있기 때문입니다.

생각해 보세요. 7년의 기간 동안 아니 넉넉잡아 10년의 기간 동안 이 모든 '들음'을 완성할 수 있다고 생각하십니까? 칼 바르트가 목회자 또한 겸손한 '교회의 일원'이어야 한다는 주장의 저변에는 어떠한 뜻이 새겨져있다고 생각하십니까? 바로보기에 언설(설교)은 '말함'이 아니라 '들음'인 것입니다. 모든 화근이 바로 여기에 있었다고 해도 과언은 아닐 것입니다.

바로보세요. 길을 잃은 양이 240만 명 이상이고, 그럼에도 불구하고 목회자는 기하급수적이 아닐 수 없게 44,887명이 증가한 이유가 어디에 있다고 생각하십니까? 겸손하고 신실한 '들음'에 기초하지 않고, 오로지 제멋대로 지껄일 수 있는 '말함'에 목적을 두고 있었기 때문이 아니겠느냐 이 말입니다.

일각의 통계에 의하면, 우리나라 10대 대형교회의 신도 수는 만(萬)단위 우수리를 떼어낸다고 하더라도 대략 180만 명에 이른다고 합니다. 그렇다면 교회당 평균 신도 수는 18만이 되는 셈이 됩니다. 소규모 국가의 군대 수에 비겨 둘만 합니다.

그런데 이 중에 그나마 한 두 교회를 제외한 나머지 모든 교회는 모두가 분란에 휩싸여 있거나 세상의 따가운 시선을 피하지 못하고 있는 교회들이라는 사실을 알고는 계십니까? 그렇다면 이유가 어디에 있다고 생각하십니까? 모두가 '말함'에서 비롯된 '교만'을 앞세워두었기 때문이 아니겠습니까?

필자 고향의 마을사람 수는 어림잡아 300명 내외입니다. 통계지표를 곧이곧대로 적용하자면 고향교회의 신도 수는 많아야 60명 정도일 것입니다. 60명의 교회목사님과 18만의 교회목사님을 한 번 비교해 보세요. '들음'과 '말함'의 시각에서 말입니다. 곧 '주변의 생활'(말함)은 누가 더 바쁠 것이라고 생각하십니까? 물론 18만의 교회목사님이겠지요. 그렇다면 '들음의 생활'(들음)은 누가 더 바쁠 것이라고 생각하십니까? 답하기 너무 어려운 질문인가요?

거들먹거리기 치사스럽고 외람되기 그지없는 비유라고 해도 어쩔 수가 없을 듯합니다. 필자의 어머니는 80평생을 뒤돌아 두 손에 꼽을 수 있을 정도를 빼고 새벽제단, 삼일예배, 금요철야예배는 두 말할 것도 없고, 그간 주일예배를 범하신 적이 없다고 하십니다. 필자가 태어나기 이전이라면 또 모를 일이지만 지금까지 50년을 넘게 곁에서 지켜본 결과 그 처지가 다르지 않다면 정히 믿을 수 있는 사실일 것 같습니다.

그렇다면 그 '들음'이 과연 얼마나 되겠습니까? 이글이 통계를 우선시해두고 있는 까닭에 이도 심심풀이 땅콩 식으로 한 예배를 1시간으로 치고 계산해 보았더니 무려 17,600시간, 733일, 2년을 꼬박 교회에만 계셨다는 셈이 나옵니다. 지금까지 전 생애를 통해 수백 번 성경완독(들음)의 시간은 뒷전에 두고라도 말입니다. 이 세월 앞에 무슨 언설(설교)로 '말함'에 임하고자 계획하고 계십니까? '7년'으로요? '목사'라고 하는 지위로요? '학위증'으로요? '4가지 교과과정'으로요? 그도 저도 아니면 무엇으로 임하시겠느냐 이 말입니다.

필자가 생각할 때 그 계획은 하나님께서 '목회자의 사명을 바로보아, 목회자를 누구보다도 끔찍이 사랑하셔서, 목회자로 세우셨다는 것' 외에는 달리 말할 것도 내세울 것도 없을 것입니다.

그렇다면 사명은 곧 '들음'에 있을 것입니다. 이것이 "신학을 위한 신학을 경계하라"고 했던 슐라이에르마허의, '들음'을 통한 목회자의 자기검증을 요구했던 칼 바르트의 메시지가 아닐까요?

필자는 앞에서 신학자의 말을 인용하여 '교회적 실천', '교회의 일원', '교회의 전통', '복음전도', '목회자의 사명', '성서에 기초한 영성', '성령의 역사' 등을 이야기 하였습니다. 모든 것의 저변에, 이를테면 날마다 하나님을 만나 뵙기 위해 나아갈 수 있는 제단을 하나 두어야 한다면 그 이름을 어떻게 새겨 두시겠습니까? 필자의 생각대로라면 주저 없이 '들음단'[청단(聽壇)]이라고 칭해 두겠습니다.

부디 '들음'의 제단에서 목회자 자신은 물론 우리를 위해서 '들음'에 임해 주십시오. 불길 속에 처참히도 타오르고 있는 이 세상을 위해 '들음'에 임해 주십시오. 가난한 자들과 소외된 우리 이웃들을 위해 '들음'에 임해 주십시오. 예수님의 말씀과 성령의 은사를 행여 놓칠 새라 안타깝게 기도하면서 올곧게 '들음'에 임해 주십시오. 모름지기 언변(설교)은 '말함'이 아니라 '들음'이라는 사실을 다시 한 번 바로 새겨 주십시오. 우리들 또한 또 다시 사도바울의 말씀을 '들음'으로서 이에 보답하겠습니다.

"그러므로 '믿음'은 '들음'에서 나며 '들음'은 '그리스도의 말씀'으로 말미암았느니라"(롬 10:17)

소위 담임목사님 또한 부목사님의 '믿음'(들음)을 들어주세요. 명색이 부목사님도 목사님인데 하물며 직위를 '담임목사의 비서실장'이라고 폄하하여 발아래 두면 되겠습니까?[고백하기에 이 글을 쓴 이유 중에 하나가 바로 '비서실장'이라고 하는 단어(호칭)에서 비롯되었음을 참고합니다]. '비서실장'이라고요? 너무나도 차갑고 무서운 이 말이 꼬리에 꼬리를 물어가다가, 신학대학원을 넘어, 신학자의 말을 건너, 통계에까지 이르고야 말았습니다. 우리 또한 마찬가지입니다. 누구를 대하든, 어떤 상황에 처하든, 어떤 곳에 있든지 '말함'보다 '들음'을 앞세워 두어야 할 것입니다. 그것도 하나님 앞에서는 두 말할 것도 없겠지요.

부디 옳은 것은 옳게, 그른 것은 그르게 취사(取捨)할 수 있기를 기대합니다. 그렇지만 취사의 대상에 '들음'은 해당할 수 없습니다. 왜냐하면 '들음'은 '믿음'이고, '말씀'(언설)이기 때문입니다.

야삐의 문안

필자의 제자 중에 인도네시아 국적의 한 여학생이 있었습니다. 지금은 학위를 받고 그 나라(인도네시아)에서 한 아이의 엄마로서 그리고 캐리어우먼(대학교수)으로서 당당하고도 자랑스럽게 생활하고 있습니다. 여기서 '당당하고 자랑스럽다'는 의미는 그 또한 크리스천이라는 뜻입니다. 때때로 지난날 그 학생과 지냈던 생활을 떠올려 볼 요량이면, 한결같이 얼굴에 웃음만 가득 머금게 됩니다. 왜 그럴 수밖에 없는지 이 지면에 한 번 소개해 볼까 합니다.

그 학생은 항상 얼굴이 밝았습니다. 단 한 번도 얼굴 붉히는 모습이나 화난 모습을 찾아볼 수 없었습니다. 심지어는 과제(課題)가 마음에 들지 않아 필자가 심하게 나무랄 때에도 그 학생은 변함없이 웃음을 잃지 않고 있었을 정도였으니까요. 그 누가 "웃는 얼굴에 침 못 뱉는다"고도 했지만 어떤 때는 이러한 모습에 되레 화가 나기도 했습니다. 나무라는데 웃고 있으니 누군들 안 그러했겠습니까마는.

그런데 그 미소 속에서 필자는 학생의 속마음을 엿볼 수 있었습니다. 머리끝까지 화가나있음에도 불구하고 웃는 웃음인지, 정말로 기뻐서 웃는 웃음인지, 한국음식이 맛있어서 웃는 웃음인지 그렇지 않음에도 불구하고 웃는 웃음인지, 웃지 못 할 상황이었지만 남을 배려하고자 웃는 웃음인지를 말입니다. 이것은 필자의 독심술(讀心術)에서 비롯된 것이 아니라, 말하기는 좀 그렇지만 저도 자식을 키우는 입장이라 보니 '척하면 딱'에서 비롯된 것이라 보고 있습니다.

그 학생은 매일 같이 자리를 비우지 않고 열심히 공부했습니다. 5개 국어(중국어, 영어, 인도네시아어, 한국어, 일본어)를 유창하게 구사할 수 있는 뛰어난 자질을 소유하고 있었기 때문인지 남들보다 일찍 학위과정을 끝낼 수 있었습니다. 그렇지만 그 학생은 주말이나 주일에는 별반 하릴없이 빈둥빈둥 소일하며 있었습니다. 왜냐하면 그때는 기숙사가 텅 비어 있었기 때문에 마땅한 소일거리가 없었기 때문이었습니다. 이에 필자는 조심스럽게 교회로 그 학생을 이끌었습니다. 물론 필자의 속내에는 교회인도를 목적에 두고 있었지만, 그 학생의 관심은 교회는 영문(營門) 밖의 뒷전이고 영화나, 맛있는 점심이나 저녁, 그리고 쇼핑에 목적을 두고 있었습니다. 그도 그럴 수밖에 없었던 것이 필자가 이 학생에게 던졌던 미끼는 교회가 아니었고 영화, 음식, 쇼핑에 있었기 때문입니다. 모두가 교회인도를 위한 미끼였습니다. 곧 미끼를 물어야 낚아서 교회에 가둘 수 있지 않겠냐는 심산이었지요. 그렇지만 매번 미끼가 사용되었던 것은 아닙니다. 때때로 교회에서 예배가 파하면 그 즉시 돌려보낸 적도 적지 않았으니까 말입니다.

그런데 어느 날 주일예배가 파했음에도 불구하고 이 학생은 이후로 모든 것을, 곧 미끼를 거부했습니다. 일요일마다 갈 곳이 있다는 핑계로 말입니다. 이 학생을 교회에 나오게 한 필자의 목적은 이미 채운 지

오래고 또한 미끼에 투입되는 비용도 아낄 수 있어 나름 그 핑계가 그렇게 반가울 수가 없었습니다. 그러면서 필자 또한 이렇게 하나님께 핑계 댈 수 있었습니다. 곧 "이 학생을 시키신 대로 데리고 나왔으니 이제는 하나님께서 알아서 하세요"라고 말입니다.

그렇지만 궁금했습니다. 이 학생이 어디서 무엇을 하고 있는지 말입니다. 몇 주가 지난 때 필자는 그 학생의 뒤를 밟았습니다. 그런데 놀랍게도 이 학생은 다른 곳도 아닌 교회 내에 있었습니다. 처음에 새신자를 위한 교육과정에 있었던 것은 익히 알고는 있었지만, 이후로 또 다시 주일 오후 영어권 선교예배에 참석하고 있었다는 사실을 말입니다. 그는 그곳에서 중국어로 영어로 목사님의 설교를 통역하고 있었습니다. 하나님께서 필자의 기도에 응답해 주셨음은 둘째 치고 필자는 그 즉시 회개할 수밖에 없었습니다. 나 몰라라 내동댕이쳐 두었던 씻을 수 없는 죄를 기억하고 말입니다.

그러면서 에디오피아의 신하 간다게(Candace)를 떠올렸습니다. 누가 시켜서도 아니고 하나님의 말씀을 사모하여 홀로 외롭게 이사야(Isaiah)서를 접했던 간다게를 말입니다. 신약에서의 말씀은 이 학생과 어느 것 하나 다르지 않았습니다. 살펴보기로 하겠습니다.

"에디오피아 사람 곧 에디오피아 여왕 간다게의 모든 국고를 맡은 관리인 내시가 예배하러 예루살렘에 왔다가 돌아가는데 수레를 타고 선지자 이사야의 글을 읽더라"

"성령이 빌립더러 이르시되 이 수레로 가까이 나아가라 하시거늘 빌립이 달려가서 선지자 이사야의 글 읽는 것을 듣고 말하되 읽는 것을 깨닫느냐"

"대답하되 지도해 주는 사람이 없으니 어찌 깨달을 수 있느냐 하고 빌립을 청하여 수레에 올라 같이 앉으라 하니라"

"읽는 성경 구절은 이것이니 일렀으되 그가 도살자에게로 가는 양과 같이 끌려갔고 털 깎는 자 앞에 있는 어린 양이 조용함과 같이 그의 입을 열지 아니하였도다 그가 굴욕을 당했을 때 공정한 재판도 받지 못하였으니 누가 그의 세대를 말하리요 그의 생명이 땅에서 빼앗김이로다 하였거늘"

"그 내시가 빌립에게 말하되 청컨대 내가 묻노니 선지자가 이 말한 것이 누구를 가리킴이냐 자기를 가리킴이냐 타인을 가리킴이냐"

"빌립이 입을 열어 이 글에서 시작하여 예수를 가르쳐 복음을 전하니 길 가다가 물 있는 곳에 이르러 그 내시가 말하되 보라 물이 있으니 내가 세례를 받음에 무슨 거리낌이 있느냐"

"이에 명하여 수레를 멈추고 빌립과 내시가 둘 다 물에 내려가 빌립이 세례를 베풀고 둘이 물에서 올라올새 주의 영이 빌립을 이끌어간지라 내시는 기쁘게 길을 가므로 그를 다시 보지 못하니라"(롬 08:27-39)

이후 이 학생은 필자에게 많은 교훈을 주었습니다. 학생이 그것도 그의 스승에게 가르침을 주었다면 이것이 우리가 말하는 소위 청출어람(靑出於藍)이 아니었을까요?

"교수님, 하나님께서는 저를 무척 사랑하시나 봐요. 하나님이 궁금하기만 했는데, 통역을 통해서 바로 보고, 바로 듣고, 바로 깨치게 하신 것을 보면 말입니다. 한국어를 배우려면 학원에 값비싼 수강료 내고 배워야 하는데, 하나님께서는 수강료는커녕 말씀까지 공짜로 배우게 하셨으니 말입니다."

"그러기에 이 같은 선물을 주신 하나님께 늘 '감사'함을 잃지 않으려고 합니다. 그러고 보면 '선물'은 '감사'고 '공짜'고 '기쁨'이 아닌가 생각되요."

그때 이렇게 말하고 있었던 그 학생의 얼굴은 천사와 같았습니다. 얼굴은 그다지 남 앞에 내세울 정도는 아니었지만 그 웃음은 분명 천사의 것이었습니다.

그런데 어느 한 주일날 이 학생이 눈에 보이지 않았습니다. 단 한 번도 주일예배를 거른 적이 없었는데 말입니다. 불현 듯 불안한 마음이 엄습해왔습니다. 주일하루 내내 도대체 어찌된 영문인지를 몰라 전전긍긍 할 수밖에 없었습니다. 전화도 꺼져있고, 도통 연락도 되지 않고, 사고를 당했는지, 어디가 아픈지, 그야말로 답답하기 이를 데 없었습니다. 다음날 부리나케 그 학생을 찾아 불렀습니다. 어떻게 된 일인지를 따져보려고 말입니다.

그때 필자 앞에 선 그 학생의 얼굴에는 지금까지는 전혀 찾아볼 수 없었던 어두운 그림자가 짙게 깔려 있었습니다. 지금까지 한결같았던 웃음 띤 미소는 어디에도 오간 데가 없었습니다. 하루 새 얼굴도 많이 수척해 있었습니다.

"교수님, 사실 요즈음 저는 잠을 잘 못 이루고 있어요."

"매번 그런 것은 아니지만 때때로 흰 옷을 입은 귀신이 저를 밤새 짓눌러 못살게 굴고 있거든요."

"지난 토요일 밤에 그 귀신이 찾아와 저를 못살게 굴었던 까닭에 몸이 가위에 눌려 교회에 가지 못했어요. 죄송해요."

"이 사실을 교수님이 아시면 실망해 하실까봐 말씀도 못 드리고 있었는데, 어떻게 하면 좋아요? 도와주세요."

이 학생의 뜻밖의 말에 필자는 아연실색할 수밖에 없었습니다. 도대체 이 일을 어떻게 접하고 또 해결하여야할지 그저 난감할 따름이었습니다. 그저 기도하고 예수님께 매달릴 수밖에는 다른 도리가 없었습니다. 그렇지만 믿는 마음으로 그 학생에게 학교 앞 문구점에서 돼지저금통 하나를 사 주었습니다. 가다라(Gadarenes)의 예수님의 말씀을 기억하고 말입니다. 그러면서 다가오는 주일에 목사님께 이런 사실을 말하고 기도를 받자고 위로하며 다독이는 손길 또한 잊지 않았습니다.

"귀신들이 예수께 간구하여 이르되 만일 우리를 쫓아 내시려면 돼지 떼에 들여 보내 주소서 하니"

"그들에게 가라 하시니 귀신들이 나와서 돼지에게로 들어가는지라 온 떼가 비탈로 내리달아 바다에 들어가서 물에서 몰사하거늘"

"치던 자들이 달아나 시내에 들어가 이 모든 일과 귀신 들린 자의 일을 고하니 온 시내가 예수를 만나려고 나가서 보고 그 지방에서 떠나시기를 간구하더라"(마 08:31-34)

다음 주일 날 필자는 이 학생을 데리고 교역자에게 말한 뒤 목사님의 기도를 받고자 했습니다. 교회 밖 정문 앞에서 한참을 서서 기다렸지만 끝내 목사님의 호출은 없었습니다. 다만 길가에서 그것도 차들이 오고가며 시끌벅적했던 온갖 소음 속에서 교역자와 우리 둘은 그렇게 서서 기도할 수밖에 없었습니다. 그럼에도 불구하고 하나님께서는 우리의 기도를 마다하지 않으시고 모두 들어주셨습니다. 이후로 이 학생에게 귀신은 영원히 발붙일 수 없었음은 물론입니다.

이윽고 시간이 지나 이 학생은 교회에서 세례를 받게 되었습니다. 앞서 본 간다게처럼 말입니다. 이제 남겨진 것은 이별뿐이 되는 셈입니다. 왜냐하면 자랑스러운 학위를 받고 본국으로 돌아가야 했기 때문입니다. 필자에게 그때 세례는 이루 말할 수 없는 감사였고 행복이었으며 기쁨이었습니다.

부디 고국에 돌아가서라도 또 다른 신앙의 결실을 맺어 그로부터 아브라함과 같은 축복의 통로가 되어줄 것을 소원하며 이를 필자의 마음에 끊이지 않을 기도의 제목으로 두었습니다. 그때 세례의 광경은 필자가 죽는 날까지 결코 잊을 수는 없을 것 같습니다. 한편 필자는 세례가 끝난 후 이 학생에게 다음과 같이 한 가지 당부를 하였습니다.

"언제나 너를 아는 모든 사람들에게 자랑이 되고, 기쁨이 되며, 네 이름만 들어도 어쩔 줄 모르게 기뻐할 수 있는 그런 사람이 되라"

"그리고 고국에 돌아가서라도 행여 우리 교회에서 파송한 선교사라는 사실을 결코 잊지 말고 하나님의 사랑을 전하고 또 증거할 수 있는 그런 자랑스러운 하나님의 딸이 되라"

이후 또 다시 교역자를 통해 목사님을 찾았습니다. 나름 선교사 파송기도를 받고자 말입니다. 이 땅위에서 그도 마지막 일 수 있다는 생각 때문이었는지는 몰라도 괜스레 마음이 착잡했습니다. 자꾸 흐르는 눈물을 주체할 수 없었음은 필자 또한 영문을 알 수 없었습니다. 지금 이 글을 쓰는 순간에도 말입니다. 그렇지만 이번에도 마찬가지였습니다. 또 다시 반복되는 글귀입니다. 교회 밖 정문 앞에서 한참을 서서 기다렸지만 끝내 목사님의 호출은 없었습니다. 다만 길가에서 그것도 차들이 오고가며 시끌벅적했던 온갖 소음 속에서 교역자와 우리 둘은 그렇게 기도할 수밖에 없었습니다. 처음에는 새신자와의 면담 때문이었고, 두 번째는 장로님과의 면담 때문이었다는 사실 외에 지금까지 우리가 알고 있는 그 밖의 이유는 없는 실정입니다.

이윽고 졸업식을 맞이하게 되었습니다. 영광스런 학위모를 쓴 이 학생의 얼굴은 뜻밖이었습니다. 필자가 본 두 번째 어두운 모습이었습니다. 말하지도 물어보지도 않았지만 우리는 서로가 이유를 알고 있었습니다. 다시 못 볼 것 같은 교수님, 다시 못 볼 것 같은 정든 교정, 다시 못 볼 것 같은 사랑하는 제자, 그리고 다시 꾸릴 수 없는 지난 기억과 추억들 때문이었음은 다시 말하지 않아도 물어보지 않아도 서로의 눈에서 확인할 수 있었습니다.

그때 필자는 서로 함께 사진 몇 장을 찍어두고 이내 필자 연구실 자리를 내주면서 그 앞에서 클라리넷 한 곡을 연주해 주었습니다. 흐르는 눈물 때문에 호흡이 가빠왔지만 멈출 수는 없었습니다. 기어코 들려주어야 했습니다. 그 학생 또한 흐르는 눈물 때문에 심장박동이 가빠왔지만 듣지 않을 수 없었습니다. 울고 있었으나 미소 띤 함박웃음을 잃지 않고 있었기 때문이었습니다. 처음 본 모습이었습니다. 울면서도 웃을 수 있다는 사실을 처음 느끼고 경험한 소중했던 순간이었습니다. 그때 연주했던 찬송가가 바로 이것입니다.

"그 큰일을 행하신 주께 영광

To God be the glory, great things He hath done,

이세상을 사랑해 주 오셨네

So loved He the world that He gave us His Son,

우리 죄를 위하여 죽으시사

Who yielded His life our redemption to win,

저 영원한 생명문 여시었네

And opened the life-gate that all may go in.

우리주 높이세 귀한 말씀듣고

Praise the Lord, praise the Lord, Let the earth hear His voice;

우리주 높이세 모두 기뻐하며

Praise the Lord, praise the Lord, Let the people rejoice;

주예수님 힘입어 하나님께

Oh, come to the Father, through Jesus the Son,

그 행하신 큰 역사 찬양하세"(615장)

And give Him the glory; great things He hath done.

그 자랑스러운 하나님의 딸, 그 자랑스러운 필자의 제자 이름이 다름 아닌 '야삐 크리스티나'(Yappi Christina)입니다. 이 글의 제목을 '야삐의 문안(問安)'이라고 걸어둔 이유가 바로 여기에 있습니다.

'야삐'는 필자에게 너무도 큰 선물을 주고 갔습니다. 하나님의 무한하신 사랑을 다시금 올곧게 새길 수 있는 그 마음을 말입니다. '야삐'가 주고 간 '선물'에는 대가가 없었습니다. 그래서 더욱 소중하게 간직하고 이후로도 간직할 수밖에 없을 것 같습니다. 왜냐하면 지난날 야삐의 말대로 그것은 '공짜'였고, '감사'였고, '기쁨'이었기 때문입니다. '야삐'를 포함하여 이 모두를 우리에게 소유할 수 있게 해주시고 간직할 수 있게 해주신 하나님께 무한한 영광을 돌립니다.

장례집도를 마다하고 그것도 부교역자에게 일임해 두고 사우나에 처박혀 있었던 목회자, 환우의 심방을 마다하고 낚시터로 교역자 연수를 떠난 목회자 그것도 낚시는 고사하고 그곳에서 고스톱에 시간 가는 줄 몰랐던 목회자, 장로님들의 사직을 그것도 하대(下待)로 깔아뭉개면서 강요했던 목회자, 위임을 위해 교회에 제출했던 이력서를 허위로 작성했던 목회자, 교회 내에서 자신의 대학동창회를 구성했던 목회자의 사모, 자진 퇴역을 빌미삼아 거액을 요구했던 목회자 그것도 교회를 담보물로 삼아 은행대출을 강요했던 목회자, 약정헌금을 내지 않는다며 사회법에 고소한 목회자와 장로들.

우리 '야삐'가 이러한 모습을 보았다면 마음이 과연 어떠했을까요? '야삐' 앞에 필자가 무어라고 변명하였어야 할까요? 그도 신앙의 볼모국 인도네시아로 떠났기 망정이지 이곳에서 이러한 모습을 듣고 보지 않았다는 것이 얼마나 큰 다행인지 모르겠습니다.

때마다 귀신들려 괴로워하다가 이를 붙잡아 달라고 진정으로 호소했음에도, 개인선교사로 그것도 혈혈단신으로 그의 고국에 하나님의 말씀을 전하고자 비장한 마음으로 파송기도를 원했음에도 불구하고, 그 모습을 끝내 보여주지 않았던 목회자를 어떻게 보아야 할까요? 착잡한 심정을 금할 길이 없습니다.

필자는 지금까지 '야삐'와의 인연의 끈을 놓지 않고 있습니다. 비록 볼 수는 없지만 무시로 메일과 페이스북을 통해 연락하고 있음이 그것입니다. 좀 지난 최근 그것도 스승의 날이라고 필자에게 보내준 페이스북의 내용입니다.

> "잊을 수 없는 우리 교수님 사은(師恩)에 감사드려요. 그리고 저와 교수님을 이 땅위에 있게 하시고 호흡하게 해주신 하나님의 사랑에도 감사드려요. 무엇보다도 교수님을 만나게 해주신 하나님께 더욱 큰 감사를 드려요."
>
> "새로 태어난 우리 아들 아드리안(Adrian)이 점점 커갈수록 교수님을 닮아가는 것 같아요. 남편에게 이 말을 했더니 내심 기분 나빠 하더라구요. 그렇지만 어쩔 수 없지요. 뭐. 사실이 사실인데."
>
> "여름방학이 기다려져요. 이곳에 오실 날을 손꼽아 보기에 하루하루가 즐거워요. 스승의 날을 맞이하여 항상 건강하시고 늘 제 생각 많이 해주세요."

필자에게 '야삐'는 또 다시 신앙적으로도 청출어람의 진면목을 유감없이 보여주었다고 생각합니다. 이리보고 저리보아도 실로 자랑스럽기 그지없는 하나님의 딸이 아닐 수 없게 말입니다. 한때 필자가 생각하고 있었던 마음의 상처는 상처가 아니었습니다. 그것은 예수님 사랑의 흔적이자 증거였습니다. 야삐는 그 모든 것을 가슴에 두지 않고 잊고 있었습니다. 보다 정확히는 용서하고 있었습니다.

> "그리고 제가 다녔던 한국의 우리교회 목사님에게도 꼭 안부전해 주세요."

인인불신신인

본래 '윤리'(倫理)라는 말은 문자적 의미에서 '사람사이[인간(人間)]의 이치(理致)'라는 뜻입니다. 그런데 이러한 뜻만 가지고는 '윤리'를 바로보기에는 무리가 따릅니다. 왜냐하면 '사람'과 '이치'(理致)에 대한 개념이 모호하기 때문입니다.

그 개념을 찾아보기에, 먼저 '사람'이라는 단어의 뜻은 '생각하고 언어를 사용하며, 도구를 만들어 쓰고 사회를 이루어 사는 동물'로 풀이할 수 있습니다. 마찬가지로 '이치'는 '사물의 정당한 도리[道理, 또는 조리(條理)]'로 풀이됩니다. 그렇다면 또 다시 '도리'(道理)는 무엇일까요? 또 찾아보니 그것은 '사람이 어떤 입장에서 마땅히 행하여야 할 바른 길'이라는 뜻이 담겨져 있습니다.

모두를 종합할 때, 윤리는 '생각하고 언어를 사용하며, 도구를 만들어 쓰고, 사회를 이루어 사는 동물로서 사람이 그 정당한 도리로서 어떤 입장에서 마땅히 행하여야 할 바른 길'로서 뜻을 새길 수 있습니다. 우리말임에도 불구하고 참으로 어렵기만 합니다.

한편 영어로 윤리는 'Ethic'이라고 표현되는데, 이 단어의 어원을 거슬러 올라가면 뜻은 '안정적으로 습관화되어 있는 것으로서 사회적 여론, 관습 따위에 비추어 스스로 지켜야 할 것'이라는 의미를 담고 있습니다. 남의 말인 때문인지는 몰라도 어렵기는 우리말과 마찬가지인 것 같습니다.

윤리를 그냥 우리식대로, 그렇지만 뜻이 다치지 않게 편하고도 쉽게 이야기하면 어떻게 표현할 수 있을까요? 필자는 이렇게 표현할 수 있을 것 같습니다. '人人人人人'이라고요.

이 말을 풀이하면 "사람이면(人), 다 사람이냐(人), 사람이(人), '사람 같은 일'을 해야지(人), 사람이지(人)"가 됩니다. 여기서의 핵심글귀는 '사람 같은 일'입니다. 왜냐하면 사람 같은 일의 정체를 밝혀야 사람의 본질을 발견할 수 있고 그래야 사람으로서 윤리를 바로 볼 수 있기 때문입니다.

그런데 우리는 앞에서 보았던 것처럼 '사람'을 '생각하고 언어를 사용하며, 도구를 만들어 쓰고 사회를 이루어 사는 동물'로서 마땅히 취급할 수 있을까요? 필자는 결코 그렇지 않다고 생각합니다. 이 말은 사람의 오만에서 비롯된 거짓이라고 생각합니다. 이 지면에서 필자는 사람만이 생각, 언어, 도구, 사회 등의 주체가 아니라는 사실을 명명백백히 밝혀보겠습니다.

한번쯤 들어보셨을 줄로 압니다. 제인 구달(Jane Goodall, 1936-) 박사는 우리가 익히 잘 알고 있는 세계적인 동물 생태학자입니다. 제인 구달의 인생역정을 통하여 우리는 윤리의 주체로서 사람의 정체와 본질을 따라가 보겠습니다.

제인은 어려서부터 동물을 무척 사랑했습니다. 어느 날 제인은 케냐농장에 있는 친한 친구로부터 초대편지를 받고 아프리카로 떠나게 되었는데, 그곳에서 제인은 우연히 숲속을 거닐다가 문득 침팬지를 직접 연구해보면 어떨까하는 생각에 품고 이윽고 마음을 다잡아 그 길에 뛰어들게 됩니다.

그렇지만 이 같은 제인의 결단에 쏟아진 주위의 무관심과 조소(嘲笑)는 이루 말할 수 없었습니다. 왜냐하면 연구할 수 있는 밑바탕도 없이, 전문성이나 체계도 없이, 그저 사람과 똑같은 이름을 침팬지에게 붙여두고 무작정 침팬지 연구에 몰두하고 있는 그녀 모습이 무척 한심했기 때문이었습니다.

그러나 제인은 이에 아랑곳하지 않고, 사람처럼 감정을 표현하고, 도구를 사용하며, 그것도 엄격한 질서 하에서 무리지어 살고 있는 침팬지의 탁월한 두뇌와 사회성을 발견하고 그 성과를 시나브로 세상에 내보이게 됩니다.

이후 이 같은 그의 열정에서 비롯된 학문적 성과는 전 세계 동물생태학자들로부터 주목받기에 이르고, 마침내 제인은 세계적 동물생태학자로, 특별히 침팬지 연구의 권위자로 우뚝 서게 됩니다.

그는 지금까지도 쉬지 않고, 거대한 대지적(大地的) 상상력, 자연의 회복능력에 대한 경이로움, 시간을 초월하는 숲속의 평화, 그 속에 살고 있는 동물들의 단조롭고 분명한 삶 등을 서구사회의 물질주의적이고, 권력 지향적이며, 끔찍하게 소모적인 전쟁 등과 대비시켜가면서 사람과 인류의 본성을 회복할 수 있는 이정을 끊임없이 제시하고 있는 중에 있습니다.

이처럼 제인이 침팬지에 매력을 느끼고 그들과 함께 생활하면서, 그들에 대한 연구의지에 장장 40여년이 넘는 세월을 아낌없이 바칠 수 있었던 계기는, 다름 아닌 그가 붙여준 이름으로서 어미침팬지 '플로'(Plo)와 아기침팬지 '피피'(Pipi)가 보여준 모자간의 각별한 사랑 때문이었습니다.

어느 날 케냐(Kenya) 곰베(Gombe)의 침팬지 보호구역에서 '플로'라 불리는 어미침팬지가 숨을 거두자, 어린 아들 '피피'가 심한 우울증 증세를 보이기 시작했고, 연이어 '피피'는 몇 날 동안 식음을 전폐하면서 죽은 어미의 등에 매달려 때로는 손을 붙잡고 떠나지 못하고 있다가, 이윽고 한 달이 채 지나기도 전에 그 또한 어미의 뒤를 따라 죽고 말았습니다.

침팬지 또한 사람의 본성에 상당하는 그들 나름대로의 가치가 있었습니다. 이는 혈육 간의 애정을 보여준 슬픈 단편이기도 했습니다. 이것이 제인 구달이 40여년의 세월을 그들과 함께 지내게 된 결정적 계기가 되었습니다.

제인이 발견한 침팬지의 사회성은 이루 헤아릴 수 없이 많습니다. 일례로 침팬지 사회에서도 부족을 구성하였을 뿐만 아니라 위계질서가 엄격하였으며, 비록 갈고 닦아 그들 스스로가 만들거나 개량한 것은 아니지만 돌을 도구로 사용하여 열매의 내용물을 취하거나, 긴 나뭇가지로 땅 구멍을 들쑤셔 거기에 붙어 타고 오르는 흰개미를 핥아 손쉽게 먹잇감을 취하기도 했습니다.

그렇지만 이 모든 사회성들은 시간을 초월하는 숲속의 평화 속에서 자연과 함께 숨 쉬며 지극히 자연스럽게 이루어졌거나, 지금도 이루어져 가고 있는 현상임을 감안할 때, 이는 사람의 오만에서 비롯되어진 사회성과는 전혀 동떨어진 순수(純粹) 자체였음을 부인할 수는 없을 것 같습니다. 이 같은 이유에서 제인은 침팬지로부터 얻은 교훈을 그의 저서 '희망의 이유'(Reason for Hope : A Spiritual Journey)를 통해 사람을 향하여 사람됨을 이야기 하고 있는 것입니다.

그렇다면 앞서 우리가 보았던 대로 '사람'을 '생각하고 언어를 사용하며,

도구를 만들어 쓰고 사회를 이루어 사는 동물'이라는 정의는 것은 결단코 틀린 말이라고 단정할 수 있습니다. 곧 이 말은 사람의 오만(傲慢)과 독선(獨善)에서 비롯된 유치(幼稚)하고도 저급(低級)하기 이를 데 없는 정의라고 밖에는 달리 볼 것이 없을 것입니다.

흔히들 '사람은 동물보다 고귀한 존재'라고들 이야기 합니다. 이는 우리의 상식이자 통념일 것입니다. 그렇지만 아무리 철학적인 변론(辯論)과 원리(原理) 등을 동원한다고 하더라도, 나아가 어떠한 수사(修辭)를 이에 결부시켜본다고 하더라도 결코 이 명제의 참 또는 거짓을 밝힐 수는 없을 것입니다.

그렇다면 아직까지 '人人人人人'이라는 명제에 담긴 뜻은 저 멀리 강 건너 요원한 곳에 머물고 있음을 봅니다. 과연 그 뜻은 어디서부터 어떻게 구할 수 있을까요? '사람 같은 일'의 정체는 어떻게 바로 새겨두어야 할까요?

오늘날 우리의 뼛속깊이 면면히 흐르고 있는 윤리관이나 세계관에 결정적인 영향을 미쳤던 것은 본래 불교도, 개신교도, 구교도 아니었습니다. 그것은 모름지기 '유교'와 '민간신앙'이었습니다. 곧 삼강오륜(三綱五倫)이나 전래된 도덕(道德) 등이 실체였습니다. 그것들은 우리를 사람으로 인식할 수 있도록 일련의 가이드역할을 해준 것들로 볼 수 있습니다. 따라서 보편적인 사회의 관습이나 풍습 그리고 안정성에 반하는 것들이나 깨칠 수 있는 것들은 모두가 윤리(倫理)의 반대편에 서 있는 패륜(悖倫, 인간으로서 마땅히 하여야 할 도리에 어그러짐)으로 취급되어 결코 용납되거나 수용될 수 없었습니다.

결국 이러한 실체를 인식하고 있을 뿐만 아니라 행하고 있느냐가 '사람됨의 기준'이었고 '사람 같은 일'의 핵심이 되게 된 것입니다. 그렇지만 여기서 한 가지 문제점으로 지목할 수 있는 것은 그 실체를 인식하고 있지 않음은 물론 행하지 않고 있는 패륜의 주체들에 대한 구속[拘束, 제재(制裁) 또는 강제(强制)]의 끈이 느슨했다는 사실입니다. 이를테면 우리가 자신의 부모나 웃어른에게 삿대질을 하고, 욕한다고 해서, 또는 남들에게 국가원수나 심지어 하나님을 욕한다고 해서 신변에 어떠한 제재나 구속은 없었다는 것을 예로 들 수 있습니다.

그렇다면 사람의 정체는 과연 어디에 숨어있을까요? 어디로 가야 사람이 사는 집을 찾을 수가 있을까요? 우리는 앞선 '人人人人人'을 유일한 단서로 삼아 그 정체와 집을 찾아가 보기로 하겠습니다.

위에서의 '人人人人人'을 우리의 신앙(信仰, 믿음)에 빗대어 치환하면 '信信信信信'으로 표현할 수 있지 않을까 생각됩니다. 이 경우 '신앙'이라고 하는 뜻은 사전적 의미에서 '믿고 받드는 일'입니다. 이 경우 '받드는' 것의 실체는 믿음(신앙)의 주체로서 '사람의 태도'가 되는데, 그것은 두려움, 경건, 자비, 사랑, 의뢰심 등입니다. 물론 사전적 의미에서 말입니다. 그렇다면 우리는 신앙(믿음)을 통해 그 주체로서 사람을 찾을 수 있지 않을까 생각됩니다.

그런데 '信信信信信'을 '人人人人人'과 같이 마찬가지로 뜻풀이를 해보면 "믿음이면(信), 다 같은 믿음이냐(信), 믿음이(信), '믿음 같아야'(信), 믿음이지(信)"가 됩니다. 여기서의 핵심글귀는 앞선 것에서와 같이 '믿음 같아야'입니다. 왜냐하면 '믿음 같아야'의 정체를 밝혀야 신앙의 주체로서 사람의 본질을 발견할 수 있고, 그래야 사람으로서 우리가 최종적으로 도달하려고 하는 윤리를 바로 세워둘 수 있기 때문입니다. 그렇다면

'믿음 같아야'의 정체를 밝힐 수는 있을까요? 필자는 여기서 또 하나의 예를 들어 그 정체를 찾아가 볼까 합니다.

라틴 신학의 시조로서 테르톨리아누스(Tertulian, *Quintus Septimius Florens Tertullianus*, 155-230)라는 사람은 초대교회의 교부(敎父)이자 평신도 신학자로서 이름을 후세에 알리고 있습니다. 그 이름이 낯설고 생경할지 모르겠지만 이 사람은 삼위일체(三位一體, Trinity)라는 말을 처음으로 정립(定立)하고 사용한 사람입니다. 그는 하나님의 말씀을 빗대어 '믿음'을 이렇게 이야기하고 있습니다.

"나는 (성경)말씀을 믿을 수 없기 때문에 믿는다."

곧 믿음이 믿을 수 있는 것이라면 누구가나 믿을 수 있을 것이기에 자신의 믿음은 "믿을 수 없는 것이기에 믿는다"라고 이야기 하고 있습니다. 이 말은 당시 초대교회시절 하나님의 말씀을 배격하고 한갓 저급한 신앙으로 치부하였던 그리스계 스토아나 에피쿠로스 철학자들에게 던진 말입니다.

우리식대로 이야기하면, 하나님께서 천지를 창조하시고, 예수님께서 다시 부활하시고, 그래서 천국을 우리 앞에 예비해 두시고, 이 모든 것들은 정상적인 사람이라면 상식적으로 제아무리 믿으려 해도 믿을 수 없는 것들임이 분명한 까닭에, 그러기에 믿는다는 것입니다. 이 말의 저변에는 그렇게 믿게 하신 성령의 역사가 감추어져 있음은 물론입니다. 그렇다면 이 말은 그리스 철학자들의 이해를 도모하기 위한 테르톨리아누스의 배려로 볼 수 있습니다.

이 경우 테르톨리아누스의 말을 그대로 수용하여 '信信信信信'에 옮겨

보면 "믿음이면, 다 같은 믿음이냐, 믿을 수 없는 것을 믿는 믿음이어야, 믿음이지"로 풀이할 수 있습니다. 그렇다면 여러분은 이 말을 "그렇다"고 보아 다름없이 수용할 수 있으시겠습니까?

필자생각엔 아마도 정상적인 크리스천이라면 마땅히 수용할 수밖에 없을 것입니다. 왜냐하면 믿을 수 없는 사실들임에도 불구하고 우리는 성령의 역사를 곧이곧대로 믿고 있을 것이기 때문입니다. 하나님께서 천지를 창조하시고, 예수님께서 다시 부활하시고, 그래서 천국을 우리 앞에 예비해 두시고 계시다는 추상같은 사실들을 말입니다.

그렇다면 '믿음의 주체'는 사람이 아니었다고 보아도 무방할 것 같습니다. 왜냐하면 '성령의 역사'이기 때문입니다. 곧 믿음의 주체는 성령의 역사이고 다만 우리는 그 역사에 따라 믿음을 담고 있는 객체로서 그저 사람일 뿐이 됩니다.

이제는 모든 것이 술술 풀리게 됩니다. 사람과 침팬지가 사람과 동물로서 구별될 수 있는 것은, 그것이 성령의 역사가 임할 수 있는 대상이냐 아니냐가 기준이 될 것입니다. 나아가 사람이 사람됨은 그 사람의 마음 한 중심에 믿음이 있느냐 없느냐가 기준이 될 것입니다.

그렇다면 '사람 같은 일'의 해(解)는 구해진 셈이나 다름이 없습니다. '믿을 수 없는 믿음을 그럼에도 불구하고 믿고 있는 믿음' 그 자체가 될 것입니다. 또한 '믿음 같아야'라고 하는 것의 본질은 우리의 상식으로는 결단코 '믿을 수 없는 일'이어야 합니다.

그런데 여기서 한 가지 문제가 발생합니다. 곧 앞에서 이야기 있듯이 "구속[拘束, 제재(制裁) 또는 강제(强制)]의 끈이 있으냐?" 하는 것입니다. 있다고 생각하십니까? 물론입니다. '지옥'(음부, 스올)이 그것입니다. 믿음이 없게 되면 지옥이 대가로 치러집니다. 이 경우 '지옥' 또한 '믿음'입니다. 왜냐하면 우리의 상식으로는 결단코 '믿을 수 없는 일'이기 때문입니다.

이제 모든 것들을 정리할 차례입니다. 사람은 '성령의 역사가 임할 수 있는 대상'으로 정의할 수 있습니다. '사람 같은 일'은 '믿을 수 없는 일을 믿을 수 있는 일'로 정의할 수 있습니다. 나아가 "사람이 동물보다 고귀한 존재인가?"에 대한 대답은 "그렇다"입니다. 왜냐하면 성령의 역사가 임할 수 있는 존재이기 때문입니다. '믿음 같아야'의 뜻은 '믿을 수 없는 일을 믿는 것 같아야'로 바로 새길 수 있습니다. 결론적으로 윤리(倫理)는 '사람사이의 믿음 같은 믿음'으로 되새겨 둘 수 있을 것입니다. 사족을 덧붙이기에 패륜(悖倫)은 '사람사이의 믿음 같지 않은 믿음'이 될 것입니다.

이상의 모든 것을 조합하여 한문으로 나타내면, '人人不信信人', 곧 '사람이면(人), 다 같은 사람이냐(人), 믿지 못하는 일을(不信), 믿고 있어야(信), 사람이지(人)'로 새겨둘 수 있지 않을까요?

"하나님이 세상을 이처럼 사랑하사 독생자를 주셨으니 이는 그를 믿는 자마다 멸망하지 않고 영생을 얻게 하려 하심이라"

"하나님이 그 아들을 세상에 보내신 것은 세상을 심판하려 하심이 아니요 그로 말미암아 세상이 구원을 받게 하려 하심이라"

"그를 믿는 자는 심판을 받지 아니하는 것이요 믿지 아니하는 자는 하나님의 독생자의 이름을 믿지 아니하므로 벌써 심판을 받은 것이니라"

"그 정죄는 이것이니 곧 빛이 세상에 왔으되 사람들이 자기 행위가 악하므로 빛보다 어둠을 더 사랑한 것이니라"

"악을 행하는 자마다 빛을 미워하여 빛으로 오지 아니하나니 이는 그 행위가 드러날까 함이요"

"진리를 따르는 자는 빛으로 오나니 이는 그 행위가 하나님 안에서 행한 것임을 나타내려 함이라 하시니라"(요 03:16-21)

그럼에도 불구하고 소위 내로라하는 사상가들의 변(辯)이 다음과 같다면 우리가 이를 어찌 보아야 할까요? 우리가 이때 써야할 단어가 바로 패륜(悖倫)이 아닐까요? 참으로 불쌍하기 그지없는 사람입니다. 한 방울의 물도 그 혀에 댈 수 없는 사람이기에 더더욱 말입니다(눅 16:24).

"나는 영혼과 사후세계가 없다고 믿는다. 당연히 인생은 한정적이다. 그렇기에 오히려 귀중한 선물이다. 인생은 되돌릴 수도 없고 다시 살 수도 없다. 죽음을 직시함으로써 매순간 현명한 선택의 중요성을 깨달을 수 있다"(셸리 케이건, Shelly Kagan)

"예수는 글을 읽지 못했고, 산상수훈을 말하지 않았다. 예수는 병을 고치거나 기적을 행한 일이 없다. 예수의 시신은 야생 개들에 의해 먹혔다"(존 도미닉 크로산, John Dominic Crossan)

"성서에 나타난 예수에 대한 여러 가지 묘사는 성서 기자의 윤리적 이상형에 대한 투사이다"(로버트 펑크, Robert Funk)

"예수의 말이라고 믿을 수 있는 말은 2%, 아마도 예수의 말은 14%에 불과하다 성서에 기록된 예수의 말 중 82%는 허위이다"(버튼 맥, Burton Mack)

"첫째, 초월자로서 기독교의 창조주 하나님은 존재하지 않는다. 둘째, 하나님은 인격체가 아니라 비인격체다. 셋째, 삼위일체 하나님은 성경적 개념이 아니다. 넷째, 예수는 신성을 가진 하나님이 아니다. 다섯째, 예수의 육체적 부활은 역사적 사실이 아니다. 그러기에 기독교의 하나님은 존재하지 않는다. 따라서 한국의 젊은이들이 교회에 나가지 않을수록 희망이 있다."(김용옥)

마 18:01-06

시험감독이 준 선물

전날 저녁, 필자의 아내는 그냥 버리기가 아까웠던 때문인지 오래된 전(煎) 몇 조각을 상한 줄도 모르고 미련스럽게 꾸역꾸역 밀어 넣다가 끝내 탈이 나고야 말았습니다. 한동안 갑상선암 제거수술에 시달려 제대로 몸을 추스르지도 못하고 있었던 차제에, 엎친 데 덮친 격으로 거기에 대장염까지 떠안게 되었습니다.

다음날 아침, 아내는 병치레는 뒷전에 두고 구들장을 짊어진 채, 오뉴월 엿가락 늘어지듯 길게 늘어지는 말로 필자에게 "한 가지 부탁이 있다"고 했습니다. 그것은 자신이 오늘 딸아이 중간고사 시험감독에 임해야 하는데, 자기를 대신해서 좀 나가주면 안되겠냐는 것이었습니다. 이에 필자는 지금은 병치레가 우선이 아니겠냐는 답답한 속내를 감춰두고, "왜 학부모가 시험감독을 해야 하느냐?"고 반문해 따져 물었지만, 아내는 귀찮다는 듯 아무런 말없이 그저 천정에 시선을 박고 눈만 껌뻑껌뻑 처량한 척 그렇게 필자만을 바라보고 있었습니다.

그날따라 필자는 수업이 없었던 이유에서, "에라, 이것도 예정된 운명이겠거니…" 생각하고 모든 것을 체념한 채, 그렇게 시험감독에 임할 수밖에 없었습니다. 이윽고 시험감독을 명분으로 딸아이 학교대기실에 집결해 있었던 학부모들은 설마라는 필자의 기대와는 달리 모두가 엄마들이었습니다. 이에 무척 창피하고도 계면쩍었지만, 그것도 잠시, 그들은 필자의 시선을 힐끗힐끗 피해가며 "어쩌면 그리도 제 아이를 끔찍이 사랑하고 있었기에 엄마도 아닌 아빠가 나왔을까?"라며 수군대고 있었습니다. 문득 조금 전까지의 창피는 창피를 넘어서 이내 뜻 모를 무서움으로 변해가고 있었습니다.

이윽고 모든 학부모가 모이자 교장선생님이 반가운 미소를 띠고 우리 앞에 등장하셨습니다. 그는 우리에게 시험감독은 외견상 핑계에 불과하고, 이처럼 학부모들을 학교에 모신 이유는, "우리 아이들이 어떻게 학교생활을 하고 있으며, 그러기에 가정에서 어떻게 우리 아이들을 대해 주어야 하는지를 이야기하고 싶었던 것에 있었다"고 이야기하면서, "그럼에도 불구하고 바쁜 가운데 적극적으로 참여해 주신 학부모에게 감사를 드린다"며 처음 말문을 떼셨습니다.

당시 대면에서 교장선생님의 변(辯)은 한결같았습니다. "우리 아이들이 어쩌면 그리도 착하고 온순한지 모르겠다"는 것이 그것이었습니다. 그러면서 충격적이게도, '그게 다인 듯싶은 것이 문제라면 문제'라고 꼬집어 두셨습니다. 곧 우리 아이들이 착하고 온순하나 그밖에는 달리 자랑할 것이 없다는 것이 그분의 변이었습니다. 이 말에 모든 학부모의 얼굴이 싸늘하게 굳어졌음은 불 보듯 뻔했습니다. 우리 자식의 성적이 얼마만큼 향상되었으며, 그러기에 앞으로 어떻게 공부해야할지에 대해서는 일언반구도 없었으니 말입니다.

교장선생님은 이에 더하여 "제발 우리 아이들을 하릴없이 그냥 내버려 두지 말고 보습학원이나 과외학원 또는 이와 유사한 학원에 나갈 수 있게 부모들이 적극 나서서 학교교육을 보충하거나 앞서 배울 수 있도록(선행학습) 배전의 후원과 관심을 기울여 달라"는 부탁 또한 잊지 않았습니다.

시간이 다하여 비로소 시험감독에 임했을 때, 필자가 접한 당시의 시험광경이란 참으로 뜻밖이었습니다. 명색이 그것도 시험이라면 시험이었을 텐데, 그들의 모습에선 도대체 지금 시험을 치르고 있는지 아닌지도 의심스럽게 천진난만하기 끝 간 데 없었습니다.

먼 창밖만 무심히 바라보고 있는 아이, 책상위에 그대로 엎어져 있는 아이, 아무 생각 없이 턱만 괴고 있는 아이, 필자의 일거수일투족을 감시하는 듯 필자에게서 시선을 떼지 않고 있는 아이, 지우개만 또닥또닥 굴리고 있는 아이 등 그렇게 우리아이들은 천진난만해 보였습니다. 그때서야 필자는 비로소 교장선생님의 말뜻을 바로 이해할 수 있었습니다.

이러한 광경은 같은 대도시(大都市)라고 하더라도 서울 여느 학교의 모습과는 판이했습니다. 긴장되고 숙연하며 개미 한 마리 꿈틀대는 소리도 들리지 않는 그런 시험의 모습과 말입니다. 족집게 과외, 수백만 원을 넘는 과외비, 새벽같이 데려다주고 이른 새벽에서야 데리고 오고, 숨쉬기도 힘들게 꽉 짜인 일상에 갇혀 있는 그런 모습들과는 비교할 수 없을 정도로 말입니다. 이러한 모습들의 면면을 대해 보면서 불현듯 우리는 우리 아이들의 장래를 어떻게 꾸리게 하고 또 꾸릴 수 있도록 조력해 주어야 할까라는 생각이 들었습니다.

우리 자녀들 앞에 맞닥뜨려진 교육문제와 교육환경의 폐해에 대해서는 그간 수많은 고민과 걱정이 없었던 것은 아니지만 그럼에도 우리는 아무런 생각 없이 그리고 대책 없이 그저 그렇게 무심히 세월만 보내고 있어야 할까요? 제아무리 훌륭하고 내로라할 수 있는 교육정책이 우리 눈앞에 있다고 하더라도 내 자식만이 희생될 수도 있다는 생각에서, 남의 자식이 더 잘될 수도 있다는 생각에서, 행여나 뒤처지지는 않을까? 행여나 도태되지는 않을까? 그런 마음을 쓸어내리며 아무런 생각 없이 그리고 대책 없이 그저 그렇게 세월만 보내고 있어야 할까요? 자식을 둔 다 같은 부모로서 이 노릇을 어떻게 감당하고 해결하여야 할까요? 필자 또한 답을 찾기가 그다지 녹록하지는 않은 형편입니다.

화제를 바꾸어, 필자는 앞선 통계지표 중에서 한 가지 의미 있는 기대치를 발견할 수 있었습니다. 그것은 다름 아니라 우리나라 개신교인구(2005년 기준, 8,616,438명) 중에서 10-14세에 해당하는 인구가 제일 많다는 것이 그것입니다.

이는 0세부터 79세까지 5년 단위로 쪼갠 16개 그룹 중에서[0-4(1), 05-09(2) … 70-74(15), 75-79(16)] 가장 높은 수치를 보이고 있습니다. 곧 전체인구(8,616,438)에서 80세 이상의 인구(132,382)를 제외하고(8,616,438-132,382=8,484,056) 각 그룹별 평균 530,256명(8,484,056÷16=530,256)보다 무려 20만 명이 많은 737,136명이나 됩니다(참고로, 50세 이상 79세까지 6개 그룹의 평균은 224,706명입니다). 특히 이 수치(737,136명)는 유독 개신교의 다른 그룹(15개)은 물론이고, 다른 종교의 동일한 그것과 비교할 경우에도 현격하게 높은 수치입니다(불교 579,113명, 가톨릭 398,217명).

그런데 이 수치는 15-19세에 이르게 되면 되레 약 20만 명이 그대로 감소하게 됩니다. 보다 심각한 사실은 이 같은 추계가 80세에 이를 때까지 줄곧 감소하고 있다는데 있습니다.

이 지표가 우리에게 보여주고 있는 시사점은 무엇일까요? 무엇을 바로 새겨 앞서 척박한 교육환경에 임하고 있는 우리 아이들에게 부모로서의 마땅한 책임과 책무를 다하여야 할까요? 한 번쯤 고민하고 또 심각하게 생각해 보아야 할 일이 아닐 수 없을 것이라 생각합니다. 이하 지난날 필자 딸내미와 함께 겪었던 기억을 예로 들어 본말에 접근해 보겠습니다.

필자의 막내딸(이하 '민주'라 합니다)이 중학교 1, 2학년을 거치며 있었던 일입니다. 유년주일학교를 지나 중등부 교회학교에 막 들어섰을 때, 민주는 뜻밖의 모습을 우리에게 보여주었습니다. 곧 당시까지 아빠엄마의 닦달에 못 이겨 교회주일학교에 나갔던 것이 상례였었는데, 이참엔 그러한 모습들을 어디서도 찾아볼 수가 없었다는 것이 그것이었습니다. 당체 무슨 느닷없는 댓바람이 불었기에 이처럼 개과천선(改過遷善)을 했는지 알 수 없었지만, 이유를 알기까지에는 그다지 오랜 시간을 필요로 하지 않았습니다. 사연은 이러했습니다.

저마다가 작시(作詩)한 가사를 교회전도사님이 노래로 만들어 이를 CD에 구워 친구들에게 나누어주고, 교회선생님들로부터 저마다 악기 하나씩을 배워 그나마 어눌한 대로 불고, 켜고, 치고, 두드리면서 시시때때로 작은 음악회도 열고, 꼬깃꼬깃 모아두었던 용돈을 가지고 구공탄(九孔炭)을 사다가 쪽방 촌 이웃어르신께 선물도 하고, 고사리 손으로 잔뜩 빚어낸 새알 죽을 쑤어 교회 권사님들께 대접도 하고, 추수감사절 교회선생님과 함께 키운 방울토마토를 단상에 가지런히 하트모양으로 꾸며 올려다 놓기도 하고, 지들이 직접 어린이찬송에 이런저런 율동을 붙여 유희(遊戲) 대회도 개최해 보고, 십자가 3개를 만들어 서로서로 성경구절을 암송해 가면서 성극(聖劇)도 꾸려보고, 때로는 어린이 찬송을 수화(手話)로도 불러 보고, 여름방학 헌옷가지나 아껴둔 학용품이나 소중하게 보관하고 있었던 장신구나 인형 등을 가는 곳마다 팔아 이를 노잣돈으로 교회선생님과 함께 무전여행(無錢旅行)을 떠나도 보고, 우리교회 '삼손선발대회'(팔씨름), '에스더 선발대회'(한복맵시자랑), '성경구절 빨리 찾기 대회', '전국사투리 성경구절 암송대회' 등을 개최도 해보는 등 이 모든 것이 그렇게 재밌고 기쁘고 즐겁기 때문이었다는 것이 다름 아닌 민주를 개과천선에 이르게 한 이유였습니다.

그렇다고 "교회에 가기 싫다"고 칭얼대는 일이 없었던 것은 아닙니다. 그렇지만 그때라고 해야 정들었던 전도사님께서, 또는 함께했던 교육목사님께서, 또는 토요일마다 안부를 물어주셨던 교회선생님께서 먼 사역지로, 또는 타지로 떠나시게 되던 날이 전부였습니다. 그도 부모의 입장에서는 넉넉한 마음으로 받아줄 수 있는 투정 아닌 기쁨일 수 있었습니다.

이후 민주는 그 또한 정든 교회를 떠날 수밖에 없었습니다. 왜냐하면 필자가 직장을 옮겨야 했기 때문이었습니다. 그땐 정말이지 6.25때 난리는 난리도 아니었습니다. 울고불고 뒤집어지면서 그것도 "아빠만 가!"라며 생떼 아닌 생떼를 쓰고, 급기야 생떼는 저만이 알 수 있는 울부짖음으로서 온 동네를 들쑤셔 놓기도 했습니다.

그런데 이곳 타지의 교회생활에서 민주의 신상(신앙생활)에는 묘한 변화가 일게 되었습니다. 곧 걱정했던 바가 현실로 나타나게 된 것입니다. 때마다 주일이면 한사코 교회가기를 거부했던 것이 그것이었습니다. 보다 정확히는 교회에 가는 것을 거부했다기보다 주일학교에 나가지 않고 어른예배에 참석하겠다는 것이었습니다. 짐짓 "이전처럼의 멋들어지고 유쾌했던 주일학교 프로그램이 없었던 때문이 아니었을까?" 생각도 해보았지만 결코 그것만이 이유가 된 것은 아니었습니다. 민주의 시각에서도 이전의 그때보다 주일학교 프로그램이 낫지는 않았다손 치더라도 그것이 전부는 아니었던 것입니다. 곧 굳이 주일학교 프로그램이 내키지는 않았을지라도 그런대로 다닐만했던 것이 사실이었습니다. 민주 또한 그렇게 생각하고 있었음은 물론이었습니다.

그런데 놀랍게도 가장 큰 이유는 생각지도 못한 다른 곳에 숨어 있었습니다. 민주는 이를 "짜증나고 신경질 나며 꼴도 보기 싫다"고까지 표현했습니다. 어린 마음에 어떤 사연이 있었기에 이처럼 완곡하게 표현할 수밖에 없었을까요? 참으로 그 사연은 필자가 보기에도 천인공노(天人共怒)할 것이었습니다. 민주가 전해준 사연을 이러했습니다.

이 교회는 100년의 역사를 눈앞에 두고 있었던 뿌리 깊은 교회였습니다. 당시 교회에서는 모든 성도가 100년의 역사를 바로보고 또 뜻 깊게 가슴에 새겨두어야 한다는 기치아래 기관별 교회의 역사교육에 중점을 기울이고 있었습니다.

그런데 어느 한 날 교회의 지난 100년의 역사를 학생들에게 교육하기 위하여 한 장로님이 중등부 학생들 앞에 서게 되었습니다. 민주뿐만 아니라 민주의 교회친구들 또한 이 같은 교회의 취지를 십분 이해하고 있었던 까닭에, 따분한 강의임에 못내 시큰둥했었겠지만 제아무리 그렇다고 해도 주위의 많고 많은 시선을 따돌리면서까지 혈혈단신으로 도망갈 수는 없었을 것입니다.

그런데 강단에 선 한 장로님은 교회역사 강의 전에 꽤나 많은 시간을 투자하면서 자신의 이력을 학생들 앞에 내보였다고 합니다. 심심풀이 땅콩 식으로 강단 전면 스크린에 그것도 빽빽하게 들어찬 가짓수(장로의 이력)를 헤아려보니 무려 18가지나 되었다고 합니다. 누가 '그 애비에 그 딸'이 아니랄까봐 이처럼의 불만을 드러냈을까 싶은 생각에 뜻 모를 자괴감이 없었던 것은 아니었지만, 이후로도 몇 주일을 지나는 동안 그 장로의 이 같은 행태는 교회의 전 기관 전 부서 어느 하나를 빠뜨리지 않고 줄기차게 이어졌습니다.

그 이유가 또한 취지가 아무리 옳았다고 하더라도, 앳된 중학생의 눈에 이처럼 짜증나고 신경질 나게 비춰졌을 요량이면, 어찌 보면 본말이 전도된 알량한 장로의 이력자랑은 그들 앞에 또한 교회 앞에 겸손히 뒷전에 두었어야 마땅했지 않았을까요? 아니 그보다는 그 장로 또한 교육계에 있었다고 하면서 민주와 그 친구들의 짜증나는 속내를 미연에 헤아릴 수는 없었던 것이었을까요?

극에 달한 민주의 마지막 불만의 변은 이러했습니다. "아빠, 우리가 그 장로님을 앞으로 장로님이라고 불러야 해? 아니면 교수님이라고 불러야 해? 아니면 사외이사라고 불러야 해? 아니면 연구소장이라고 불러야 해? 정말 짜증지대로야" 이 같은 원성은 민주뿐만 아니라 각 기관도 예외는 아니었습니다. 그야말로 봇물 터지듯 했습니다. 물론 소리 없이 쉬쉬하면서 말입니다.

그 장로의 행태는 이 뿐만이 아니었습니다. 주일대예배 사이에(2부와 3부) 설교단 앞에 큰 칠판을 하나를 덩그렇게 세워두고 장년들을 대상으로 성경강해에 임하고 있었습니다. 필자 또한 예배에 임하기 전 강의를 뜻하지 않게 수차례 들어 보았지만 그때마다 느꼈던 심상이 제아무리 내세울 것이 많은 장로라고 하더라도 이는 장로가 할 짓이 아니라는 것이었습니다.

연이어 주일대예배(3부)가 있을 터인데, 무슨 자격에서 어떠한 연고로 이처럼 강단을 점하고, 그것도 근본과 배경 없는 설교 아닌 설교에 임하고 있는지를 도통 이해할 수가 없었습니다. 그 장로 아닌 모든 장로가 나아가 전 교인들 또한 익히 잘 알고 있었던 사실로서 주위에서는 이 교회를 일컬어 선생이 너무 많은 교회로 그러기에 장로들의 입김이 너무 센 교회로 낙인찍고 있는 실정이었습니다.

그렇지만 이 같은 사실은 다만 말하지 않았을 뿐이지 교회에 출석하고 있는 모든 사람들의 비밀 아닌 비밀로 쉬쉬거리게 취급되어 저마다의 속내에 감춰져 있었습니다. 이유야 어찌되었든 이전에 담임목사님마저도 내쫓을 수 있는 그런 대단한 위세를 가진 교회(장로)였다면 더 일러 무슨 소용이 있겠습니까마는.

그러기에 교회분위기는 자연스레 힘 있는 자(장로)들의 손에 이끌려 갈 수밖에 없었습니다. 그 결과 때로는 정치인이 선거 때 자신에게 표를 달라며 주일대예배 시간에 거리낌 없이 일어서게 되고, 그도 얼마가지 않아 뇌물수수죄로 형장에 끌려가는 처지에 이르게 된 것은 물론, 교회의 머릿돌에다가 교회 역사 100년을 통틀어 우리가 가장 존경하여야 할 신앙의 선대로 기억하여야 한다며 그들의 얼굴을 동(銅)으로 만든 흉상부조(胸像浮彫)에 담아 턱하니 박아두고, 일제강점기에 숨겨둔 교회 종이기에 마땅히 문화유적으로 취급되어야 한다면서 이를 하늘 높이 세워 걸어두고, 그것도 이를 시민들이 기려야 할 것이라며 홍보하기에 바쁘고, 주보의 한 면이 헌금액과 함께 명단으로 도배가 되어있음은 둘째치더라도, 한 주일도 빠짐없이 툭하면 누구누구의 무슨 수상(受賞)이다, 개업이다, 산악회다, 바자회다, 해외출장이다, 특별헌금이다, 해외친지방문이다, 개인선교일정이다, 이사일정이다, 그것도 모자라 주일 교회인근 외부 식당의 이름을 버젓이 걸어놓고 무슨 모임이다, 친목회다, 등등을 드러내고 있는 것은 또 다른 한 면입니다. 원로장로, 은퇴장로, 은퇴협동장로, 시무장로가 누구누구라는 사실은 주보의 마지막 대단원을 장식하고 있는 한 면입니다.

"그 때에 예수께서 대답하여 이르시되 천지의 주재이신 아버지여 이것을 지혜롭고 슬기 있는 자들에게는 숨기시고 어린 아이들에게는 나타내심을 감사하나이다 옳소이다 이렇게 된 것이 아버지의 뜻이니이다"(마 11:25-26)

"그 때에 제자들이 예수께 나아와 이르되 천국에서는 누가 크니이까"

"예수께서 한 어린 아이를 불러 그들 가운데 세우시고 이르시되 진실로 너희에게 이르노니 너희가 돌이켜 어린 아이들과 같이 되지 아니하면 결단코 천국에 들어가지 못하리라"

"그러므로 누구든지 이 어린 아이와 같이 자기를 낮추는 사람이 천국에서 큰 자니라"

"또 누구든지 내 이름으로 이런 어린 아이 하나를 영접하면 곧 나를 영접함이니 누구든지 나를 믿는 이 작은 자 중 하나를 실족하게 하면 차라리 연자 맷돌이 그 목에 달려서 깊은 바다에 빠뜨려지는 것이 나으니라"(마 18:01-06, 막 09:36-37, 눅 09:47-48, 눅 18:16-17)

"예수께서 이르시되 어린 아이들을 용납하고 내게 오는 것을 금하지 말라 천국이 이런 사람의 것이니라 하시고 그들에게 안수하시고 거기를 떠나시니라"(마 19:14-15)

한 번은 이런 유치한 모습에 참다못한 필자가 교회목사님에게 이런 말을 한 적이 있었습니다. 곧 "무엇보다도 교회 구석구석을 새로운 것, 값비싼 것, 그럴싸한 것, 돋보이는 것 등으로 채우려 하지 말고, 차라리 그 돈이 있으면 교회교육관을 개보수(改補修)해서, 그곳에 기쁘고 재미있고 즐거운 것들을 담아, 우리 아이들이 그곳에서 마음껏 뛰놀고 재미있어 하는 중에, 시시때때로 하나님을 만나는 그 기쁨 또한 맛볼 수 있도록 하여야 한다"고 강하게 주장하였습니다. 이에 덧붙여 "그렇다면 그 아이들이 그들의 친구는 물론이고 빈둥빈둥 주일을 뜻 모르게 허비하고 있는 그들의 부모 또한 교회로 이끌지 않겠느냐"는 것이 필자의 변이었습니다. 보다 정확히는 '10-14세에 해당하는 우리 자식들의 공로가 이 같은 사실을 추상같이 드러내 보이고 있는 결정적인 예표로 보아 마땅할 것'이라는 게 필자의 변에 담긴 뜻이었습니다. 곧 "교회부흥의 원동력은 다름 아닌 유년주일학교에서 찾아야만 한다"는 것이 누구 앞에서라도 한 치도 양보할 수 없었던 필자 주장에 담긴 뜻이었습니다.

그럼에도 불구하고 이 교회에서는 교육관의 개보수는커녕 수억 원을 호가하는 파이프오르간을 교회강단 뒷벽에 박아두고야 맙니다. 고작 500명이 앉으면 비좁기 그지없을 예배당에 거대한 파이프오르간을 설치해 두었음을 볼 때, 만약 여리고성에 파이프 오르간이 있었다고 하더라도 아마도 이보다는 작았으면 작았지 더 크지는 않았을 것이라 생각합니다. 만약 이것이 필자가 본 그 모습 그대로였다면 이는 그야말로 갓 쓰고 자전거 타는 셈이라고 밖에는 달리 볼 것이 없을 것입니다.

지금 이 교회의 교육관은 그야말로 텅텅 비어 있습니다. 앞서 본 추계대로라면 조만간 아예 아이들의 흔적은 고사하고 지나는 강아지 한 마리도 찾아볼 수 없을 것입니다. 앞서 본 통계는 이를 우리에게 낱낱이 증하고 있음을 봅니다.

그렇다면 이상의 모든 사실을 종합할 때, 원인[병(病)]은 어디에 있다고 보아야 할까요? 그러기에 우리가 병(원인)의 맥을 어떻게 바로 짚어 처방에 임해야 할까요? 곧 무엇이 어디서부터 어떻게 잘못되어 이 같은 현상이 발생했고, 그러기에 어떻게 이 난국을 타개해야 할 것인가 말입니다.

필자는 한 교장선생님이 바로 보셨던 우리 학생들의 그 모습 그대로에서 해답을 찾을 수 있지 않을까 생각합니다. 곧 그 천진무구(天眞無垢)함 속에서 말입니다. 처음부터 하나하나 그렇지만 장황하지 않게 신경 써 가면서 되짚어 보기로 하겠습니다.

첫 번째로, 앞선 통계지표에 비추어, 10-14살 된 아이들이 이처럼 가장 많은 이유는 무엇 때문일까요? 필자의 생각엔 아마도 다음 둘 중에 어느 하나일 것이라 봅니다. 곧 부모가 관심을 보여 때마다 그들을 교회로 이끌었던지(전자), 아니면 부모의 관심에도 아랑곳하지 않고 그들이 자발적으로 교회에 나왔던지(후자) 말입니다. 그런데 이 중에서 어느 부분이 더 클 것이라고 생각하십니까? 전자일까요? 후자일까요? 필자는 결단코 후자일 것이라 생각합니다.

그 이유를 비유를 들어 이야기해 보겠습니다. 만약 자식이 교회에 나가지 않겠다고 하면 어찌하시겠습니까? 두들겨 패서라도 교회로 이끄시겠습니까? 그것도 한두 번이지 말입니다. 이는 처음부터 말이 되지 않는 이야기입니다. 열심히 공부하라고 했더니 그야말로 열심히 공부했던 아이들이 있었다면 또 모르겠지만 말입니다. 그 산 증인이 필자와 여러분이 아닐까요? 이 말에 다른 반론이 없을 요량이면 후자가 더 많을 것이라는 필자의 생각이 아마도 틀림없다고 봅니다.

두 번째로, 교장선생님의 말(제안)이 타당하다고 생각하십니까? 곧 교장선생님의 말 맞다나 학교교육이 모자라다고 보아 외부의 과외교육에 투자하는 것이 타당할 것이라 보고 계십니까? 그 타당성은 다음 어느 조건에 부합할 수 있다면 각각의 조건에 따라 어느 것 하나를 고려해 봄직 할 것입니다. 곧 자식에게 돈을 쏟아 부으면 붓는 대로 그 많고 적음에 비례하여 성적향상은 물론이고, 성공을 보장할 수 있을까요? 정히 그렇다고 생각하십니까? '물론 그럴 수도'(전자) 있겠지요. 필자 또한 이 말을 전적으로 부정하고는 싶지 않습니다. 왜냐하면 현실이 그러하니까요.

그런데 이 말을 반대로 뒤집어 한 번 생각해 보겠습니다. 곧 자식에게 돈을 쏟아 붓지 않으면 쏟아 붓지 않는 대로 그 돈의 적음에 비례하여 성적향상은 물론이고, 성공을 보장할 수 있을까요? 정히 그럴 수 있다고 생각하십니까? '물론 그럴 수도'(후자) 있겠지요. 필자 또한 이 말을 전적으로 부정하고는 싶지 않습니다. 왜냐하면 현실이 우리에게 보여주고 있으니까요.

그런데 여기서 '물론 그럴 수도' 있을 것이라는 전자와 후자의 생각 중에서 어떤 것이 보다 성적을 향상시키고 성공할 수 있는 가능성이 높다고 보십니까? 전자일까요? 후자일까요? 그도 저도 아니면 반반씩일까요? 필자의 생각에는 반반씩일 것이라고 생각합니다.

여기서 분명히 해 둘 것이 하나있습니다. 그것은 전자의 주체는 부모이고 후자의 주체는 우리 아이들이라는 것이 그것입니다. 즉 전자는 부모가 그들의 돈을 투자하여 부모의 꿈을 다만 자식을 앞세워 대신 이루고자 한 것으로 볼 수 있고, 후자는 나름대로 아이들이 스스로가 자신들의 꿈을 계발(啓發)하여 그들의 꿈을 부모의 슬하에서 곧이곧대로 이루고자 한 것이라는 차이점이 그것입니다. 물론 전적으로 맞는 말이 아니라고 하더라도 대개 양자의 속내는 아마도 이와 다름이 없을 것입니다. 그렇다면 누가 더 행복하겠습니까?

무엇보다도 우리 부모가 저마다 처한 형편대로 우리 자식들을 위해 투자함과 동시에, 또한 그들의 뜻을 존중하여 그들의 꿈을 설계할 수 있도록 뒤에서 지켜보고 조력해 준다면 또 결과는 어떠할까요? 필자 생각에는 전자와 후자를 합친 것보다 더 많고 또한 더 행복할 것이라고 보는데, 여러분의 생각은 어떠십니까? 그렇다면 교장선생님의 말은 올곧은 말이 아닐까요? 다만 바로잡을 것은 과외가 아니라 그 꿈을 설계할 수 있도록 투자해 달라고 했다면 말입니다.

세 번째로, 우리 아이들의 꿈은 또한 저들이 추구하는 장래의 행복은 어디서 찾고 또 발견할 수 있을까요? 앞선 사례에서처럼 스스로가 내로라하며 남들이 우러러 볼 수 있게끔 버젓이 내놓은 그 장로의 이력에서 찾을 수 있을까요? 곧 그 장로가 우리 자식들의 멘토가 될 수 있었으면 하고 기대하고 계십니까? 어쩌면 이 장로의 이력이 우리 부모가 자식들에게 기대해마지않고 있는 그것이 아닐까요? 정히 그렇지 않다고 보아 이 같은 장로의 행태를 지켜보며 필자처럼 천인공노한 것으로 치부해 두셨습니까?

네 번째로, 이 장로처럼 칠판에 밑줄을 그어가며 남들 앞에서 위세를 떨치고 있는 그러한 신앙을 소유한 자식들이 되기를 원하십니까? 아니면 앞에서도 보았듯이 하나님의 말씀을 행여나 놓칠 새라 귀를 쫑긋 세워가며 들음에 임하고 있는 우리 자식들이 되기를 원하십니까? 우리 자식들이 나를 남보다 앞세워 두고자 전전긍긍하고 있는 장로가 되기를 원하십니까? 아니면 남을 나보다 낫게 여겨 신실한 주의 백성이 되고자 안타깝게 애쓰는 집사가 되기를 원하십니까?

다섯 번째로, 파이프오르간의 음색으로부터 물밀듯한 감동이 더할까요? 아니면 우리 아이들의 불고, 켜고, 치고, 두드리는 악기소리의 음색에서 물밀듯한 감동이 더할까요? 수상, 개업, 산악회, 바자회, 해외출장, 특별헌금, 교우동정, 친목회, 원로장로, 은퇴장로, 은퇴협동장로, 시무장로의 면면이 보다 궁금하십니까? 아니면 삼손선발대회, 에스더 선발대회, 성경구절 빨리 찾기 대회, 전국사투리 성경구절 암송대회의 행사치레가 보다 더 궁금하십니까?

저명한 아동심리학자이자 정신과의사인 영국의 도널드 위니컷(Donald Winnicutt) 박사의 말을 빌리면, 그는 아이들의 마음속에는 하나의 큰 성(城)이 있다고 하면서 이 성을 결코 무너뜨려서는 안 된다고 이야기하고 있습니다.

그 저변에 담긴 뜻은 우리 어른들은 결코 그 성내로 진입하려 들지 말고 오직 성 밖에서 그들로 하여금 일탈치 않게 지켜보아주고 다독여주며 그들이 꿈꾸는 대로 그들의 의지대로 이 모양 저 모양으로 그들만의 성을 장식하고 꾸려나갈 수 있도록 보살피는 것이 부모 된 또한 어른 된 자들의 무한책임이라는 것에 두고 있습니다. 필자생각에 이 말은 이리보고 저리보아도 '그 하나만 빼고' 틀린 구석이 하나 없는 멋들어진 말이라고 생각합니다.

그 틀린 구석으로서 '그 하나'란 바로 부모 된 또한 어른 된 자들의 또 다른 부모를 곧 하나님으로 모셔두어야 한다는 사실입니다. 그렇다면 우리는 하나님과 우리 자식들을 이어주고 있는 가교(架橋)라 할 것입니다. 하나님이 은혜가 우리 자식들에게 임하실 수 있도록 축복의 통로를 터주고, 또한 우리 자식들이 하나님께로 나아가는데 축복의 통로를 터줄 수 있는 가교 말입니다. 그렇다면 우리에게 투자는 곧 '길을 터주는 것' 자체가 될 것입니다.

지금까지 우리 모두는 그 성 안에 머물고자 했습니다. 아니 머물고자 한 것이 아니라 그곳에 똬리를 틀고 앉아 마치 성의 주인이나 되는 듯싶게 너스레를 떨고 있었습니다. 그간에 자신의 성을 잃어버리고 때로는 수차례 빼앗겨 가면서 그렇게 우리 아이들은 넋 놓고 무심한 하늘만 바라보고 울고 있었습니다. 그 수가 무려 737,136명이나 되었습니다. 그러기에 그간 축복의 통로가 마치 냄새나는 수챗구멍처럼 꽉 막혀있었던 것입니다.

하나님께서 돌보시는 우리 자식의 장래 앞에 결코 좌절이나 실패는 없을 것입니다. 왜냐하면 자식을 위한 우리 부모들의 끊이지 않는 간절한 기도와 간구 때문입니다. 하나님의 사랑을 또한 그 영광을 이 땅위에 추상같이 드러낼 수 있는 우리의 자랑스러운 자식이 될 수 있도록 부모 된 우리가 무시로 간구하며 기도하는 중에 있다면 하나님께서는 이를 어찌 보실까요? 그것도 자식의 무사안일을 위해서가 아니라 하나님의 영광을 위해 살겠다고 하는데 말입니다.

하나님께서 함께 하시는 우리 자식들이라면 하나님께서는 이 세상을 위하여 그도 귀하고 아름답게 쓰실 것입니다. 저마다 하나님께서 계획하신 뜻대로 밝고 맑은 장래를 예비해 두고 계실 것입니다. 그렇다면 부모 된 우리의 투자는 오로지 그들의 장래를 위한 간절한 기도와 간구 외에는 다른 것이 없을 것입니다. 우리의 기도와 간구가 하나님의 은혜가운데 합력하여 이것이 고스란히 자랑스러운 우리 자식들의 선이 되어 이 땅위에 명명백백히 그것도 추상같이 바로 드러날 수 있기를 기대합니다.

"우리가 알거니와 하나님을 사랑하는 자 곧 그의 뜻대로 부르심을 입은 자들에게는 모든 것이 합력하여 선을 이루느니라"(롬 08:28)

이달 첫째 주는 민주 중학시절을 마감하는 기말시험이 있을 요량입니다. 이번에는 필자가 아내를 대신하여 자원하는 마음으로 기말시험 감독에 나서고자 계획 중에 있습니다. 생각만 해도 가슴이 두근두근 떨려올 따름입니다. 그 밝고 천진난만한 우리 자식들의 얼굴을 접할 들뜨고 부푼 생각에 말입니다.

남에게 듣고자 하는 고백

"세월이 지난 후에 가인은 땅의 소산으로 제물을 삼아 여호와께 드렸고"
"아벨은 자기도 양의 첫 새끼와 그 기름으로 드렸더니"
"여호와께서 아벨과 그의 제물은 받으셨으나 가인과 그의 제물은 받지 아니하신지라"(창 04:03-05)

우리가 익히 잘 알고 있듯이 아담과 하와는 슬하(膝下)에 '가인'(Cain)과 '아벨'(Abel)을 두었습니다. 가인은 '농사하는 자'이었고 아벨은 '양을 치는 자'였습니다. 당초 하나님께서는 아담과 하와를 에덴동산에서 쫓아내실 때, 그들에게 짐승을 희생하여 아담과 하와의 죄를 가려줄 가죽옷을 만드시고 이를 그들에게 입혀주셨습니다. 내막을 여기서 다시 한 번 되짚어 보겠습니다.

선악과를 취한 아담과 하와는 비로소 눈이 밝아지게 됩니다. 이윽고 선악을 알게 된 그들이 가장 먼저 취한 행동은 다름 아닌 무화과나무 잎을 엮어 치마를 두르고 나무 사이에 숨은 일이었습니다(창 03:07-10). 창조된 이후 그들은 처음으로 벗은 것이 악(惡)이라고 하는 사실을 알게 되었습니다. 그러기에 악을 하나님 앞에서 감추려고 무의식적으로 그들의 하체를 나무 잎으로 가린 꼴이 되어버리고야 만 것입니다.

그렇지만 벗은 몸이 악은 아니었습니다. 그들 성적 상징의 노출을 깨닫게 된 자체가 악이었습니다. 그래서 나무 잎을 엮어 치마를 만들고 이를 가리고자 두르게 된 것입니다. 보다 정확히는 하나님 앞에서 악을 가린 꼴이 되었지요. 악은 그들에게 두려운 마음을 갖게 하였고 또한 숨게 하였습니다. 곧 악한 행실을 한 사람은 본래 숨게 마련이고, 두려운 마음이 있게 마련이며, 또한 악을 감추는 것이 정한 이치라고 보아 그들 또한 이와 다름이 없었습니다. 그러기에 나무와 나뭇잎은 악을 가리기 위해 그들이 취한 수단이고 방법이 될 수밖에 없었습니다.

그렇지만 무화과나무 잎으로 만든 치마로는 하체를 정히 가릴 수가 없었습니다. 이에 하나님께서는 손수 희생동물을 잡아 가죽으로써 치마가 아닌 옷을 지어 입히시어 그들로 하여금 하나님 앞에 온전히 설 수 있게 하셨습니다. 죄인은 하나님 앞에 결단코 설 수 없음을 의미한 하나님 사랑의 또 다른 표현이었다고 볼 수 있습니다. 즉 희생동물을 잡아 가죽으로 옷을 지어 입히신 것은 죄인 된 그들에게 향하신 하나님의 무한한 사랑이라고 바꿔 말할 수 있을 것입니다.

"여호와 하나님이 아담과 그 아내를 위하여 가죽옷을 지어 입히시니라"
(창 03:21)

하나님께서는 아담과 하와뿐만 아니라 그들의 후사된 우리의 죄 또한 도말(塗抹)해 주시고자 사랑하는 외아들 그리스도를 이 땅위에 보내어 희생제물이 되게 하시고, 또 다시 우리에게 그리스도의 옷을 입히셔서 하나님 앞에 설 수 있게 하셨습니다. 죄인 된 우리에게 향하신 하나님의 끝 간 데 없는 무한한 사랑이 아닐 수 없음을 또 다시 보게 됩니다.

"우리가 아직 죄인 되었을 때에 그리스도께서 우리를 위하여 죽으심으로 하나님께서 우리에게 대한 자기의 사랑을 확증하셨느니라"(롬 05:08)

"그리스도께서 하나님 곧 우리 아버지의 뜻을 따라 이 악한 세대에서 우리를 건지시려고 우리 죄를 위하여 자기 몸을 드리셨으니"(갈 01:04)

"그리스도께서 너희를 사랑하신 것 같이 너희도 사랑 가운데서 행하라 그는 우리를 위하여 자신을 버리사 향기로운 제물과 생축으로 하나님께 드리셨느니라"(엡 05:02)

"예수께서 우리를 위하여 죽으사 우리로 하여금 깨든지 자든지 자기와 함께 살게 하려 하셨느니라"(살전 05:10)

"그리스도께서도 한 번 죄를 위하여 죽으사 의인으로서 불의한 자를 대신하셨으니 이는 우리를 하나님 앞으로 인도하려 하심이라 육체로는 죽임을 당하시고 영으로는 살리심을 받으셨으니"(벧전 03:18)

"사랑은 여기 있으니 우리가 하나님을 사랑한 것이 아니요 오직 하나님이 우리를 사랑하사 우리 죄를 위하여 화목제로 그 아들을 보내셨음이니라"(요일 04:10)

위 창세기 기록에서 볼 때, 하나님께서는 아마도 아담의 일가붙이에게 그들이 잊고 있었던 하나님 사랑에 대한 확증의 표시로서 뿐만 아니라 이를 그들에게 항시 되새길 수 있도록 하시기 위하여 희생제사를 요구하신 것 같습니다. 이에 아벨은 양의 첫 새끼를 그것도 가장 기름진 것으로 구별하여 하나님께 드렸습니다. 이 경우 아벨은 제물을 하나님께 드리는 속죄에 대한 희생으로 생각하고 희생제물을 자기의 몸을 대신하여 바쳤을 것이 분명합니다.

그렇다면 자기의 생명을 대신하여 희생제물을 바친 아벨은 하나님 앞에 죄인으로서 엎드려 자복하는 뜻을 제사에 다분히 담아 두었을 것이라 미루어 짐작할 수 있습니다. 아벨은 부모의 원죄(原罪)로부터 자신 또한 죄인일 수밖에 없었으나, 하나님 사랑에 의지하여 그 믿음 안에 거하고자 했던 까닭에 하나님께서는 다름없이 아벨의 제사를 열납(悅納)하셨던 것입니다.

"믿음으로 아벨은 가인보다 더 나은 제사를 하나님께 드림으로 의로운 자라 하시는 증거를 얻었으니 하나님이 그 예물에 대하여 증거하심이라" "저가 죽었으나 그 믿음으로써 오히려 말하느니라"(히 11:04)

이에 반하여 가인의 제물은 자기의 공적을 하나님 앞에 자랑하려는 교만한 마음을 표시한 것으로 볼 수 있습니다. 곧 자기의 생각과 행위로 하나님 앞에 의롭게 보이려는 교만한 마음을 앞세워 두고 있었습니다. 가인은 무엇보다도 이 같은 교만한 생각과 행위를 앞세워 두었던 까닭에, 하나님의 사랑은 물론이고 자신의 죄마저도 깨닫지 못하는 우를 범하고야 말았습니다.

한 걸음 더 나아가 가인은 자신의 제물을 열납하지 않으신 하나님을 향하여 분(憤)을 토해냈고, 급기야 그 분을 삭이지 못하고 끝내 끓어오르는 화(火)를 동생에게 분화(噴火)시켰던 것입니다. 결국 가인은 자기의 죄를 감추었을 뿐만 아니라 하나님을 무시하고 나아가 대적하기에 이르는 씻을 수 없는 죄를 범하게 됩니다. 다음의 기록이 이를 증합니다.

"내가 알지 못하나이다"

"내가 내 아우를 지키는 자니이까"(창 04:09)

결국 아벨은 의롭다 칭함을 받았고, 가인은 악한 자의 효시(嚆矢)이자 표상이 되기에 이릅니다. 인류가 창조되자마자 곧바로 피 흘림의 죄악사(罪惡史)가 전개된 것은 실로 슬프고도 비통한 일이 아닐 수 없습니다. 그것도 전쟁이었다면 또 모를까 둘도 없는 혈육으로서 동생을 참살(慘殺)한 것이라면 더더욱 말입니다.

그런데 필자가 여기서 주안점을 두고자 하는 것은 다른 게 아니라 '가인의 거짓말'에 관한 것입니다. 도대체 거짓말은 무엇 때문에 하게 되는 것일까요? 거짓말에 감추어진 본질과 행태는 무엇이고, 그 결과와 끝은 과연 어디까지 이를 수 있는 것일까요? 함께 보기로 하겠습니다.

위 기록에서 가인은 친동생 아벨을 돌로 쳐 죽인 것에 대한 거짓말은 고사하고("내가 알지 못하나이다"), 하나님께 되레 원성을 드러내고 있습니다("내가 내 아우를 지키는 자니이까"). 곧 하나님을 자신의 발아래 두고 있었던 것이지요. "설마 알 턱이 있을까?"하는 심산에서 보면 말입니다.

그도 그의 부모 아담과 하와가 하나님께로부터 지음을 받은 사실을 넉잡아 알고는 있었을 텐데 되레 하나님께 대들고 있는 듯한 모습을 볼 요량이면 지능이 한참 모자란 위인이 아니었나 생각해 봅니다. 그도 "내가 알지 못하나이다"라는 말 한마디로 끝냈다면 또 모를 일이지만 말입니다.

그렇다면 거짓말은 반드시 대적(對敵)을 수반하게 된다는 결론에 이르게 됩니다. 이를 표현한 우리네 옛말이 아마도 "방귀 뀐 놈이 성낸다"는 말이 되지 않을까 싶습니다. 우리는 가인의 또 다른 말에서 이 사실을 엿볼 수 있습니다.

"… 네가 무엇을 하였느냐 네 아우의 핏소리가 땅에서부터 내게 호소하느니라 땅이 그 입을 벌려 네 손에서부터 네 아우의 피를 받았은즉 네가 땅에서 저주를 받으리니 네가 밭을 갈아도 땅이 다시는 그 효력을 네게 주지 아니할 것이요 너는 땅에서 피하며 유리하는 자가 되리라"

"가인이 여호와께 아뢰되 내 죄벌이 지기가 너무 무거우니이다"(창 04:10-13)

하나님께 아벨을 죽인 가인의 죄를 물어 그로 하여금 땅에서부터의 저주를 받게 하셨습니다. 그도 농사짓는 자였으니만큼 땅에서 저주를 받는 것은 어찌보면 당연한 일이었겠지요.

그런데 가인은 하나님의 죄의 대가(저주와 유리)에 대하여 "내 죄벌(罪罰)이 지기가 너무 무겁다"고 말하고 있습니다. 여기서 바로보아야 할 것은 곧 '죄벌'이라는 말(단어)입니다. 원어는 차치하고서라도 이 단어를 영어로 표현하면(NIV) 'Punishment'라고 번역되어 있습니다. 이 경우 'Punishment'는 '죄에 대한 대가', 곧 '죄에 대한 벌(죄벌)'로 해석됩니다.

그냥 아무 생각 없이 가인의 말을 대할 요량이면 하나님께 대한 죄스러움의 표현으로도 보일 수 있겠지만, 자세히 들여다보면 결코 그런 것이 아닙니다. 여기서 가인이 말하고 있는 'Punishment'는 하나님을 향한 죄스러움의 표현이 아닙니다. 만약 죄스러움의 표현이었다면 'Sin' 또는 'Iniquity'가 되어야 합니다. '죄' 또는 '죄악'으로 말입니다(Iniquity에 더 가깝다고 할 것이나 필자의 시각에서는 모두 동일하게 취급해도 이 글의 뜻에는 그다지 영향이 없을 것 같다고 봅니다). 두 가지 말을 풀어헤쳐 다시 보면 아마도 명확해 질 것 같습니다.

> "동생 아벨을 죽인 죄에 대한 벌이 너무 무겁습니다"(Punishment)
> "동생 아벨을 죽인 죄에 대한 악이 너무 무겁습니다"(Iniquity)

위의 것은 "하나님의 벌이 너무 무겁다"는 의미로, 곧 우리식대로 이야기하면 "해도 해도 너무합니다"라는 의미를 담고 있고, 아래의 것은 "정말이지 죄송합니다"의 뜻을 담고 있는 말로 새길 수 있습니다. 그렇다면 가인은 끝까지 하나님을 기만하고 있는 것으로 볼 수 있습니다. 거짓말하고, 원성을 자아내고, 또 다시 대들고 말입니다.

순서가 뒤바뀐 것이 아닌가 싶습니다만, 이 같은 가인의 거짓말은 본래 그의 부모에게서 비롯된 유전자[遺傳子, DNA(deoxyribonucleic acid)] 때문이었다고 생각됩니다. 또 다시 찬찬히 보도록 하겠습니다. 하나님께서 가인의 애비 된 아담에게 주신 첫 번째 계율은 먹어도 될 식물과 먹지 말아야 할 식물의 구분에 관한 것이었습니다.

> "여호와 하나님이 그 사람에게 명하여 가라사대 동산 각종 나무의 실과는 네가 임의로 먹되 선악을 알게 하는 나무의 실과는 '먹지 말라' 네가 먹는 날에는 '정녕 죽으리라' 하시니라"(창 02:16-17)

위 창세기 기록의 앞뒤 전후를 살펴볼 때, 당시 하와는 창조되기 전이었습니다. 그렇다면 아담은 하와가 창조된 이후에 이 명령을 하와에게 전달한 셈이 됩니다. 물론 이 때까지 하와는 이름이 없었고 다만 여자였을 따름입니다.

이해를 돕기 위해 여기서 잠시 화제를 돌려보겠습니다. 사자성어로 침소봉대(針小棒大)라는 말이 있습니다. 이는 통상 작은 일을 사실과 다르게 크게 부풀려 떠벌리는 사람을 지탄할 때 자주 쓰입니다. 곧 침소봉대는 대체로 남의 말을 또 다른 사람에게 전할 때 자주 나타나기 십상인데, 밑바닥에는 일반적으로 남의 말을 무시하거나 가볍게 여기는 마음이 짙게 깔려있음이 보통입니다. 또한 침소봉대는 남의 말에 대한 왜곡이 핵심입니다. 그렇다면 왜 우리는 일상에서 침소봉대의 행실과 언행을 떨쳐버리지 못하고 있는 것일까요? 나아가 왜 즐겨하고 있는 것일까요?

필자의 생각에는 남의 말을 존중하고 무겁게 여기는 것보다, 무시하고 가볍게 여기는 것이 보다 쉽고, 또한 자신의 생각을 덧붙인 왜곡된 말로 자신을 내세우고자 하는 것에서 보다 큰 즐거움을 느낄 수 있기 때문이 아닌가 싶습니다. 왜곡된 말이 남을 칭찬하고, 기쁨을 더하거나, 또는 슬픔을 덜 수 있는 말이라면 모를 일이지만, 대체로 우리는 이러한 선의의 침소봉대를 낯설어 하는 경향이 강한 것 같습니다.

그렇다면 남의 말을 무시하거나 가볍게 여기는 마음을 갖고 있는 사람은 틀림없이 남을 사랑하지 않는 사람임이 분명할 것입니다. 마찬가지로 남의 말을 존중하고 무겁게 여기는 마음을 갖고 있는 사람은 틀림없이 남을 사랑하고 있는 사람임이 분명할 것입니다.

다시 앞선 화제로 돌아가 봅니다. 하와는 뱀의 질문에 아담에게서 전달받은 하나님의 첫 번째 명령을 다음과 같이 나누어 전달합니다.

"뱀이 여자에게 물어 이르되 하나님이 참으로 너희에게 동산 모든 나무의 열매를 '먹지 말라' 하시더냐"
"여자가 뱀에게 말하되 동산 나무의 실과를 우리가 '먹을 수 있으나'"(창 03:01-02)

기록을 찬찬히 살펴보면, 뱀의 질문에 대한 하와의 대답은 '먹을 수 있게 하셨고'(전자)가 아니라 '먹을 수 있으나'(후자)입니다. 후자의 것은 전자의 그것과는 달리 조건을 붙여두고 있는 말이라 할 수 있습니다. 곧 전자는 하나님의 사랑을 우선한 답변이고, 나중의 것은 하나님은 그렇게 관대하신 분은 아니라는 무의식중의 의식이 깔려있는 대답처럼 보입니다. 이는 하와의 두 번째 대답에서 극명하게 노출됩니다.

"동산 중앙에 있는 나무의 실과는 하나님의 말씀에 너희는 '먹지도 말고 만지지도 말라' 너희가 '죽을까 하노라' 하셨느니라"(창 03:03)

하와는 아담에게서 전달받은 하나님의 명령을 뱀에게 왜곡하여 전달하고 있음을 엿볼 수 있습니다. 본래 하나님의 명령은 "먹지 말라"고 하신 것으로, 하와의 변과 같이 "먹지도 말고 만지지도 말라"는 것과는 큰 차이가 있습니다. 하와는 하나님의 명령을 과장하여 이를 왜곡하고 있음을 눈여겨 볼 수 있습니다. 나아가 "정녕 죽으리라"는 하나님의 명령 또한 하와는 자신의 시각에서 "죽을까 하노라"로 왜곡하고 있습니다. 이는 자신의 의무를 소홀히 여기고 있는, 한 걸음 더 나아가 어길 수도 있다는 의지를 담고 있는 말로 취급할 수 있을 뿐만 아니라 설령 선악과를 따먹더라도 혹여 죽지 않을 수도 있을 것이라는 기대마저도 내포하고 있는 말로 해석할 수 있기에 무리가 없을 것입니다.

아담에게 계시된 하나님의 명령은 절대적이고 정확한 불변의 말씀이었습니다. 그렇다면 하와의 다소 부정확한 답변은 어디에서 또한 어떤 심사에서 비롯된 것일까요?

따지고 보기에, 아담이 하와에게 하나님의 명령을 잘못 전했거나, 하와의 침소봉대에 기한 왜곡, 둘 중에 어느 하나일 것임이 분명합니다. 그렇지만 어느 하나에 해당한다고 하더라도 하와는 하나님 말씀을 무시하거나 가볍게 여기는 마음을 갖고 있었다고 볼 수 있습니다. 그러기에 하와는 하나님을 사랑하지 않고 있다고 단정할 수 있습니다.

그럼에도 불구하고 하와는 그나마 아담보다도 하나님을 사랑하는 정도로 치자면 훨씬 나았을 것으로 생각합니다. 왜냐하면 하와가 하나님의 명령을 제아무리 왜곡하였다고 하더라도 하와는 분명 뱀의 유혹 전에 하나님의 명령을 기억하고 있었다는 시각에서입니다. 그렇지만 아담은 아무런 기억도 없었고 아무런 생각도 없었습니다. 곧 '주니 그저 먹기만 하였던 것'입니다.

"여자가 그 나무를 본즉 먹음직도 하고 보암직도 하고 지혜롭게 할 만큼 탐스럽기도 한 나무인지라 여자가 그 실과를 따먹고 자기와 함께한 남편에게도 '주매 그도 먹은지라'"(창 03:06)

"아담이 가로되 하나님이 주셔서 나와 함께 하게 하신 여자 그가 그 나무 실과를 내게 '주므로 내가 먹었나이다'"(창 03:12)

백 걸음 천 걸음을 양보하여, 아담은 하와가 죽을 것이라는 생각에 홀로 남겨지는 것이 두려워서 먹었을 수도, 아니면 선악과를 취한 하와의 경험이 부러워서 먹었을 수도, 이도저도 아니면 하와를 관리하지 못한 책임을 감당하고자 먹었을 수도 있었을 것입니다.

그렇지만 어떤 경우라도 아담은 하나님의 명령을 하와에게 한번쯤은 되새겨 볼 수 있도록 경고했어야 마땅했을 것입니다. 왜냐하면 이 명령은 하와가 창조되기 전에 아담이 하나님께로부터 직접 받은 것이었기 때문입니다. 결국 아담은 하나님의 명령보다 아내의 제안을 보다 우선하였고, 이로부터 하나님의 명령을 의도적으로 여겼다고 볼 수 있습니다. 그렇다면 같은 죄라도 아담의 죄는 하와보다 더 중하고 무겁다고 할 수 있을 것입니다.

앞서 본 가인의 거짓말과 아담과 하와의 거짓말을 모두 합쳐 '거짓말'이라는 틀 속에 가두어 본류(본질과 행태)를 유추해 보면, 곧 '교만'(驕慢)이라는 한 단어로 새겨둘 수 있지 않을까 생각합니다. 이 경우 자전(字典)에서 교(驕)는 '무례하다, 버릇없다, 잘난체하다, 오만하다, 속이다'라는 뜻을 지니고 있습니다. 또한 만(慢)은 '게으르다, 오만하다, 모멸하다, 업신여기다'라는 뜻을 담고 있습니다. 여기서 대상을 하나님으로 두면 뜻은 보다 명확해집니다. 나 아닌 다른 사람을 대상에 두어도 그 뜻은 결코 다르지 않습니다. 이를테면 "하나님(사람) 앞에서 무례하기, 버릇없기, 잘난 체 하기, 오만하기, 속이기, 게으르기, 모멸하기, 업신여기기 짝이 없다"는 것을 교만의 정의로 삼을 수 있습니다. 그러기에 교만과 피를 나눈 거짓말은 마찬가지로 이상의 모든 것을 고스란히 담고 있는 패악한 것으로 취급할 수 있습니다. 가인은 이 모두를 낱낱이 우리에게 보여준 인물입니다.

그런데 여기서 보다 중요한 거짓말(교만)의 본질 하나가 숨어 있습니다. 모든 패악함(죄)에 대한 고백(告白, 죄악과 그 잘못에 대한)이 없다는 것입니다. 가인은 앞서 우리에게 '죄악'이 아닌 '죄벌'이라는 말로부터 증거를 보여준 바 있습니다. 곧 고백 대신에 변명(辨明)만을 끝까지 앞세우고 있었다는 사실입니다. 이 경우 변명은 이유를 내세우는 것이 아닙니다. 그것은 대적(對敵)입니다. 고백하여야 할 대상을 업신여겨 고백은커녕 되레 자신이 고백을 받고자 하는 대적 말입니다.

그간의 필자의 삶을 돌이켜 볼 때, 누가 필자에게 가장 존경하는 목사님 두 분을 꼽으라고 한다면 필자는 주저 없이 꼽을 수 있을 것 같습니다(실명을 거론하기에는 무리가 있다고 보아 또한 예의가 아닐 것이라 여겨 이하 그 실명은 나타내지 않도록 하겠습니다). 이하 그분들의 면면을 소개함에 있어 필자 또한 우리 모두 가슴 한 켜에 교만(驕慢)과 고백(告白)이라고 하는 어의(語義)를 반드시 자리매김 해두었으면 하고 기대합니다.

한 분은 지금부터 약 30년 전에 돌아가셨습니다. 그분은 평양신학교를 졸업하시고 6.25때 피난 내려와 서울에서도 가장 빈곤하고 척박한 땅이었던 청량리에 천막교회를 세우게 되십니다. 인근의 소외되고 그늘진 곳에 있었던 사람들을 대상으로 전도활동에 임하셨던 때문인지 그분의 모습은 항상 청빈하고 그렇지만 남루하지 않은 꼿꼿한 행색으로 지내셨습니다. 소천(召天)하신 그때까지 교회는 주변 환경에 비추어 그렇게 크지도 작지도 않을 정도로 아담하였습니다. 항상 설교는 짧고 굵게 하셨던 것으로 기억합니다.

일례로 필자가 고교재학 중이던 시절 3.1절 기념예배 때가 생각납니다. 그때 목사님의 설교는 놀랍게도 기도를 포함하여 고작 5분이 채 되지를 않았습니다. 설교가 무던히도 짧았다는 것도 이유일 수 있겠지만, 그보다는 그때의 설교말씀이 너무도 강렬했던 것이 지금까지 글자 하나 틀리지 않고 기억하고 있는 가장 큰 이유가 아니었을까 생각합니다.

"여러분은 지금 이 땅 위에 살고 있습니다. 이 땅의 이름이 무엇이지요?"

"여러분은 지금 조국 대한민국에 살고 있습니다. 조국 대한민국의 국화(國花)가 무엇이지요?"

"대한민국과 무궁화 그리고 이를 기억하고 있는 여러분을 그 누구보다도 사랑하고 계신 하늘보좌에 앉으신 그 분의 거룩하신 이름이 무엇입니까?"

"그렇다면 하나님께서 저마다에게 주신 사명을 바로 보아 이 땅과 그 나라의 의를 위하여 기도하고 헌신할 수 있는 그런 자랑스러운 우리 교회 청년들이 될 수 있기를 소원합니다."

"기도하겠습니다."

기도 후에 찬송가를 대신하여 부르던 애국가, 필자도 모르게 흘렸던 눈물, 예배가 파하였음에도 또 다시 단상에서 무릎 꿇고 기도하고 계셨던 목사님의 모습과 두루마리를 지금도 잊지 않고 기억하고 있습니다.

그런데 필자가 이 지면에서 나타내 보이고자 하는 것은 그 목사님의 청빈도 짧은 설교도 아닙니다. 그것은 그 분께서 교회를 향하여 편지로 남겨두신 이 땅에서의 마지막 고백(유언)입니다.

"죄 많은 이 사람을 지금까지 사랑해 주시고 돌보아 주신 성도여러분께 머리 숙여 감사를 드립니다."

"부족한 이 죄인을 내버려 두지 않으시고 넉넉지 않은 교회형편에도 불구하고 그도 원로목사라고 대우해 주신 것에 대해 더더욱 감사를 드립니다."

"지금 이 시간 살아있다는 것이 너무도 부끄럽고 죄스럽기만 합니다. 원로목사랍시고 매달 보내주셨던 생활비를 쪼개고 쪼개 의미 있게 쓰지 못하고 어려운 교회형편에도 나 몰라라 꼬박꼬박 뒷전에 두었던 것 이는 하나님 앞에서나 우리 교회 앞에서나 씻을 수 없는 죄로 보아 용서를 구합니다."

"이제는 결코 저를 위해 기도하지 마시고 우리에게 남겨진 우리의 자랑스러운 후세를 위해 기도해 주실 것을 부탁드립니다."

"이제 곧 이 늙은이 저 하늘에 이르러 하나님을 뵙기야 하겠지만, 지난 죄를 생각하면 두렵기 그지없을 따름입니다. 그럼에도 불구하고 하나님께서 이 죄인의 입을 터 주신다면 마땅히 우리 교회를 위하여 간구코자 합니다."

"그동안 여러분을 뵐 수 있었던 것이 제게는 이 땅위에서 가장 큰 행복이었습니다. 이제 홀로 남을 제 처는 우리 큰놈에게 맡겨둡니다. 다시는 신경 쓰시는 일 없길 바랍니다."

"여기에 그간 틈틈이 모아두었던 그도 얼마 되지 않은 재물을 우리 교회에 다시 돌립니다. 뜻 깊게 사용하여 주시기를 바랍니다. 다시금 죄송하고 부끄럽다는 말씀 올립니다."

목사님께서 구하신 용서는 한마디로 오래 사셔서(90세) 그간에 교회로부터 축낸 원로목사님으로서의 대우(생활비)였습니다. 교회에서는 기쁨으로 대했는데, 실상 목사님께서는 적잖이 부담되셨고 또 불편해 하셨던 모양입니다.

다른 한 분은 청량리가 아니라 인근 청계천에 본거지를 두고 계셨습니다. 이 목사님 또한 청계천 빈민촌에 인생을 두셨습니다. 부랑아, 넝마주이, 왈패잡배 그리고 하루를 벌어 하루를 사는 사람들을 대상으로 살아나가는 빈민들을 대상으로 하나님 말씀 전파에 피끓는 젊은 청춘을 바치셨습니다.

때로는 없는 형편에 무리수를 두어가며 그들의 보다 윤택한 삶을 위하여 이모저모로 애쓰시다가 본의 아니게 깊은 수렁에 빠진 적도 한두 번이 아니었지만 이 모양 저 모양으로 구름기둥으로 불기둥으로 인도해 주신 하나님의 보호하심 가운데 그렇게 목회활동에 임하실 수 있었습니다.

세월이 지나 이 목사님의 깊은 영성과 설교말씀은 영역을 넓혀 이윽고 자립된 교회를 개척하기에 이릅니다. 상가 지하주차장을 개조해서 만든 교회는 불과 수년 만에 지하로 내려가는 계단마저도 비좁을 정도로 앉을 자리가 없게 되었고 급기야 헌금에 헌금을 쪼개고 쪼개 인근에 교회다운 교회로서 새로운 신축교회를 건립하게 됩니다.

그렇지만 그것도 잠시 목회자 정년 70세를 더함도 덜함도 없이 마치시고 이제는 새로운 개척지에서 지금껏 그래 오셨듯이 정해진 시간에 따라 말씀을 묵상하며, 노동에 임하며, 기도에 힘쓰고 계시는 중에 있습니다. 그런데 목회 은퇴 즈음 이 목사님은 설교시간을 통하여 몇 가지 회한을 피력하셨습니다. 내용은 다음과 같습니다.

"제가 지금까지 목회하면서 가장 후회되는 일이 딱 3가지가 있습니다. 이것은 후회이기 이전에 여러분께 저지른 씻을 수 없는 죄이기도 합니다. 이를 속죄하는 마음으로 여러분께 낱낱이 고하는 바 너그러운 마음으로 용서해 주시기를 부탁드립니다. 이제는 이러한 설교를 말할 수도 기대할 수도 없는 형편이기에 제 마음은 그저 두렵기만 할 따름입니다."

"첫째는 목회활동보다도 바깥일에 집중하고 열중했던 것 부디 회개하고 참회하는 바, 이점 널리 용서를 구합니다. 뜻 모를 이 사람의 헛된 노욕에서 비롯된 것으로 보아 이에 머리 숙여 용서를 구합니다."

"둘째는 초심을 잊지 않았어야 함에도 불구하고 제 주변생활이 너무 난잡했던 것 같습니다. 조용한 중에 은밀한 중에 영성을 담아가고자 끊임없이 공부하고 또 기도해야했었을 텐데, 이런 저런 핑계로 이를 다 물리치고 세상 것에 취해 있었던 것 다시 한 번 용서를 구합니다."

"셋째는 우리 성도님 여러분 한분 한분을 기억하고 생각하며 찾아보지 않고 이를 집밖에 두었던 것 재삼 용서를 구합니다. 부디 이 모든 것 용서해 주시고 또한 이를 위해 기도해 주시기를 간절히 부탁드립니다."

이 목사님께서는 설교 중에 특별히 몇 단어를 자주 사용하셨습니다. 그것이 '때를 따라 내리시는 하나님의 은혜를 사모하여', '하나님을 우리 교회와 가정의 호주로 모시고', '예수님 이름 받들어' 등입니다. 이를 기억하고 있는 것은 필자 스스로가 느끼기에 은연중 필자의 기도에서도 때마다 보여 지고 있는 예수님의 흔적이기 때문입니다.

다시금 이야기하기에 필자가 여기서 바로 보이고자 하는 것은 교만의 강 건너에 있는 고백입니다. 목회자로부터 이 같은 고백이 있음에야 우리의 고백 또한 이를 본받아야 되지 않겠습니까? 이 두 분 목사님을 필자가 존경하고 있는 이유는 이분들의 설교 때문이 아닙니다. 이분들의 본받을 만한 인생역정 때문이 아닙니다. 이분들의 공로에서 비롯된 것임은 더더욱 아닙니다.

그것은 다름 아닌 겸손하고도 신실한 고백 때문입니다. 이 같은 고백을 주위에서 자주 들었으면 싶습니다. 아니 그보다는 메아리쳐 올 수 있었으면 좋겠습니다. 우리의 앞선 혈전의 선대들이 그랬듯이 말입니다.

그렇지만 어찌된 영문인지 이러한 고백을 주위에서 듣기란 그다지 쉽지 않습니다. 세상이 너무 시끄러워서 그 속에 매한가지로 묻혀 버려서일까요? 아니면 필자의 귀가 막혀버려서 일까요? 오늘도 수차례의 전화로 사람들과 통화했던 것을 보면 필자의 귀는 뚫려 있음이 분명한데, 그렇다면 혹시나 고백이 교만이 되어버린 것은 아닐까요? '남에게 듣고자 하는 고백'으로서 교만 말입니다.

민 22-24, 31:08

엇갈린 분수

분수(分數)라는 말이 있습니다. 이 단어는 '사물을 분별하는 자세' 또는 '자신의 신분에 맞는 한도' 등의 의미로 사용됩니다. 분수와 비슷하게 쓰이는 단어로는 '주제', '분별', '터수', 그리고 우리식대로 '꼴'(꼬락서니) 등이 있습니다.

그런데 사람이 분수를 모르게 되면 대체로 자기모순(自己矛盾)에 쉽게 빠지게 됩니다. 이 경우 자기모순(분수)이 또 다시 분수를 모르고 합리화되거나 정당화되게 될 요량이면, 급기야 교만에 빠지게 되고, 끝내 이 교만은 앞서 우리가 보았던 것처럼 대적(對敵)에 이르고야 맙니다.

분수를 올바로 지키기 위해서 필요한 자세(한도)는 남의 자기모순이 자신의 자기모순이 될 수도 있다는 시각에서 남을 나보다 낫게 여길 수 있는 겸손(謙遜)일 것입니다. 그렇다면 '겸손'은 '분수를 아는 마음에서 비롯된 인격'이라고 보기에 충분할 것입니다. 그러기에 분수를 모르는 사람이라면 예외 없이 교만(驕慢)한 사람이라고 보아도 틀림이 없을 것입니다. 교만의 결과는 이미 앞서 우리가 본 바 있습니다.

겸손한 사람은 하나님의 은혜에 힘입어 높임을 받게 됩니다. 그렇지만 교만한 사람은 패망의 길을 걷게 되고 인생의 도상에서 매번 넘어지고 실패하게 됩니다. 성경은 이를 낱낱이 감찰(監察)하고 있음을 볼 수 있습니다.

> "…하나님은 교만한 자를 대적하시되 겸손한 자들에게는 은혜를 주시느니라 그러므로 하나님의 능하신 손 아래에서 겸손하라 때가 되면 너희를 높이시리라"(벧전 05:06-07)
>
> "하나님이 교만한 자를 물리치시고 겸손한 자에게 은혜를 주신다 하였느니라"(약 04:06)
>
> "교만은 패망의 선봉이요 거만한 마음은 넘어짐의 앞잡이니라"(잠 16:18)

남이 분수를 모르면 자신 또한 분수를 모를 수 있다는 생각과, 남이 자기모순에 빠지면 자신 또한 자기모순에 빠질 수 있다는 생각은 매한가지로 겸손한 마음에서 비롯된 '하나님의 은혜'라고 볼 수 있습니다. 따라서 하나님의 은혜를 힘입고 있는 사람은 모두 겸손한 사람이라고 보아 틀림없을 것입니다.

그렇지만 남이 분수를 모르고 있는 것에 대하여 자신은 분수를 알고 있다고 '정당화'하는 사람은, 또는 남이 자기모순에 빠져 있음을 보면서 자신은 자기분수를 지키고 있다고 '합리화'하는 사람은 모두 교만한 사람이라고 보아 틀림없을 것입니다. 우리가 소위 교만한 사람의 변(辯)을 '자기정당화' 또는 '자기합리화'라고 폄하하고 있음은 모두가 이 때문입니다. 성경은 교만한 사람의 특징을 다음과 같이 기록하고 있습니다.

"그는 교만하여 아무 것도 알지 못하고 변론과 언쟁을 좋아하는 자니 이로써 투기와 분쟁과 비방과 악한 생각이 나며 마음이 부패하여지고 진리를 잃어버려 경건을 이익의 방도로 생각하는 자들의 다툼이 일어나느니라"(딤전 06:04-05)

기록에 비추어, 교만한 사람은 변론(辯論), 언쟁(言爭)을 좋아하며, 투기(妬忌), 분쟁(紛爭), 비방(誹謗), 부패(腐敗), 악한 생각 등에 사로잡혀 있기 십상일 뿐만 아니라 끝내 진리를 잃어버려 경건[敬虔, 겸손(謙遜)]을 단지 자신의 이익의 방도로만 취급하고, 이 때문에 매번 다툼을 끊이지 않고 있는 사람으로 취급하고 있는 것이 성경의 시각입니다. 그렇다면 분수를 아는 겸손한 사람은 대체로 조용하며, 이와는 반대로 분수를 모르는 교만한 사람은 대체로 시끄럽고 분주할 것이라는 결론에 이르게 됩니다.

특별히 '자신 신분에 맞는 한도'라는 분수의 시각(정의)에서 볼 때, 자신과 비슷한 처지에 있는 남이 분수에 맞지 않은 행동을 하거나 자기모순에 빠진 모습을 보면서, 자신 또한 분수를 모르는 남과 같이 때로는 자신 또한 자기모순에 빠질 수 있을 것이라는 생각을 담아두고 있는 사람은 겸손한 사람일 것입니다.

그렇지만 이러한 겸손한 마음을 내팽개치고, 다만 남이 자기모순에 빠져있는 것을 보며 이를 투기, 분쟁, 비방의 대상으로 삼아 지탄하는 것은 자신은 남과 같은 자기모순에 결단코 빠지지 않을 것이라는 '자기합리화'를 앞세워 둔 '더더욱' 교만한 사람(경건을 단지 이익의 방도로만 취급하고 있는 사람으로서)일 것입니다.

이에 반하여 자신 또한 분수를 모르는 남과 같이 때로는 남과 같이 자신 또한 자기모순에 빠질 수 있을 것이라는 생각을 가진 사람은 투기, 분쟁, 비방, 지탄은커녕 오히려 자신도 그렇게 될 수 있음을 염려하여 자신의 자기모순을 돌아보고 또 돌아볼 수 있는 '더더욱' 겸손한 사람일 것입니다.

이 경우 '더더욱'이라는 단어는 형편과 처지, 곧 자신과 마찬가지의 남의 그것을 쉽게 이해하고 있기 때문이라는 시각에서 붙인 강조부사(强調副詞)로서 사용한 말입니다. 여기서 '더더욱'이라는 단어를 사용하고 있는 이유는 서로서로의 신분이 비슷하거나 걸맞지 않으면 분수를 가늠할 수 있는 기준이 상대적으로 미약하여 자기모순에 빠졌는지 그렇지 않은지를 판단하기가 쉽지 않다는 시각에서 비롯된 것입니다. 비유를 통해 이해를 보다 쉽게 하면 다음과 같습니다.

100억의 정치자금을 부정하게 수수한 정치인의 분수와, 1000원짜리 빵 한 조각을 훔쳐 먹은 걸인의 분수는 그러한 모습을 지켜보고 있는 사람의 신분에 따라 다를 수 있습니다. 곧 동일한 신분을 가진 다른 정치인이 100억과 1000원을 바라보는 시각과, 다른 걸인이 바라보는 100억과 1000원은 다를 것이라는 것이 필자의 변입니다.

같은 신분으로 생각해 보겠습니다. 다른 걸인이 자신도 빵을 훔칠 수 있을 것이라는 생각에 자신을 돌아보고 또 돌아보는 것과, 다른 정치인이 자신도 100억을 뇌물로 수수할 수 있을 것이라는 생각에 자신을 돌아보고 또 돌아보는 것은 둘 다 겸손한 사람이라 볼 수 있을 것입니다.

그런데 이와는 반대로 다른 걸인이 자신은 어떠한 일이 있더라도 결단코 빵을 훔치지 않을 것이라 여겨 빵을 훔친 걸인을 투기, 분쟁, 비방의 대상으로 삼아 지탄하는 것과, 다른 정치인이 자신은 어떠한 일이 있더라도 결단코 100억을 뇌물로 수수하지 않을 것이라 여겨 뇌물을 수수한 그 정치인을 투기, 분쟁, 비방의 대상으로 삼아 지탄하는 것은 둘 다 교만한 사람이라 볼 수 있을 것입니다.

이번에는 다른 신분으로 생각해 보겠습니다. 위에서와 같이, 다른 걸인이 정치인의 100억 수수를 지켜보면서 자신도 부정한 뇌물을 받을 수 있을 것이라는 생각에 자신을 돌아보는 것과, 다른 정치인이 자신도 1000원짜리 빵을 훔칠 수 있을 것이라는 생각에 자신을 돌아보는 것을 놓고, 그 사람(다른 걸인과 다른 정치인)을 둘 다 겸손한 사람이라고 볼 수 있을까요? 물론 겸손한 사람이라고 볼 수도 있겠지만 앞선 같은 신분의 그것과는 차이가 있을 것입니다.

분수를 '자신의 신분에 맞는 한도'라고 정의하고 있음은 이 때문입니다. 교만 또한 이와 다르지 않습니다. 그렇다면 앞서 필자가 '더더욱'이라고 이야기 했던 것은 모두가 이 같은 정의에서 비롯된 그다지 틀리지 않은 표현일 것입니다.

선생이 선생답다는 의미는 분수를 모르는 선생이 있음에도 불구하고 자기모순에 빠지지 않고 있는 선생을 일컬음입니다. 그런데 만약 선생다운 선생, 곧 분수를 알고 있는 선생이 자신 또한 자기모순에 빠질 수 있는 선생이 될 수 있다는 생각은 뒷전에 두고, 분수를 모르는 선생을 볼 때마다 그 선생을 지탄하거나 멸시하게 되면 우리는 이 선생을 선생답지 못한 선생이라고 단정하여도 별반 무리가 없을 것입니다. 왜냐하면 교만한 사람일 것이기 때문입니다.

예를 들어 성추행을 범한 선생이 경찰에 붙잡혀가는 모습을 보면서 학교의 모든 선생이 들고 일어나 성추행을 범한 선생을 지탄하거나 매도하고 있다면 그 모든 선생을 우리가 어떻게 볼 수 있을까요? 필자가 보기에는 교만한 사람들로 보아도 별반 무리가 없을 것 같습니다. 이유는 앞서 본 것과 다르지 않습니다.

이에 반하여 경찰에 붙잡혀가는 선생을 지켜보며 학교의 모든 선생이 마치 그들 자신 또한 공범인 것처럼 고개를 땅에 떨어뜨리고 있다면 그 모든 선생을 우리가 어떻게 볼 수 있을까요? 필자가 보기에는 겸손한 사람들로 보아도 별반 무리가 없을 것 같습니다. 그 이유 또한 앞서 본 것과 다르지 않습니다.

이와 마찬가지로 목사가 목사답다는 의미는 분수를 모르는 목사가 있음에도 불구하고 자기모순에 빠지지 않고 있는 목사를 일컬음입니다. 그런데 만약 목사다운 목사가 그 또한 자기모순에 빠질 수 있는 목사가 될 수 있음에도 불구하고, 분수를 모르는 목사를 지탄하거나 멸시하게 되면 우리는 이 목사를 목사답지 못한 목사라고 단정하여도 별반 무리가 없을 것입니다. 왜냐하면 교만한 사람이기 때문입니다.

예를 들어 한 목사가 교회 돈으로 세상의 수익사업에 뛰어들어 그것도 불법하게 부당이득을 편취하여 쇠고랑을 차고 법정에 서있는 모습을 보면서 주위의 다른 모든 목사가 들고 일어나 그 목사를 지탄하거나 매도하고 있다면 모든 목사를 우리가 어떻게 볼 수 있을까요? 필자가 보기에는 교만한 사람들로 보아도 별반 무리가 없을 것 같습니다.

이에 반하여 법정 앞에 서있는 목사를 지켜보며 모든 목사가 마치 그들 자신 또한 공범인 것처럼 고개를 땅에 떨어뜨리고 있다면 모든 목사를 우리가 어떻게 볼 수 있을까요? 필자가 보기에는 그럼에도 불구하고 겸손한 사람들로 보아도 별반 무리가 없을 것 같습니다.

오늘날 개신교의 위기에 대해서는 너나 할 것 없이 심각하게 받아들이고 있는 차제에 있습니다. 어떻게 하면 세상 앞에 교회의 위상과 제대로 된 모습을 곧추세워 끊이지 않고 있는 세상의 온갖 지탄과 조소로부터 자유로울 수 있을까하는 고민은 비단 어제 오늘의 일이 아닐 줄 압니다.

세상을 감싸야 할 교회가 이제는 세상의 걱정과 근심거리가 되고야 말았습니다. 세상에 구원의 기쁨과 영생의 참 소망을 전하고 증거하여야 할 교회가 이제는 교만과 가식 그리고 위선의 독을 품고, 아닌 게 아니라 그렇게 저도 모르게 숨죽어 가고 있습니다. 이제는 상주(喪主)가 된 세상의 곡(哭)속에 발인(發靷)만을 눈앞에 둔 참담한 형국에 이르고야 말았습니다.

이 같은 실추된 개신교의 위상에 대하여 기독교계에서는 자체적이나 그렇지만 공식적으로 '기독교의 대외 이미지 실추'(25.41%), '사회변화를 인식하지 못하는 교회'(21.62%), '교단의 교세보고의 거품'(11.35%) 등을 원인으로 제시하고 있습니다.

그렇지만 필자가 보기에 이 같은 자체분석은 그야말로 실상을 호도한 파렴치하기 그지없는 변명에 불과하다고 생각합니다. 왜냐하면 가슴을 찢는 교회지도자들의 처절한 회개와 반성은 어디에서도 찾아볼 수 없기 때문입니다. 참으로 세간의 지탄과 원성 그대로 '개독교'라는 명패가 안성맞춤이 아닐 수 없습니다.

"IMF 당시에도 사례비 인상을 요구하고, 이를 교회 앞에서 억지로 졸라대어 억대 연봉을 챙기는 삯꾼 목사들"

"교회를 세습하는 낙타 탄 부자(富者, 父子) 목사들"

"사설경호원을 강단위에 대동하고 설교하는 목사"

"목사의 권익보호를 위하여 노조설립을 주창하는 목사들"

"학위논문표절, 재산증식, 교회재산 불법편취, 성폭력, 외화밀반출 등등 그럼에도 불구하고 이후로도 거리낌 없이 떳떳하게 또 다시 목회에 임하고 있는 자칭 성직자로서의 목사들"

이 같은 실상은 어쩌다가 생겨났거나 발생한 일이 아닙니다. 지속적으로 끊임없이 양산되고 있는 일상 자체라고 보아 무리가 없는 일들입니다. 그럼에도 불구하고 본질을 숨기고 허상만을 앞세워 이것이 이유이다 싶게 내세우고 있는 기독교계의 자체분석이 그야말로 뻔뻔하기 이를 데 없음을 봅니다.

무엇보다도 필자가 생각하기에 이상의 통계와 실제 사례가 시사하고 있는 본질은 기독교나 교단 내지 교회에 있는 것이 아니고, 다름 아닌 교회지도자들에게 있다고 봅니다. 너무 비약되고 왜곡된 안하무인(眼下無人)격의 건방진 이야기라고요? 세상의 곡(哭)은 이렇습니다.

"왜 담임목사의 사례비를 교인들에게 공개하지 않는 것인가요? 자녀의 학자금으로 매년 3억을 지출한 것이 목사의 사례비에 제외되어 있다고 합니다. 그렇다면 목사의 사례비는 얼마입니까?"

"교회재정으로 금융파생상품에 투자했다면서요? 그로 인해 막대한 손실을 입은 것은 둘째치고, 그렇다면 애초 세상을 담보로 이득을 취하려 했습니까?"

"300억을 들여 교회를 증축할 바에야 차라리 30억을 들여 10개의 교회를 분사하는 것이 바람직하지 않을까요?"

"총회장이 되려면 선거비용으로 모르긴 해도 30억 이상을 써야 한다던데 그 돈은 어디서 난 돈인가요?"

"교회도 세습하나요? 그렇담 교회가 세상의 재벌회사와 다른 점이 무엇인가요? 교회의 회장은 목사이고 대표이사는 목사의 자식이 되는 것입니까? 그렇다면 우리는 누구입니까?"

"구두 밑창에 외화를 숨겨 해외로 밀반출하다가 적발되었다지요? 그런 목사가 또 다시 강단에 서 있는 이유는 무엇입니까?"

"목사님께서 교회 여신도와 부적절한 관계를 가졌다면서요? 도심 한복판에 고급빌라를 사두고 그곳에서 밀회를 즐겼다면서요? 실형을 선고받은 이후에도 놀랍게도 명예훼손으로 맞고소를 하셨다면서요?"

"교회재정을 편법으로 전용하여 문어발식으로 회사를 설립하고 이를 자식들에게 대물림한 것도 모자라 이로부터 교회에 막대한 손해를 끼쳤다면서요?"

필자가 여기서 지적해 두고자 하는 핵심은 분수에 걸맞지 않은 교회지도자의 자기모순에 두고 있는 것도 부인할 수는 없지만, 그보다는 그들 곁에 서있는 교만한 목회자들의 꼴(분수, 꼬락서니)같지 않은 모습에 두고 있습니다. 곧 이러한 분수를 모르는 목사들을 지켜보면서 이들을 지탄하거나 매도하고 있는 그러한 분수 모르는 파렴치한 목회자들에게 두고 있는 것입니다.

오늘의 교회가 이처럼 자기모순에 빠진 것이, 모두가 목회자의 잘못 때문이라고 지탄하고 매도하고 있는 '또 다른 목회자', 세속적인 자기과시와 명예 그리고 무사안일의 영달을 끊임없이 추구하고 있는 삯꾼목사들을 비난하고 있는 '또 다른 목회자', 성추행이나 억대연봉 또는 학위논문 표절 등의 문제로 사회의 지탄을 받고 있는 목회자들은 이 땅에서 결단코 추방되어야 한다고 목소리를 높이고 있는 '또 다른 목회자', 말씀을 바로 보지 못하고 하나님의 공의를 외면한 채 마치 발람(Balaam, 민 22-24)처럼 거짓선지자로서 세상을 호도하고 있는 목회자들을 과감히 척결해야한다고 부르짖고 있는 '또 다른 목회자', 모든 자기모순, 곧 분수를 모르는 목회자 때문에 선량한 목회자가 덤으로 매도되고 있다고 하면서 그렇지만 그러한 목회자보다 분수를 아는 목회자가 더 많을 것이라는 사실을 적시하면서 아직도 희망의 끈을 놓아서는 안 된다고 역설하고 있는 '또 다른 목회자'들을 볼 때, 우리는 이 모습을 어찌 보아야 할까요?

필자가 생각하기에는 '자신 신분에 맞는 한도'라는 뜻을 담고 있는 분수의 정의에 비추어, 이러한 '또 다른 목회자'들의 교만이 앞선 사례의 당사자로서 목회자들 보다 '더더욱' 큰 것이 아닐까요? 그들 또한 그렇게 될 수 있을 것임을 바로 깨달아 돌아보고 또 돌아보는 모습을 보여주었다면 이러한 목회자들이 '더더욱' 겸손하고 신실한 사람들이 아니겠냐는 말입니다.

그렇다면 우리가 개신교의 위기상황과 그간의 분수를 모르고 자행되었던 각양의 추악한 모습을 지켜봄에 있어, 그럼에도 불구하고 겸손한 목회자들을 향하여 우리가 던져두어야 할 고백이 있다면 무엇이 되어야 할까요? 그도 우리식대로 뭐라 이야기 할 수 있을까요? 필자 생각에는 아마도 다음과 같아야 '더더욱' 마땅한 것이 아닐까 생각합니다.

"이 모든 것이 목회자를 제대로 보필하지 못한 우리 죄 때문이기도 합니다"

또 다시 그렇다면 개신교의 위기상황과 그간의 분수를 모르고 자행되었던 각양의 추악한 모습을 지켜봄에 있어, 그럼에도 불구하고 그러한 목회자를 지탄하고 있는 '또 다른 목회자'들의 언변을 지켜보면서 그들에게 우리가 던져두어야 할 고백이 있다면 무엇이 되어야 할까요? 그도 우리식대로 뭐라고 이야기 할 수 있을까요? 필자 생각에는 아마도 다음과 같아야 '더더욱' 마땅한 것이 아닐까 생각합니다.

"또 다른 목회자 당신도 그럴 수 있어요. 당신이나 분수에 맞게 겸손히 잘하세요"

행복이 된 고난

운동력이 있거나 생명력이 있는 천지만물 모든 것들의 한결같은 공통점은 반드시 처음(과거)과 끝(미래)이 존재한다는 사실입니다. 만약 여기서 자유로울 수 있는 것이 있다면, 그것은 '현재'(AM)로서 오직 창조주 하나님(I AM WHO I AM, *ehyeh asher ehyeh*, אֶהְיֶה אֲשֶׁר אֶהְיֶה) 한 분 뿐이실 것입니다.

우리는 그분이 지으신 피조물입니다. 그러기에 언감생심 우리가 하나님이 아닌 이상인 바에야 미래의 어느 땐가는 반드시 죽음(끝)에 이르게 될 것입니다. 그렇지만 죽음을 끝으로 보지 않고 있는 종교도 있습니다. 곧 인생의 끝을 부정하고 오로지 과거와 미래의 영원한 순환(循環)으로 보고 있는(곧 끊임없이 돌고 돈다는) 불교(佛教)나 증산도(甑山道) 등을 예로 들 수 있습니다. 그들 말대로라면 색즉시공(色卽是空), 후천개벽(後天開闢) 등이 이를 잘 나타내 주고 있는 단어들입니다. 그러나 우리 크리스트교는 그렇지 않습니다. 과거를 통해 미래를 거쳐 종당에는 현재(천국)에 이르게 되는 일순(一巡)의 진리(한 번 지나면 또 다시 거스를 수 없는)를 표창하고 있습니다. 그렇다면 이 땅위에서 불교나 증산도의 사람들은 영원(永遠)을 살고 있는 셈이 되며, 우리는 순간(瞬間)을 살고 있는 셈이 됩니다.

여기서 우리의 순간(인생)을 비유로 한 번 셈하여 보겠습니다. 국가통계(KOSIS)에 비추어 한국인의 평균수명은 2012년 기준 여자가 84세, 남자는 이보다 조금 낮은 77세라고 합니다. 남녀평균 잡아 80세를 인간수명이라고 보면 그다지 틀림이 없을 것 같습니다. 이 기간을 축구경기(전후반 90분)에 비교하면 필자의 경우 후반전 12분의 때를 지나고 있다고 이야기할 수 있습니다. 축구경기의 심판되신 하나님께서 그나마 인저리타임(Injury Time)을 허락해 주신다면 대략 후반전 7-11분을 지나고 있을 수도 있을 것입니다. 그렇다면 여러분은 축구경기 몇 분을 지나고 계십니까?

필자가 여기서 이야기하고자 하는 것은, 좀 무거운 이야길 수 있어도 마치 축구경기처럼 짧고 짧은 인생의 도상에서 우리가 간직해야할 '인생의 목적'입니다. 곧 크리스천 된 저마다 인생의 목적이 있다면 어디에 있고, 또 어디에 두어야 할까요? 이하 잔잔한 마음을 품고 한 번 되짚어보기로 하겠습니다.

필자가 사는 지역인근에 팔공산(八空山)이라는 유명한 산이 있는데, 이곳은 고려 태조 왕건(王建)의 활동무대로서 세간에 명성을 떨치고 있습니다. 들어보셨는지는 모르겠지만 그 끝자락에 '갓바위'라는 곳이 자리 잡고 있습니다. 이곳은 관봉석조여래(冠峰石造如來)라는 부처가 좌정하고 있는데, 세간에서는 이 부처 앞에 공(供)을 드리면 누구나 한 가지 소원은 반드시 이룰 수 있다고 하는 영험설(靈驗說)이 널리 회자(膾炙)되고 있습니다. 그 때문인지 때마다 입시철이 되면 전국에서 수많은 사람들이 6.25때 난리는 난리도 아니게 인산인해(人山人海)를 이룹니다. 이처럼 팔공산이 전국적으로 유명세를 탄 이유는 모두가 갓바위 때문인 것은 누구나가 익히 잘 알고 있는 공공연한 사실입니다.

한편 이곳 인근에는 무속산당(巫俗山堂)도 헤아릴 수 없이 많습니다. 예전에는 그도 산자락 후미진 곳에 위치해 있었던 것이 보통이었는데, 필자의 집에서 그다지 멀지 않은 곳에도 대략 4-5곳 정도가 눈에 띌 정도이다 보니 이제는 예전과는 다르게 도심 한복판에서도 그리 어렵지 않게 마주 대할 수 있는 형국에 이르게 되었습니다. 그곳 중 한 곳에 들러 사환(使喚)에게 물어보니 굿도 종류가 한 가지가 아니라 종류도 천차만별이었음을 알게 되었습니다. 예컨대 재수굿(재물이나 무사안녕), 예탐굿(축일의 기원), 우환굿(병이나 근심걱정의 탈피), 예방굿[사전에 액(액)을 물리침], 내림굿(신에게의 기복), 진작굿(보응을 통한 기복), 당굿(동네 안녕), 허주굿(잡귀를 물리침), 수왕굿(죽은 사람의 명복) 등이 그것입니다. 그곳에서 들려오는 징소리가 끊이질 않고 있는 것을 볼 요량이면 산당을 찾는 사람이 아마도 부지기할 것이라 봅니다.

그런데 이 같은 기복(祈福)은 비단 불교나 무속에 국한 된 것은 아닙니다. 곧 겉으로 드러난 외관(外觀)이라고 하더라도 우리 크리스천에게도 매한가지라 볼 수 있습니다. 실례를 들면, 필자 동네의 한 치킨집에는 "네 시작은 미약하였으나 네 나중은 심히 창대하리라"(욥 08:07)의 성구액자(聖句額字)가 입구에 떡 버티고 있습니다. 길 건너 중국음식점에는 "보라 내가 새 일을 행하리니 이제 나타낼 것이라"(사 43:19)라는 글귀가 주방 앞 창문 정면에 걸려있기도 합니다. 이 뿐만이 아닙니다. 아웃도어매장에는 "내게 능력 주시는 자 안에서 내가 모든 것을 할 수 있느니라"(빌 04:13)를 비롯하여, 빵집에는 "할 수 있거든이 무슨 말이냐 믿는 자에게는 능히 하지 못할 일이 없느니라"(막 09:23), 안경점에는 "내가 너로 큰 민족을 이루고 네게 복을 주어 네 이름을 창대하게 하리니 너는 복이 될지라"(창

12:02)는 등의 수많은 성구가 그것도 사람 눈에 가장 잘 띄는 곳에 듬직하게 자리 잡고 있음을 볼 수 있습니다.

바로보기에, 이 모든 행사의 저변에 숨은 뜻이 있다면 아마도 '재물'(財物)과 '무사안일'(無事安逸)이나 '만사형통'(萬事亨通)에 대한 기원[기복(祈福)]이 아닐까 생각합니다. 그렇다면 앞서 필자가 이야기한 이 땅위에서의 '인생의 목적'은 재물의 복, 무사안일, 만사형통에 있다고 해도 무리가 없을 것 같습니다. 모두를 한데 묶어 '행복'(幸福)이라고 칭한다면 무리가 있을까요? 아닌 게 아니라 혹자가 명예, 지위, 학벌, 건강 등은 여기에서 빠져있다고 지적한다면 이 또한 행복의 범주에 일단 담아두기로 하겠습니다.

화제를 잠시 바꿔 보겠습니다. 그 누가 교회에 나가고 있는 사람들에게 "당신은 무엇 때문에 교회에 다니십니까?"라고 묻는다면 무어라 대답할 수 있겠습니까? 이 질문은 우리가 우리 스스로에게 던지는 질문이라고 보아도 상관없을 것입니다. 여기에 떠올릴 수 있는 대답을 생각나는 대로 나열해 보면 다음과 같이 표현할 수 있을 것 같습니다.

"마음의 '평안'을 찾기 위해서입니다."

"예수님과의 '만남'을 위해서입니다."

"하나님의 '축복'을 받기 위해서입니다."

"저 천국을 '소망'하고 있기 때문입니다."

"영생의 '복'을 받기 위해서입니다."

"하나님 '사랑'을 힘입어 이 세상과의 싸움에서 늘 '승리'하기 위함입니다."

여러분의 답변은 이 중 어떤 것에 해당한다고 보십니까? 어느 하나를 선택할 수 있기에는 무리가 따른다고 보아 모두 다에 해당한다고 보십니까? 한 걸음 더 나아가 정히 그렇다면 '평안', '만남', '축복', '소망', '복', '사랑', '승리' 등이 '인생의 목적'으로서 '행복'에 해당한다고 보십니까?

만약 그렇다면 되묻기에 '인생의 목적'으로서 우리가 추구하고 있는 '행복'이 앞선 '갓바위'나, '재수굿' 등이나, '성구액자'와 다른 것이 있다면 무엇일까요? 모두가 자신을 위한 기복(祈福)으로 보아 틀림없을 것 같은데 말입니다.

이 질문에는 부처나 무속신이나 하나님의 존재이유는 모두가 우리(자신)에게 행복을 주고 또는 행복을 지켜주기 위한, 보다 정확히는 우리의 행복을 위해 존재하고 있는 객체로 보아도 무방하지 않겠느냐는 함축된 의미를 담고 있습니다. 어쨌거나 무엇일까요? 다른 것이란?

자식의 장래를 위해 하나님께 간구하고, 가족들의 건강을 위해 하나님께 간구하고, 경제적으로나 사회적으로 곤고한 형편을 위해 하나님께 간구하고, 나라와 민족을 위해 하나님께 간구하고, 재물의 복은 물론이고 이 땅 위에서의 명예와 지위를 위해 하나님께 간구하고, "구하라 그리하면 주실 것이요"(마 07:07)라는 말씀에 의지하여 필요한 모든 것을 낱낱이 하나님께 간구하여, 그 결과 모든 것을 이룰 수 있고 또한 이루게 되었다면 이것이 크리스천 된 우리 인생의 목적으로서 행복이 되기에 마땅할 수 있을까요?

만약 이러한 것들이 행복이 되기에 마땅하다면, 곧 이상의 모든 것을 모자람이 없이 달성하였다면 '누구나' 인생의 목적으로서 행복을 이룬 것이나 진배없을 것이고, 달리 덜함이 있었다면 '누구나' 인생의 목적으로서 행복을 아직 이루지 못한 것으로 보아 불행하다고 생각할 수 있을 것 같습니다.

이 경우 만약 '누구가' 여러분이라면 그러기에 지금 '행복'하십니까? 아니면 아직도 '불행'하십니까? 앞서 우리가 보았던 것처럼 인생의 목적이 행복이라면 여러분은 둘 중 어느 하나에 반드시 답하여야 할 것입니다.

여기서 말을 잠깐 바꾸어 보겠습니다. 100억을 가진 사람(전자)이 더 행복할까요? 아니면 1억을 가진 사람(후자)이 더 행복할까요? 명문대에 다니는 자식을 둔 부모(전자)가 더 행복할까요? 아니면 생활고를 벗어나고자 직업전선에 뛰어든 자식을 둔 부모(후자)가 더 행복할까요? 사회적으로 저명한 지위와 명예를 두루 갖추고 있는 사람(전자)이 더 행복할까요? 아니면 이름도 없고 빛도 없이 그렇게 그늘져 후미진 곳에 있는 사람(후자)이 더 행복할까요?

긴 얘기가 필요 없을 것 같습니다. 전자가 더 행복하다고 볼 수 없고, 그러기에 인생의 목적은 앞서 우리가 가두어둔 행복에 있다고 말할 수 없을 것입니다. 후자가 더 불행하다고 볼 수 없는 것 또한 마찬가지의 이치라 생각합니다. 그렇다면 '인생의 목적', 곧 '행복'은 어디에 숨어있는 것일까요?

다시 앞선 화제로 돌아가 보겠습니다. 본래 사람에게 향하신 하나님의 사랑은 감히 우리가 측량할 수 없는 무한한 것입니다. 그 사랑을 처음부터 끝까지 바로 이해하고 있다는 것은 처음부터 말이 되지 않는 이야기입니다. 그간 우리는 이 단순한 진리를 발견하지 못하고 있었던 까닭에, 인생의 목적으로서 행복을 저 멀리 요원(遙遠)한 곳에 처박아 두고 그토록 우여곡절(迂餘曲折)에 곡절을 거듭하고 있었던 것 같습니다. 그러기에 그간에 흘렸던 눈물은 헛된 것이었고 공허한 메아리에 불과했을 것입니다. 모두가 하나님의 사랑을 측량하려들거나 그 사랑으로부터 멀리 떠나고자 발버둥 쳤던 지난날의 허물과 죄 때문이었음을 바로 보지 않을 수 없습니다.

시나이반도(Sinai Pen.)와 같이 곤고한 이 세상을 지쳐 가는 중에 하나님의 사랑을 발견하는 일이란 그렇게 쉬운 길이 아닙니다. 보다 정확히는 영원히 이를 수 없는 길입니다. 죄로 인하여 영원히 죽을 수밖에 없었던 우리를 대속해 주시기 위하여 척박한 골고다의 구릉을 거쳐 끝내 가장 비참하게 이 땅위에서의 생을 마감하신 예수님의 발자취도 어찌 보면 무한하신 하나님의 사랑을 재발견하기 위한 '고난의 길'이었다고 생각합니다. 험한 세상을 살아가는 우리 인생도 이와 다를 것이 없을 것이라 생각합니다. 왜냐하면 예수님께서 우리에게 보여주신 한결같은 '고난'이 다름 아닌 '행복'(구원) 속에 숨어있었기 때문입니다.

그렇다면 하나님께서 우리에게 주시는 '행복'은 '고난'이 되는 셈입니다. 그 결과 하나님께서 우리에게 허락하신 '고난'은 '인생의 목적'으로 곧추세워지게 됩니다. 이 땅위에서 예수님의 '행복'은 '고난'에 있었습니다. 그러기에 예수님의 공생애(公生涯) 목적 또한 고난에 있었다고 볼 수 있습니다. 왜냐하면 모두가 우리의 죄를 대속해 주시기 위한 행복에 목적을 두고 계셨기 때문입니다. 이하 고난을 마주 대하실 때마다 그토록 행복해하셨던 예수님의 말씀입니다. 하나하나 찬찬히 음미하여 바로 새겨둘 수 있기를 기대합니다.

"자녀이면 또한 상속자 곧 하나님의 상속자요 그리스도와 함께 한 상속자니 우리가 그와 함께 영광을 받기 위하여 고난도 함께 받아야 할 것이니라"(롬

08:17, 개정)

"그리스도의 고난이 우리에게 넘친 것 같이 우리가 받는 위로도 그리스도로 말미암아 넘치는도다"

"우리가 환난 당하는 것도 너희가 위로와 구원을 받게 하려는 것이요 우리가 위로를 받는 것도 너희가 위로를 받게 하려는 것이니 이 위로가 너희 속에 역사하여 우리가 받는 것 같은 고난을 너희도 견디게 하느니라"

"너희를 위한 우리의 소망이 견고함은 너희가 고난에 참여하는 자가 된 것 같이 위로에도 그러할 줄을 앎이라"(고후 01:05-07)

"내가 너희에게 말하노니 엘리야가 이미 왔으되 사람들이 알지 못하고 임의로 대우하였도다 인자도 이와 같이 그들에게 고난을 받으리라 하시니" (마 17:12)

"아브라함이 이르되 얘 너는 살았을 때에 좋은 것을 받았고 나사로는 고난을 받았으니 이것을 기억하라 이제 그는 여기서 위로를 받고 너는 괴로움을 받느니라"(눅 16:25, 개정)

"그러므로 예수도 자기 피로써 백성을 거룩하게 하려고 성문 밖에서 고난을 받으셨느니라"(히 13:12)

"그리스도를 위하여 너희에게 은혜를 주신 것은 다만 그를 믿을 뿐 아니라 또한 그를 위하여 고난도 받게 하려 하심이라"(빌 01:29)

"그리스도가 이런 고난을 받고 자기의 영광에 들어가야 할 것이 아니냐 하시고"(눅 24:26)

"그러나 하나님이 모든 선지자의 입을 통하여 자기의 그리스도께서 고난 받으실 일을 미리 알게 하신 것을 이와 같이 이루셨느니라"(행 03:18)

"이로 말미암아 내가 또 이 고난을 받되 부끄러워하지 아니함은 내가 믿는 자를 내가 알고 또한 내가 의탁한 것을 그 날까지 그가 능히 지키실 줄을 확신함이라"(딤후 01:12)

"이는 하나님의 공의로운 심판의 표요 너희로 하여금 하나님의 나라에 합당한 자로 여김을 받게 하려 함이니 그 나라를 위하여 너희가 또한 고난을 받느니라"(살후 01:05)

"너는 그리스도 예수의 좋은 병사로 나와 함께 고난을 받으라"(딤후 02:03)

"그리스도께서 이미 육체의 고난을 받으셨으니 너희도 같은 마음으로 갑옷을 삼으라 이는 육체의 고난을 받은 자는 죄를 그쳤음이니"(벧전 04:01)

"오히려 너희가 그리스도의 고난에 참여하는 것으로 즐거워하라 이는 그의 영광을 나타내실 때에 너희로 즐거워하고 기뻐하게 하려 함이라"(벧전 04:13)

크리스천 된 우리 삶의 궁극적인 목적이 천국에 있다면 우리가 지쳐가는 곤고한 세상은 처음부터 끝까지 고난의 연속이어야 할 것입니다. 곧 고난이 인생의 목적이어야 합니다.

하나님께서 우리에게 호흡을 붙이셔서 그나마 이 땅위에 거하게 하고 계신 이유가 모름지기 하나님의 사랑을 찾아 발견하게 하시고 바로 알게 하시려는데 뜻을 두고 계시다면 우리 인생길은 마땅히 고난의 연속이어야 합니다. 왜나하면 하나님의 사랑은 죄 많은 우리 사람생각으로는 결단코 측량할 길이 없기 때문이고 또한 예수님께서도 고난을 기꺼이 행복으로 맞으셔서 우리에게 바로 보여주셨기 때문입니다.

되짚어 두기에 하나님께서 우리에게 허락하신 이 땅위에서의 축복(행복)은, 재물도, 명예도, 권세도, 후사(後嗣)도 그 어떤 것도 아닐 것이라 생각합니다(이러한 것들은 고난을 능히 감당할 수 있도록 우리에게 더하여 주신 하나님 사랑의 또 다른 표현일 것입니다). 그것은 오로지 시시때때로 우리에게 더해주시는 고난으로서, 그것은 하나님의 무한하신 사랑의 표현으로서 행복이자 축복입니다. 하나님의 사랑을 발견하기 위하여, 그 사랑 안에 거하기 위하여,

안타깝게 애쓰는 신앙의 사람이라면, 마땅히 그 고난의 길을 기쁘고 자원(自願)하는 마음으로 걸어가야 할 것입니다. 왜냐하면 그 길 끝에 하나님의 사랑, 곧 우리에게 허락해 주신 빛나고도 영광스러운 천국이 예비 되어 있기 때문입니다.

그렇지만 우리에게 허락하신 하나님 사랑의 징표로서 천국에 들어가는 길은 메마른 시나이광야보다도, 예수님께서 지쳐 가신 척박한 골고다 언덕보다도 더 험하고 거친 길입니다. 이스라엘과 마찬가지로, 때로는 그 길 위에서 지칠 때도 있고, 목마를 때도 있고, 주저 앉고 싶을 때도 숱할 것입니다. 왜냐하면 하나님의 사랑을 찾아 떠나는 죄 많은 우리 사람의 인생길로서, 본래 그 길은 그런 길이고 또한 그런 길이 되어야 하기 때문입니다.

예수님을 닮아 하나님의 무한하신 사랑을 발견하고자, 찾아가고자, 애쓰는 삶, 그 고난의 길이 바로 우리 크리스천 된 자들의 인생의 목적으로서 행복이 되어야 할 것입니다. 이를 위해 우리는 이제 이 땅위에 거하는 동안 넉넉하고도 풍성한 고난과 그 고난을 능히 감당할 수 있는 힘을 소유할 수 있도록 끊임없이 하나님께 기도하여야 할 것입니다.

"이와 같이 성령도 우리의 연약함을 도우시나니 우리는 마땅히 기도할 바를 알지 못하나 오직 성령이 말할 수 없는 탄식으로 우리를 위하여 친히 간구하시느니라"(롬 08:26)

'고난의 길'을 바로 찾아 그 길 위에 당당히 설 수 있도록, 또한 그곳을 향하여 거침없이 나아가게 하실 하나님의 사랑이 우리가 때마다 그토록 소원하며 간구하여야 할 우리 인생의 목적으로서 행복(축복)이 되어야 할 것입니다. 이 축복(고난의 길)을 이 땅위에서 기쁨으로 누릴 수 있는 자라야 천국에서 우리의 자랑스러운 선대들과 함께 당당히 승리의 깃발을 휘날릴 수 있을 것입니다.

이러한 '인생의 목적'으로서 '고난의 행복'을 염두에 두고, 이제 왜곡되고도 그릇된 현상을 꼬집어보겠습니다. 우리가 흔히 교회에서 접하고 있는 행복은 대개가 말 그대로 하나님의 축복에 주안점을 두고 있는 것 같습니다. 핵심은 '말씀대로 준행하는 삶을 우리가 우리 곁에 견고히 매어두고 있다면 하나님께서는 반드시 이 땅위에서 우리가 측량할 수 없는 크나큰 복으로 채워주실 것'이라는데 두고 있는 것 같습니다.

그러기에 우리는 하나님께 자복할 수밖에 없고 또 이를 기도의 제목으로 두고 있는 것 같습니다. 그 단편으로서 '천국', '소망', '축복', '감사' 등의 산물로서 '재물', '지위', '명예', '형통' 등을 때마다의 강론이나 설교에 붙여 두고 있음은 어찌 보면 이 같은 실상을 여과 없이 그대로 반영해 두고 있는 증표로 볼 수 있을 것 같습니다.

이에 반하여 '지옥', '공의', '심판', '멸망' 심지어 '고난' 등의 산물로서 '희생', '속죄', '참회', '고백' 등은 그다지 입에 담아두길 꺼려하고 있는 듯 보입니다. 필자의 편협한 생각일는지는 모르겠으나 이유는 외관상 이것들은 하나님의 크나큰 복으로 취급하기에는 일견 무리가 있을 것이라는 뜻 모를 생각에서 비롯된 것이 아닐까 생각됩니다.

정녕 그렇다면 이 같은 행사는 실상(고난)은 뒷전에 두고 오로지 허상(앞서 가두어둔 행복)만 앞세워 두고 있는 것이 아닌가라는 의구심을 떨쳐버릴 수가 없습니다. 왜냐하면 우리가 앞서 본 인생의 목적으로서 고난이 어디에서도 자취를 감추고 있다는 시각 때문입니다.

한 가지 예를 들어 보겠습니다. 앞서 본 "네 시작은 미약하였으나 네 나중은 심히 창대하리라"라는 성구를 보겠습니다. 이 말은 우리식대로라면 "잘 먹고 잘 살아라"라는 비아냥조의 말로 해석할 수 있습니다. 곧 이 성구는 우리가 순종의 대명사로 보고 있는 의인 욥(Job)의 친구 빌닷(Bildad)이라고 하는 사람이 욥의 어려움(하나님께서 주신 시험)을 지켜보면서 욥을 비아냥거리고 있는 말입니다. "잘 먹고 잘 살아라"라는 식으로 말입니다.

그런데 어찌하여 이 말이 버젓이 인생의 지표(목적)가 되어 그것도 사람들의 눈에 잘 띠는 곳에 버젓이 걸려있었을까요? 그도 잘 먹고 잘 사는 것에 인생의 목적을 두고 있었기 때문일까요? 당초 치킨집에 개업심방이 이루어졌다면 목사님은 이 성구를 보며 무슨 생각을 떠올렸을까요? 알고 있음에도 모른 척 했을까요? 그도 아니면 정히 모르고 있었을까요?

필자가 여기서 지적하려는 것은 무슨 생각을 가지고 있었느냐, 알고는 있었느냐에 있는 것이 아니라, 왜 이처럼 왜곡된 인생의 목적을 걸어두거나 걸어두게 했느냐는 것입니다. 그것도 이러한 행태가 이집 한 곳도 아니고 수 천 수 만 곳에 이를 때까지 말입니다.

모두가 그간에 본질(고난의 실상)을 외면하고 허상[기복(祈福)으로서의 행복]을 강조하거나 강조했던 것에서 비롯된 것이 아니었다면 이유가 도대체 어디에 있다는 말입니까? 그것도 개업예배에 선물로 이 성구액자("네 시작은 미약하였으나 네 나중은 심히 창대하리라")를 가지고 갔다면 이를 우리가 어찌 보아야 한다는 말입니까? 차마 성구액자를 떼라고 말할 수 없는 형편이었다면 언감생심 부추기는 일은 삼가야 했지 않을까요?

또 다시 고백하기에 필자가 여기서 지적하려는 것은 성구액자를 떼라 떼지 말라는 것에 두고 있지 않습니다. 왜? 그리고 무엇 때문에? 인생의 목적으로서 고난을 추상같이 드러내거나 바로 이야기하고 있지 않느냐에 두고 있습니다.

혹여 고난을 이야기하면 교인 수가 감소할 것을 걱정해서 입니까? 고난을 이야기하는 무서운 목사가 되기 싫어서 입니까? 성스러운 교회에 기복신앙(祈福信仰)을 끌어다 놓은 것은 둘째치더라도 이를 통해 교회성장을 도모하기 위함이었습니까? 아니면 뜻 모를 행복만을 이야기하는 그런 자애로운 목사가 되기 위한 몸부림이었습니까? 그렇다면 이것이 교만(驕慢)과 다른 것이 무엇입니까? 이하 한번쯤 들어보셨을 줄 압니다. 이것이 우리가 목도하고 있는 왜곡된 행복을 위한 기도의 실상입니다.

"제자훈련에 교인 한 사람도 빠짐없이 모두가 적극 참여하여야 합니다. 기도제목은 '교인 3000천명 달성'과 '해외선교사 30명 파견'입니다. 하나님께서는 이 같은 우리의 기도를 능히 이루어주실 줄 믿고 감사하는 중에 기도하여야 할 것입니다."

"십일조를 내지 않는 것은 하나님께 대한 범죄행위입니다. 그러나 십일조를 제대로 드리면 30, 60, 100배의 축복과 함께 자녀들에게도 무한하신 하나님의 축복이 임할 것입니다."

"십자가를 땅에 꽂고 이 땅을 밟아 이를 우리에게 주시라고 매일같이 간구하겠습니다. 여기에 하나님 성전이 세워져 하나님을 모르는 원근각지의 모든 사람들이 모여들어 이곳 성전 또한 차고 넘칠 수 있게 해 달라고 말입니다."

"세상과 짝하여 살다가 우리교회에 등록한지 불과 3년 만에 그 집사님의 사업은 일취월장하여 이제는 내로라하는 큰 기업으로 성장하게 되었습니다.

이 어찌 하나님의 축복이라고 이야기하지 않을 수 있겠습니까?"

"어려운 형편이나마 믿는 마음으로 하나님께 그 모든 것을 바쳤더니 하나님께서는 다름없이 그 집사님에게 감당할 수 없는 축복으로 화답해 주셨습니다. 여러분 또한 내가 가진 모든 것으로 하나님께 의지하고 위탁할 수 있게 되기를 바랍니다. 이 땅위에서 그 누구도 넘볼 수 없는 창대한 축복으로 하나님께서는 화답해 주실 것입니다."

그간에 우리가 알게 모르게 보였거나 보아 온 모든 행사(뜻 모를 기복으로부터 비롯된 죄)는 인생의 목적을 바로 보지 못한 우리 크리스천의 죄가 가장 클 것이라 생각합니다. 그렇지만 이를 바르게 계도(啓導)하지 못한 목회자의 죄 또한 간과할 수 없습니다.

부디 인생의 목적으로서 고난의 의미를 다시금 바로 세워 점점 땅에 곤두박질치고 있는 크리스천과 개신교의 위상을 뼈를 깎는 회개와 참회를 통해 하루속히 곧추세울 수 있기를 기대합니다. 누구랄 것도 없이 필자 또한 크리스천 된 우리 모두 예수님께서 걸어가신 고난의 길에서 말입니다. '같은 값이면 다홍치마'라고 했던가요? 지금 이 시간, 위와 같은 뜻 모를 기도가 아닌, 이하 필자 또한 우리 모두의 기도제목이 될 수 있었으면 합니다.

"이 세상을 위하여 누구보다도 먼저 짓밟히게 해 주시고 소외된 우리 이웃을 위해서 누구보다도 먼저 앞서나가 죽게 해주시기를 원합니다. 시시때때로 우리에게 허락하신 고난을 사모하여 지금까지 우리의 죄를 속죄하는 마음으로 우리가 가진 모든 것으로 세상 앞에 낱낱이 이를 바로 고할 수 있도록 은혜 베풀어 주시기를 원합니다."

"우리 자식들의 고난의 길에서 그들이 넉넉히 이를 감당할 수 있도록 해주시고, 그들이 연약하여 지쳐 쓰러질 때마다 성령께서 이를 감당할 수 있는 힘과 능력을 더하여 주셔서, 이로부터 이 세상에 하나님의 영광을 드러낼 수 있는 자랑스러운 우리의 후사들로 인치이게 해주시길 원합니다."

"우리교회와 후사들 앞에 어느 것 하나 내세울 것 없는 죄인 중의 괴수로서 내 아버지 하나님께 간구하오니 이 죄인의 죄를 결코 우리의 후사들이 뒤따르지 않도록 그들의 마음을 감찰하셔서 그 나라의 의를 구하는 가운데 이 세상을 감싸고 보듬을 수 있도록 더한 영력 허락해 주시기를 원합니다."

"부족한 이 죄인이 하나님의 말씀을 바로 전할 수 있도록 항상 깨어 기도할 수 있도록 도와주시고 우리 교회를 쪼개고 쪼개는 가운데 그늘진 세상을 부둥켜 앉을 수 있는 선봉에 설 수 있도록 은혜 더하여 주시기를 원합니다."

"곤고한 우리 삶속에서 하나님을 향한 기도의 눈물이 마르지 않도록 도와주시고 우리의 삶속에서 결코 남음이 없도록 지나친 것이 없도록 넘치는 것이 없도록 역사하여 주셔서 우리의 인생 모두를 예수님을 닮아 고난의 길에 던져둘 수 있는 더한 은혜 허락하여 주시기를 원합니다."

흘려 바치라

혹시 최근에 눈물을 흘려 보신 적이 있으십니까? 흘려보셨다면 무엇 때문에 눈물을 흘리셨나요? 왜 눈물을 흘리셨나요? 필자는 얼마 전에 교회 주일대예배 때 눈물을 흘린 적이 있었습니다. 그것도 고이기에 남몰래 훔친 눈물이 아니라 저도 모르게 흐르게 되어 닦은 눈물이었습니다.

이유는 그때 어버이 주일을 맞이하여 함께 부른 찬송가 '나의 사랑하는 책'(234장)때문이었습니다. 누가 보기에도 이 찬송은 그다지 슬픈 내용의 가사를 담고 있지는 않았지만, 필자에게는 어릴 적 옛날을 회상하기에 충분한 가사를 담고 있었던 까닭에, 필자도 모르게 그만 주체할 수 없는 눈물을 줄줄 흘려 보이고야 말았습니다. 3절을 지나고 있었을 때는 그야말로 절정에 달하였습니다.

"(3) 예수 세상 계실 때 많은 고생하시고 십자가에 달려 돌아가신 일"

"어머님이 읽으며 눈물 많이 흘린 것 지금까지 내가 기억합니다."

"귀하고 귀하다 우리 어머님이 들려주시던"

"재미있게 듣던 말 이 책 중에 있으니 이 성경 심히 사랑합니다."

그랬습니다. 필자는 어릴 적 필자의 어머님께서 흘리셨던 눈물을 기억하고 있었습니다. 그 기억이 없었다면 이처럼 눈물을 흘리지는 않았을 것입니다. 그러고 보면 필자의 어머님뿐만 아니라 세상의 모든 어머님들이 거쳐 오신 인생은 그야말로 눈물로 얼룩진 인생이라고 보아도 과언은 아닐 것 같습니다. 그도 자신을 위한 눈물이 아니라 우리 자식들을 위한 눈물이었다면 두 말할 나위 없을 것입니다.

어머님의 눈물을 생각하자니 문득 앞선 질문에 또 하나의 질문을 더해볼 수 있을 것 같습니다. 여러분은 혹시 남을 위해서 눈물을 흘려 보신 적이 있으십니까? 만약 있다면 누구 때문이었고 이유는 무엇이었습니까?

생각나는 대로 적어보자면, 사랑하는 사람 때문에, 멀리 떨어져 있는 절친한 친구가 갑자기 생각나서, 돌아가신 부모님이 그리워져서, 장례식장이나 혹은 결혼식장에서, 사랑하는 자식들의 속 깊은 모습을 보았을 때, 가족들의 병수발이나 그 밖의 안타까운 소식을 접했을 때, 아들을 군대에 보내거나 먼 타국에 보낼 때 등이 떠오릅니다. 모두가 '사랑' 때문이라 생각합니다. 여기에 안성맞춤인 유행가가 있다면 아마도 이것이 아닐까 싶습니다.

"사랑이 무어냐고 물으신다면 눈물의 씨앗이라고 말하겠어요"
"먼 훗날 당신이 나를 버리지 않겠지요"
"서로가 헤어지면 모두가 괴로워서 울 테니까요"

그런데 눈물을 흘리는 이유가 비단 사랑이나 헤어짐 때문에 있는 것만은 아닐 것이라 봅니다. 예를 들면 맵기로 유명한 청양고추를 먹었을 때나,

금메달을 목에 걸고 애국가를 부르고 있는 국가대표선수를 보았을 때나, 손톱 밑에 가시가 박히는 아픔을 겪었을 때나, 치과에서 치아의 신경치료를 받았을 때나, 슬픈 영화나 감동적인 책을 보았을 때 등을 손꼽을 수 있습니다. 그렇다면 우리가 눈물을 흘릴 수 있는 이유는 참으로 많은 것 같습니다.

그런데 여기서 문득 예수님께서도 우리와 같은 눈물을 흘리신 적이 있을까라는 또 다른 의문이 듭니다. 해서 성경을 찾아보니 놀랍게도 우리와 마찬가지로 예수님께서도 눈물을 흘리신 적이 있었습니다(눅 19:41, 요 11:35, 히 05:07). 여기서 예수님의 눈물은 모두가 우리 때문이었음은 두 말할 나위 없을 것입니다.

여기서 또 다시 문득 이런 생각이 듭니다. 하나님께서는 자신에게는 물론이고 왜 우리에게까지 눈물을 붙이셔서 이런저런 이유에서 흘리게 하셨을까요? 재미있는 질문이라고 생각합니다. 이 질문은 앞서 우리가 보았듯이 모든 눈물의 공통점(무엇 때문에 흘리는가에 대한)을 발견하는 것과 다르지 않을 것이라 생각합니다. 필자가 생각하기에 이유는 아마도 우리의 마음을 겉으로 드러낼 수 있도록 하시기 위하여 눈물을 만들어 두신 것이 아닌가 싶습니다. 그렇다면 눈물은 마음과 생각의 또 다른 표현이라고 보아도 무방할 것 같습니다.

그런데 한편으로는 눈물도 거짓된 눈물이 있을 수 있고 참된 눈물이 있을 수 있다고 생각합니다. 대개 눈물은 마음의 올곧은 표현으로서, 곧 눈물은 대개 마음을 외부에 그대로 표현하고 있는 증거로 삼을 수 있기에 충분하지만, 그렇다고 그게 전부는 아닌 것 같습니다. 왜냐하면 가식적인 눈물, 마음은 저 멀리 있는데 마치 가까이에 있는 것처럼 호도(糊

塗)하기 위하여 흘리는 눈물, 남을 속이기 위해 의도적으로 흐르는 눈물 등도 있을 수 있기 때문입니다.

만약 눈물도 이처럼 이중성(二重星)을 갖고 있다고 볼 요량이면, 앞선 필자의 생각은 틀린 것이 되고야 맙니다. 그렇다면 하나님께서 우리로 하여금 눈물을 붙여두신 이유를 찾기란 그다지 녹록하지만은 않을 것 같습니다. 왜냐하면 이유이다 싶은 것으로 그저 호흡하는 동물들 모두의 신진대사[新陳代謝, 물질대사(物質代謝)]로 덧붙여 두셨을 것이라는 이유 말고는 딱히 떠오르는 마땅한 것이 없기 때문입니다. 정녕 그럴까요? 이하 곰곰이 한번 생각해 보기로 하겠습니다.

구약성경에서 우리에게 눈물을 가장 많이 보였던 사람 둘을 꼽으라면 필자는 주저 없이 다윗(David, ?-B.C.961)왕과 예레미야(Jeremiah, B.C.650?-?) 선지자를 꼽을 수 있을 것 같습니다. 다음의 기록에서 볼 때, 다윗은 자신을 위해 그리고 예레미야는 이스라엘을 위해 각각 눈물을 흘렸던 것 같습니다. 그렇지만 공통점은 모두의 눈물이 죄에 대한 '회개'(悔改)에서 비롯되고 있음을 살필 수 있습니다. 그들이 우리에게 보여준 눈물을 성경은 각각 이렇게 묘사하고 있습니다.

"내가 탄식함으로 피곤하여 밤마다 눈물로 내 침상을 띄우며 내 요를 적시나이다"(시 06:06)

"여호와여 나의 기도를 들으시며 나의 부르짖음에 귀를 기울이소서 내가 눈물 흘릴 때에 잠잠하지 마옵소서 나는 주와 함께 있는 나그네이며 나의 모든 조상들처럼 떠도나이다"(시 39:12)

"사람들이 종일 내게 하는 말이 네 하나님이 어디 있느뇨 하오니 내 눈물이 주야로 내 음식이 되었도다"(시 42:03)

"나의 유리함을 주께서 계수하셨사오니 나의 눈물을 주의 병에 담으소서 이것이 주의 책에 기록되지 아니하였나이까"(시 56:08)

"나는 재를 양식 같이 먹으며 나는 눈물 섞인 물을 마셨나이다"(시 102:09)

"주께서 내 영혼을 사망에서, 내 눈을 눈물에서, 내 발을 넘어짐에서 건지셨나이다"(시 116:08)

"그들이 주의 법을 지키지 아니하므로 내 눈물이 시냇물 같이 흐르나이다"(시 119:136)

"눈물을 흘리며 씨를 뿌리는 자는 기쁨으로 거두리로다"(시 126:05)

"어찌하면 내 머리는 물이 되고 내 눈은 눈물 근원이 될꼬 죽임을 당한 딸 내 백성을 위하여 주야로 울리로다"(렘 09:01)

"그들로 빨리 와서 우리를 위하여 애곡하여 우리의 눈에서 눈물이 떨어지게 하며 우리 눈꺼풀에서 물이 쏟아지게 하라"(렘 09:18)

"너희가 이를 듣지 아니하면 나의 심령이 너희 교만으로 말미암아 은밀한 곳에서 울 것이며 여호와의 양 떼가 사로잡힘으로 말미암아 눈물을 흘려 통곡하리라"(렘 13:17)

"너는 이 말로 그들에게 이르라 내 눈이 밤낮으로 그치지 아니하고 눈물을 흘리리니 이는 처녀 딸 내 백성이 큰 파멸 중한 상처로 말미암아 망함이라"(렘 14:17)

"여호와께서 이와 같이 말씀하시니라 네 울음소리와 네 눈물을 멈추어라 네 일에 삯을 받을 것인즉 그들이 그의 대적의 땅에서 돌아오리라 여호와의 말씀이니라"(렘 31:16)

지금까지 우리가 왜? 무엇 때문에? 하나님께서는 우리에게 눈물을 만드셔서 그것도 흘릴 수 있도록 해두셨는가에 대한 해답은, 바로보기에 우리의 것도 아닌 눈물을 마치 우리의 것인 양 취급하고 있었기 때문에 바로 구할 수가 없었던 것 같습니다. 곧 눈물을 만드셔서 우리에게 붙여두신 하나님의 입장에서 생각해 보았다면 그 해를 어렵지 않게 그것도 쉽고도 넉넉하게 구할 수 있었을 텐데 말입니다.

사전에서는 눈물을 "눈알 바깥 면의 위에 있는 눈물샘에서 나오는 분비물을 말한다. 눈물은 늘 조금씩 나와 눈을 축이거나 이물질을 씻어 내는데, 자극이나 감동을 받으면 더 많이 나온다"라고 풀이하고 있습니다. 그렇다면 눈물은 2가지의 격(格)을 가지고 있다고 볼 수 있습니다. 그 하나는 '자극에 의한 분비물로서의 눈물'이고, 다른 하나는 '감동의 눈물'이 그것입니다.

필자가 보기에 우리가 흘리는 눈물은 이유가 어찌되었든 모두가 '분비물로서의 눈물'이라고 보아 마땅하다고 생각합니다. 그렇지만 한 가지 예외로서 눈물이 하나님의 기쁨을 충족할 수 있는 것이라면, 그것은 '분비물로서의 눈물'이 아니라 하나님의 기쁨을 위하여 우리가 마땅히 흘려야 하고 또한 흘릴 수밖에 없는 '마땅한 눈물'(감동의 눈물)이 될 것입니다. 앞서 필자 나름 눈물은 2가지의 격이 있다고 이야기한 것은 바로 이 때문입니다.

그렇다면 마땅한 눈물로서 하나님께서 기뻐할 수 있는 우리의 눈물(마땅한 눈물)은 어떤 것이 있을까요? 하나님께서 합당하게 보실 수 있는 우리의 눈물은 어떤 것이 있을까요?

제가 생각하기에 그 눈물은 다윗과 예레미야가 우리에게 보여주었던 것처럼 우리의 지은 죄에 대한 '회개의 눈물'과 우리의 죄 사함에 대한 '감사의 눈물' 외에는 다른 것이 없을 것이라 생각합니다. 그렇다면 우리의 마땅한 눈물은 앞서 보았던 것처럼 속죄제(贖罪祭, Sin Offering, *Hatat*, חטאה)를 위한 그리고 화목제(和睦祭, Peace Offering, *Shelamim*, שלמים)를 위한 희생제물이 되는 셈입니다.

알게 모르게 지었던 죄를 하나님께 자복하면서 흘리는 눈물, 나를 위해 돌아가신 예수님 보혈의 공로를 힘입어 씻을 수 없는 죄를 속죄하고자 마음 문을 열어놓고 흘리는 눈물, 나라와 민족의 죄를 위하여 흘리는 눈물, 세상의 조소(嘲笑)와 지탄(指彈)을 면치 못하고 있는 우리교회와 크리스천 된 우리의 죄를 위해 흘리는 눈물, 하나님을 모르는 불쌍한 남편과 아내 그리고 자식들을 위하여 흘리는 눈물, 제식대로 세상과 벗하여 살고 있는 자식들을 위하여 흘리는 눈물, 명색이 신앙의 선대로서 후세들에게 바른 신앙의 모범을 보여주기 못했기에 흘리는 눈물, 소외된 이웃들의 핏 값으로 자신만의 배를 채우기 위하여 전전긍긍했던 지난날을 돌이켜 흘리는 눈물, 세상 앞에 바로서지 못하고 있는 이 땅의 교회와 목회자들을 위해 흘리는 눈물, 크리스천으로서의 사명을 내팽개치고 이리저리 제멋대로 휩쓸려 지냈던 지난날의 회한(悔恨)을 품고 흘리는 눈물, 기복(祈福)에 눈이 멀어 하나님을 자신의 발아래 두고자 기를 쓰고 애썼던 사실들을 돌아보아 흘리는 눈물 등은 모두 '회개의 눈물'일 것입니다. '속죄제'의 희생제물로서 말입니다.

또한 우리의 죄를 대속해 주신 예수님의 공로를 생각하고 흘리는 눈물, 이 땅위에서 사는 동안 어디에 비할 데 없는 고난(축복)을 허락해 주시는 하나님의 은혜를 생각하고 흘리는 눈물, 탕자와 같았던 자식이 하나님 품에 안긴 모습을 보며 흘리는 눈물, 사랑했던 친구가 나로 인하여 하나님 앞에 섰을 때의 모습을 지켜보며 흘리는 눈물, 이 땅위에서 하나님께서 주신 사명을 감당하고 마지막 눈을 감을 때 흘리는 눈물, 지금까지의 신앙을 올곧게 간직할 수 있도록 눈물로서 기도해 주신 선대들을 기억하고 흘리는 눈물, 자라나는 후세들이 하나님 앞에서 무럭무럭 커나가는 모습을 지켜보며 흘리는 눈물 등은 모두가 '감사의 눈물'일 것입니다. '화목제'의 희생제물로서 말입니다.

우리의 눈물은 우리의 것이 아닙니다. 하나님께서 시시때때로 그 기쁨을 찾으시고자 다만 우리에게 맡겨두신 눈물일 뿐입니다. 그러기에 이 눈물은 언제고 하나님께서 요구하시면 어김없이 그대로 흘려 드려야합니다. 왜냐하면 희생제물이 본래 하나님께서 우리에게 '살라[번(燔)] 바치라'고 요구하신 것이라면, 눈물 또한 이와 다름이 없이 하나님께서 우리에게 '흘려[산(潸)] 바치라'고 요구하신 것으로 보아 마땅하기 때문입니다.

필자는 앞서 이 같은 질문을 던진 적이 있습니다. "혹시 최근에 눈물을 흘려 보신 적이 있으십니까?"라고 말입니다. 이제는 이 질문을 올곧게 바꾸어야할 것 같습니다. 다음과 같이 말입니다.

"혹시 최근에 속죄제의 희생제물로서 눈물을 흘려 바치신 적이 있으십니까?"

"혹시 최근에 화목제의 희생제물로서 눈물을 흘려 바치신 적이 있으십니까?"

그럼에도 불구하고 오늘날 우리의 눈물은 말라 버린 지 오래되었습니다. 그렇다고 언감생심 말라버린 눈물 때문에 눈물을 흘린 적도 기억이 나질 않습니다. 설령 눈물이 침샘처럼 그나마 조금은 남아있다고 하더라도 그것이 안타깝고 걱정되어서 눈물을 흘린 적은 더더욱 없습니다. 아무리 떠올려보려고 해도 회개의 눈물과 감사의 눈물을 흘렸던 기억은 빌어먹을 도무지 생각이 나질 않습니다. 모두가 죄에 빌어먹고 있었던 우리의 교만 때문이라 생각합니다.

지금까지 우리가 알고 있었던, 우리가 흘리고 있었던, 눈물은 눈물이 아니었습니다. 그것은 다름 아닌 '분비물'이었습니다. 그도 더럽고 추하기 그지없는 분비물이었습니다. 감성을 자극하거나, 이성을 자극하거나, 감동이 있거나, 슬픔과 기쁨이 있거나 할 때, 흘리는 그런 말 그대로의 분비물이었습니다.

그런데 여기서 더욱 패악한 눈물은, 보다 정확히는 분비물보다 더욱 더럽고 추악한 '분비물 중의 분비물'은 그 귀한 회개의 눈물이나 감사의 눈물을 내팽개친 채, 오로지 자신들의 기복(祈福)을 위해 흘리는 '구함의 눈물'일 것입니다. 이 경우 '구함의 눈물'의 본성은 '교만'(驕慢)입니다. 왜냐하면 우리가 하나님을 향하여 되레 우리에게 바치시도록 요구하고 있는 희생제물일 수 있기 때문입니다. 그렇다면 이 경우 교만은 구함으로서 나타나고, 이는 하나님을 대적하는 과정을 거쳐, 끝내는 패망에 이르게 될 것입니다. 우리는 이 같은 추상같은 사실을 이미 앞서 본 바 있습니다.

'회개'와 '감사'는 '동전의 양면'이라고 볼 수 있습니다. 곧 '한 몸'입니다. '죄'가 있으면 그 뒤에 '죄 사함'이 있는 것과 마찬가지입니다. 따라서 회개하는 마음(죄지음에 대한)속에는 반드시 감사의 마음(죄를 사해주신 것에 대한)이 결부되어 있다고 볼 수 있습니다. 죄를 지었으면 반드시 죄 사함이 뒤따라야 하는 것과 같은 이치입니다. 결국 회개 없는 감사가 있을 수 없고, 죄 없는 죄 사함이 있을 수 없음은 자명한 이치입니다. 그렇다면 앞선 유행가는 다음과 같이 바꿀 수 있을 것입니다.

“회개가 무어냐고 물으신다면 감사의 씨앗이라고 말하겠어요”

“먼 훗날(저 천국에서) 하나님께서 나를 버리지 않겠지요”

“서로(회개와 감사)가 헤어지면 모두가 괴로워서 울 테니까요”

그런데 앞서 잠깐 살핀 기복(祈福)에 기한 ‘구함의 눈물’은 ‘회개의 눈물’도 없고 ‘감사의 눈물’도 없습니다. 곧 회개와 감사의 눈물이 없는 구함의 눈물은 하나님께서 기뻐하실 수 있는 눈물이 아닙니다. 그것은 하나님께서 우리에게 맡겨 놓으신 눈물이 아니라 분비물로서의 눈물 그 자체입니다. 이 경우 만약 구함이 고난에 목적을 두고 있다면 이는 달리 볼 것입니다. 왜냐하면 이는 하나님의 기쁨일 수 있기 때문입니다.

오늘날 우리는 하나님께 더해드린 것 없이 무조건 구하는데 익숙해 있습니다. 어찌 보면 교회를 나가는 것도, 신앙을 가지고 있는 것도, 기도하는 이유도, 찬송을 드리는 이유도, 헌금을 하는 것도, 각양의 집회에 참석하는 것도, 모두가 구하기 위한 것에 두고 있는 것 같습니다. 다만 때마다 회개의 눈물과 감사의 눈물을 희생제물로 바치고 있는 경우는 예외라 할 것입니다. 그렇지만 이 경우에도 구함의 본질은 마땅히 고난에 두고 있어야 할 것입니다.

‘회개와 감사의 눈물’을 흘리고 나면 경건해지고, 엄숙해지며, 평안해지고, 영육 간에 새로운 힘이 솟게 됩니다. 이에 반하여 ‘구함의 눈물’을 흘리고 나면 마치 모든 것을 다 채운 것처럼 스트레스가 확 풀리게 되고, 기뻐서 날뛰게 되고, 박수치게 되며, 하늘 높이 손을 들고 소리치게 되고, 마음이 뜻 모르게 들썩 거리기 십상이 되게 됩니다. 왜냐하면 나름 다 채웠고 다 담았다고 생각하고 있을 것이기 때문입니다.

"주여!, 주여!!, 주여!!! …"

"주실 줄 믿습니다 …"

"다 채워주시고, 이루어주시고, 허락해주시고 …"

"드러내게 해주시고, 귀하게 사용해주시고, 보내주시고 …"

"30배, 60배, 100배 아니 수백 배로 채워주시고"

"감당케 해주시고, 풍족하게 해주시고, 강건케 해주시고 …"

"하루속히, 시시때때로, 우리 눈앞에, 한결같이 …"

뭘 말인가요? 누구를 위해서 말입니까? 회개와 감사의 눈물은 어디에 있나요? 이전에 하나님께서 어떠한 빚(채무)이 있었기에 이처럼 콩 볶듯 들들볶고 있나요? 이 모든 것을 하나님께서 저들에게 당연히 갖다 바쳐야 하는 것인가요? 만약 하나님께서 구함에 응답하지 않으신다면 어쩔 요량이었나요? 구함에 부르짖다가 또 부르짖다가 흘린 눈물이 하나님께서 그토록 원하시고 계셨던 눈물이라고 생각하나요? 그것이 하나님께서 맡겨 두신 눈물이었나요? 만약 입장을 바꿔 저들이 하나님 입장이었다면 구함에 응답했을 것이라 여기고 있나요? 왜요? 무엇 때문에요? 모두가 하나님을 자기 발 앞에 두려고 하는 교만이자 하나님을 우습게보고 대적하고자 하는 패악한 심사의 발로라고는 생각해 보지 않았나요? "보자보자 하니 할아버지 상투 잡고 흔든다"는 옛말이 있습니다. 이 말과 무엇이 다르지요? 하나님께서 구하는 것을 모조리 다 채워주신다면 모두를 어디에 어떤 곳에 사용하고자 계획하고 있었습니까?

앞서 필자가 '구함의 눈물'을 '분비물 중의 분비물'이라고 표현했던 것은 모두가 이 때문입니다. 여기서 바로 경계해야 할 것은 '구함의 눈물' 한 중심에 우뚝 서있을 수도 있는('구함의 눈물'로 이끌고자 하는) 우리 '목회자의 인도(引導)'입니다. '회개와 감사의 눈물'을 등한시 하고 있는 목회자는 필경 이 같은 구함의 선봉에 서있다고 보아도 무리가 없을 것입니다. 만약 그렇다면 그 목회자는 교만한 사람임이 분명합니다. 죄를 죄 됨으로 인정하지 않고 오로지 언감생심 하나님의 희생제물 만을 되레 요구하고 있는 실로 패악하기 그지없는 이리[낭(狼)]무리의 목자라고 보아 마땅할 것입니다.

지금은 어느 때보다 분비물이 아닌 하나님께서 그토록 원하고 계시는 눈물이 필요할 때입니다. 하나님께서는 지금도 우리에게 하나님께 속한 눈물로서 그 눈물을 희생제물 삼아 하루속히 흘려 바칠 것을 참고 인내하시는 중에 기다리고 계십니다. 인내의 끝이 다하지 않도록 후미진 쪽방 한 귀퉁이에서 은밀히 그도 잠잠하게 흐느끼며 속죄제단(贖罪祭壇)을 쌓아야 할 때라 생각합니다. 죄인 중에 괴수로서 목회자는 물론 크리스천 된 우리 모두 말입니다.

무엇보다도 이 경우 눈물을 흘려야 할 장소는 반드시 후미진 곳이라야 할 것입니다. 또한 음침한 곳이라야 할 것입니다. 그도 시끄러운 곳이어서는 안 됩니다. 낮보다는 밤이 더욱 좋을 것입니다. 그리고 반드시 혼자이어야만 할 것입니다. 왜냐하면 우리는 태생이 본래 분비물의 분비물보다도 더욱 더 더러운 죄인이기 때문입니다.

죽여도 시원치 않을 죄인이 하나님의 사랑을 빌미삼아 패악무도하게도 지금까지 단 한 번도 "죄송합니다. 다시는 안 그러겠습니다"는 말 한마디 없이 불철주야 쥐새끼처럼 주인의 곡간만을 킁킁거리며 뒤지고 있었습니다. 허기사 한때 그 주인까지 십자가에 못 박아 죽이기까지 했던 괴수의 수괴였음에야 더 일러 무슨 소용이 있겠습니까마는.

마 22:37-39

감행의 기쁨

우리의 삶은 '목적[目的, 또는 목표(目標)]을 이루기 위해 살아가는 인생'이라고 보아도 무방할 것 같습니다. 누구나 오늘의 목적이 있고, 내일의 목적이 있으며, 또한 우리 삶 전체의 목적을 가지고 있습니다. 이 경우 목적은 한결같은 것이 아니라 때로는 바뀌기도 하고, 더해지기도 하며, 새롭게 되기도 하면서 우리의 삶과 늘 함께 합니다.

목적(目的)은 사전적(辭典的) 의미에서 '실현하려고 하는 일이나 나아가는 방향'으로 풀이되지만, 심리학적(心理學的)으로는 '실현하고자 하는 목표의 관념 또는 목표로 향하는 긴장'으로, 철학적(哲學的)으로는 '실천의지에 따라 선택하여 세운 행위의 목표'로도 정의됩니다.

한편 목적(目的)은 언제나 수단(手段)과 운명을 함께 합니다. 이 경우 '수단'은 '목적을 이루기 위한 방법'이 되고, 우리는 이 수단의 낱낱을 시간의 흐름에 따라 순서대로 묶어 이를 보통 '과정'(過程)이라고 이야기합니다.

그런데 목적을 이루기 위한 수단은 경로가 실로 무궁무진합니다. 이를테면 목적이 똑같다고 하더라도 이를 이루기 위한 수단은 보는 시각에 따라, 과정에 따라, 형편과 처지에 따라, 목적의 동기와 이유에 따라, 제각각일 경우가 허다합니다. 그렇지만 꼭 그런 것만은 아닙니다. 곧 목적이 수단 보다 많을 수도 있습니다. 이 경우 목적들을 성취하게 될 요량이면 우리는 이를 일컬어 일거양득(一擧兩得) 또는 일거다득(一擧多得)이라고도 합니다.

다른 한편 목적이 순수(純粹)하면 대개 과정(수단의 총합)도 순수하기 마련이고, 달리 과정이 순수하면 목적 또한 순수하기 마련입니다. 그런데 꼭 그렇다고만 볼 수는 없습니다. 왜냐하면 불순(不純)한 목적임에도 불구하고 순수한 과정이 있을 수 있고, 불순한 과정이었음에도 불구하고 오히려 결과(목적)가 순수할 수도 있기 때문입니다. 여기서 하나 더 보탤 수도 있습니다. 과정이 없는 목적도 있을 수 있다는 것이 그것입니다. 우리는 이를 일컬어 요행(僥倖)이라고 합니다.

우리는 일상에서 (특별한 경우를 제외하고) 한번쯤 등산(登山)을 경험한 적이 있을 것입니다. 등산의 목적은 건강, 취미활동, 모임(동호회), 행락(行樂), 친목도모 등 실로 다양하지만 수단은 '오르는 것'['등산'(登山)]입니다. 곧 올라야 목적을 성취할 수 있게 됩니다. 그런데 우리는 보통 목적의 성취를 산의 정상(頂上)에 두고 있는 듯합니다. 왜냐하면 누구나가 산의 정상까지 오르기 위해 등산에 임하고 있기 때문입니다. 만약 등산의 중간에서 정상에 서지 못하고 하산하게 되었을 때, 그럼에도 불구하고 등산의 목적을 성취했다고 자평(自評)한다면 또 모르겠지만 이는 극히 예외적인 일입니다. 보통의 경우 누구나 산의 정상에 서게 되면 말할 수 없는 희열(喜悅)을 느낍니다. 산 아래 펼쳐진 장관(壯觀)을 한 눈에 담을 수 있고, 폐부에 저절로 들어오는 맑은 공기에다가, 흘린 땀이 저절로 식혀지면서 느끼는 상쾌함이란 어디에 비할 수 없이 시원하고 통쾌합니다. 모두가 오르는 것(수단)에 대한 힘든 과정[오르고(수단) 또 오르고(수단)의 총합]이 있었기 때문입니다. 정상에서의 이 같은 희열은 그대로 목적(건강, 취미활동, 모임, 행락, 친목도모 등)과 한 몸을 이루게 됩니다. 왜냐하면 모두가 성취의 결과로서 기쁨을 표창하고 있기 때문입니다. 그렇다면 과정(수단으로서 오르는 것)은 기쁨을 위한 희생양으로서 고난(힘든 수고로서의 수단)이 될 수밖에 없을 것입니다.

우리는 일상에서 (특별한 경우나 주말을 제외하고) 매일같이 출근을 합니다. 보통의 경우 출근길은 고단합니다. 그것도 전날 저녁회식이나 밤늦게까지 야근에 임했을 경우라면 두 말할 것도 없습니다. 떡시루 같은 버스에 시달리고, 도로를 뒤덮은 차량의 행렬 속에서 온갖 분주함에 시달리고, 출근시간에 맞추려다보니 조급한 마음에 시달리고, 괴물같은 상사의 얼굴을 어제와 다름없이 마주대해야 한다는 짜증에 시달리고, 모두가 왕짜증 그대로입니다. 하루해가 지나서야 맞이하게 되는 퇴근길도 매한가지입니다. 그저 오뉴월에 늘어진 엿가락처럼 모든 것이 늘어질 대로 늘어져 이제는 머릿속에 온통 집 생각밖에는 다른 생각이 없게 됩니다. 그렇다면 출퇴근의 목적이나 수단이나 할 것 없이 모두는 그야말로 고난의 연속이기에 충분합니다. 이 경우 집에서 편하게 드러누워 수면을 취하는 것이 목적이라고 해도 과정(수단)은 그다지 다를 것이 없을 것입니다.

우리는 명절 때마다 (특별한 경우를 제외하고) 멀리 떨어져 계신 부모님을 찾아뵙고자 귀향길에 임합니다. 그 길이 가깝거나 멀거나를 불문하고 부모님을 뵙기 위해서는(목적) 여러 가지의 수고로움(수단)을 감당하여야 합니다. 몇 시간이 걸리는 귀향길은 차지하고서라도, 선물도 준비해야지,

용돈도 챙겨야지, 음식도 장만해야지, 치러야 할 것이 한두 가지가 아닙니다. 그럼에도 불구하고 우리는 수고로움을 마다하지 않습니다. 왜냐하면 그곳에 부모님이 계시기 때문입니다.

우리는 일상에서 (특별한 경우를 제외하고) 매주일 주일예배를 드리려 교회에 나갑니다. 목적은 목사님의 설교를 듣는 것(하나님을 만나고자 하는 것)에 두고 있습니다. 우리는 보통 설교(목적)를 통해 크리스천으로서의 자양분(滋養分)을 공급받아 마음의 평안을 얻고 또다시 한 주일을 힘차게 살아나가고자 계획(목적)합니다. 그런데 목적을 이루기 위한 수단은 일단 교회에 나가야하고, 성경찬송가를 들고 가야하고, 정성스레 헌금도 준비해야하고, 옷차림도 신경 써서 단정하고 바르게 해야 하고, 정해진 과정(수단)에 따라 예배의식에 참예(參詣)해야 하고, 각양의 힘든 교회봉사는 물론이고 예배가 끝나면 싫든 좋든 이 모양 저 모양으로 교우 간에 친교 또한 도모해야 합니다.

여기서 목적과 수단을 염두에 두고 잠시 화제를 다른 곳으로 돌려보겠습니다. 불교의 목적은 '열반'(涅槃, *nirvāna*)에 드는 것에 두고 있습니다. 이를 위해 필요한 것은 '깨달음'[각(覺)]입니다. 곧 '깨달음'을 얻어야 '열반'에 들 수 있게 됩니다. 이 경우 '열반'은 수행(修行, 수단)에 의해 진리를 체득하여 미혹(迷惑)과 집착(執着)을 끊고 일체 속박에서 해탈(解脫)한 최고의 경지를 말합니다. 여기서 '열반'의 본뜻은 '불어서 끄는 것'(*vā*, to blow), '불어서 꺼진 상태'(*nir*, out)를 뜻하며 마치 타고 있는 불을 바람이 불어와 꺼버리듯이 타오르는 번뇌의 불꽃을 지혜로 꺼서 일체의 번뇌와 고뇌가 소멸된 상태를 가리킵니다. 이때에 이르러야 비로소 적정(寂靜)한 최상의 안락(安樂), 곧 열반이 실현되기에 이릅니다. 현대적인 의미로 열반은

'영원한 평안', '완전한 평화'라고 할 수 있습니다.

여기서 주목할 것은 '목적(열반)의 성취를 위한 수단'으로써 '수행'입니다. 불교에서 열반에 이르기 위한 수단은 참으로 고행의 연속이 아닐 수 없습니다. 언젠가 필자는 한 불교방송에서 사찰의 스님들이 일사불란(一絲不亂)하게 좌정하여 읊고 있었던 염불(念佛)을 들은 적이 있었습니다. 법경(法經)이 무엇인지는 알 수 없었으나 염불이 끝나기까지 걸린 시간은 대략 1시간가량 되었습니다. 그것도 누구하나 틀리지 않고, 어물거리지 않고, 한 입처럼 외워 읊고 있었던 모습을 보았을 때 참으로 깊은 감명을 받았습니다.

본래 '독경'[讀經, 염불(念佛), 전경(轉經)]이란 '부처의 가르침에 깊은 믿음을 내고 감사하고 환희하는 마음으로 목소리를 내어 일심으로 불경을 외우거나 읽는 것'을 말합니다. 중요한 것은 독경을 읊는 것이 수단이라면 수단으로부터 어떠한 것에 목적을 두고 있는가에 대한 것입니다. 애초 필자는 이것이 앞서 본 열반에 있다고 생각했지만 그도 그런 것이 아니었습니다. 불교에서의 독경은 독경 자체로서 어떠한 의미도 없습니다. 그저 마음을 담아 외우거나 읽는 것에 뜻을 두고 있을 따름입니다. 그렇다면 불교에서의 열반(목적)과 깨달음을 위한 수행(수단)은 모두 한가지로 보아 마땅할 것이라 생각합니다. 곧 둘 다 목적일 수 있고, 또는 수단일 수도 있다는 것입니다. 보다 정확히 이야기하면 수단이 목적이 될 수도 있고, 목적이 수단이 될 수도 있다는 시각에서 서로의 구분은 무의미하다는 것입니다.

일사불란한 독경을 둘째치더라도 불교수행의 과정은 참으로 혹독하고도 견디기 힘든 고난의 연속이라 생각합니다. 세간에서 흔히들 이를 고행(苦行)이라고 이야기 하고 있음은 이 때문이 아닌가 생각됩니다. 그들에게 있어서의 고행은 수단이 아닙니다. 그렇다고 목적도 아닙니다. 그 자체가 수단이고 목적입니다. '영원한 평안', '완전한 평화'라는 열반 또한 저마다의 인식에 자리 잡고 있거나 생각에 숨겨져 있거나 감추어져 있는 실상(實像)이 아니라, 허상(虛像) 자체로 취급되고 있음을 볼 수 있습니다. 불교의 법어(法語)로서 무념무상(無念無想)이라는 말이 이를 잘 표현하고 있는 말일 것이라 생각합니다.

이에 반하여 우리 크리스트교에서는 목적과 수단이 엄격히 분리되어 있음을 엿볼 수 있습니다. 곧 목적은 '천국'에 있고 수단은 '믿음'에 있음을 바로 볼 수 있습니다. 그렇다고 불교에서처럼 온갖 수행(수단)을 요구하고 있지는 않습니다. 불교의 시각에서 볼 때, 우리에게 있어서의 수행은 그저 올곧은 믿음의 결과에 따른 크리스천으로서 저마다의 사명이 다라면 다 일 것입니다. 그러기에 우리는 수행에 익숙하지도 않고 필요성도 그다지 중요하게 취급하지 않고 있는 경향이 짙습니다.

성경의 기록을 끌어다 놓기에, 불교에서의 모든 고행은 말씀 한절이면 족할 것입니다.

"수고하고 무거운 짐 진 자들아 다 내게로 오라 내가 너희를 쉬게 하리라"(마 11:28)

보고 또 보아도 너무도 간단하고도 명쾌한 정리(定理)가 아닐 수 없습니다. 그렇다면 우리 크리스천에게 있어서의 수행은 '고행'(苦行)이 아니라 '달고 단'[감(甘)] '감행'(甘行)이 아닐 수 없습니다. 그런데 우리 크리스천의 입장에서 앞서 본 '고행'(苦行)이 '감행'(甘行)으로 바뀌게 된다면 어떤 상황이 벌어지게 될까요? 이를 위해 앞선 화제에 감행을 덧붙여 재차 이야기해 보겠습니다.

먼저 등산의 경우입니다. 정상에 이르기 위하여 내딛는 한 걸음 한 걸음이 우리에게는 그토록 소중할 수가 없습니다. 뒷짐 지고 걸어가다 문득 하나님께서 지으신 자연의 풍미를 맛보고, 등산길에 사랑하는 사람들과 함께 나눈 대화에서 하나님의 사랑을 재발견하고, 풀 한포기 나무 한 그루에 생명을 주신 하나님의 무한하신 권능에 고개를 숙이고, 오늘도 살아 호흡하게 하셔서 이 땅을 걷게 하신 하나님께 감사하고, 오고가는 사람들에게 따뜻한 말 한마디와 목례(目禮)로 인사하고, 지저귀는 새와 흐르는 물소리의 반주에 맞춰 '주 하나님 지으신 모든 세계'(79장)를 불러도 보고, 정상을 눈앞에 두고 겸손한 마음으로 발걸음을 뒤로 돌리기도 하는, 이런 모습에 오르는 고행은 감행이 될 수밖에 없을 것입니다. 그렇다면 우리는 등산을 힘들게 한 것이 아니라 기쁘고 즐거운 마음으로 오른 셈이 됩니다.

출근도 매한가지입니다. 나의 직무(職務)로 인하여 이 사회와 세상이 더욱 윤택해 질 수 있고, 우리 가족이 오늘 하루도 일용할 양식을 취할 수 있으며, 그러기에 출근할 수 있는 직장을 허락해 주신 하나님께 감사함을 앞세울 수 있고, 어렵고도 대하기 힘든 상사이나마 책상위에 남몰래 커피 한 잔을 올려놓으며 짐짓 미소를 머금을 수도 있고, 막히고 짜증나는 출퇴근길에서 먼저 양보하면서 삶의 여유를 재발견하기도 하고, 퇴근을 기다리는 가족들을 위해 빵 몇 개 아이스크림 한 통을 챙겨도 보고, 잠자리는 하나님과 만날 수 있는 또 다른 기회로 보아 매일같이 그 때를 기다릴 수 있고, 오늘 하루도 호흡할 수 있게 해주신 하나님께 감사하는 마음을 되새겨볼 수 있다면, 이런 모습에 가고 오는 출퇴근길의 고행은 감행이 될 수밖에 없을 것입니다. 그렇다면 우리는 출퇴근을 힘들게 한 것이 아니라 기쁘고 즐거운 마음으로 오간 셈이 됩니다.

명절(名節)은 기쁘고 즐거운 날입니다. 그러기에 명절일 것입니다. 우리 신앙의 버팀목으로 지금도 우리 자식들을 위하여 끊임없이 기도해 주고 계시는 부모님을 뵈러가는 길은 뜰 뜨고 가슴 벅찬 길입니다. 그렇게도 보고 싶었던 부모님과의 만남을 귀향길에서나마 잠시 묵혀둘 요량이면 기쁨은 배가 될 것입니다. 재운 고기도 묵혀야 제 맛이 나는 것처럼 말입니다. 꽉 틀어 막힌 귀향길에 소리 높여 찬송가도 불러보고, 모든 식구가 가정예배로 하나님께 영광을 돌리고, 지난 날 유년주일학교 시절 고향마을 목사님의 신발깔창에 구두약을 발라놓고 온 교회가 난리도 아니게 법석을 떨었던 추억들을 회상도 해보고, 새 빔에 좋아하시는 부모님의 얼굴을 보며 한 해가 다르게 훌쩍 늙어만 가시는 모습에 뒤돌아 눈물도 흘려보는, 이런 모습에 귀향길 고행은 감행이 될 수밖에 없을 것입니다. 그렇다면 우리는 귀향길을 힘들게 한 것이 아니라 기쁘고 즐거운 마음으로 가고 온 셈이 됩니다.

주일예배도 마찬가지입니다. 예배의 과정은 하나하나가 소중합니다. 목사님 말씀이 전부는 아닙니다. 토요일부터 정갈한 복장과 정성스런 예물을 준비하고, 지난 한 주 동안 알게 모르게 지은 죄를 참회하며, 이 땅위에서의 고난을 넉넉히 감당하게 해 주신 하나님의 은혜에 감사하고, 찬송으로 기도로 묵상으로 말씀으로 친교로 주일성수에 임하는 것은 한 주간을 통틀어 가장 기다려지는 날입니다. 맛있게 삶은 점심국수에 흐뭇해하고, 화장실에 휴지도 채워 넣고, 주차봉사를 위해 두른 완장을 보며 뿌듯해하고, 오늘 우리에게 보여주신 말씀에 눈물도 흘려보는, 이런 모습에 주일예배시의 고행은 감행이 될 수밖에 없을 것입니다. 그렇다면 우리는 주일예배를 힘들게 참예한 것이 아니라 기쁘고 즐거운 마음으로 참예한 셈이 됩니다.

우리 크리스천에게 있어서의 목적과 수단은 더없이 기쁘고 즐거운 것이 되어야만 합니다. 항상 가슴 벅찬 것이 되어야 합니다. 그런데 여기서 한 가지 다짐해 두어야 할 것이 있다면 그것은 목적이 한결같아야 한다는 것입니다. 곧 그 목적은 '하나님의 영광'에 두어야 합니다.

크리스천 된 우리의 목적을 '하나님의 영광'에 두어야 한다면, 앞서 우리 삶의 목적은 '천국'에 있다고 이야기한 필자의 말은 틀린 셈이 됩니다. 왜냐하면 우리는 목적을 이루기 위한 수단으로서의 믿음(천국)을 이미 소유하고 있기 때문입니다. 그렇다면 남는 것은 바꾸어진 목적(옳은 목적)으로서 '하나님의 영광'을 이루기 위한 '수단'만이 남겨져 있는 셈이 됩니다.

우리는 수단으로서 '하나님의 도구'에 불과합니다. '하나님의 영광'을 세상 앞에 드러내기 위하여 우리는 어떠한 고행도 감행이라 여겨 언제나 기쁘고 즐겁게 마주 대해야 합니다. 왜냐하면 우리는 '하나님의 수단'(하나님의 도구)이기 때문입니다. 그 목적을 이루기 위해 죽어야 한다면 기쁘고 즐겁게 죽어야 하고, 살아야만 한다면 기쁘고 즐겁게 살아야 합니다. 재물도 자식도 명예도 권세도 지위도 모든 것을 다 버려야 한다면 이 또한 기쁘고 즐겁게 버려야 합니다.

나아가 우리는 불교의 고행보다도 더한 고행에 임하고 있음을 하시라도 잊지 말아야 합니다. 제아무리 불교에서의 고행이 힘들고 고단한 것이라고 해도 그렇다고 죽기까지 힘들지는 않을 것입니다. 거기에 비하면 우리의 고행은 말로다 형언할 수 없는 참혹하기 그지없는 고행에 임하고 있음을 볼 수 있습니다.

그렇다면 필자의 말은 또 틀린 셈이 됩니다. 곧 앞서 본 "수고하고 무거운 짐 진 자들아 다 내게로 오라 내가 너희를 쉬게 하리라"라는 말씀은 '감행'이 아니라 말 그대로 쓰다 못해[고(苦)] 맵기[신(辛)]까지 한 '신고행'(辛苦行)이라고 바로 잡아야 할 것 같습니다. 그러나 이 경우 제아무리 '신고행'이라고 하더라도 우리에게는 그저 감행의 또 다른 감행이 아닐 수 없을 것입니다. 왜냐하면 우리는 하나님의 도구로서 그 영광을 나타내기 위한 수단일 수밖에 없기 때문입니다.

"또 무리에게 이르시되 아무든지 나를 따라오려거든 자기를 부인하고 날마다 제 십자가를 지고 나를 따를 것이니라"(눅 09:23)

"형제들아 내가 그리스도 예수 우리 주 안에서 가진 바 너희에 대한 나의 자랑을 두고 단언하노니 나는 날마다 죽노라"(고 15:31)

"사람의 모양으로 나타나사 자기를 낮추시고 죽기까지 복종하셨으니 곧 십자가에 죽으심이라"(빌 02:08)

"또 우리 형제들이 어린 양의 피와 자기들이 증언하는 말씀으로써 그를 이겼으니 그들은 죽기까지 자기들의 생명을 아끼지 아니하였도다"(계 12:11)

그런데 여기서 한 가지 생각해 볼 것으로 신고행이나 고행은 둘째치더라도 말 뜻 그대로 감행에 임하고 있는, 보다 정확히는 감행만을 찾아 헤매고 있는 크리스천들이 있다면 이를 우리가 어떻게 바로 보아야 할까요? '하나님의 영광'을 세상에 드러냄에 있어 힘들고 고단한 수단(과정)이 요구되고 있음에도 불구하고 이를 내팽개치고 오로지 쉽고도 간단하며 편한 수단만을 앞세우고 있는 크리스천을 본다면 우리가 이를 어떻게 보아야 할까요?

한 걸음 더 나아가 그도 저도 아니게 이 모든 것을 등산처럼 힘들어하며, 귀향길처럼 귀찮아하고, 출퇴근길처럼 짜증내하며, 주일예배처럼 지겹게 생각하고 있다면, 이 딱한 처지를 어떻게 이해하여야 할까요? 그렇다면 목적(하나님의 영광)은 목적으로서의 가치와 의미를 이미 잃어버린 것과 진배없지 않을까요?

여기서 크리스천 된 우리의 자세로서 목적과 수단을 염두에 두고 한 가지 사례를 살펴보겠습니다. 근자에 교회의 재정공개에 관한 문제가 세간에 회자되고 있습니다. 문제의 본질은 오늘날 교회가 세상 앞에 주어진 사명을 올곧게 감당하고 있느냐의 여부에 두고 있습니다. 곧 재정공개의 이유를 교회가 감당하여야 할 바른 사명에 두고 있는 것입니다. 이에 대한 교회의 시각은 "공개하여야 한다"는 시각(전자)과 "공개해서는 안 된다"(후자)는 시각으로 극명하게 양분되어 있는 차제에 있습니다.

전자는 "교회재정의 감독은 교인들의 권리이자 의무사항으로 보아 재정공개의 제한은 하나님이 부여한 의무를 면탈하기 위한 초월적 권한남용이다"라고 후자를 비판하고 있고, 후자는 "현재 교회의 재정문제로 인하여 심각한 분란에 휩싸여 있거나 휩싸일 수 있는 개연성이 농후하여 이를 예방하기 위한 취지에서 재정공개는 불가피하다"고 주장하고 있는 실정입니다. 아울러 이에 대한 교회의 입장을 명백히 해 두고자 교회법에 "교인이 재정장부를 열람하려면 입교인 과반수의 동의 및 서명날인이 있어야 한다"는 규정을 존치해 두고 있는 실정입니다.

문제의 본질을 떠나 참으로 안타깝고 개탄스럽기 그지없습니다. 왜냐하면 모두가 목적과 수단을 호도하거나 왜곡하고 있는 추악한 행태로 보아 마땅하기 때문입니다. 우리가 하나님께 드린 희생제물로서 헌금(수단)으로부터 비롯된 교회재정은 누가보아도 목적이 '하나님의 영광'에 있을 것입니다. 목적을 이루기 위한 수단으로서 교회재정을 "공개해야 한다"든지 "공개하면 안 된다"든지 하는 것은 모두가 수단을 목적으로 보고 있음에서 비롯된 악한 처사가 아닐까 생각합니다.

필자가 보기에 이 문제는, 수단(헌금)은 목적(하나님의 영광)을 이루기 위해 존재하고 있는 것이기에 마땅히 목적의 시각에서 바라보아야 함에도, 수단을 목적과 동일하게 또는 따로따로 보고 있는 패악한 발상으로부터 화근을 자초하고 있다고 생각합니다(앞서 필자는 "목적은 언제나 수단과 그 운명을 함께 한다"고 이야기한 바 있습니다). 주인 된 목적의 자리에 종에 불과한 수단이 비집고 들어와 이러쿵저러쿵 떠들어대고 있음을 볼 때, 만약 우리가 주인이라면 그 종을 어떻게 치리(治理)해야 하겠습니까? 만약 종의 생명이 필자의 손에 맡겨져 있다면, 필자는 서슴없이 그야말로 레위인(Levite)의 전가(傳家)의 보도(寶刀)를 빌려 3족(三族)을 처단했을 것입니다(출 32).

"예수께서 이르시되 네 마음을 다하고 목숨을 다하고 뜻을 다하여 주 너의 하나님을 사랑하라 하셨으니 이것이 크고 첫째 되는 계명이요" "둘째도 '그와 같으니' 네 이웃을 네 자신 같이 사랑하라 하셨으니"(마 22:37-39)

모름지기 '하나님께 영광을 돌려드리는 것'은 '하나님을 사랑하는 것'입니다. 그렇다면 크리스천의 목적을 '하나님 사랑'에 두어도 별반 문제는 없을 것입니다. 왜냐하면 '하나님께 영광을 돌려드리는 것'이 '하나님 사랑'이고, '하나님을 사랑하는 것'이 '하나님께 영광을 돌려드리는 것'의 실체이기 때문입니다.

그런데 '하나님 사랑과 같은 것'이 하나 더 있습니다. 기록에서는 이를 '그와 같으니'(like it)라고 표현하고 있습니다. 그것은 "네 이웃을 네 자신같이 사랑하라"는 것입니다. 따라서 크리스천의 목적으로서 '하나님 사랑'은 '이웃사랑'이라고 해도 별반 무리는 없습니다. 왜냐하면 '그와 같기' 때문입니다.

모든 것을 종합할 때, 목적('하나님 사랑' 또는 '하나님의 영광')을 이루기 위한 수단(헌금)으로서 교회재정의 용처(用處)는 오로지 '하나님의 사랑'과 '이웃사랑'에 있어야 함이 마땅할 것입니다. 이 수단은 소외된 이웃을 위하여, 가난한 이웃을 위하여, 우리보다 못한 남을 위하여, 독거노인이나 소년소녀가장을 위하여, 하나님을 모르는 우리의 또 다른 이웃을 위하는 것 등에 사용되어져야 할 것입니다. 다만 어느 경우라도 교회재정의 주인은 목적으로서 하나님의 소유가 되어야 합니다. 그러기에 목적을 이루었다면 이전의 모든 수단은 반드시 시시때때로 매번이지 형해화(形骸化)되어야 합니다. 왜냐하면 목적을 때마다 어김없이 이룬 수단은 더 이상 수단으로서 의미가 없기 때문입니다.

그렇다면 앞선 전자의 주장은 잘못된 처사로 보아 마땅합니다. "공개하라"고 이야기해서는 안 됩니다. "이웃사랑의 결과를 보여 달라"고 이야기해야 합니다. 나아가 후자를 향하여 "공개된 이웃사랑의 결과를 모범으로 삼아 우리가 더욱더 이웃사랑에 힘쓰겠다"는 각오를 덧붙여 두어야 합니다. 그럼에도 불구하고 다만 "공개하라"는 것에 그치고 있다면, 우리는 이 말만 가지고는 목적이 어디에 있는지 구분하기 어렵다고 보아 잘못된 처사로 배척할 수밖에 없을 것입니다. 결국 전자는 표현과 추구하는바 목적의 진실성에 문제가 있다는 적시(摘示)에서 자유로울 수 없을 것입니다.

이에 반하여 후자는 전자에 비할 것도 없이 패악의 극을 치닫고 있음을 엿볼 수 있습니다(후자는 대개 '교회' 또는 '목회자'가 될 것으로 보아 이하 '목회자'로 칭하겠습니다). 목회자는 목적에 붙여진 수단을 마치 그들이 당초 목적(주인)이나 된 것인 양 주장하고 있습니다. 그렇다면 그들은 교만(驕慢)의 선봉에서 있는 '괴수(魁帥)의 수괴(首魁)'가 아닐 수 없을 것입니다. 왜냐하면 "공개하지 않겠다"는 저들의 시각은 "이웃사랑의 목적 실현을 감추겠다"고 이야기하는 것과 다르지 않을 것이기 때문입니다. 이는 달리 "'하나님의 사랑'과 '하나님의 영광'을 감추겠다"는 것과 진배없습니다. 그렇다면 그들 목회자는 하나님을 대적하고 있는 '사탄의 수하'(手下)이자 우리식대로라면 '사기꾼'들입니다. 다만 이 경우에도 한 가지 예외가 있습니다. 그것은 목회자가 다음의 성경말씀을 기치(旗幟)에 걸어두었을 때에 한합니다.

> "너는 구제할 때에 오른손이 하는 것을 왼손이 모르게 하여 네 구제함을 은밀하게 하라 은밀한 중에 보시는 너의 아버지께서 갚으시리라"(마 06:03-04)

그렇지만 이 경우 후자는 다만 사기꾼임에 틀림이 없습니다. 왜냐하면 그들은 교회재정 공개불가의 이유로서 위의 말씀을 인용하고 있기는커녕

"현재 교회의 재정문제로 인하여 심각한 '분란'(紛亂)에 휩싸여 있거나 휩싸일 수 있는 개연성이 농후하여 이를 예방하기 위한 취지에서였다"고 이야기 하고 있기 때문입니다. 한 걸음 더 나아가 여기서 '분란'의 실체는 '이웃사랑'의 결과를 의미할 것입니다. 그렇다면 후자된 목회자의 변(辯)은 "'이웃사랑'의 문제로 인한 교회의 분란이 걱정된다"고 바꾸어 말할 수 있을 것입니다.

필자의 변덕이 죽 끓듯 하다고 손가락질해도 상관없습니다. 또 다시 필자는 말을 바꾸어야 할 것 같습니다. 그들은 '사기꾼'이 아니라 '시정잡배(市井雜輩)들에도 못 미치는 추악한 자'들입니다. 그저 편둥편둥 놀면서 방탕한 생활을 하며 시중에 떠돌아다니는 사기꾼의 무리라고 보아 틀림없을 것입니다. 모두가 목적과 수단을 혼동하거나 왜곡하고 있는 그릇된 처사에서 비롯된 악한 행사임을 재차 되짚어 둡니다.

위 말씀에 비추어 이웃사랑의 결과로서 교회재정은 세상 앞에는 몰라도 그나마 하나님의 도구(수단)로서 우리 앞에는 반드시 명명백백히 드러내 보여야 합니다. 이는 세상 앞에 속죄하는 마음의 또 다른 표현일 수 있고, 그도 우리 자신에게는 물론 우리의 신앙을 계수하여야 할 자랑스러운 우리의 후사들에게도 모범이 되는 일입니다.

그것도 주보 전면에 담임목사 아무개, 시무장로 누구누구라는, 읽기 불편한 '빛 좋은 개살구'[犬殺狗, 개구행(犬狗杏), 장밋과의 갈잎 중간키 나무인 살구나무의 살구는 '개를 죽인다'는 뜻을 담고 있습니다. 살구나무는 아주 친근한 나무지만 이름은 섬뜩합니다. 살구나무에 이런 이름을 붙인 것은 이 나무의 열매, 즉 행인(杏仁)에 독이 있기 때문입니다] 등은 여지없이 떼어버리고 이를 대신하여 '이웃사랑'의 자랑스러운 모습을 떳떳이 내보여야 할 것입니다.

크리스천 된 우리 삶의 목적은 '하나님 사랑(영광)'에 있고, 수단은 '이웃 사랑'에 있음을 바로 되새겨 두어야 할 것입니다. 그러기에 우리 삶의 전반은 그 길이 비록 신고행(辛苦行)의 길이라고 하더라도 항상 기쁘고 즐거워 할 수 있는 것입니다.

내일은 주말입니다. 내일이 오늘과 같다면 아마도 날씨 또한 청명하고 화창하기 그지없을 것이라 생각됩니다. 내일은 가벼운 복장으로 사탕 한 봉지 사다가 여유롭게 등산에 임하고자 합니다. 왜냐하면 등산을 통해 기쁘고 즐거운 마음으로 감행을 즐겨보기 위해서입니다. 다만 정상을 밟고 오지는 않을 작정입니다. 교만을 경계해 두기 위함입니다. 챙겨간 사탕은 뒷짐 지고 오르면서 인사와 함께 전할 것입니다. 자그마한 것이지만 기쁨과 즐거움을 담아 목례와 함께 말입니다.

까치 밥

세상은 참으로 각박하고 메마르게 그것도 빠르게 지나고 있는 것 같습니다. 같은 아파트단지에 살고 있어도 옆집에 누가 사는지도 모르고 있는 것이 허다하고, 버스로 한 두 정거장만 벗어나게 될 요량이면 우리는 쉽게 익명성(匿名性)에 감추어지게 됩니다. 그러기에 서로 모르는 대상들에게는 극히 배타적이 될 수밖에 없고, 달리 친분이 있는 사람들이라면 더욱 결속의 끈을 단단히 부여잡게 되는 것 같습니다.

도심 한 복판을 걷다보면 모두들 분주하게 제각기의 길을 무심히 걷고 있고, 지하철에서도 버스 안에서도 대체로 휴대폰이나 MP4와 같은 이기(利器)의 노예가 되어 마치 이것들을 신주 받들듯 두 손에 모시고 있는 모습을 대할라치면 씁쓸한 미소만을 머금게 됩니다. 물론 이러한 모습들이 잘못 되었다고는 볼 수 없지만, 어딘가 모르게 이 모습들이 각박한 세상살이를 대변하고 있지는 않은가 하는 생각을 더듬어 볼 요량이면, 퍽이나 착잡한 마음을 가눌 수 없게 됩니다. 복잡다단한 현 세대의 편린(片鱗)이 아닐까 생각합니다.

복잡다단한 이 세대는 필경 우리의 감성과 때로는 눈물까지 메마르게 하고 있는 것 같습니다. 그러기에 따뜻하고, 정감이 있고, 온화하며, 평온한 것들을 추구하기 보다는, 오히려 빠르고, 자극적이고, 쉽고, 재미있는 것들을 선호하는 경향이 짙습니다. 뒷짐 지고 걸어가는 것보다 빠른 걸음을 재촉하는 것이 더욱 편하고, 책갈피를 넘기는 것보다 터치해서 스크롤(Scroll) 하는 것이 더욱 익숙하며, "두껍아 두껍아 헌집 줄께 새집 다오"라는 나지막한 소리보다는 차라리 자이로드롭(Gyro Drop)에서의 괴성을 더욱 친근하게 느끼고 있는 것 같습니다.

이하 좀 지난 최근에 필자가 학내신문에 '쓰지 못하게 된 이야기'라는 제목으로 기고한 칼럼입니다. 바쁘고 들뜬 기분을 뒤로 하고 편안하고 포근한 마음으로 그렇지만 조금은 무거운 마음으로 접해 보기로 합니다. 이 글의 키워드는 '다정'(多情)과 '추억'(追憶)입니다. 그것도 잔잔하고 평안하며, 떠올릴수록 가슴이 푸근해지는 그런 넉넉함과 여유로움 그 자체라고 할 수 있습니다.

"아동문학을 전공하시는 김선생님은 요즈음 무척 고민이 많다고 하셨다. 떠올려보면 하나같이 알록달록하고 고소한 소재들인데도, 이제는 모두가 아무짝에 쓸모없는 깨진 창문틀 유리조각 같이 되어버렸다는 것이 그 이유였다."

"나름 청춘의 때부터 그렇게 꿈꾸어오고 갈망해왔던 아동문학가로서의 지위를 얻자마자, 이처럼 한없는 자괴감에 빠져 허덕이고 있는 자신의 모습이 이제는 스스로도 통제할 수 없는 공황상태에 이르렀다는 것이다."

"밑단을 세 번이나 접고도 뒤가 질질 끌리던 새로 산 추석날의 절구통 하얀 바지, 그것도 하루걸러 두세 번 빨아 재낀 터에, 열흘을 못 넘긴 채로 거뭇거뭇 시커먼 물이 배어 이내 머슴바지가 되어버렸던 기억..."

"코쭝배기 속에 헌 양말을 구겨 넣고도 헐거웠던 뚝 고무신발, 중학교

올라갈 때까지는커녕 며칠 새 장마통 똘캉에 한 짝을 떠내려 보내고는 죽죽 울던 서러움…"

"술 찌끼미에 신화당(사카린)을 버무려서, 동생과 몰래 소 우리 여물통 뒤켜에서 킥킥대며 훔쳐 먹다, 그 기운을 못 이겨 이내 곤드레 널 부러진 채로 큰 고모에게 걸려 흠씬 두들겨 맞던 추억…"

"낚시바늘 미늘에 보리 꿰어 낚아 올린, 족히 두 뼘은 되어 보였던 잉어 한 마리, 그것도 곤죽에 실가시가 많아 입에 대지도 못하고, 이내 도야지 여물통에 퍼붓고 팔딱팔딱 튀어 올랐던 살아생전 발갱이를 떠올리곤 차마 뒤돌아 설 수 없었던 처절했던 미안함…"

"해 찬 듯 서울 가시나 얼굴을 석류나무 앞에 걸어두고, 꼴딱꼴딱 목젖소리를 숨죽여 가며, 이내 아침녘 해오름에 첫차 버스로 그 가시나를 떠나보내고, 등굣길에 골 패인 버스 타이어 발자국을 따라 이유 없는 그리움에 고개 떨구고 철퍽철퍽 걸어갔던…"

"상여 길에 방울소리 딸랑딸랑, "서른 서이 상두군아 발을 맞자 소리하소, 좁은 길도 널리 잡아 질도 없이라 넘어간다, 어허 어어어 어라넘자 넘화여", 개울을 앞에 두고 노잣돈을 지펴 저승길을 밝혀가던 아스름한 상여소리…"

"하나같이 풀어쓰자면 아리삼삼한 꿈결 같은 이야기인데도, 이런 이야기를 자신의 중학교 3학년 딸내미에게 사부작사부작 들려줄 때면, 어김없이 한바탕 가족 대반란이 일어난다는 것이었다."

"헐! 아빠! 이상한 얘기 하지마!"

"도대체 뭐가 뭔 소린지 하나도 모르겠거든!"

"모르긴 해도 이런 생각이 틀림없이 무언가 잘못된 것이 있는 것 같은데도, 지금껏 아무리 생각해봐도 어디서부터 무엇이 어떻게 잘못되었는지 도무지 알 수가 없다. 혹여 나도 김선생님처럼 공황상태에 빠진 것은 아닌지…"

"오늘따라 유독 우리 중학교 3학년 딸내미가 무서워지는 이유가 왜일까?

그 또한 모를 일이다."

성경의 기록에서도 이 같은 풋풋한 '다정'과 따사롭기 그지없는 '추억'의 기록이 있습니다. 그 중에서 윗글에 부합할 수 있는 가장 인상적이고 눈에 띄는 기록을 중심으로 이 세대에 있어 새로운 교훈과 뜻 깊은 의미를 재발견해 보기로 하겠습니다.

"네 이웃의 포도원에 들어갈 때에는 마음대로 그 포도를 배불리 먹어도 되느니라 그러나 그릇에 담지는 말 것이요"

"네 이웃의 곡식밭에 들어갈 때에는 네가 손으로 그 이삭을 따도 되느니라 그러나 네 이웃의 곡식밭에 낫을 대지는 말지니라"(신 23:24-25)

참으로 보고 또 보아도 다정한 기록이 아닐 수 없다고 생각합니다. 당시 이스라엘은 남의 포도원이나 밭에서 누구든지 제한 없이 그곳의 소산물을 취할 수 있었습니다. 다만 여기서 "취할 수 있었다"고 함은 시장할 때가 아닌가 생각합니다. 정겹기 그지없는 이야기나, 지금에서 생각하면 턱도 없는 이야기라고 생각합니다. 그렇지만 그릇을 가지고 가서 포도열매를 취하여 담거나, 낫을 사용하여 소산물을 거두어 가는 것은 일체 허용되지 않았습니다.

그들이 하나님께서 택하신 선민이라는 것과 그들이 경외하고 예배하여야 할 대상은 오로지 하나님 한 분 뿐이시라는 공통의 신앙고백이 빚어낸 참으로 정겨운 미풍양속(美風良俗)적 규례가 아닐 수 없다고 할 것입니다. 당시 이스라엘의 이 같은 규례는 그들의 사회질서를 엄격히 유지하면서도 공동체의 형편과 처지에 맞는 넉넉한 양속까지 이에 더하여 공의와 융통성을 동시에 겸비하고 있었습니다.

이처럼 따뜻하고 정겨운 미풍양속적 규례는 대상이 사람에게만 그치지 않고 심지어 동물[소(牛)]에게까지 미치고 있음을 살필 수 있습니다. 그러고 보면 이스라엘은 당시 상황에 비추어 어느 민족에게서도 찾아볼 수 없는 참으로 낭만적이고 감수성 풍부한 심성을 보유하고 있었다고 미루어 짐작할 수 있습니다.

"곡식 떠는 소에게 망을 씌우지 말지니라"(신 25:04)

고대 근동의 농경사회에서는 곡물을 탈곡할 때, 소로 하여금 곡식의 낟알을 떠는 기구를 끌게 하여 껍질을 벗겨내곤 하였습니다. 이때 소는 가끔 곡물의 피(皮)뿐만 아니라 곡식 또한 먹고는 했는데, 이를 방지하고자 사람들은 소의 입에 망(網)을 씌워 두고는 했습니다. 위 기록은 우리가 보는 그대로 소의 입에 망을 씌우지 말고 먹을 것을 허락하라는 규례입니다. 사람을 위해 죽을 힘 다해 그것도 평생을 일할 수밖에 없는 운명을 타고난 소의 입장은 둘째치더라도, 사람을 위하여 모든 피조물들을 더 해주신 하나님의 입장에서도 이는 넉넉히 보아 기뻐하실 수 있는 정겨운 규례였다고 보입니다. 보고 또 보아도 하나님의 자비하심과 인자하심이 담겨진 사랑의 규례라 아니할 수 없습니다. 신약에 이르러 사도 바울 또한 이상의 규례를 인용하고 있음을 보면 더더욱 그러합니다.

"모세의 율법에 곡식을 밟아 떠는 소에게 망을 씌우지 말라 기록하였으니 하나님께서 어찌 소들을 위하여 염려하심이냐"

"오로지 우리를 위하여 말씀하심이 아니냐 과연 우리를 위하여 기록된 것이니 밭가는 자는 소망을 가지고 갈며 곡식 떠는 자는 함께 얻을 소망을 가지고 떠는 것이라"

"우리가 너희에게 신령한 것을 뿌렸은즉 너희의 육적인 것을 거두기로 과하다 하겠느냐"

"다른 이들도 너희에게 이런 권리를 가졌거든 하물며 우리일까보냐 그러나 우리가 이 권리를 쓰지 아니하고 범사에 참는 것은 그리스도의 복음에 아무 장애가 없게 하려 함이로다"(고전 09:09-12)

"성경에 일렀으되 곡식을 밟아 떠는 소의 입에 망을 씌우지 말라 하였고 또 일꾼이 그 삯을 받는 것은 마땅하다 하였느니라"(딤전 05:18)

'다정'과 '추억'에 관한 성경의 기록은 이 뿐만이 아닙니다. 가난한 자들을 위하여 밭에 곡물을 죄다 걷지 말고 남겨두어야 한다는 규례(신 24:19-21), 형제에게 돈이나 재물을 빌려준 경우 이자를 받아서는 안 된다는 규례(신 23:19), 이웃에게 꾸어줄 때 담보물[擔保物, 기록에서는 전집물(典執物)]을 취해서는 안 된다는 규례(신 24:10-13), 품삯은 당일에 주고 해진 후까지 끌지 말라는 규례(신 24:14-15), 감람나무를 떤 후에 또는 포도원의 포도를 딴 후에 남은 것을 다시 따지 말고 객과 고아와 과부를 위하여 남겨두라는 규례 또한 마찬가지로 넉넉하고도 정 깊은 사랑의 규례라 할 수 있습니다.

우리의 미풍양속에도 이러한 다정한 관습이 없었던 것은 아닙니다. 지난 날 필자가 간직하고 있는 다정에 관한 추억입니다. 그때 필자는 긴 대나무 끝에 Y자 철끈을 동여매어 높다란 감나무 위에 달린 홍시를 따려고 발버둥 친 적이 있었습니다. 이 모습을 보신 할아버지께서는 지게작대기를 들어 필자를 흠씬 닦달하셨습니다. 그날은 지금도 필자가 잊지 않고 기억하고 있는 말 그대로 신나는 달밤이었습니다. 그때 할아버지께서는 몇 개 달린 홍시를 일컬어 '까치 밥'이라고 하셨습니다. 한갓 미물에 불과한 까치였음에도 우리와 한 마을에서 지내고 있는 정을 생각하고 까치를 위해 남겨두신 할아버지 사랑의 또 다른 표현이었습니다.

또한 고구마 밭이랑도 모두 갈지는 않았습니다. 귀퉁이 한 켜는 그대로 남겨 두었습니다. 해질녘 긴 그림자를 뒤로 하고 집으로 돌아오는 하굣길에 친구들과 재미삼아 작대기 하나로 밭 귀퉁이를 들쑤셔 댈 요량이면 우리는 쉽게 고구마를 캘 수 있었습니다. 앞 이빨 두 개로 마치 쥐처럼 갉아먹던 고구마 맛은 지금도 잊을 수가 없습니다. 그렇지만 한 켜에 남겨진 고구마 밭은 비단 우리들의 것만은 아니었습니다. 길 가던 우체부, 종점 버스기사, 소먹이다 지친 선머슴, 땔감 얹은 지게를 개어둔 초로(初老) 모두의 소유였습니다. 우리는 예로부터 이를 방언으로서 '이랑고수레'라고 하였습니다.

이 뿐만이 아닙니다. 해마다 김장철에 동네 아낙들의 품앗이 때면 누구랄 것도 없이 모두가 배추 겉단을 심하다 싶게 뜯어내고는 했습니다. 그렇게 뜯어낸 멀쩡한 겉단은 즉시 치우질 않고 하루해를 묵혔습니다. 왜냐하면 그나마 그것으로 김장을 담글 수밖에 없었던 우리의 가난한 이웃을 위해서였습니다. 모두가 우리의 정(情)이었고 추억(追憶)이었음은 두 말할 필요가 없을 듯합니다.

언젠가 필자의 학교에서 전 교직원들에게 이런저런 곡물을 꾸러미로 포장한 선물세트를 나누어 준 적이 있었습니다. 필자는 퇴근길에 이것을 그만 차위에 깜박 그대로 놔두고 집으로 들어가고야 말았습니다. 아내의 채근에 부랴부랴 차위를 다시 찾아가 보았지만 그때는 이미 선물세트가 흔적도 없이 사라진지 오래였습니다.

그곳에서 한참을 멍하니 서있던 중 필자는 문득 '까치 밥'을 떠올리게 되었습니다. 이참에 필자는 2kg짜리 쌀 포대 서너 개를 사다가 재활용 책상 하나를 후미진 곳 가로등 밑에 다가 가져다 두고 위에 얹어 놓았습니다. 다음 날 그곳을 가보니 영락없이 그 쌀 포대 또한 오간데 없었습니다. 오죽했으련만 하는 생각에 3일 간격으로 매번 그 수고로움을 자청하였습니다.

그런데 어느 한 날 책상위에는 필자의 것 말고도 대여섯 포대의 쌀이 필자의 그것과 함께 놓여 있었습니다. 비좁은 책상이 견뎌내기 힘들 정도로 책상 위는 그야말로 빽빽하기 그지없었습니다. 놔두고 가져가고 또 보태지고 이러한 순환의 순환을 거쳐 지금은 인근의 한 교회에서 도맡아 전담하고 있는 실정입니다. 모두가 필자 할아버지께서 손에 드셨던 그때 따가운 지게작대기로 인한 결과였습니다.

필자가 사는 가까운 주변에 KTX가 다닙니다. 그 다리 밑에 허름한 컨테이너 박스 2동이 있습니다. 매일같이 그곳에서는 점심국수가 무료로 제공됩니다. 또 한 중국음식점에서는 주말마다 70세 이상 되시는 어르신들에게 맛난 짬뽕이 무료로 제공됩니다. 거기서 한 10여분 쯤 걸어가다 보면 외국인교회가 하나 있는데, 그곳에서는 매주말마다 떡메 치는 소리가 요란합니다. 그들에게는 색다른 체험인지는 몰라도 그것도 용기에 가지런히 콩떡을 담아 소외된 우리 이웃들에게 전하고 있음을 볼 때, 절로 깊은 정을 느낄 수 있습니다. 또한 목욕탕 주인 할머니는 매주 월요일 아침에는 65세 이상 노인들을 대상으로 입욕료(入浴料)를 받지 않습니다. 노인들의 손을 붙잡고 따라나선 손자들도 이는 매한가지입니다.

여기서 화제를 극단으로 바꾸어 보겠습니다. 비록 오래 전의 이야기입니다만 지금까지 필자가 잊지 않고 기억하고 있는, 그렇지만 기억하기 싫은 무정(無情)한 모습 하나가 있습니다. 무더운 여름 어느 한날 저녁이었습니다. 그럼에도 불구하고 철지난 여러 겹의 옷을 답답하게 껴입고 있었던 부랑자 두 사람이 교회 앞 계단에 걸터 앉아있었습니다. 그것도 소주 2병을 아래계단에 올려놓고 한줌 멸치를 안주삼아 아무 말 없이 그렇게 술 대작을 하고 있었습니다.

그런데 이 모습을 대한 교회의 목사님이 느닷없이 그들을 치켜세우며 혼쭐을 내고 있었습니다. 삿대질에 괴성이 난무하면서 끝내 몸싸움에까지 이르렀고 소란스러움에 신고가 있었던지 이내 출동한 경찰차에 그들 셋은 모두 파출소로 향하고야 말았습니다.

이 모습을 지켜보고 있었던 필자 주위의 한 아주머니는 부임한지 얼마 되지 않은 목사가 엊그제는 교회 문턱에 차를 세워둔 이웃과 주차시비로 말썽을 일으키더니 하루가 멀다 하고 오늘은 이러한 문제로 또 시끌벅적하다면서 혀를 끌끌 차는 것이었습니다. 모두가 철없는 목사 때문이라는 지탄은 둘째치더라도 한 아주머니가 돌아서면서 무심코 내뱉었던 한마디 혼잣말에 필자는 이내 큰 충격에 휩싸이게 되었습니다.

"말세다... 말세... 어쩌다 세상이 이 지경이 되었는지..."

할 말이 없었습니다. 비참하기 짝이 없었습니다. 한 아주머니의 말대로 어쩌다가 이 지경이 되었는지 필자 또한 알 수가 없었습니다. 이 모습을 어떻게 보아야 할까요? 무엇 때문에 이 지경이 되었을까요? '쇠 망',

'까치 밥', '이랑고수레', '선물세트', '떡메' 등은 도대체 어디로 사라져 버린 것일까요?

차를 타고 오가다보면 볼 수 없었던 것들이, 걷다 보면 어느새 보이지 않았던 것들마저도 하나 둘씩 눈에 띄게 됩니다. 필자는 근자에 아내와 함께 저녁 식사 후 한두 시간을 걷기에 소일하고 있습니다. 그간에 보지 못했던 상점도 보이고, 저마다 살아가는 모습도 보이며, 언제 그곳에 있었냐는 듯싶게 그간 보이지 않던 교회도 눈에 띄게 됩니다. 엊그제까지는 빵집이었는데 그곳에 느닷없이 커피전문점이 들어서 있고, 재래시장을 돌면서 여기도 장날이 있었다는 사실도 새롭게 알게 됩니다.

그런데 한 가지 이상한 것은 모든 인근교회가 한결같이 깜깜하다는 것입니다. 어느 곳에는 텅텅 빈 주차장이 그도 쇠고랑으로 잠겨있고, 교회 문 앞에는 주차금지기둥 네댓 개도 세워져 있음은 물론, 요즘 유행하고 있는 보안구역 식별표시도 야광스티커로 정문 앞에 떡하니 큼지막하게 붙여져 있는 실정입니다. 이는 수요일과 주일저녁에도 그 양상은 다르지 않습니다. 모든 예배가 파하게 되면 그 모습은 평일의 그것과 다르지 않습니다.

그럼에도 어느 교회의 간판자막은 "하나님은 사랑이시라"라는 글귀가 담임목사의 이름과 함께 흐르고 있음을 보게 됩니다. '선데이 크리스천'이라는 말은 곧잘 들어보았습니다만 이러한 교회에 왜 '선데이 교회'라는 말이 붙여져 있지 않은지 알 수 없는 형편입니다.

필자가 이 지면에서 되짚어 두고자 하는 것은 아닌 게 아니라 이 세상을 향한 '교회의 사명'입니다. 아이들이 뛰놀 수 있고, 누구도 거리낌 없이 주차할 수 있고, 이웃과 함께 차 한 잔 넉넉하게 마실 수 있을 뿐만 아니라 그것도 새로 온 이웃이나 떠나가는 이웃이나 할 것 없이 친교의 장으로서 교회의 몸을 허락할 수 있었다면 위에서 한 아주머니의 충격적인 말은 듣지 않아도 되었을 것이라 생각합니다.

외국인교회와 연합하여 떡메도 들어 보고, 외국어도 알게 모르게 우리는 물론 이웃과 함께 배워도 보며, 가끔은 이웃돕기를 위한 아나바다(아껴쓰고, 나눠쓰고, 바꿔쓰고, 다시쓰자)의 바자회도 열어 보고, 온 동네 함께 김장은 물론 국수나 짬뽕도 만들어 나누어도 보고, 작은 음악회를 통해 주민잔치도 열어도 보는 장으로서 교회의 몸을 허락할 수 있었다면 위에서 한 아주머니의 충격적인 말은 또 다시 듣지 않아도 되었을 것이라 생각합니다.

교회는 누구의 것인가요? 목사의 것입니까? 교단의 것입니까? 소유가 누구 앞으로 되어야 마땅하겠습니까? 목사 앞으로 입니까? 교단 앞으로 입니까? 우리의 사랑하는 이웃들이 우리와 함께 그리스도의 몸 된 교회와 한 지체를 이룰 수 있도록 그래서 하나님의 사랑 안에 거할 수 있는 뜻 깊은 기회가 이 글이 단초가 되어 하루속히 마련될 수 있기를 기대합니다.

"그러므로 너희도 영적인 것을 사모하는 자인즉 교회의 덕을 세우기 위하여 그것이 풍성하기를 구하라"(고전 14:12)

"나는 이제 너희를 위하여 받는 괴로움을 기뻐하고 그리스도의 남은 고난을 그의 몸된 교회를 위하여 내 육체에 채우노라"

"내가 교회의 일꾼 된 것은 하나님이 너희를 위하여 내게 주신 직분을 따라 하나님의 말씀을 이루려 함이니라"(골 01:24-25)

자기명시화의 처음과 끝

필자가 대학에 갓 입학하던 때 어느 주일의 일입니다. 그때 주일설교에서 필자는 뜻밖의 신앙적 충격에 휩싸이게 되고, 급기야 강렬한 지적 열망에 사로잡히게 됩니다. 계기는 목사님의 설교 중에서 "이스라엘의 왕으로서 기름부음을 받지 않은 자 중에서 최초의 메시아는 고레스입니다"라는 말씀 때문이었습니다. 생경하고 낯설기 그지없는 고레스(Cyrus the Great, *Koreš*, כורש B.C.590?-B.C.530)라는 사람의 이름은 차치하고서라도 그가 최초의 메시아라는 사실은 그야말로 충격이기에 충분하고도 남음이 있었습니다.

"여호와께서 그의 기름 부음을 받은 고레스에게 이같이 말씀하시되"
"내가 그의 오른손을 붙들고 그 앞에 열국을 항복하게 하며 내가 왕들의 허리를 풀어 그 앞에 문들을 열고 성문들이 닫히지 못하게 하리라"
"내가 너보다 앞서 가서 험한 곳을 평탄하게 하며 놋문을 쳐서 부수며 쇠빗장을 꺾고"
"네게 흑암 중의 보화와 은밀한 곳에 숨은 재물을 주어 네 이름을 부르는 자가 나 여호와 이스라엘의 하나님인 줄을 네가 알게 하리라"(사 45:01-03)

필자에게 신앙적 사건이라면 사건일 수 있었던 이때의 충격은 이후로 30년이 지난 오늘에 이르기까지 필자의 머리를 떠나지 않고 있는 실정이고, 지금까지 페르시아[성경에서는 바사(波斯), Persia]에 관심을 갖고 연구에 임하게 한 결정적 동인(動因)이 되었습니다. 모르고 있었던 것이 약이 된 셈이고, 그러기에 고레스는 필자에게 성경의 여러 인물가운데 평생을 통해 가장 잊지 못할 위인이 되었습니다.

그때 이후로 필자의 지적 열망은 시나브로 강도를 더해가게 됩니다. 그것도 나름 전문성이 가미된 '삐딱한 시각'으로 말입니다. 이 모습을 지켜보신 필자의 어머님께서는 필자에게 그러한 자세도 좋지만 때로는 '덮어놓고 믿는 믿음도 소중한 것'이라고 깨우쳐 주셨습니다. 물론 그때 어머님의 말씀에 콧방귀를 뀌었음은 두 말할 필요가 없겠지만 그 뜻을 바로 이해하기까지에는 수많은 눈물과 땀을 쏟아 부어야 했습니다. 여기서 그 뜻에 담긴 이야기를 꺼내볼까 합니다.

위에서 이야기한 '삐딱한 시각'이라고 함은 대개 이런 것들이었습니다. 곧 고레스로부터 시작된 의문은 꼬리에 꼬리를 물어 그야말로 봇물 터지듯 하였습니다(그 핵심은 신앙적 의문이라기보다 역사적 사실이나 명칭에 관한 의문이었음을 참고로 합니다). 그 중에 몇 가지만 예를 들어 보겠습니다.

"아브라함이 하나님께 이삭을 제물로 바칠 때 손에 들었던 칼이 돌[석기(石器)]일까? 청동기(青銅器)일까? 아니면 철기(鐵器)일까?

"요셉이 이집트의 재상이었을 때 이집트의 파라오는 누구였을까?"

"솔로몬을 찾아간 여왕이 다스린 나라로서 스바는 지금의 어디일까?"

"헷사람 우리야의 아내를 다윗이 취했다고 하는데 헷은 지금의 어디일까?"

"모세가 이스라엘을 이끌고 홍해를 건넜다고 하는데 그때가 어느 때고 그때 이집트의 왕은 누구였을까?"

"이스라엘이 무엇 때문에 북이스라엘과 남유다로 쪼개어졌을까?"

"앗수르, 바벨론, 바사, 갈대아 등의 제국은 어떻게 명멸해 갔을까?"

"느부갓네살, 불, 아닥사스다, 아하수에로, 사르곤 이들의 치적은 무엇이 있을까?"

"바벨탑과 아카드의 함무라비대왕과는 별반 관계가 없는 것일까?"

"함무라비대왕은 성경에 왜 그 이름을 보이지 않고 있는 것일까? 보이고 있다면 그 이름은 무엇일까?"

"현재 중동의 지구라트는 바벨탑의 또 다른 모습이 아닐까?"

"척박한 사막에서 느부갓네살은 공중정원에 어떻게 물을 끌어다 올렸을까?"

"산헤립의 18만 5천 군사가 궤멸된 것이 페스트 때문이라고 하는데 과연 사실일까?"

대체로 이 같은 역사적 사실성(事實性)에 기초한 의문들은 내용에 비추어 일시에 풀릴 수 있는 것들이 아니었습니다. 오랜 시간을 털어 넣어야 그것도 피상적으로나마 이해할 수 있는 것들이었습니다.

그렇다면 이 같은 의문은 성경의 역사적 실재성(實在性)에 비추어 어디서 어떻게 해(解)를 찾고 또 이해하여야 할까요? 우리는 물론이고 특별히 자라나는 세대들에게 있어서 말입니다. 만약 역사적 사실성을 담보할 수만 있다면 성경은 그야말로 '기독교 신앙'과 '세상의 지혜'를 아우를 수 있는 말 그대로의 살아있는 교과서가 될 수 있을 텐데 말입니다. 그렇지만 아쉽게도 필자 경험으로는 이 문제 중에서 한 둘을 빼고 어느 하나 교회에서 구한 적은 없었습니다.

어떤 현상을 논리(여기서는 '역사적 사실성')로 접근하는 것은 과학적(역사적) 사고 내지 연구의 기초가 됩니다. 왜냐하면 이 논리로부터 객관성과 당위성을 확보하여야 실체적 자연현상이나 사회현상을 바로 인식할 수 있기 때문입니다.

한편 성경도 이와 다르지 않을 것입니다. 이는 곧 성경해석에 있어 과학적 · 논리적 접근법은 상당히 중요하고도 필수불가결한 연구방법이기에 어떤 경우라도 항상 이를 담보할 수 있어야 함을 시사합니다.

그렇지만 한 가지 간과하여서는 아니 될 사실은, 그렇다고 하더라도 그것이 전부가 아니라 항상 말씀의 법, 언약의 말씀 가운데 면면히 흐르고 있는, 사람에게 향하신 하나님의 뜻과 기대를 결단코 도외시하거나 놓쳐서는 곤란하다는 것입니다.

그럼에도 불구하고 우리는 대개 성경말씀을 필자 어머님의 말씀대로 다만 덮어 놓고 믿는 경향이 다분한 것 같습니다. 곧 역사적 실재성에는 별반 관심이 없고 제아무리 역사가 그렇다고 하더라도 성경을 다만 말씀으로 가두어 말씀으로 보고 있는 경향이 농후한 것 같습니다.

만약 그렇다면 위에서 이야기한 새로운 과학적 논리나 합당한 실재적 논리가 우리의 신앙 앞에 다가와 충돌할 요량이면 뜻밖의 신앙적 정체감(停滯感)에 사로잡히기 십상이고, 이것이 발전에 발전을 거듭하게 되면 신앙의 위기에까지 이르게도 됩니다. 우리는 이러한 모습을 주위에서 흔치 않게 볼 수 있습니다(물론 흔들리지 않는 올곧은 신앙을 간직한 신앙의 시니어들에게는 논외의 사항일 수 있을 것입니다). 요사이 창궐하고 있는 이단파(적그리스도인)로서 '신천지'를 예로 들 수 있지 않을까 생각됩니다. 곧 신천지에 소속된 사람들은 애초에 신천지에 발을 처음 들여놓은 사람도 있을 테지만 필자생각에는 그보다는 크리스천으로서 신앙의 위기를 극복하지 못하고 도태되어 신천지에 유입된 사람들이 더 많을 것이라고 생각합니다. 그렇다면 신천지는 차치하고서라도 신천지에 크리스천이 유입될 수 있도록 방관한 우리의 죄도 간과할 수는 없을 것이라 생각합니다.

이 같은 작금의 사태는 필자가 예전에 대학시절 가졌던 위에서의 의문과 밀접한 연관성을 갖고 있다고 말할 수 있습니다. 곧 올바른 신앙을 계도할 수 있는 교육프로그램(강론이나 설교를 포함하여)이 교회에 부재하거나 미약하다고 하는 점을 지적할 수 있을 것입니다.

이러한 제반 문제는 비단 교회에만 그치고 있는 것이 아닙니다. 목회자를 양성하는 신학교에서도 처지는 다름이 없습니다. 이상의 문제점을 신학적(神學的) 견지에서 보다 구체적으로 한번 살펴보겠습니다.

본래 신학(神學)은 13세기 이래 철학과의 조우(遭遇)를 통해 확립된 학문입니다. 신학의 본질과 정의에 관해서는 다양한 설(說)이 존재하지만 우리식대로 그 대표적인 것[통설(通說)] 하나를 들어 공식화하면, '기독교 신학 = 기독교 신앙(주, 본질) + 세상의 지혜(종, 현상)'로 일괄할 수 있을 것 같습니다(하인리히 오트, Heinrich Ott).

그런데 여기서 우리가 익히 잘 알고 있는 철학자이자 수학자였던 데카르트(René Descartes)는 유명한 "나는 생각한다. 고로 존재한다(*Cōgitō ergo sum*)."는 말을 남겼는데, 이러한 철학적 사유(세상의 지혜)가 싹을 키워 점점 기독교 신앙보다 지위를 높여가기에 이릅니다.

그 결과 교회의 영역에서 다루어졌던 신학이 점차 대학의 학문으로 전이(轉移)되면서 이윽고 '자기확실성'(自己確實性)이 '하나님의 확실성'[자기명시화(自己明示化)]보다도 선행하기에 이릅니다. 비유로 이야기하면 "하나님이 계시다"가 아니라 "나는 생각한다"가 앞서게 된 것입니다.

이에 대학의 학문이 된 신학은 위 공식을 깨뜨리고 급기야 기독교 신앙이 없이도 인간 마음대로 자신(나)의 어떤 철학적 사유에서 비롯된 자기확실성의 결과를 보다 중요시하게 된 것입니다.

본래 신학과 신앙과의 관계는 위 공식에 따르면 '기독교 신앙 = 기독교 신학 - 세상의 지혜'로 보아 자기확실성(세상의 지혜)보다 자기명시화(기독교 신앙)에 주안점을 두어야 함에도, 되레 이를 거꾸로 보거나 때로는 이를 부정하고 있는 시각에서부터 비롯된 결과라고 볼 수 있습니다. 보다 쉽게 이야기하면 '사람의 시각'에서가 아니라 '하나님의 시각'에 보다 주안점을 두어야 함에도 그렇지 않은 결과에서 비롯된 결과라고 할 수 있습니다.

그렇지만 필자가 앞에서도 이야기했듯이, 성경해석(기독교 신학)에 있어 과학적 · 논리적 접근법을 경시하거나 도외시하게 되면, 이는 결과적으로 기독교 신앙을 배척(排斥)하는 우(愚)에까지 이르고야 맙니다. 이러한 극단적인 사례가 바로 신천지일 수 있고 단초가 예전 필자의 의문일 수 있을 것입니다.

어쨌거나 필자가 이 지면에서 되짚어 두고자 하는 핵심은 오늘날 성경해석(강론이나 설교 및 교육프로그램)에 있어 과학적 · 논리적 접근법이 너무나도 경시되고 있다는 점입니다.

언감생심 교회의 교육프로그램은 둘째치고서라도 주일설교를 예로 들어보겠습니다. 대부분의 설교는 우리식대로 이야기하기에 "그냥 좋은 말"에 불과하다고 보는 것이 통상(通常)일 것입니다. 곧 성경을 통해 목회자의 '자기확실성'에 기한 교훈적인 이야기가 대부분을 차지하고 있다는 것입니다. 그러기에 결론(교훈)은 우리에게 마치 그날의 일용할 양식으로 끝나버리기 십상입니다(전자).

만약 '자기확실성'(세상의 지혜)이 기한 것이 아니라 '자기명시화'(하나님과의 교제를 통한 은혜의 깨우침)에 본연의 뜻을 두고 있는 경우에는 상황이 달라집니다. 예를 들면 예전에 필자가 대학입학 즈음 목사님에게서 들었던 "최초의 메시아는 고레스입니다"라는 말씀을 들 수 있습니다(후자). 이 말 한마디는 어찌 보면 필자의 인생을 바꾸어놓았다고 해도 과언은 아닙니다. 그렇다면 전자와는 다르게 그날의 일용할 양식이 평생의 양식으로 바뀌게 된 것입니다. 고사성어로 비유하면 전자는 '오십보백보'(五十步百步)가 될 것이고, 후자는 '일신우일신'(日新又日新)이 될 것입니다.

신학은 '하나님과 사람사이의 대화(祈禱)'인 동시에, '사람과 사람사이의 대화(傳道, 말씀의 전파)'인 학문입니다. 또한 신학은 세속적인 인간과학(人間科學)과의 결실(신앙적 의미) 있는 만남 속에서 수행되어져야 합니다. 신학은 신앙의 자기명시화(하나님과의 끊임없는 교제를 통한)를 배경에 두고 전도(傳道, 또는 설교)에 있어서 현실을 단순화하지도 비의적(悲意的) 독백 속에 안주하지도 말아야 합니다.

이러한 신학의 정체성을 올곧게 파악하고 있는 목회자는 '가르치는 자 자신이, 곧 듣는 자'임을 올바로 깨닫고 있을 것입니다. 그러기에 항상 가르침(설교)은 말씀(기도)으로부터 비롯된 은혜의 발생사건이고(칼 바르트, Karl Barth), 진리자체를 새롭게 깨닫거나 다시금 바로 새길 수 있는 신성한 것으로 여기고 있을 것입니다(에밀 브루너, Emil Brunner).

학자들은 쇠락하고 있는 미국의 개신교의 실상을 목도하며 이유를 두 가지로 들고 있습니다. 하나는 예배에 참여하는 크리스천들의 손에서 성경찬송가가 사라진지 오래되었다고 하는 사실, 다른 하나는 성경의 기록을 기치에 두고 현실적 교훈에 설교의 초점을 맞추고 있는 목회자의 저급한 영성 등을 들고 있습니다.

이러한 사실은 오늘날 현 세대의 추이가 '자기확실성'으로 치닫고 있음을 극명하게 보여주고 있는 단적인 예표로 볼 수 있습니다. 그렇다면 우리는 물론이고 목회자 또한 자기명시화에 반드시 요구되어지고 필수불가결한 하나님과의 대화(교제)를 도외시하고 있다고 밖에는 볼 수 없습니다. 그러기에 시시때때로 교회의 문을 넘어 세상의 집 앞에 서성이면서 그 지혜를 탐닉하고 있다고 적시할 수 있을 것입니다.

당연한 이야기를 스타강사처럼 재미있게 꾸며대고, 마땅한 이야기를 지긋이 돌려 마치 새로운 것인 양 설파하기도 하고, 가십거리나 세간의 화젯거리를 기록에 비추어가며 넌지시 말씀으로 갈아입히고, 이런 화제와 저런 화제를 뒤섞어 근본도 배경도 없는 논리를 역설(逆說)하고, 역사적 사실성이나 실재성을 도외시한 채 이를 말씀으로만 가두어두고자 애쓰고, 기록(말씀)의 한 토막만을 잘라 코끼리 몸통인지 하마 몸통인지도 모르게 새 빔을 입히고, 각양의 거짓사례와 조작된 통계를 제멋대로 각색하고, 허구의 스토리(경험칙)를 통해 약자의 연약함을 파고들기도 하고, 정체불명의 인물이나 책이나 간증 등을 죄다 동원해 왜곡하는 둥 이러한 양태는 모두 '자기확실성'의 산물이라고 할 것입니다.

"… 너는 배우고 확신한 일에 거하라 너는 네가 누구에게서 배운 것을 알며 또 어려서부터 성경을 알았나니 성경은 능히 너로 하여금 그리스도 예수 안에 있는 믿음으로 말미암아 구원에 이르는 지혜가 있게 하느니라"
"모든 성경은 하나님의 감동으로 된 것으로 교훈과 책망과 바르게 함과 의로 교육하기에 유익하니 이는 하나님의 사람으로 온전하게 하며 모든 선한 일을 행할 능력을 갖추게 하려 함이라"(딤후 03:14-17)

'나의 사랑하는 책'(199)이라는 찬송가에 '재미있게 듣던 말 이 책 중에 있으니'라는 가사가 있습니다. 이 경우 '재미있게'라는 단어에 함축된 뜻은 신학적 견지에서 '기독교 신앙'(전자)과 '세상의 지혜'(후자)가 주종관계로서 올곧게 중심을 잡고 수용되어 있는 의미로 보아야 할 것입니다. 이러한 자세의 불균형 때문에 그간 우리는 교회 문밖에다가 '신천지 출입금지'라는 팻말을 붙여둘 수밖에 없었던 것이 아닐까요? 이는 아버지의 품을 떠난 탕자를 영원히 탕자로 취급하겠다는 말로 밖에는 달리 이해할 수가 없습니다(눅 15). 그 팻말은 '신천지 교인 대환영'이라고 바뀌어야 할 것입니다. 왜냐하면 우리에게는 '자기명시화'의 날선 검이 있기 때문입니다. 부디 우리 모두 '가르치는 자 자신이, 곧 듣는 자'여야 한다는 사실, 그리고 '듣는 자 자신이, 곧 가르치는 자'여야 한다는 사실을 추상같이 새겨야 할 것입니다.

그렇다면 이제 남는 것은 필자 어머님께서 들려주신 '덮어놓고 믿는 믿음도 소중한 것'이라는 말씀에 담긴 뜻입니다. 바로보기에, 신학이나 강론이나 설교나 들음이나 심지어는 우리의 신앙마저도 모두가 우리의 얄팍한 지식과 알량한 지혜에서 비롯된 것이 아닙니다. 오로지 이는 '성령의 역사(은혜)'입니다.

"너희는 그 은혜에 의하여 믿음으로 말미암아 구원을 받았으니 이것은 너희에게서 난 것이 아니요 하나님의 선물이라 행위에서 난 것이 아니니 이는 누구든지 자랑하지 못하게 함이라"(엡 02:08-09)

제아무리 덮어놓아도 성령의 역사는 때마다 우리의 연약함을 도우십니다. 마찬가지로 제아무리 열어놓아도 성령의 역사는 때마다 우리의 연약함을 도우십니다. 그러기에 필자 어머님의 뜻 또한 있는 그대로 덮어두면 어떨는지요? 곧 '덮어놓고 믿는 믿음의 뜻' 또한 덮어놓는 것입니다. 다만 "그리스도 예수 안에서 우리를 향하신 하나님의 뜻을 바로 분별할 수 있도록 성령의 역사(은혜)를 사모하여 쉬지 말고 기도하라"는 말을 이에 덧붙여 말입니다.

모름지기 종 된 '자기확실성'이나 주인 된 '자기명시화'는 모두가 성령의 역사로서 처음과 끝이 '기도'에 있음을 바로 보아야 할 것입니다.

"이와 같이 성령도 우리의 연약함을 도우시나니 우리는 마땅히 기도할 바를 알지 못하나 오직 성령이 말할 수 없는 탄식으로 우리를 위하여 친히 간구하시느니라"(롬 08:26)

여호와의 악기

하나님께서 제일 좋아하시는 악기가 있다면 무엇이라고 생각하십니까? 필자 생각에는 아마도 트럼펫(Trumpet, 성경에서는 '나팔')이 아닐까 생각합니다. 우리가 알기에도 성경에는 수많은 악기가 등장하고 있는데, 필자는 그 중에서도 왜 트럼펫이 하나님께서 제일 좋아하시는 악기라고 하는 것인지 여기서 그 이유를 한 번 피력해 보기로 하겠습니다.

우선 구약성경에서 보면 하나님께서 이스라엘 앞에 등장하실 때는 항상 나팔소리가 들렸습니다. 또한 척박한 시나이광야에서 이스라엘을 연단시키실 때도 그들의 행보를 나팔로 이끄셨습니다. 뿐만 아니라 이스라엘이 대적을 치러나갈 때도 최선봉에는 어김없이 나팔이 있었고, 성회로 모일 때나, 각양의 절기마다 하나님 앞에 희생제물을 드릴 때나, 요벨의 해[희년(禧年), Yobel, Jubilee, יובל]나 하나님의 궤(櫃, Ark of the Covenant)를 앞세울 때나 한결같이 나팔이 등장하고 있습니다. 무엇보다도 구약성경에서 나팔은 '여호와의 악기'라고 칭해지고 있습니다.

신약성경에서도 이 같은 처지는 다름이 없습니다. 주의 날에 하나님의 음성을 곧잘 나팔로 비유하고 있고, 죽은 자들이 다시 살아날 때에도,

택하신 백성들을 모으실 때도, 천사들이나 천사장이 나타날 때도, 하나님께서 이 땅위에 강림하실 때도 한결같이 나팔이 등장하고 있습니다.

이상의 기록을 소개하면 다음과 같습니다. 신약성경에서 나팔소리는 하나님의 전지전능하시고 장엄하신 음성과 말씀을 상징하고 있습니다.

"그 때에 제사장들은 직분대로 모셔 서고 레위 사람도 '여호와의 악기'를 가지고 섰으니 이 악기는 전에 다윗 왕이 레위 사람들에게 여호와께 감사하게 하려고 만들어서 여호와의 인자하심이 영원함을 찬송하게 하던 것이라 제사장들은 무리 앞에서 나팔을 불고 온 이스라엘은 서 있더라"(대하 07:06)

"셋째 날 아침에 우레와 번개와 빽빽한 구름이 산 위에 있고 나팔 소리가 매우 크게 들리니 진중에 있는 모든 백성이 다 떨더라 … 나팔 소리가 점점 커질 때에 모세가 말한즉 하나님이 음성으로 대답하시더라"(출 19:16-19)

"주의 날에 내가 성령에 감동되어 내 뒤에서 나는 나팔 소리 같은 큰 음성을 들으니 … 몸을 돌이켜 나에게 말한 음성을 알아보려고 돌이킬 때에 일곱 금 촛대를 보았는데 … 그의 오른손에 일곱별이 있고 그의 입에서 좌우에 날선 검이 나오고 그 얼굴은 해가 힘있게 비치는 것 같더라"(계 01:10-16)

"그가 큰 나팔소리와 함께 천사들을 보내리니 그들이 그의 택하신 자들을 하늘 이 끝에서 저 끝까지 사방에서 모으리라"(마 24:31)

"나팔 소리가 나매 죽은 자들이 썩지 아니할 것으로 다시 살아나고 우리도 변화되리라"(고전 15:52)

"주께서 호령과 천사장의 소리와 하나님의 나팔 소리로 친히 하늘로부터 강림하시리니 그리스도 안에서 죽은 자들이 먼저 일어나고 그 후에 우리 살아남은 자들도 그들과 함께 구름 속으로 끌어 올려 공중에서 주를 영접하게 하시리니 그리하여 우리가 항상 주와 함께 있으리라"(살전 04:16-17)

구약성경에서 나타나고 있는 나팔은 크게 3가지가 있습니다. 하나는 하쵸츠라(Chatzotzerah)입니다. NIV는 이를 'Trumpet' 또는 'Silver Trumpet'으로 번역하고 있는데, 이것은 주로 종교적인 의미를 나타낼 때 사용되었습니다. 한글성경에서는 그대로 '나팔'로 표현하고 있습니다.

하쵸츠라는 기록에서 볼 수 있는 모든 악기 중에서 하나님의 명령으로 만들어진 유일한 악기입니다. 기록에 비추어 하나님께서 만드는 방법과 연주 및 사용방법 그리고 연주자까지 일일이 정해주고 계신 것은 이 때문입니다(민 10).

하쵸츠라의 길이는 대략 40-55cm이며, 취구(吹口, Mouthpiece)는 숨을 불어넣을 수 있을 만큼 넓었고, 몸통은 끝으로 갈수록 점점 넓게 만들었습니다. 하쵸츠라는 이후 솔로몬 때까지 제사장들에 의해 연주되기에 이릅니다. 기록에서(민 10) 하나님께서는 모세에게 2개의 은나팔을 만들어서 회중을 소집하거나 진을 이동시킬 때 사용하라고 명령하고 계시며, 요벨의 날과 정한 절기와 월삭(月朔) 때에 번제물과 화목제물 위에서 나팔을 불도록 명하시고 계심을 볼 수 있습니다.

또한 하쵸츠라는 언약궤(言約櫃)의 1차 운반 때는 물론이고, 2차 운반 때에도 7명의 제사장이 이를 불었습니다. 언약궤 안치식(安置式) 이후 조직된 찬양대에서는 2명의 제사장이 하쵸츠라를 담당하였습니다.

이스라엘 건국 이후 솔로몬(Solomon, *Shlomo*, המלשׁ, 재위 B.C.1037-B.C.998)의 성전 봉헌식(奉獻式) 때에는 통상 2개 이상의 하쵸츠라를 사용하였으며, 가장 많았을 때는 120개의 하쵸츠라가 사용되기도 하였습니다(대하 05:12-13).

또한 하쵸츠라는 다윗시대와(대하 29:26-28) 바벨론 포로귀환 이후에서도 사용되었고(스 03:10), 포로귀환 이후 성전의 성벽 낙헌제(樂獻祭, Freewill Offering, *Nedabah*, נְדָבָה) 때에는 7명의 제사장들이 연주하기도 하였습니다(느 12:35, 41).

이외에도 다윗의 노래 시편에서도 나타나고 있고(시 98:06), 북이스라엘 12대왕 요아스(Joash, B.C.801-786) 즉위식에도 쓰였으며(왕하 11:12-14), 호세아(Hosea)서에서는 악한 이스라엘 민족에게 하나님의 임재가 임박했음을 알리는 경고의 소리로도 사용되기도 하였습니다(호 05:08).

하쵸츠라를 부는 방법은 '그냥 부는 방법'과 '울려서 부는 방법' 2가지가 있습니다. 그냥 부는 것은 짧은 음으로 끊어서 불거나 2-3개의 음을 장식 없이 오랫동안 길게 부는 것이고, 울려서 부는 것은 그냥 부는 것의 약 3배 길이로 길게 부는 것입니다. 달리 울려서 부는 것은 매우 커다란 호흡으로 파동을 주어, 여러 가지의 장식음들을 이에 덧붙이는 방법으로 불게 됩니다.

다음의 것은 '쇼파르'(Shopfar)입니다. NIV에서는 'Trumpet', 한글성경에서는 '나팔', '양각나팔', '양각' 등으로 번역하여 사용하고 있습니다. 쇼파르는 성경의 나팔 중에서 가장 많이 언급되고 있는 것으로서, 구약에서는 이스라엘인의 민족적인 나팔로써 군사적 · 종교적 행사에 백성들을 회집할 때 어김없이 사용되었습니다.

본래 쇼파르는 아브라함이 이삭을 번제물로 하나님께 바칠 때, 이삭을 대신한 숫양을 기리는 뜻을 담아, 숫양의 길고 끝이 말려 올라간 뿔만을 사용하게 됩니다. 이때 뿔은 곧게 편 후 끝이 큰 쪽은 그대로 두고, 끝이 작은 쪽을 잘라 구멍을 뚫기 때문에 뿔 자체가 취구의 역할을 하게 됩니다.

이스라엘이 사용한 쇼파르는 특별한 취구가 없기 때문에 2-3음 정도의 소리밖에는 낼 수가 없었습니다. 이에 쇼파르는 크기와 구멍의 구조에 따라 음높이가 좌우되며, 입술에서 나오는 바람의 압력(세기)을 점점 증가시키는 방법으로 또 다른 소리를 내게 됩니다. 따라서 쇼파르는 주로 전쟁이나 행진 등을 위한 신호용 나팔로 사용되었습니다.

한편 쇼파르는 예배나 각종 절기나 축일 예배의 신호용으로 사용되기도 했습니다. 이것은 신성한 악기로 취급되어 예배시작 전에 때로는 성전의 분위기와 생기를 고조시키기 위하여 다른 악기와 함께 사용되기도 하였습니다. 쇼파르가 예배에 사용된 것은 다양한 기록에서 살필 수 있습니다(사무엘하 06: 15, 열왕기상 01:34, 39, 41, 대상 25:01-06, 대하 15:14).

하쵸츠라와 쇼파르는 대부분 함께 나타나며, 모두는 연주용보다는 주로 신호용으로 사용되었습니다. 두 악기의 차이점으로서, 하쵸츠라는 음정이 쇼파르에 비하여 보다 높았으며, 음색 또한 더욱 예리하고 찢어지는 소리가 났습니다.

또한 쇼파르는 각종 축제나 절기용 · 전쟁용 · 신호용 등 다양하게 사용되었으나, 하쵸츠라는 주로 예배전용으로 사용되었습니다. 쇼파르는 제사장 · 레위인 · 사사 · 군인 등의 폭넓은 계층이 사용하였으나, 하쵸츠라는 오직 제사장들만이 사용하였다는 차이점이 있습니다.

마지막으로 '케렌'(Keren)입니다. 구약성경에서는 쇼파르라는 단어와 함께 '은나팔' 또는 '뿔'로 표기되는데, 이는 NIV에서 'Ram's Horn', 'Trumpet', 또는 'Cornet'으로 번역되어 있습니다(레 23:24, 수 06:04-05, 08-09, 13, 단 03:05, 07, 10, 15).

케렌은 앞선 것과는 달리 소의 뿔이 재료가 되나, 모양은 쇼파르와 비슷합니다. 하나님께서 모세에게 안식일에 이것을 불어서 기념하라고 명하고 계시며(레 23:23-24), 때로는 케렌과 쇼파르 모두가 동시에 나타나기도 합니다(수 06:05). 또한 케렌은 요벨의 날에도 사용되었습니다. 신약에 요한계시록에서 나타나고 있는 모든 나팔은 케렌에 해당합니다.

필자 생각에 하쵸츠라는 이 땅위에 울려 퍼지는 하나님의 영광을, 쇼파르는 저 하늘에 울려 퍼지는 사람들의 찬양을 의미한다고 봅니다. 이들 나팔에 담긴 신앙적 의미는 하나님께서 우리를 기억하시고 사탄 마귀로부터 우리를 보호하시고 나아가 구원하시기 위한 징표라 할 것입니다(민 10:01-10).

그렇다면 세상의 많고 많은 악기 중에서 하나님께서 직접 이르셔서 만들게 하신 악기로서 트럼펫은 하나님께서 가장 사랑하시고 좋아하시는 악기로 보아 틀림없을 것 같습니다. 여호와의 악기라는 증거보다 더 확실한 증거가 또 어디 있겠습니까마는.

그런데 많고 많은 수많은 악기 중에서 왜 하나님께서는 유독 트럼펫을 그렇게 좋아하고 계신 것일까요? 아마도 필자 생각엔 트럼펫의 '울려 퍼지는 것'을 좋아하셨기 때문이 아닌가 생각됩니다. 하나님의 영광이 이 땅위에 울려 퍼지고, 하나님께 대한 찬양이 저 하늘에 울려 퍼지고, 그러기에 트럼펫 보다 더 적합한 악기가 있었을까요? 필자는 이러한 이유에서 하나님께서 제일 사랑하고 계신 악기는 다름 아닌 트럼펫이라고 믿어 의심치 않고 있습니다.

외람되지만 필자가 처음으로 트럼펫을 접한 것은 넉잡아 4년은 된 것 같습니다. 트럼펫을 불게 된 뚜렷한 계기는 없었고 그냥 아무 생각 없이 불어보겠다는 막연한 생각 하나만으로 그때 값비싼 트럼펫 하나를 장만하게 되었습니다.

트럼펫을 처음 손에 쥐었을 때, 트럼펫 구조는 물론이고, 어떻게 부는지, 음계는 어떻게 내는지, 어떻게 관리해야 하는지 그 어느 것 하나도 몰랐습니다. 어디 가서 물어볼 때도 없고 그렇다고 레슨을 받기에는 더더욱 창피하고 그냥 그렇게 수일을 보내고 있었습니다. 고작 할 수 있었던 것이라야 트럼펫에서 마우스피스 뽑아 그것 하나만 덜렁 손에 쥐고 차안에서 집에서 그리고 연구실에서 그저 시끄럽게 빽빽 불어대는 일밖에는 다른 것이 없었습니다.

그런데 그 수일이 채 2주가 되기도 전에 우연치 않게 밝은 음색이 보였습니다. 너무나도 기쁜 나머지 마우스피스만을 가지고 '학교종이 땡땡땡'이나 '송아지' 같은 동요를 부를 수 있었습니다. 독학으로부터 비롯된 실력이었기에 그것이 어디 가겠습니까마는 이제는 그런대로 찬송가 전곡은 무난히 소화할 수 있는 실력이 되었습니다. 같잖지만 말입니다.

어느 어스름한 저녁 한 날 필자는 발아래 너른 들판이 펼쳐져 있는 학교 본관 뒷동산에 올라 일단 주위에 사람이 없음을 확인하고 '그 큰일을 행하신'(To God be the Glory, 615장)이라는 찬송가를 불러 보았습니다. 필자 딴에 울려 퍼지는 그 소리가 무척 장쾌(壯快)하기 그지없었습니다. 실로 스스로 미치기에 충분한 정도로 말입니다. 그때 필자의 심상(心想)에 하나님께서 왜 트럼펫을 좋아하시는지 무엇 때문에 '여호와의 악기'라고 칭했는지 그때서야 비로소 조금은 알 수 있었습니다.

그때 저 멀리 그것도 눈에 보이지도 않게 까마득했던 곳에서 한 어르신이 짚모자를 벗어 손에 쥐고 필자를 향해 흔드는 모습을 보았습니다. 그렇게 주위를 살폈다지만 필자에게도 청중은 있었습니다. 고작 달랑 1명이었지만 말입니다. 그렇지만 짚모자는 널리 울려 퍼졌던 트럼펫소리의 반향(反

響)이었다고 보아 또 다시 트럼펫 취구에 입을 댈 수 있었습니다. 문득 이스라엘 또한 음향(音響)이 향연(香煙)이었음을 분명이 알고 있었을 것이라는 생각에 하나님의 뜻과 기호를 넉넉히 깨달을 수 있었습니다.

필자가 다니는 교회에는 브라스앙상블이 있습니다. 트럼본(하쵸츠라, 1), 호른(쇼파르, 1), 트럼펫(케렌, 2)으로 구성된 주자(奏者, 4)들은 예배 시에 우리가 부르는 찬송가에 그 향연을 더하고 있습니다. 목사님의 축도 이후에 예배가 파하고 뒤돌아서는 사람은 눈에 잘 띄지 않습니다. 왜냐하면 오늘의 설교에 걸맞은 찬송을 연주하며 하나님의 기쁨을 충만케 하고 있는 브라스앙상블 때문입니다. 브라스앙상블의 찬송연주가 끝나면 우리 모두는 박수로 화답합니다. 필자에게는 매주일 보는 한결같은 모습이지만 때마다 밀려오는 감동은 어느 때고 새롭습니다. 여호와의 악기소리이기 때문일 것입니다.

어느 교회 강단에서 쉽게 볼 수 있는 드럼도 좋은 악기입니다. 신명을 북돋을 수 있는 전자키보드 또한 좋은 악기입니다. 앰프에서 흘러나오는 베이스나 리드기타도 마찬가지로 좋은 악기입니다. 교회 본당 뒷면 전면을 장식하고 있는 파이프 오르간도 역시나 좋은 악기입니다. 무엇보다도 이러한 악기들에 맞추어 함께하고 있는 우리의 박수소리도 물론 좋은 악기라고 할 수 있습니다.

그렇지만 이러한 악기들은 분명 '여호와의 악기'는 아닙니다. 하나님께서 이렇게 만들라고 명하셔서 만들어진 악기는 더더욱 아닙니다. 천사들이나 천사장이 다룰 수 있는 악기도 아닙니다. 그렇다고 예수님께서 재림하실 때 들려올 악기도 아닙니다.

모든 악기의 주인 된 악기로서 그 한 중심에 브라스앙상블이 자리

잡을 수 있기를 기대합니다. 하나님의 영광이 이 땅위에 울려 퍼지고, 하나님께 대한 찬양이 저 하늘에 울려 퍼지고, 이 시대에 여호와의 악기가 무엇보다 절실하게 필요한 이유가 바로 여기에 있다고 생각합니다.

지금이 바로 그때

최근 한 기독교단체에서 교회개혁운동을 기치(旗幟)로 지난 10년간 교회문제 상담사례결과를 발표한 적이 있습니다. 상담내용 중 가장 문제시 되었던 사례는 다름 아닌 교회의 재정전횡(財政專橫)이었습니다. 상담표본은 전국의 약 200여개의 교회를 대상으로 한 약 450건의 상담사례에 두었습니다.

상담사례를 주제별로 묶어 순서대로 나열하면, '재정전횡'(53.1%), '행정전횡'(38.1%), '부당한 치리 및 표적설교'(35.3%), '교회건축 및 매매'(22.6%), '목회자의 성폭력'(13.9%), '허위이력 및 청빙문제'(15.0%), '설교 표절 및 이단적 설교'(7.6%) 등의 순이었습니다.

상담을 실시한 교회단체에서는 교회문제 대부분이 목회자로부터 발단이 되었다고 지적하면서, 이 같은 결과는 목회자에게 과도하게 집중된 권력과 우열의식, 탐욕과 교만, 왜곡된 성공주의, 자의적인 교회 재정운용, 자기중심적인 행정처리 등에서 비롯되었다고 분석하고 있습니다. 이에 이러한 교회문제를 사전에 예방하지 못한 당회나 제직회 구성원인 평신도에게도 일말의 책임이 있다는 것은 부정할 수 없지만 그럼에도 불구하고 절대적인 원인과 책임은 목회자에게 있다고 덧붙여 두고 있습니다.

한편 주목할 수 있는 사례분석의 결과로서 대형교회에서 발생하는 문제의 대부분은 교회차원에서 문제를 제기하기 힘든 내부적 악순환의 구조를 가지고 있다는 것입니다. 곧 비유하자면 '계란으로 바위 치는 격'이라는 것입니다. 어쨌거나 본 상담사례에서의 주안점은 교회문제 대부분이 목회자가 발단의 한 중심에 서 있다는 사실입니다. 이하 상담사례의 낱낱을 성경의 기록과 연계하여 숨겨진 의미를 들여다보기로 하겠습니다.

교회를 신축할 당시 담임목사는 교회에 필요한 물건들의 리스트를 작성하고 교회성도들에게 헌물(獻物)을 약정할 것을 공포하였습니다. 나아가 교회성도 모두가 혼연일체가 되어 함께 참여하자는 뜻 깊은 의미를 공포의 변에 두었습니다. 이 교회는 짧은 기간이었음에도 불구하고 그간 눈에 띄게 외형적 급성장을 거듭하고 있었습니다.

원근각지에서 몰려든 성도들은 자원하는 마음으로 담임목사의 권고에 따라 헌물약정에 임했습니다. 작게는 수천 원의 교회방석으로부터 크게는 수억 원을 호가하는 음향설비까지 종류도 다종다양하였습니다.

그런데 문제는 무기명(無記名)이었습니다. 곧 헌물은 실명(實名)으로 교회에 약정하였지만 교회는 이를 교회의 모든 성도들에게 대외비(對外秘)로 취급하였던 것입니다. 이유는 항상 헌물을 보면서 자신이 바쳤다는 의미를 되새겨 이를 매번 곱씹는 것은 신앙적으로 옳지 않다는 것에 두고 있었습니다.

그렇지만 이 같은 이유는 본 사건이 발생하고 난 이후의 일이었습니다. 한 성도는 기도로 준비하는 중에 기꺼운 마음으로 수억 원을 호가하는 음향설비를 교회에 바치기로 약정하였는데, 문제는 본인이 헌물한 음향설비가 교회에 제대로 바쳐졌는지에 대한 의문에 있었습니다. 왜냐하면

풍문에 듣기로 자신만이 음향설비를 바친 것이 아니라 또 다른 한 사람이 있었다는 사실을 알게 되었기 때문입니다.

이후 한 성도는 담임목사에게 이에 대한 사실여부의 확인을 요청하였습니다. 담임목사는 "누구면 아무렴 어떻겠느냐"면서 또한 "마음이 보다 중요하다"면서 한 성도의 확인요청을 묵살하였습니다. 이 문제는 꼬리에 꼬리를 물어 급기야 교회분열의 단초로 작용하게 되고, 이윽고 담임목사가 한 성도가 바친 수억 원의 헌금을 임의 전용(일부 횡령을 포함)한 사실이 드러나면서 교회는 극도의 혼란에 휩싸이고야 말았습니다.

"이스라엘 자손들이 온전히 바친 물건으로 말미암아 범죄하였으니 이는 유다 지파 세라의 증손 삽디의 손자 갈미의 아들 아간이 온전히 바친 물건을 가졌음이라 여호와께서 이스라엘 자손들에게 진노하시니라"

"여호수아가 이스라엘 모든 사람과 더불어 세라의 아들 아간을 잡고 그 은과 그 외투와 그 금덩이와 그의 아들들과 그의 딸들과 그의 소들과 그의 나귀들과 그의 양들과 그의 장막과 그에게 속한 모든 것을 이끌고 아골 골짜기로 가서"

"여호수아가 이르되 네가 어찌하여 우리를 괴롭게 하였느냐 여호와께서 오늘 너를 괴롭게 하시리라 하니 온 이스라엘이 그를 돌로 치고 물건들도 돌로 치고 불사르고"

"그 위에 돌무더기를 크게 쌓았더니 오늘까지 있더라 여호와께서 그의 맹렬한 진노를 그치시니 그러므로 그 곳 이름을 오늘까지 아골 골짜기라 부르더라"(수 07:01, 24-26)

이하 성경의 기록을 통해 위 사건의 본말을 되짚어 보겠습니다. 위

기록에서 아간(Achan)은 이스라엘이 가나안을 정복하는 과정에 여호수아를 도와 난공불락 여리고(Jericho)성을 무너뜨리는데 큰 공을 세운 인물이었습니다. 여리고성을 점령한 이스라엘은 여세를 몰아 그냥 지나쳐도 될성부른 불품 없었던 아이(Ai)성 공략에 임하게 됩니다.

그러나 뜻밖에도 이스라엘은 이곳에서 참패를 당하고 맙니다. 이러한 결과에 여호수아는 하나님 앞에 이유를 여쭙게 되고 하나님께서는 이스라엘 백성 중 여리고성 전투에서 얻은 전리품 중 하나님께 바쳐야 할 것을 빼돌린 사람 때문이라는 충격적인 말씀을 접하게 됩니다. 이에 지목된 자가 바로 아간이었습니다.

결국 아간은 자신의 죄를 고백하게 됩니다. 아간은 당시 여리고성에서 자신이 세운 공을 빌미로 자신이 빼돌린[시날(Babylonia) 산의 아름다운 외투 한 벌과 은 이백 세겔(shekels) 및 무게가 오십 세겔 되는 금덩이 하나] 물건 정도는 취해도 된다는 교만한 생각에 이스라엘 전체를 곤경에 빠뜨리고야 맙니다.

자신이 범인으로 지목되기 전까지 이스라엘 앞에 회개의 기회가 충분히 있었음에도 끝까지 죄를 숨긴 아간은 그 가족과 함께 아골 골짜기(Valley of Achor)에서 돌로써 죽임을 당하게 됩니다.

한 교회의 담임목사는 은퇴시기가 5년 이상이나 남았음에도 불구하고 이제 목회에서 손을 떼고 본 교회의 지원 아래 오로지 해외선교에만 전념하겠다는 뜻을 당회에 알리게 됩니다. 어쩔 수 없이 당회는 목사청빙을 대외에 공표하고 적절한 후임 담임목사를 청빙하기에 이릅니다.

여기에 5명의 지원자가 지원하였고, 이내 2명으로 압축되게 됩니다. 한 사람은(전자) 국내에서 공부한 목사로서 신학교로부터 목사에 이르기까지의 경력이 빈틈없이 채워져 있었습니다. 또 다른 사람은(후자) 국외에서 공부한 목사로서 외견상 경력이 화려했을 뿐만 아니라 이력서에 자신의 가족사항을 그것도 사진까지 붙여서 일일이 소개하고 있었습니다. 전자의 추천서는 당시 섬기고 있었던 교회의 담임목사의 것이었고, 후자의 경우에는 자신이 공부하였던 해외대학의 지도교수의 것이었습니다.

결국 후자가 본 교회의 담임목사로서 당회의 추천을 받게 되고 이어 공동의회에서 담임목사로서 지명을 받게 됩니다. 그런데 이후에 후자의 이력에 의문이 제기됩니다. 그 의문은 부목사로 있었던 기간과 국내 한 신학대학에서 교수로서 활동하였던 기간이 중복되고 있다는 사실, 신학교에서의 박사학위 전공분야가 실제와는 다르게 기재되어 있다는 사실 등이 그것이었습니다.

이로부터 당회에서 몇몇 장로들이 목사에 대한 정직성과 청렴성(허위기재)에 문제를 제기하고 이를 다시 공동의회에 붙여 결과에 따라 노회에 담임목사 인준철회를 상신해야 한다고 주장하기에 이릅니다. 후자는 자신의 실수라고 변명하면서 그럼에도 고의가 아니었다고 해명하였고 이에 당회는 "그대로 받자"는 의견(젊은 장로들)과, 다시 "공동의회에 회부하여야 한다"는 의견(시니어 장로들)으로 대립(분열)되게 됩니다.

끝내 그대로 받자는 의견이 우세하여 후자는 그대로 담임목사로서 지위를 보전하게 됩니다. 문제는 이후로부터 시작되었습니다. 곧 후자는 젊은 장로들을 앞세워 자신의 반대편에 서있었던 시니어 장로들의 퇴진을 강요하게 됩니다. 후자가 내건 명분은 시니어 장로들의 퇴진으로부터 기존의 젊은 장로와 이후 시니어 장로를 대신하여 선출될 젊은 장로들을 주축으로 교회를 새롭게 재편하여야 한다는데 두고 있었습니다.

한마디로 후자는 위임 당시 자신에게 반기를 들었던 껄끄러운 시니어 장로들을 제거하고 새로운 자기사람을 심겠다는 속내를 드리우고 있었다고 보아도 좋을 것입니다. 이후로 후자는 설교 시에 시시때때로 전 교인 앞에서 이 같은 사실을 우회적으로 적시하면서 시니어 장로들을 꼼짝없이 구석으로 몰아 넣어가게 되고 급기야 시니어 장로들은 하나 둘 교회를 떠나는 지경에까지 이르게 됩니다.

이후 교회는 젊은 장로들이 주축이 되어 이끌리다가 교회는 반에 반쪽으로 쪼개지고 후자 또한 3년을 채 넘기지 못하고 젊은 장로들에 의해 교회 밖으로 쫓겨나고야 마는 운명을 접합니다. 주된 이유는 후자의 끊임없는 분열획책과 사모의 과다한 사례비 요구 및 지나치게 강압적인 교회치리 내지 간섭 때문이었습니다.

앞서 우리는 고라의 패악함을 바로 본 적이 있습니다. 그 예화가 이상의 사례에 해당하는 좋은 기록이라고 할 것입니다(설명은 앞서 보았기로 여기서는 다시 보지 않기로 합니다).

"화 있을진저 이 사람들이여 … 고라의 패역을 따라 멸망을 받았도다"(유 01:11)

"만일 여호와께서 새 일을 행하사 땅이 입을 열어 이 사람들과 그들의 모든 소유물을 삼켜 산 채로 스올에 빠지게 하시면 이 사람들이 과연 여호와를 멸시한 것인 줄을 너희가 알리라 그가 이 모든 말을 마치자마자 그들이 섰던 땅바닥이 갈라지니라"

"땅이 그 입을 열어 그들과 그들의 집과 고라에게 속한 모든 사람과 그들의 재물을 삼키매 그들과 그의 모든 재물이 산 채로 스올에 빠지며 땅이 그 위에 덮이니 그들이 회중 가운데서 망하니라"

"그 주위에 있는 온 이스라엘이 그들의 부르짖음을 듣고 도망하며 이르되 땅이 우리도 삼킬까 두렵다 하였고 여호와께로부터 불이 나와서 분향하는 이백오십 명을 불살랐더라"

"여호와께서 모세에게 말씀하여 이르시되 … 제사장 엘르아살이 불탄 자들이 드렸던 놋 향로를 가져다가 쳐서 제단을 싸서 이스라엘 자손의 기념물이 되게 하였으니 이는 아론 자손이 아닌 다른 사람은 여호와 앞에 분향하러 가까이 오지 못하게 함이며 또 고라와 그의 무리와 같이 되지 않게 하기 위함이라 여호와께서 모세를 시켜 그에게 명령하신 대로 하였더라"(민 16:30-40)

새로운 성전이 건축되기 전에 한 교회는(전자) 제법 규모가 있는 상가 3층에서부터 5층을 소유하고 있었습니다. 그런데 한 재력가 교인의 후원에 힘입어 이 교회는 인근 아파트 단지에 널따란 종교부지(宗敎敷地)를 매입하고 그곳에 새로운 성전을 건축하게 됩니다.

전자는 기존의 상가 내 교회를 교회의 본 모습 그대로 같은 교단의 후자에게 매도하게 되고, 후자는 이곳에 전에 있었던 교회를 다만 주소만 바꿔 그대로 이전하게 됩니다. 곧 후자 또한 초가집에서 기와집으로 겉모습을 바꾼 셈이 되었습니다. 15억이 넘는 매각대금 50%는 후자가 입당과 동시에 전자에게 선납하고, 나머지는 은행예금금리를 더하여 3년 동안 분할상환 하는 것으로 합의하였습니다.

그런데 후자는 너무 먼 곳에서 이곳 상가로 이전하였던 까닭에, 이탈된 교인 수가 제법 많아 분할대금 상환에 적잖은 어려움을 겪게 됩니다. 물론 분할대금을 아예 상환하지 않은 것은 아니지만 기간이 때로는 길어지고 대금 또한 들쭉날쭉 상환되었던 것이 문제였습니다.

전자는 1년을 채 견디지 못하고 후자에게 지금까지 미납된 분할상환대금 전액과 이자를 기간 내에 지급하여 줄 것을 최고(催告)하면서, 여기에 이상의 요구가 충족되어지지 않을 경우 이에 상당한 법적 조치에 임할 것임을 아울러 덧붙여 두었습니다.

급기야 후자의 교회는 형해화(形骸化)되고 지금 이곳은 전자의 교육관으로 재사용되기에 이릅니다. 전자는 지금도 단기해외선교랍시고 교인 중에 약 150여명을 모집하여 동남아 외유(外遊)에 임하고 있고, 이것이 정례화되어 매년 연례행사로 자리잡게 됩니다. 소문에 한 번 경비가 약 3억 원에 육박한다고 합니다.

"너희가 먹고 마실 집이 없느냐 너희가 하나님의 교회를 업신여기고 빈궁한 자들을 부끄럽게 하느냐 내가 너희에게 무슨 말을 하랴 …"(고전 11:22)

필자 또한 최근에 알게 된 사실입니다만, 성경예화(聖經例話)라는 것이 있습니다. 설교예화(說教例話)라는 것도 있습니다. 인터넷에는 놀랍게도 이러한 각양의 사이트가 산재해 있음을 볼 수 있습니다. 하이퍼링크(Hyperlink) 되어 있는 제목들은 참으로 기가 막힐 따름입니다. '무료설교', '무료예화자료', '주제별 예화', '주제별 설교내역', '설교은행', '목회자료', '절기별 설교', '설교검색서비스' 등 참으로 그 내용 또한 천차만별입니다. 이 사이트들의 공통점은 정액 유료회원을 모집하여 취향에 따라 다양한 설교내용을 참조하게 하거나 그대로 설교에 임할 수 있도록 꾸려놓고 있다는 것입니다.

새로운 영성과 하나님과의 대화에서 비롯되어야 할 설교가(앞서 본 '자기명시화') 이처럼 인터넷에 버젓이 그것도 무성하게 등장하고 있다는 사실로부터 우리가 미루어 짐작할 수 있는 것은, 꽤나 돈벌이가 되고 있다는 것으로, 그러기에 무수한 목회자들이 이를 이용하고 있고, 또한 이것들이 자기명시화의 근원이 되고 있다는 사실입니다. 어쩌다가 이 지경이 되었을까요? 참으로 기가 막힌 일이 아닐 수 없습니다.

> "화 있을진저 외식하는 서기관들과 바리새인들이여 잔과 대접의 겉은 깨끗이 하되 그 안에는 탐욕과 방탕으로 가득하게 하는도다"
> "눈 먼 바리새인이여 너는 먼저 안을 깨끗이 하라 그리하면 겉도 깨끗하리라"
> "화 있을진저 외식하는 서기관들과 바리새인들이여 회칠한 무덤 같으니 겉으로는 아름답게 보이나 그 안에는 죽은 사람의 뼈와 모든 더러운 것이 가득하도다"
> "이와 같이 너희도 겉으로는 사람에게 옳게 보이되 안으로는 외식과 불법이 가득하도다"
> "화 있을진저 외식하는 서기관들과 바리새인들이여 너희는 선지자들의 무덤을 만들고 의인들의 비석을 꾸미며 이르되 만일 우리가 조상 때에 있었더라면 우리는 그들이 선지자의 피를 흘리는 데 참여하지 아니하였으리라 하니"
> "그러면 너희가 선지자를 죽인 자의 자손임을 스스로 증명함이로다 너희가 너희 조상의 분량을 채우라"
> "뱀들아 독사의 새끼들아 너희가 어떻게 지옥의 판결을 피하겠느냐(마 23:25-32)

성추행 문제에 관해서는 하도 말도 많고 추하고 더럽기 그지없어 어찔까 생각하다가 못내 그도 세간에 떠도는 사례 몇몇을 추슬러 보았습니다.

이러한 모든 사례들은 이미 신문지상이나 인터넷 포털사이트에 이미 게재된 것으로 무작위로 엮어 살펴보기로 하겠습니다.

A는 금요집회 후 교회에서 B와 함께 교회달력을 포장하고 있었습니다. A는 둘 사이로 다가온 목사가 오른손으로 B의 어깨부터 허벅지를 쓸어내렸다고 했습니다. A는 당시 설마 목사인데 나쁜 마음으로 그랬을 리 없다는 생각에 침묵하였지만 이후 3-4일간 수치를 느낄 수밖에 없었습니다.

마지못해 A는 사실규명을 위해 당회에서 목사에게 B의 몸을 만진 것에 대해 문제를 제기했습니다. 목사는 성추행한 적이 없다고 단언하였습니다. 이윽고 이 사건은 노회에 회부되기에 이르고 노회 심판위에서는 양측의 주장이 서로 다르나 이 사건은 많은 이들에게 상처를 주었고 몇몇 장로들이 이를 덮으려고 시도했다는 사실을 지적하면서 면직처분을 주문하게 됩니다.

그 과정에서 목사는 이 뿐만 아니라 그간 교회사무원 C마저도 성추행했다는 사실이 드러나게 됩니다. C는 목사가 허리띠를 풀고 엎드린 채 허리를 밟아 달라거나, 손을 만지거나, 어깨 안마를 부탁한 적도 있다고 증언하였습니다. C는 당시 어린 나이에 성추행에 대해 잘 몰랐고, 의례 목사의 부탁으로 여겨 거절하지 못했다고 진술하였습니다.

그럼에도 불구하고 목사는 성추행 혐의를 부인하고 있을 뿐만 아니라 심판위의 판정에 불복하고 현재 반소(反訴)에 임하고 있는 실정입니다. 반소의 이유는 누군가가 자신을 성추행 의혹을 부풀려 음해하고 있다는 것입니다. 이로 인하여 약 300여명의 교인이 교회를 떠나게 되고 이후 본 사건은 지금껏 봉합되지 못하고 있는 실정입니다.

이 사건은 빙산의 일각입니다. 차마 눈뜨고는 볼 수 없는 참혹한 실상들이 우리 눈앞에 보여 지고 있음을 필자 또한 우리 모두 익히 잘 알고 있는 실정일 것입니다. 성추행 입막음으로 3억여 원을 주었다는 둥, 강변에 오피스텔을 사두었다는 둥, 이 교회에서 성추행으로 물러난 것도 모자라 저 교회에서 또 다시 성추행에 임하여 법적 소송에 임하였다는 둥, 그 양태와 형태가 가지가지임은 누구나가 잘 알고 있는 사실일 것입니다.

그런데 여기서 가장 중요한 사실은 성추행 자체에 있는 것이 아닙니다. 그것은 회개치 않고 변명에 변명을 늘어놓고 있는 당사자의 추잡한 작태입니다. 뿐만 아니라 목사를 두둔하고 어떠한 결말도 내지 않고 있는 명색이 교회지도자들의 저급한 행실 또한 적시하지 않을 수 없습니다. 어쩌다가 이 지경이 되었을까요? 참으로 기가 막힌 일이 아닐 수 없습니다.

"또 내가 그에게 회개할 기회를 주었으되 자기의 음행을 회개하고자 하지 아니하는도다"

"볼지어다 내가 그를 침상에 던질 터이요 또 그와 더불어 간음하는 자들도 만일 그의 행위를 회개하지 아니하면 큰 환난 가운데에 던지고"

"또 내가 사망으로 그의 자녀를 죽이리니 모든 교회가 나는 사람의 뜻과 마음을 살피는 자인 줄 알지라 내가 너희 각 사람의 행위대로 갚아 주리라"(계 02:21-23)

"이제 내가 너희에게 쓴 것은 만일 어떤 형제라 일컫는 자가 음행하거나 탐욕을 부리거나 우상 숭배를 하거나 모욕하거나 술 취하거나 속여 빼앗거든 사귀지도 말고 그런 자와는 함께 먹지도 말라 함이라"(고전 05:11)

"불의한 자가 하나님의 나라를 유업으로 받지 못할 줄을 알지 못하느냐 미혹을 받지 말라 음행하는 자나 우상 숭배하는 자나 간음하는 자나 탐색하는 자나 남색하는 자나 도적이나 탐욕을 부리는 자나 술 취하는 자나 모욕하는

자나 속여 빼앗는 자들은 하나님의 나라를 유업으로 받지 못하리라"(고전 06:09-10)

"그들 중의 어떤 사람들이 음행하다가 하루에 이만 삼천 명이 죽었나니 우리는 그들과 같이 음행하지 말자"(고전 10:08, 민 25)

"육체의 일은 분명하니 곧 음행과 더러운 것과 호색과 우상 숭배와 주술과 원수 맺는 것과 분쟁과 시기와 분냄과 당 짓는 것과 분열함과 이단과 투기와 술 취함과 방탕함과 또 그와 같은 것들이라 전에 너희에게 경계한 것 같이 경계하노니 이런 일을 하는 자들은 하나님의 나라를 유업으로 받지 못할 것이요"(갈 05:19-21)

바로보아, 이제는 세상이 우릴 감싸고 있는 형국이 되었습니다. 제아무리 변명에 변명을 늘어놓아도, 그나마 주둥이가 천 개 만 개라고 하더라도, 이제는 누구 하나 우리 곁에 있지 아니하고, 또한 설자리마저도 잃어버린 지 오래되었습니다.

세간에서는 이 같은 추한 모습을 지켜보면서 손가락질 하며 이르기를 '기독교'를 '개독교'라고, '목사'를 '먹사'라고 조소(嘲笑)하고 있습니다. 그러기에 어떤 스타강사는 "한국의 젊은이들이 교회에 나가지 않으면 않을수록 우리의 장래는 밝다"고도 이야기 하고 있기도 합니다(앞선 '인인불신신인' 참조). 이 노릇을 어떻게 해야 할까요?

뼈를 깎는 아픔이 있어야 할 것입니다. 메말라 버린 지 오래되어 흘릴 눈물이 없다면 두 눈을 뽑아내는 한이 있더라도 침상을 적셔야 합니다. 이러한 참상은 어느 한 목회자의 문제가 아닙니다. 누구랄 것도 없이 모든 목회자의 공통한 죄이자 교만입니다. 크리스천 된 우리 또한 목회자와 다르지 않습니다. 왜냐하면 이 같은 시각이 우리를 지켜보고 있는 세상의 눈이기 때문입니다.

하나님 앞에 이 세상 끝나는 그날까지 침묵하는 중에 처절한 회개와 참회가 뒤따라야 할 것입니다. 그 과정은 결단코 시끄럽지 않고 조용해야 합니다. 떠벌리지 말고 은밀해야 합니다. 분주하지 않고 숙연해야 합니다. 미친 듯 박수치지 말고 깍지 낀 채 두 손을 모아야 합니다. 우쭐대지 말고 항상 세상 앞에 무릎 꿇어야 합니다. 왜냐하면 예수님의 흔적을 가슴에 새겨야 하기 때문입니다.

'지금이 바로 그때'라 생각합니다.

산사가 되어야 할 교회

소위 내로라하는 우리나라 대형교회의 외관을 보면 참으로 웅장하기 그지없습니다. 그 앞에서면 쉽게 압도당하고 움츠려들기 십상입니다. 어마어마한 교회 크기는 둘째 치고 내부의 화려함이란 웬만한 5성급 호텔도 부럽지 않을 정도입니다.

이 때문인지는 모르겠지만 교인들 또한 귀티가 납니다. 주일마다 주차장은 항상 비좁기 일쑤이고 그도 인근전체의 교통을 마비시킬 정도로 북적대기 일쑤입니다. 단상에 선 목사님은 보이지도 않고 다만 대형화면을 통해 얼굴모습을 대할 뿐입니다. 초대형교회에서는 목사님의 말소리와 귀에 들이는 말소리에 일정한 시차가 존재하기도 합니다. 모두가 한결같이 어마어마하기 때문입니다.

사람이 많이 몰리는 것은 이유가 있게 마련입니다. 번호표를 받고 그것도 빨라야 30분 이상을 기다려야 하는 맛 집에 사람이 몰리는 이유는 당연히 음식이 맛있기 때문입니다. 수많은 사람들의 인산인해 속에서 암표를 구하기에 이곳저곳을 헤매야 하는 것은 당연히 한국시리즈가 재미있기 때문입니다. 체면불구하고 부리나케 매대 앞으로 뛰어가 줄서는 것이 부끄럽지 않은 것은 폭탄세일이 있기 때문입니다.

그렇다면 이러한 대형교회에 사람이 몰리는 이유는 비유컨대 말씀이 맛있기 때문이 아닐까 생각합니다. 여기서 음식집의 맛(맛집)과 말씀의 맛(교회)을 비교해 보겠습니다. 왜냐하면 사람들이 많이 몰리는 이유로서 그 맛이 정말로 맛있는 것인지 아닌지를 확인해 보기 위해서입니다.

얼마 전 TV에서 맛 집의 진실을 파헤친 적이 있습니다. 이 프로그램은 꽤나 유명세를 떨치고 있어서 아마도 누구나가 익히 알고 있는 프로그램일 것이라 봅니다. 프로그램에서 맛 검증단(檢證團) 3사람은 음식을 설렁탕으로 정하고 사람이 많이 몰리는 맛 집을 선별하여 그곳 설렁탕의 진실을 파헤치게 됩니다.

한곳에서 검증단은 설렁탕을 먹어보고는 고개를 절레절레 흔듭니다. 왜냐하면 설렁탕을 우려내는 재료가 잡뼈 그것도 수입산(輸入産)이었기 때문이었습니다. 수입산은 국내산과는 달리 특유의 누린 냄새가 나고 맛 또한 진한 것이 아니라 멀건 맛이 나기 일쑤입니다. 물론 이곳을 찾는 대부분의 사람들은 이러한 사실을 모르고 있었습니다. 왜냐하면 이를 감출 수 있는 비법이 있었기 때문입니다. 검증단은 이 사실을 놓치지 않았습니다. 그렇지만 비법은 추측할 수밖에 없었는데 검증단 한 사람은 아마도 커피 프리머(Non-Dairy Creamers)가 아닐까 하는 의심의 눈초리를 던져두었습니다.

또 한곳에서 검증단은 마찬가지의 상황을 접하게 됩니다. 그곳은 한우로 국물을 우리기는 했지만 이번에는 설렁탕에 들어가는 고기에 문제가 있었습니다. 물론 이곳도 많은 사람들로 북새통을 이루고 있기는 앞선 집과 매한가지였습니다. 이후 검증단은 몇몇 설렁탕집을 찾아가며 실망에 실망을 거듭하게 됩니다.

그런데 마지막으로 들른 그곳에서 드디어 그들은 착한 맛 집을 찾게 됩니다. 집주인의 양해를 얻어 검증단은 그 맛의 낱낱을 파헤치게 됩니다. 아니나 다를까 모든 이유는 신선한 재료와 주인의 정성에 있었습니다. 그날 판매할 양만 올곧게 정하고 새벽부터 장보기에 나서 이후에 몇 시간의 정성스런 손질을 거쳐 손님상에 설렁탕이 오르기까지 주인의 노고는 참으로 고단하고 수고스러운 것이었습니다. 물론 가격도 착했습니다. 손님은 앞선 집에 비하여 그다지 많지는 않았지만 한 가지 유별난 점은 손님들 대부분이 10년은 축에도 못 끼고 대개 20년 이상의 단골손님들이 대부분이라는 사실이었습니다. 검증단은 한결같이 자극적이지 않고, 조미료가 들어가지 않은 순수한 맛 그대로이며, 몸보신에도 이만한 설렁탕이 없을 것이라고 하면서 구구절절 칭찬에 칭찬을 거듭하였습니다. 끝으로 프로그램은 이 집을 착한 맛 집으로 인정한다는 명패를 붙이고 끝나게 됩니다.

이제는 또 다른 맛 집으로서 교회를 찾아가 봅니다. 이 경우 본래 맛 집과 다른 것은 검증단이 없다는 것입니다. 필자 또한 우리 모두의 생각(판단) 외에는 검증단이 없는 것이 아쉽지만 그도 우리 모두의 생각이 있다는 사실에 위로를 삼고 한 번 찾아가 보기로 합니다.

교회에 사람이 많이 몰린다는 것은 대개 설교가 맛있기 때문일 것입니다. 그런데 맛깔난 설교의 비법은 어디에서 비롯된 것일까요? 필자가 손꼽을 수 있는 것들은, 깊은 영성, 끊임없는 하나님과의 대화(기도)를 통한 자기명확화(自己明確化)의 실현, 들음에서 나는 또 다른 들음으로서의 언설(言說), 세상의 지혜를 누를 수 있는 기독신앙의 계도(啓導), 가르침으로서의 신앙을 경계하고 있는 영성(靈性), 저마다의 경험적 지식과 분석을 허물어뜨릴 수 있는 영력(靈力), 실천적 삶을 통한 신앙적 모범(模範) 등이 아닐까 생각합니다.

그런데 우리는 대개 앞선 검증단처럼 이 집(교회)의 맛을 감별해 내기가 상당히 어렵습니다. 거기에 조미료가 섞였는지, 수입산인지, 커피 프리머가 들어갔는지 도대체 알 수가 없는 형편입니다. 설령 알고 있다고 하더라도 그 맛이 이전에 비하여 한결같은지 감별하기란 녹록치가 않습니다. 왜냐하면 맛에 인이 박혀 길들여지게 되면 자신도 모르게 줄곧 찾게 되는 경우가 허다하기 때문입니다.

분명히 보아야 할 것은 착한 맛 집보다도 다른 맛 집에 사람들이 많이 몰린다는 사실입니다. 그렇다면 이 집이 그냥 맛 집인지[하(下)], 착한 맛 집인지[상(上)], 아니면 착한 맛 집임과 동시에 사람들이 많이 몰리는 착한 맛 집 이상의 또 다른 맛 집인지[최상(最上)] 분간할 수 있는 방법은 정녕 없는 것일까요?

여기 하나의 비유를 들어 방법을 추론해 보겠습니다. 모두가 최상의 집을 분간하기 위한 고육지책(苦肉之策)이라고 할 수 있습니다. 다만 여기서 조건으로 두어야 할 것은 이하 산사(山寺)를 교회로 비유하여 직시하고 있다는 것입니다.

오늘은 산사(교회)에 가는 날입니다. 하나님을 만나기 위해서입니다. 날씨도 청명하고 쾌청하기 이를 데 없습니다. 분주한 도시(죄로 가득 찬 이 세상)를 잠시 벗어날 수 있다는 것 자체가 행복할 따름입니다. 그곳에 가는 목적은 분주한 도시 속에서 지친 상흔(죄)을 달래기(회개) 위함입니다. 곧 그곳 산사에서 새로운 기(죄 사함)를 받아 다시는 도시 속에서 상흔을 입지 않도록 지난 상흔을 치료받기 위함입니다.

산사에는 자동차(교만과 욕심)를 가지고 갈 수가 없습니다. 그곳은 우리 모두가 함께 가꾸고 보존하여 후세에 물려주어야 할 명승지(참다운 신앙의 보금자리)이기 때문입니다. 산사에는 새로운 것이 없습니다. 모든 것이 낡고 오래된 것입니다. 그렇지만 모든 것에는 우리 선대(先代)들의 손때가 고스란히 묻어 있습니다.

법당(예배당)에 이르기까지 우리는 숲속을 지나야 합니다. 맑은 물소리와 새소리 때로는 청설모에 날다람쥐까지 우리를 반깁니다. 어찌나 귀엽고 청명한지 세속의 때가 완전히 씻겨 지는 것 같습니다. 천천히 그렇지만 게으르지 않게 비포장 산길을 걷다보면 이내 법당 앞에 도착하게 됩니다.

법당 처마의 풍경(風磬)소리(교회 종소리)는 그야말로 지난 주의 묵은 때를 씻기에 충분합니다. 법당 앞의 사리탑(예배에 임하는 자세)에 두 손 모으고 잠시 합장(기도)을 합니다. 혼잣말이나 주위가 너무 조용한 까닭인지 마음속에는 마치 굉음처럼 메아리치는 것 같습니다.

저 멀리 큰스님(목사님)의 염불소리(기도)가 들립니다. 모두가 하나님으로부터 들음을 통해 우리 중생(교인)들을 깨우칠 수 있는 설법(설교)을 준비하기 위한 과정입니다. 큰스님의 염불소리는 끊이질 않습니다. 때로는 눕지 않고 좌선하면서[장좌불와(長坐不臥)], 때로는 벽을 보고 며칠을 자지 않고 수행하면서[면벽수행(面壁修行)] 중생의 깨달음(하나님 사랑의 재발견)을 위해 수행에 임하고 있음을 우리는 넉넉히 알고 있습니다. 큰스님을 뵐 때마다 우리는 항상 존경과 마음으로부터의 예를 표합니다. 큰스님의 가사(袈裟)는 마치 누더기를 걸친 것과 진배없습니다. 그 모습을 볼 때마다 가끔씩 속이 상하기도 합니다.

법당(교회) 안에는 예수님께서 계십니다. 법당의 머리되신 예수님께서 두 손을 벌리시고 우리를 반갑게 맞이해 주십니다. 그저 눈물이 날 따름입니다. 뵐 낯이 없기 때문입니다. 우리는 우리의 상흔을 씻기 위해 삼천배(三千拜)의 예(속죄의 기도)로 정성을 다합니다. 등은 땀에 흥건히 젖습니다. 허리와 무릎은 심한 고통에 휩싸이게 됩니다. 모두가 세상의 상흔 때문임을 우리는 잘 알고 있습니다. 이윽고 불전함(헌금함)에 우리의 정성을 바칩니다.

큰스님의 설법을 듣습니다. 짙게 깔려 있는 낮은 목소리, 풀벌레 소리도 이때 잠시 숨을 멈춥니다. "산은 산이요(하나님의 사랑은 끝이 없고), 물은 물이로다(우리에게 허락하신 저 천국 또한 영원할 것이로다)"라는 설법은 장황하지도 않고 지루하지도 않습니다. 간단하고 명료합니다. 그렇지만 우리의 심금을 울립니다.

모두 함께 한 목소리로 나지막하게 그렇지만 힘을 실어 염불(찬송)을 외웁니다. 산사에 고즈넉하게 메아리치는 염불은 세상의 모든 상흔을 도말(塗抹)하기에 충분하고도 남음이 있습니다. 서로서로 합장(성도의 교제)하고 모든 예불을 마칩니다. 모두의 얼굴에 기쁨이 있습니다. 조금 전까지의 모든 고통이 씻은 듯 사라집니다. 시원한 바람에 흘린 땀도 모두 오간데 없이 깨끗하게 됩니다.

바리에 밥을 담아 늦은 점심을 먹습니다. 땀(죄 사함)을 흘려서 인지 맛이 꿀맛입니다. 음식물은 남김이 없어야 합니다. 큰스님의 명훈(明訓)입니다. 이내 우리는 산사를 깨끗하게 쓸고 닦고 소제(掃除)에 임합니다. 명승지이기 때문입니다. 교우들의 소식을 듣습니다. 슬픔은 나누고 기쁨은 더합니다. 자랑은 숨기고 칭찬을 앞세웁니다. 오던 길을 다시 돌아 분주한 도시(세상) 속으로 나갑니다.

이제는 도시를 이길 만반의 준비가 되어 있습니다. 그래서 가는 길은 오던 길보다 발걸음이 가볍고 씩씩합니다. 오고가는 사람들을 만나며 아무 말 없이 그렇지만 목례와 함께 법당 앞에서 구한 염주(전도지) 하나씩을 나누어 줍니다. 그들도 우리에게 인사합니다.

오던 길과 가는 길은 조용하기 이를 데 없습니다. 잔잔하기 그지없습니다. 오로지 새와 물소리만 지저귀고 흘러댈 따름입니다. 그렇지만 시끄럽지가 않습니다. 왜냐하면 모두가 귀한 하나님의 피조물들이기 때문입니다. 하찮은 자연의 미물이라고 하더라도 우리는 그 속에서 하나님의 참사랑을 느낄 수 있습니다. 가는 길에 법당의 종소리가 은은하게 들려옵니다. 우리의 마음속에도 하나님의 사랑이 은은하게 메아리치고 있습니다. 또 다시 뒤를 돌아 두 손을 가슴에 모아 합장에 임합니다.

여기 또 하나의 비유를 들어 그 방법을 추론해 보겠습니다. 모두가 최상의 집을 분간하기 위한 고육지책(苦肉之策)이라고 할 수 있습니다. 다만 여기서 조건으로 두어야 할 것은 이하 교회는 말 그대로 교회입니다.

교회에 나가기까지 우리는 복잡한 도심을 뚫고 가야 합니다. 어떨 때는 짜증이 납니다. 차를 가지고 갈 요량이면 주차에 땀을 흥건히 쏟아야 할 때가 한 두 번이 아닙니다. 교회에 들어서면 우리는 예배를 준비하며 찬송에 임합니다. 반주에 맞춰 박수를 치고 책상을 치면서 그렇게 기쁨을 나눕니다.

장로님의 대표기도를 듣습니다. 우리는 중간 중간에 '아멘'으로 화답하며 장로님 기도에 부응합니다. 이내 설교를 듣습니다. 때로는 손을 하늘로 치켜들고, 때로는 우리를 향하면서, 그렇게 전파되는 말씀은 힘이 있습니다. 어떨 때는 나지막하게, 어떨 때는 쩌렁쩌렁하게, 그렇지만 대개가 우렁찹니다. 설교에 우리의 가슴은 뭔가 모르게 들뜨게 됩니다. 설교 중간 중간에 마찬가지로 '아멘'으로 화답합니다. 설교는 시간이 정해져 있습니다. 대개 30분 내외가 보통입니다.

설교가 끝나면 우리는 통성으로 기도합니다. 교회의 성장과 발전을 위하여, 세상을 위하여, 병든 자의 치료와 회복을 위하여, 우리의 성숙한 신앙을 위하여, 우리 교회 파송선교사를 위하여, 지원하고 있는 농어촌 교회를 위하여, 교회의 증축과 교육관 건립을 위하여 등등 매주 기도제목은 다양합니다. 그렇지만 우리의 죄를 속죄하는 기도는 때로는 있다가도 없고, 때로는 없다가도 있음이 보통입니다.

이내 예배를 파하면 낯익은 얼굴들과 지난 한 주를 이야기 하고 특별한 일이 없으면 집으로 발걸음을 돌립니다. 오늘 주일성수에 뿌듯한 자긍심이 밀려옵니다. 하나님께서 이를 보시고 무척 기뻐하심과 동시에 이번 한 주도 무사하게 뜻하지 않은 복으로 채워주실 것이라는 생각에 흐뭇한 미소를 머금어봅니다.

시끄럽고 소란하며 분주한 집은 최상의 맛 집이 아닙니다. 처음부터 가다듬어지지 않은 마음으로 향하는 집은 최상의 맛 집이 아닙니다. 자신의 기복을 위한 것에 목적을 두고 발걸음을 향하는 그 집은 최상의 맛 집이 아닙니다. 목청을 우렁차게 돋우고 있는 주방장이 있는 집은 역시나 최상의 맛 집이 아닙니다. 아닌 게 아니라 자신도 모르게 들뜬 마음이 용솟음치는 곳은 최상의 맛 집이 아닙니다. 뜻도 없이 목적도 없이 잠시잠깐의 평안함이 있는 집도 최상의 맛 집이 아닙니다. 오고가는 길에 성경찬송이 손에 들려져 있지 않다면 향하는 그곳 또한 최상의 맛 집이 아닙니다. 이곳저곳 분주하게 뛰어다니는 목회자가 있다면 마찬가지로 그곳은 최상의 맛 집이 아닙니다.

그곳은 비록 많은 사람이 몰려 있다고는 하나, 맛 집[하(下)] 그 이상도 그 이하도 아닐 것입니다. 분명히 그 어디엔가 조미료, 수입산, 커피 프리머가 버젓이 그렇지만 눈에 띄지 않게 용해(溶解)되어 있을 것입니다.

"우리 주 예수 그리스도의 하나님, 영광의 아버지께서 지혜와 계시의 영을 너희에게 주사 하나님을 알게 하시고"

"너희 마음의 눈을 밝히사 그의 부르심의 소망이 무엇이며 성도 안에서 그 기업의 영광의 풍성함이 무엇이며"

"그의 힘의 위력으로 역사하심을 따라 믿는 우리에게 베푸신 능력의 지극히 크심이 어떠한 것을 너희로 알게 하시기를 구하노라"

"그의 능력이 그리스도 안에서 역사하사 죽은 자들 가운데서 다시 살리시고 하늘에서 자기의 오른편에 앉히사"

"모든 통치와 권세와 능력과 주권과 이 세상뿐 아니라 오는 세상에 일컫는 모든 이름 위에 뛰어나게 하시고"

"또 만물을 그의 발 아래에 복종하게 하시고 그를 만물 위에 교회의 머리로 삼으셨느니라"

"교회는 그의 몸이니 만물 안에서 만물을 충만하게 하시는 이의 충만함이니라"(엡 01:17-23)

흰 고무신과 검은 두루마기의 유언

수년전 필자는 교회자정(敎會自淨)에 일말의 도움을 보태고자 소위 '기독중재위원회'(基督仲裁委員會)를 발족하고자 의도한 적이 있었습니다. 신실한 크리스천으로서 뜻있는 법률가, 학자, 변호사들이 주축이 되어, 갈수록 세상법[교회법(敎會法)에 대응하는 개념으로서]에 의존하고 있는 기독교계의 자성(自省)과 자정(自淨)을 촉구하려는데 취지를 두고 의기투합되었지만 끝내 막다른 길에서 무산되고야 말았습니다. 이유는 여러 가지가 있지만, 무엇보다도 본 위원회의 지위(地位)와 권능(權能)을 담보할 수 없었던 것이 가장 큰 이유였습니다.

갈수록 강퍅(剛愎)해지고 흉포화(凶暴化)되어가는 세상을 향하여, 우리가 마땅히 세상을 다독이고 감싸고 보듬어야 할 것임에도 불구하고, 오히려 세상에 의지하여 그것도 세상의 법 앞에 호소하며, 저마다의 이해와 안위를 구하는 일이 갈수록 급증하고 있음을 볼 때, 참으로 답답하고 안타까운 마음 금할 길이 없는 실정입니다.

물론 크리스천 또한 국가라는 테두리 안에서 실정법(實定法)의 보호아래 생활하고 있는 까닭에, 때로는 법의 보호에 호소할 수 있음은 마땅한 권리라고도 볼 수 있겠지만, 무엇보다도 교회내부의 문제는 개입을 최대한 배척하고 자제하는 것이 크리스천의 마땅한 도리라고 볼 것입니다. 국가의 실정법 또한 이러한 도리를 존중하고, 가급적 종교적 사안이라고 하는 특수성을 고려하여 교회사건을 다루고 있는 실정입니다.

한편 교회 또한 영적인 문제는 물론이고, 교회의 법률행위나 재산관계 등을 다룸에 있어서 나름의 법률적인 기본상식들이 요구됩니다. 특별히 교회와 관련한 특수한 법률관계에 대해서는 명확한 이해가 필수불가결 합니다. 왜냐하면 세상법을 제대로 이해하지 못한 채 무리하게 세상법을 적용하려들었다가 뜻밖의 낭패에 직면한다거나, 달리 세상법의 적용으로부터 예상치 못한 제재를 받을 경우 이에 정정당당하게 대처하나기 위한 지혜가 필요할 수 있을 것이기 때문입니다.

그러나 무엇보다도 교회내부의 문제를 일일이 세상법에 호소하여 옳고 그름을 따지고자 하는 것은 매우 잘못된 처사일 것입니다. 즉 크리스천으로서의 사명과 역할에 대한 말씀의 법을 도외시하고 이를 오로지 세상법의 판단에 맡겨둔다면, 세상법의 지위가 말씀의 법 위에 서있다고 보아도 과언은 아닐 것이며, 그렇다면 교회의 감찰대상은 하나님이 아니라 세상의 기준과 잣대가 될 것이라는 시각에서입니다.

애초 기독중재위원회는 이를 염두에 두고 있었습니다. 곧 가뜩이나 세상이 교회와 크리스천을 달갑지 않게 보고 있는 상황에서, 서로 다투고 싸우고 물어뜯고 있는 모습을 이에 더한다면 무슨 유익이 있고 나아가 그 꼴이 어떻게 되겠습니까?

물론 개별 교단에도 이 같은 다툼을 해결하기 위한 기구(예를 들면 '재판국')가 없는 것이 아님을 잘 알고 있습니다. 그렇지만 필자가 보기에 그 기능과 권능은 이미 형해화(形骸化)된 지 오래되었다고 생각합니다. 왜냐하면 그 기능이 제대로 작동하였다면 지금과 같은 빈번한 세상법에의 호소는 없거나, 때로 있더라도 가뭄에 콩 나듯 띄엄띄엄 했을 것이기 때문입니다. 나아가 교회의 치리도 문제입니다. 일단 교회내부의 문제가 외부로 알려지게 되었다면 그 교회는 이미 분열의 길을 걷고 있다고 보아도 과언은 아닐 것입니다. 대개 이러한 문제가 촉발된 교회는 스스로 해결할 수 있는 때를 이미 놓쳐 버린 셈이나 다름이 없고, 설령 해결되었다고 하더라도 이미 교회로서의 제 기능을 더 이상 유지할 수 없는 형국이 되었다고 보아 틀림없을 것입니다. 왜냐하면 실정법상 교회는 이해집단이 아니라 신앙의 공동체로서 교인 총유의 집단이기 때문입니다.

만약 본 위원회가 제대로 본연의 목적한 기능을 수행할 수 있었다면 교회문제는 다만 교회내부의 문제로서 당사자가 아닌 또 다른 제3자의 시각에서 시끌벅적하지 않게 조용하고도 침잠한 가운데 그 행사를 도모할 수 있었을 것이라 생각합니다. 그렇다면 총회 예하의 재판국은 신뢰를 잃어버린 그들 목회자만의 이익집단이라고 해도 과언은 아닐 것이고, 교회내부의 장로(또는 당회)들 또한 치리의 주체가 아닌 분열 당사자 이쪽저쪽의 대변인에 불과하였다고 보아도 과언은 아닐 것입니다. 왜냐하면 그들 모두 순수목적에서의 기능을 올곧게 감당하고 있었다면 오늘날과 같이 갈수록 급증하는 교회내부 문제해결을 위한 세상법에의 호소는 어느 정도 잠재워 둘 수 있었을 것이기 때문입니다. 그러기에 신뢰를 잃어버린 그들 모두는 한 마디로 방관자라고 치부할 수 있을 것이고, 우리 또한 주동자라는 입장에서 그 굴레를 벗어버릴 수 없을 것입니다.

이상과 같은 현실은 기독중재위원회 발기 당시 필자가 모아 두었던 다양한 사례들로부터 증거를 엿보일 수 있습니다. 이하 찬찬히 살펴보면서 작금의 위기상황에 뿌려진 유황덩어리의 실재(實在)를 살펴보도록 하겠습니다.

"저희 교회에서는 최근 불행히도 교회내분이 발생하여 집사 수십 명이 교회를 떠나고야 말았습니다. 그런데 어느 한 날 이들 집사들이 몰려와 애초 교회개척 때부터 출석하면서 그간에 많은 헌금을 바쳤다고 주장하면서 자신들이 지금 있게 한 교회의 기여를 참작하여 그에 대한 보상으로 교회재산의 일정지분을 반환해 달라고 요구하고 있습니다. 그들이 교회 개척 당시부터 상당한 기여를 한 장본인들임에는 틀림없지만 그렇다고 그들 요구를 수용하기에는 무리가 있을 것 같은데, 이 일을 어쩌면 좋을까요?"

이 경우 교회는 둘로 분열한 것으로는 볼 수 없고 단지 교인 일부가 교회에서 탈퇴한 것이라면 그들은 교회탈퇴와 동시에 교회에 대한 모든 권리를 상실한 것으로 보아 어떠한 교회재산에 대한 지분권을 주장할 수 없을 뿐만 아니라 사용권도 없습니다.

"교인 일부가 교단의 신앙노선에 불만을 품고 교인총회의 결의 없이 자신들만의 의사에 기하여 우리교회가 소속되어 있던 교단을 탈퇴하고야 말았습니다. 이로 인하여 기존의 교인들과 불화를 겪게 되고 급기야 우리 교회 예배당에서 자기들끼리만 따로 예배를 드리겠다고 하면서 지금까지 예배당을 무단으로 사용하고 있습니다. 교단을 탈퇴한 그들에게 예배당 사용을 금지시킬 수가 있을까요?"

교단탈퇴와 교회탈퇴는 구분하여야 합니다. 교인이 만약 교회를 탈퇴하면 교회재산이나 그 밖의 사용권은 상실하게 되나, 이 경우와 같이 교단을 탈퇴한 것은 교회탈퇴가 아니므로 교회재산 및 사용권에 관한 권리주장은 여전히 유효합니다. 따라서 교회 예배당 사용은 인정되어야 합니다.

"우리 교회는 노회와의 분쟁이 생겨 어쩔 수 없이 노회를 탈퇴키로 하였습니다. 당초 우리 교회는 교단의 헌법에 의거 교회의 부동산은 모두 노회의 소유로 인정하여야 한다는 규정에 따라 교회등기를 노회 명의로 하였는데, 이번 사건을 계기로 부득불 노회에 교회등기를 이전하여 달라고 청원하였습니다. 그런데 노회는 교단 헌법의 규정을 들어 교회등기를 넘겨주지 않고 있는 실정입니다. 어찌해야 합니까?"

교회헌법의 규정에 구애됨이 없이 노회를 상대로 교회부동산에 대한 소유권등기이전을 요구할 수 있습니다. 권면하되 이에 응하지 않을 경우 소유권이전등기청구소송을 통해 반환받을 수 있습니다.

"우리 교회는 등록교인이 약 400여명에 이릅니다. 노회에서 우리교회에 파송한 목사의 품행이 문제되어 교회가 둘로 쪼개지게 되었는데, 그 결과 300여명은 그대로 남고 100여명은 노회를 변경하게 되었습니다. 노회를 변경한 100여명은 또 다시 새로운 노회에서 파송한 목사와 본 교회에서 예배를 드리고 있는 실정입니다. 그런데 기존의 교인들은 우리가 소수(100여명)라는 이유에서 교회 밖으로 나가라고 주장하고 있습니다. 어찌해야 합니까?"

교회가 분열하였다고 하더라도 새로운 교인들은 종전의 교회를 사용할 권리가 있습니다. 수의 많고 적음에 관계없이 어느 쪽이든 교회 예배당을 사용할 권리가 있습니다.

> "우리 교회의 장로들이 담임목사의 목회방향이 문제가 있다고 하면서 당회를 통해 예배인도 금지를 결의하였습니다. 이에 어쩔 수 없이 목사는 교회에 사표를 제출하였습니다. 그럼에도 우리들은 담임목사에게 아무런 문제가 없다고 판단하고 현재 약 300여명이 교회 지하에서 예배를 드리고 있습니다. 그런데 예배 도중에 장로들이 난입하여 설교 중에 있었던 목사의 마이크를 뺏고 교회 밖으로 목사를 쫓아냈습니다. 이후로의 예배는 둘째 치고 이 상황에 어떻게 대처하여야 합니까?"

장로들의 행동은 정당한 것으로 볼 수 없습니다. 이들의 행위는 형법상 설교방해죄에 해당하는 중대한 범죄행위가 됩니다.

위의 사례에서와 같이 이 같은 딱한 사정을 누가 어떻게 처리해야 할까요? 세상법에 호소하여 낱낱이 치부를 들어내면서까지 처리해야 할까요? 아니면 잠잠한 중에 화해를 도모하고 침잠한 중에 중재를 통해 원만히 해결하는 것이 바람직할까요?

위 사례에서 우리가 바로 보아야 할 것은 당사자가 목사, 장로, 노회라는 사실입니다. 어느 누구하나 이 사건에 대한 원만한 해결을 도모하고 있지 않음을 눈여겨 볼 수 있습니다. 이것이 당초 '기독중재위원회'에서 꿈꾸던 목적이었고 자원했던바 취지였습니다.

위의 사례들은 빙산의 일각에도 비할 바가 아닙니다. 그간 필자가 목도한 교회내부 문제를 대충 그룹별로 묶어보면, 교회재산의 처분 및 그 방법, 표시방법, 권리취득 및 상실, 교단의 변경 및 탈퇴, 교단 헌법의 효력, 교회분열시 교회재산의 귀속관계 및 예배당 사용권, 교회와 교단과의 법률문제, 교회의 사무처리, 신앙생활 및 교회재산에 관한 범죄행위, 교회재판의 효력 및 세상법의 수용문제, 형사처벌에 관한 교회문제, 교회재산의 부당처분, 교회건축에 따른 법률문제, 교회와 조세와의 문제, 교회 헌법의 유효성 등등 가지 수도 천차만별 다종다양하기 이를 데 없는 실정입니다.

또 다시 들먹이기에 이 같은 딱한 사정을 누가 어떻게 처리해야 할까요? 세상법에 호소하여 감추어야 할 치부를 들어내면서까지 처리해야 할까요? 아니면 잠잠한 중에 화해를 도모하고 침잠한 중에 중재를 통해 원만히 해결하는 것이 바람직할까요?

교단이나 노회나 교회나 할 것 없이 이 같은 문제에 직면하여 가장 먼저 앞세워 두어야 할 것이 있다면 두 말할 것도 없이 가슴을 찢는 회개와 폐부를 도려내는 참회일 것입니다.

그럼에도 불구하고 정의와 교회의 권위를 지켜가자면 그도 누군가에게는 호소하여야 할 것입니다. 그 누군가가 교회가 되어야 하고 교단이 되어야 하며 노회가 되어야 하지 않을까요? 그렇지만 그도 쉬운 일이 아닐 것입니다. 왜냐하면 앞서 우리가 사례들을 통하여 보았기로 그 당사자가 다름 아닌 그 누군가(교회, 교단, 노회)이기 때문입니다.

화제를 잠시 바꾸어, 목회자나 교회지도자들은 그들 나름의 헌법이나, 권징조례나, 교회의 치리규례 등을 만들어 놓고 있습니다. 그렇지만 이 모두는 우리가 그 대상일 뿐 그들은 여기에서 멀리 동떨어져 있음을 바로 볼 수 있습니다. 고작 그들에게 적용할 수 있는 것은 '이단을 추종하는 것' 한 가지 외에는 별다른 것이 없습니다. 한 마디로 '제 식구 감싸기'에 불과하다고 보아도 과언은 아닐 것입니다. 그러기에 우리는 그 누군가로서 그들을 신뢰할 수 없고 그러기에 때마다 세상법을 앞세울 수밖에 없는 실정일 것입니다.

그럼에도 교회지도자들이나 목회자들은 교단의 수장이 되기 위하여, 노회의 수장이 되기 위하여, 총회의 회장 더 나아가 대표총회장이 되기 위하여 수단과 방법을 가리지 않고 있는 실정입니다. 무엇 때문인가요? 어디에 뜻을 두고 있기 때문인가요? 집구석은 썩어가고 무너져 가고 있는데 어디서 무엇을 하려고 이처럼 안달이 나 있느냐는 것입니다.

필자에게 여기 떠올리기 끔찍한 기억하나가 있습니다. '기독중재위원회'를 주도했을 때, 한 교단의 중재국을 총괄하고 있었던 소위 한 교회지도자는 이러한 행사[기독중재위원회의 발기(發起)]가 교회의 권위에 도전하는 패악한 짓이라고 했습니다. 교단의 재판국을 우습게 보는 파렴치한 짓이라고 했습니다. 그는 논외의 사안으로 당시 필자의 신문사설을 문제시 삼아 우회적으로 겁박(劫迫)까지 하였습니다. 이에 덧붙여 친절하게도 교회 안에서 잠잠하라는 충고까지 잊지 않고 덧붙여 두었습니다. 참고로 문제시된 신문사설의 내용은 '… 척박한 골고다의 구릉을 지쳐 가신 한 청년의 마음을 올바로 이해하여 …'라는 문구에서 '청년'이라는 단어였습니다. 청년이라는 표현은 오만불손하다는 것이 그의 변이었습니다. 그렇다면 '참 좋은 나의 친구'(90장), '저 아기 잠이 들었네'(113장)에서와 같이 '친구' 또는 '아기'로 표현했다면, 아마도 필자는 그에 의해 출교처분을 당했을지도 모를 일입니다. 그것도 '성부의 어린 양'(83장)에 비추어 '양'이라고 했다면 아마도 필자는 이단으로 몰렸을 것입니다. 요행이 그것도 이 같은 겁박에 그친 것이 지금에서 생각해 보면 얼마나 고맙고 감사한 처분이었던지 지금도 잊을 수가 없습니다.

다시 앞선 화제로 돌아가, 목사가 성추행 사건에 휘말려도 뒷짐 지고 있고 그것도 우리가 피켓을 들고 세상만방에 소리소리 외쳐서 세상의 지탄을 힘입어 해결하고 있는 상황인 바에야 이 노릇을 어찌해야 할까요? 개신교의 교단 수가 2011년 현재 230여개라고 합니다. 예하에 노회가 몇 개나 될 것인지는 어림잡아 짐작할 수 있습니다. 아마 셀 수도 없을 것입니다. 노회장이나 총회장에 오를 수 없는 형편이었기에 기존의 것을 다시 둘로 쪼개고 그도 또 넷으로 쪼갠 결과가 아니겠습니까? 어찌 저마다 단위 꼭대기에 좌정하여 이 세상을 내려다보았더니 그도 어디에 비할 바 없이 흐뭇하셨습니까?

교회도 아닌 호텔에서 대의원 총회를 열고, 그도 비서실장이라고 그것도 교회 부목사님을 운전기사로 둔 그들의 정체는 누구입니까? 수억의 판공비를 물 쓰듯 써 재껴가면서 구두밑창이 닳도록 뛰어 다니는 모습을 지켜볼 때, 그들은 어디서부터 와서 어디로 향하다가 끝내 어디로 갈 것인지를 되묻지 않을 수 없습니다.

앞서 보았듯 필자에게 '대한민국'과 '무궁화'를 답으로 구하셨던 목사님께서는 평생 동안 설교 시에 검은 두루마리를 정갈하게 입고 단위에 오르셨습니다. 심방 중에는 해어진 '성경면서'를 가슴에 품으시고 흰 고무신을 신으시고 가가호호 방문하셨던 그때 그 모습을 필자는 지금도 잊지 않고 기억하고 있습니다.

필자가 유년주일학교서부터 지켜보아왔던 목사님의 모습은 우리네 옛날 선비와 다름이 없었습니다. 때로는 자상하면서도 때로는 엄한 그런 분이셨습니다. 눈깔사탕도 곧잘 주셨지만 항상 회초리를 한 켜에 품고 다니셨습니다. 무엇보다도 우리를 가장 혹독하게 나무라셨던 때는 교회 수돗물을 틀어놓고 마셨을 때였습니다. 바가지에 받아 마시라는 엄명을 어겼을 때는 여지없이 회초리가 춤을 추었습니다.

그렇지만 예배당 바닥이나 강단 등에 돌왁스를 칼로 갈아 수건에 문질러 청소하고 있는 우리 모습을 보실 때마다 한결같이 주머니에는 눈깔사탕이 있었습니다. 댓님 풀어지는 지도 모르시고 우리와 함께 번쩍번쩍 광나는 예배당 바닥에서 함께 뒹굴러 주시기도 하셨습니다.

장성한 우리에게 목사님은 그때서야 말씀해 주셨습니다. 예배당 바닥은 눈물바닥이 되어야 하기 때문에 항상 정갈하게 닦아 두어야 한다고 말입니다. 곧 그 바닥을 제단으로 보시고 계셨던 때문이었습니다.

후임목사님의 모습 또한 이와 다름이 없었습니다. 그 목사님에 그 목사님이셨던 것입니다. 이젠 두 분 다 고인(故人)이 되셨지만 두 분 모습은 필자 또한 고인이 될 때까지 이 땅위에서 영원히 잊지 않을 것입니다. 두 분의 목사님께서 우리에게 남겨주신 유증이라고 해봐야 교회명의로 되어 있었던 포니 한 대가 고작이었습니다. 그것도 교회에 나오지 못하는 형편에 있는 환우를 위한 것이었습니다.

지금은 무릎을 찧어 바닥에 피를 묻혀야 할 때입니다. 두 눈을 뽑아내는 한이 있더라도 눈물을 흘려야 할 때입니다. 폐부를 드러내는 한이 있더라도 통한의 부르짖음이 있어야 할 때입니다. 왜냐하면 십자가는 지고 가는 것이 아니라 거기에 달려 죽어야 하는 것이기 때문입니다. 우리 때문에 돌아가신 예수님을 패악무도하게도 되레 죽이고도 살고자 했습니까? 예수님을 십자가에 못 박아 죽이고서도 천인공노하게도 이 땅위에서의 복을 구하며 있습니까?

모쪼록 필자 또한 우리 모두는 물론이려거니와 교회지도자들과 목회자들을 포함하여 다시 돌아보고 또 돌아보는 중에 우리 또한 자랑스러운 혈전(血戰)의 선대(先代)로서 우리의 후세들에게 기억될 수 있도록 회개와 참회의 기도를 앞세울 수 있기를 간절히 기대합니다. 지금이 더 이상 미룰 수 없는 마지막 기회의 때라 생각합니다.

"나의 간절한 기대와 소망을 따라 아무 일에든지 부끄러워하지 아니하고 지금도 전과 같이 온전히 담대하여 살든지 죽든지 내 몸에서 그리스도가 존귀하게 되게 하려 하나니"

"이는 내게 사는 것이 그리스도니 죽는 것도 유익함이라"(빌 01:20-21)

죽음에 이르는 병

인간은 꿈(Vision)을 먹고 사는 동물이라고 합니다. 꿈은 우리(사람)의 생활을 풍요롭게 합니다. 인생의 도상에서 좌절이나 실패에 직면하여 피하지 않고 언제나 뛰어 넘어설 수 있는 것은[유월(踰越)] 모두가 꿈 때문일 것입니다.

그런데 여기서 꿈은 '볼 수 있는 것'(Visible)이고 '만질 수 있는 것'(Tangible)이어야 합니다. '보고 만질 수 없는 것'(in-Visible, in-Tangible)은 꿈이 아니고 허상(虛像)입니다. 우리식대로 이야기하면 '개꿈'이라 할 수 있습니다.

유명한 철학자 키에르케고르(S ø ren Aabye Kierkegaard, 1813-1855)는 그의 저서 '죽음에 이르는 병'(The Sickness Unto Death, *Sygdommen til D ø den*)이라는 책에서 꿈(희망)에 관한 이야기를 담고 있습니다. 이 책의 결론을 한 마디로 이야기하면 "절망은 사람을 죽음에 이르게 한다"는 것으로 갈음할 수 있습니다.

이 책에 함축된 의미를 우리 크리스천의 시각에서 보면, "하나님께서는 우리가 감당할 수 있을 만큼의 시련을 주신다고 하지만, 사람은 본래 절망이 반복되면 매사에 소심해지기 마련이기 때문에 언제나 하나님께 의지하는 삶을 잃지 말아야 한다"는 것으로 새길 수 있습니다.

그렇다면 '꿈'의 정체는 '하나님께 의지하는 삶'이라고 해도 틀리지 않을 것입니다. 이 지면에서는 꿈의 본질과 정체성에 대해서 살펴보고자 합니다.

"사람이 감당할 시험 밖에는 너희가 당한 것이 없나니 오직 하나님은 미쁘사 너희가 감당하지 못할 시험 당함을 허락하지 아니하시고 시험 당할 즈음에 또한 피할 길을 내사 너희로 능히 감당하게 하시느니라"(고전 10:13)

우리가 꿈꾸고 있는 꿈의 정체는 무엇일까요? 여러분의 꿈은 무엇입니까? 꿈을 이루기 위해 오늘을 어떻게 살고 계십니까? 또한 꿈은 누구를 위한 것입니다. 마침내 꿈을 다 이루었다면 남은 인생의 꿈은 무엇인가요?

이 같은 질문에 스스럼없이 대답하기 위해서는 무엇보다도 꿈의 시제(Tense)를 명확히 이해하고 있어야 합니다. 왜냐하면 키에르케고르의 말대로 죽지 않고 살기위한 방편에서 꿈(희망)을 갖기 위해서는 꿈이 어디 있는지를 알아야 찾아갈 수 있고 또한 이룰 수 있기 때문입니다. 설령 꿈을 간직하고 있다고 하더라도 경우는 다르지 않습니다. 왜냐하면 꿈이 정녕 꿈이 되기 위해서는 꿈으로서 자격이 있는 것인지를 따져 보아야 하기 때문입니다.

무엇보다도 꿈은 결코 과거의 것이 될 수는 없습니다. 왜냐하면 과거는 이미 사라지고 없는 죽은 것이라 볼 수 있기 때문입니다. 그렇다면 남겨진 것은 '현재'와 '미래'라는 시제만이 남겨져 있을 뿐입니다. 여러분은 꿈의 시제가 현재에 있는 것이라고 생각하십니까? 아니면 미래에 있는 것이라고 생각하십니까?

화제를 잠깐 돌려보겠습니다. 우리가 간직하고 있는 꿈의 형태와 종류에는 어떠한 것들이 있을 수 있을까요? 이 땅위에서 재물, 건강, 명예와 지위, 우리 후사(後嗣)들의 안녕과 출세, 견고한 신앙, 행복한 삶, 뭐 이런 것들에 있지 않을까 생각해 봅니다. 이것 말고 또 있을까요? 필자는 아무리 생각해 봐도 이것들 말고는 꿈의 또 다른 형태와 종류를 찾을 수 없을 것 같습니다.

그렇다면 우리는 이러한 꿈을 위해 살고 있다고 보아도 틀린 말은 아닐 것 같습니다. 키에르케고르의 말을 여기에 대입해 보면, '사람이 꿈을 재물, 건강, 신앙, 명예, 지위 등에 두고 있지 않다면 그 사람은 죽은 사람이나 마찬가지의 사람'이라고 말할 수 있을 것입니다.

다시 앞선 화제로 돌아가 보겠습니다. 또 다시 이야기하기에 그렇다면 이 같은 꿈의 시제는 현재에 있을까요? 미래에 있을까요? 어찌 보면 이 질문은 우문(愚問)이 아닐 수 없을 것이라고 생각합니다. 왜냐하면 아직 꿈만 간직하고 있지 꿈을 이룬 것은 아닌데, 어떻게 현재에 꿈이 있겠느냐는 당연한 생각 때문일 것입니다. 과연 그럴까요?

필자는 꿈의 자리(시제)가 마땅히 '현재'에 있어야 하고, 그러기에 꿈의 자리는 반드시 현재에 두어야 한다고 생각하고 있습니다. 궤변이 아닐 수 없다고요? 이하 찬찬히 따져가며 입증해 보이도록 하겠습니다.

"태초에 하나님이 천지를 창조하시니라"(창 01:01)

무릇 생명이 있거나 운동력이 있는 천지만물(天地萬物)은 그들 존재의 근원(根源)으로서(곧 그들 존재가 시작된 처음으로서), 예외 없이 그 어느 때의 과거가 존재합니다. 더불어 이 처음부터 존재의 소멸(消滅)을 의미하는 마지막까지의 과정을 더한 미래가 예정되어 있습니다. 만약 이 같은 명제를 뒤집기 위해서는 과거로서의 처음과 마지막으로서 미래를 극복할 수 있는 현재가 반드시 존재하여야 할 것입니다.

뜬금없는 이야길 수 있으나, 그렇지만 천지만물에 현재는 결단코 존재하지 않습니다. 오직 과거와 미래만이 존재하고 있을 뿐입니다. 우리는 의식적으로나 무의식적으로 찰나(刹那, Moment)라든지, 순간(瞬間, Instant)이라든지, 지금(只今, Now)이라는 단어들을 현재로 보고 있습니다. 그렇지만 이는 엄청난 착각입니다. 엄밀한 의미에서 현재는 우리 지각밖에 존재하는 하나의 관념(觀念, Idea)으로서 허상(虛像)에 불과합니다.

생각해 보기에, '현재에 흐르는 시간'을 상상하거나 이해할 수 있을까요? '처음부터 처음까지'를 우리의 생각과 관념을 통하여 바로 새겨둘 수가 있을까요? 이 글을 쓰고 있는 소위 찰나, 순간, 지금도 모두 과거로 지나가 버렸는데 말입니다.

다른 해석과 반론이 없다면, 이처럼 우리가 잘못 인식하고 있는 현재는 존재하지 않는다는 의미인 '무'(無, Nothing)로서 치환(置換)이 가능할 것입니다. 왜냐하면 무는 현재와 같이 존재하고 있지 않은 관념이기 때문입니다. 그렇다면 과거와 미래는 존재하였거나 존재할 것이라는 의미로서 '유'(有, Something)라고 유추할 수 있습니다.

결국 모든 천지만물을 유라 할 때, 그 존재가 사라지게 되면 유는 무를 성취할 수 있다는 결론에 이르게 됩니다. 왜냐하면 사라진 것들에게는 과거와 미래가 남겨져 있지 않기 때문입니다. 그렇다면 유는 보다 정확히는 살아 운동력이 있는 천지만물은 어디서부터 비롯되었을까요? 선뜻 대답하기 곤란할 질문 같아 보이지만 이 같은 원초적인 명제에 의지해 보면 의외로 답은 간단합니다. 곧 무로부터, 이를테면 현재로부터 온 것입니다. 왜냐하면 현재 이외의 다른 근원은 존재하지 않기 때문입니다. 적어도 우리의 관념 속에서는 말입니다.

이 경우 무에는 과거와 미래와 같이 시간이라는 관념이 존재하지 않습니다. 시간이 존재하기 위한 공간(시제)은 오로지 과거와 미래에 한정되어 있기 때문입니다. 바꾸어 말하면 흐르는 시간을 극복할 수 있으려면 현재는 과거 이전에 또는 미래 이후에 존재하여야 합니다. 물론 이 또한 우리의 관념으로는 상상할 수 없습니다. 왜냐하면 우리의 관념 속에 현재는 과거와 미래의 한 중간에 존재하고 있기 때문입니다.

이처럼 우리가 현재를 인식할 수 없는 것은 흐르는 시간이 머무는 공간속에서 우리 스스로가 천지만물 모든 것과 함께 과거와 미래에 속해 있기 때문입니다. 결국 살아 운동력이 있는 삼라만상이 머무를 수 있는 공간은 '여기서부터(과거) 저기까지(미래)', 곧 흐르는 시간의 미분(微分)된 한 구간이 될 수밖에 없다는 결론에 이르게 됩니다.

그렇지만 현재와 무에는 시간이 없습니다. 또 다시 일컫기에 현재는 우리의 생각과 관념으로는 이해할 수 없는 별천지의 때이자 장소로서 또 다른 차원입니다. 성경에 비추어 창조(Creation)의 객체로서 천지만물은 예외 없이 모두가 유에 속한 것들입니다. 곧 과거와 미래가 있는 것들입니다. 어느 것 하나도 흐르는 시간의 구속으로부터, 보다 정확히는 과거와 미래로부터 벗어나거나 자유로울 수 없다는 공통점이 있습니다. 여기서 이야기 하고 있는 천지만물은 어느 것도 이전부터, 곧 과거로부터 존재하고 있었던 어떤 것에서부터 재차 탄생된 것이 아니라는 것입니다. 이는 창조의 근원은 유가 아닌 무에서 비롯된 것이어야 함을 의미합니다. 예컨대 닭이 먼저냐 계란이 먼저냐가 핵심이 아니라, 어떤 것이든 그것이 탄생된 배경으로서 무를 의미합니다.

창세기의 기록에 비추어, 창조의 역사를 더듬어 보면, 창조된(created) 천지만물 모든 것의 내력은 다름없이 하나님께서 이르신 말씀(said)으로부터 존재하게(was) 되고, 생성되어(made), 불리면서(called), 축복된(blessed) 가운데 탄생하게 됩니다. 곧 천지만물 모든 것들은 하나님의 말씀에 따라 그 의지대로 창조되어(created) 결국에는 "보시기에 좋았더라"(God saw all that he had made, and it was very good)로 끝맺게 됩니다.

"하나님이 이르시되 빛이 있으라 하시니 빛이 있었고 빛이 하나님이 보시기에 좋았더라"(And God said, Let there be light, and there was light. God saw that the light was good. 창 01:03-04)

"하나님이 궁창을 만드사 궁창 아래의 물과 궁창 위의 물로 나뉘게 하시니 그대로 되니라"(So God made the expanse and separated the water under the expanse from the water above it. And it was so. 창 01:07)

"하나님이 뭍을 땅이라 부르시고 모인 물을 바다라 부르시니 하나님이 보시기에 좋았더라"(God called the dry ground land, and the gathered waters he called seas. And God saw that it was good. 창 01:10)

"하나님이 그들에게 복을 주시며 이르시되 생육하고 번성하여 여러 바닷물에 충만하라 새들도 땅에 번성하라 하시니라"(God blessed them and said, Be fruitful and increase in number and fill the water in the seas, and let the birds increase on the earth. 창 01:22)

모두가 '과거에서 시작되어, 미래를 예정하고 있음'을 엿볼 수 있습니다. 모름지기 그 과정에서, 아무도, 어떤 것도, 하나님의 창조과정에 참여하거나 개입할 수 없었고, 또 어떠한 존재도 하나님의 성업(聖業)을 방해할 수 없었습니다.

"만물이 그로 말미암아 지은 바 되었으니 지은 것이 하나도 그가 없이는 된 것이 없느니라"(요 01:03)

"믿음으로 모든 세계가 하나님의 말씀으로 지어진 줄을 우리가 아나니 보이는 것은 나타난 것으로 말미암아 된 것이 아니니라"(히 11:03)

그렇다면 창조주 하나님의 시제(Tense)는 무엇일까요? 창세기 창조의 기록에는 유에 속한 천지만물의 창조주로서 하나님의 존재, 하나님의 성질 등을 다루고 있는 사색이나 논의 또는 문구는 찾아볼 수 없습니다. 오로지 하나님을 당연지사로 여기고 현재 또는 무에 대한 존재나 실체 등은 어디에서도 밝히고 있지 않습니다.

그러나 기록 중에 히브리어 동사로서 '창조하다'의 뜻을 갖고 있는 '바라'(*Bara*, בָּרָא)라는 단어를 통해 그 실체를 우회적으로 함축하고 있음을 보게 됩니다. 여기서 바라(*Bara*)는 하나님 이외의 것을 주어로 하지 않고, 소재(시제) 또한 쓰고 있지 않는 특질이 있습니다. 이 단어는 오로지 하나님의 이적에 의한 '무에서의 창조'에만 사용되는 단어로서 쓰임새를 한정하고 있습니다.

여기서 또 다시 화제를 돌이켜 보겠습니다. 우리가 앞서 본 것처럼 모든 천지만물에는 제각기의 이름이 있습니다. 예외 없이 이름들은 그들 존재 이전의 과거에 존재하였던 또는 존재하고 있는 누군가가 붙인 것입니다. 미래 또한 이와 다름이 없습니다. 그렇다면 같은 맥락에서 과거와 미래가 없는 현재의 이름과 존재는 누가 붙인 것일까요?

결론부터 이야기 하면, 무의 주체로서 현재(Am)의 이름은 하나님께서 스스로에게 붙이신 그분의 거룩하신 이름입니다. 그렇다면 '현재'는 '하나님의 이름'이 되는 셈입니다. 성경에서는 이를 다음과 같이 증하고 있습니다.

"하나님이 모세에게 이르시되 나는 '<u>스스로 있는 자</u>'이니라 또 이르시되 너는 이스라엘 자손에게 이같이 이르기를 '<u>스스로 있는 자</u>'가 나를 너희에게 보내셨다 하라"(God said to Moses, <u>I AM WHO I AM</u>. This is what you are to say to the Israelites: <u>I AM</u> has sent me to you. 출 03:14)

그렇다면 현재의 하나님께서 과거와 미래를 창조하신 이유는 무엇일까요? 과거와 미래 속에 모든 천지만물을 가두어두신 이유는 무엇일까요? 현재로부터 유를 창조하신 이유가 무엇일까요?

그 이유는 다름 아닌 천지만물에게 현재(Am), 곧 하나님으로부터 그들 모두가 말미암았다는 사실을 알게 하시고, 또한 이를 발견하고, 또한 찾게 하심에 있었습니다.

"우주와 그 가운데 있는 만물을 지으신 하나님께서는 천지의 주재시니 손으로 지은 전에 계시지 아니하시고 또 무엇이 부족한 것처럼 사람의 손으로 섬김을 받으시는 것이 아니니 이는 만민에게 생명과 호흡과 만물을 친히 주시는 이심이라"

"인류의 모든 족속을 한 혈통으로 만드사 온 땅에 살게 하시고 그들의 연대를 정하시며 거주의 경계를 한정하셨으니 이는 사람으로 혹 하나님을 더듬어 찾아 발견하게 하려 하심이로되 그는 우리 각 사람에게서 멀리 계시지 아니하도다"

"우리가 그를 힘입어 살며 기동하며 존재 하느니라"(행 17:24-28)

모든 천지만물이 과거로부터 미래를 향하여 창조되어진 까닭에, 과거와 미래는 모두 유한(limited)합니다. 과거와 미래에 거하고 있는 모든 것들은 어느 것 하나도 예외 없이 '흐르는 시간' 속에서 그들 존재의 처음(과거)과 마지막(미래)을 예정하게 됩니다.

그렇지만 하나님의 이름으로서 현재는 무한(Infinite)하며, 실체는 다름 아닌 사랑(Love)입니다. 따라서 하나님의 속성은 '무한한 사랑'으로 의미를 바로 새길 수 있습니다. 이를 성경에서는 다음과 같이 증하고 있습니다.

"사랑하지 아니하는 자는 하나님을 알지 못하나니 이는 하나님은 사랑이심이라"(Whoever does not love does not know God, because God is love. 요일 04:08)

"하나님이 우리를 사랑하시는 사랑을 우리가 알고 믿었노니 하나님은 사랑이시라 사랑 안에 거하는 자는 하나님 안에 거하고 하나님도 그의 안에 거하시느니라"(And so we know and rely on the love God has for us. God is love. Whoever lives in love lives in God, and God in him. 요일 04:16)

그렇다면 현재는 어김없이 존재합니다. 왜냐하면 '하나님의 이름'이기 때문입니다. 그 속에는 시간이 아닌 '무한한 사랑'만이 담겨져 있을 뿐이고 영원히 흐르고 있을 따름입니다. 다시금 되짚어 두기에 하나님께서는 스스로를 'I AM WHO I AM'이라고 칭하셨고, 본성을 'God is Love'라고 특정하셨습니다. 따라서 '현재'는 '바라(*Bara*)의 하나님'이 되고 또한 '사랑'이 됩니다.

하나님께서는 과거와 미래가 모두 지난 이후의 시제로서 우리에게 현재를 예비해 두셨습니다. 물론 현재는 과거 이전(以前, Before) 그리고 미래 이후(以後, After)의 시제이기도 할 것입니다. 현재의 실체를 우리에게 보여주시는 때, 비로소 과거와 미래는 현재에 흡수되어 영원히 사라지게 될 것입니다.

이제야 비로소 깨닫게 되었음을 감사하지 않을 수 없을 것입니다. 그 '현재'가 바로 '하나님'이었고 '사랑'이었음을 말입니다. 그 '현재'가 바로 하나님의 사랑이 담겨진 저 영원한 '천국'이었음을 말입니다.

이제 우리는 꿈의 소재지를 알게 되었습니다. 꿈의 본질과 정체가 머물고 또한 머물러야 하는 시제는 과거도 미래도 아닌 현재라는 사실을 말입니다. 그렇다면 앞서 본 꿈의 형태와 종류 모든 것의 소재지는 현재가 되어야 하고 또한 될 수밖에 없을 것입니다. 여기서 한 가지 우리가 되짚을 수 있는 것은 '꿈 또한 하나님께서 창조하여 두고 계신 피조물'이라는 사실입니다.

우리가 가슴속에 간직하고 있는 꿈은 모두가 현재를 위한 것입니다. 저 천국에 소망을 두고 있지 않다면 또 모르겠지만 우리가 가슴속에 간직하고 있는 꿈은 모두가 하나님(현재)을 위한 것입니다. 왜냐하면 현재(AM)는 하나님의 거룩하신 이름이기 때문입니다.

이 땅위에서 재물, 건강, 명예와 지위, 우리 후사(後嗣)들의 안녕과 출세, 견고한 신앙, 행복한 삶 그 모든 것들이 정녕 꿈이 되기 위해서는 모두가 현재에 시제를 두고 있어야 합니다. 또 다시 키에르케고르의 말을 여기에 대입해 보면 이러한 '재물, 건강, 명예, 지위 등의 꿈을 현재, 곧 하나님 사랑의 실현(하나님의 영광)에 두고 있지 않은 사람은 죽은 사람이나 마찬가지의 사람'이라고 바꾸어 말할 수 있습니다.

그런데 지금까지 우리가 들어왔던 꿈의 정체, 보다 정확히는 꿈(축복)의 소재지는 모두가 왜곡되어 있었다고 볼 수 있습니다. 적어도 꿈의 소재지를 미래에 두었다면 말입니다. 그렇다면 그 꿈 모두는 한결같이 미래에 시제(소재지)를 두고 있었다고 보아, 모두가 기복(祈福, 개꿈)이었고 거짓(허상)된 것이었다고 밖에는 달리 볼 수 없습니다. 그러기에 우리는 살아있으나 줄곧 죽어있었던 것이나 진배없었음을 고백하지 않을 수 없습니다.

앞서 필자가 누구를 위해서, 무엇을 위해서, 꿈을 간직하고 있느냐고 물었던 이유는, 우리는 모두 살아있으나 죽어있었던 것이나 다름이 없다는 뜻을 강조하기 위한 것에 내심의 뜻을 두고 있었습니다.

그렇다면 그간 목회자들은 우리를 철저히 기망(欺罔)하고 있었습니다. 허위의 사실을 말하거나 진실을 은폐함으로써 우리를 착오(錯誤)에 빠뜨리고 있었던 것입니다. 적어도 우리가 꿈의 소재지를 미래에 두고 있었다면 말입니다.

이러한 목회자의 그릇된 언행과 심사는 어렵지 않게 대할 수 있습니다. 모두가 이 땅위에서 미래의 꿈[복(福)]만을 이야기 하고 있습니다. 그것은 꿈이 될 수 없고, 또한 우리의 소망이 될 수 없습니다. 그것은 꿈도 축복도 아닌 그저 개꿈에 불과할 따름입니다.

만약 재물, 건강, 명예와 지위, 우리 후사(後嗣)들의 안녕과 출세, 견고한 신앙, 행복한 삶 등이 꿈(축복)일 수 있다면, 마땅히 고난도 꿈일 수 있습니다. 실패와 좌절도 꿈일 수 있습니다. 가난함도 슬픔도 좌절도 이로 인한 그 밖의 모든 고통도 꿈일 수 있기에 마땅할 것입니다. 심지어는 죽음 또한 꿈일 수 있을 것입니다. 왜냐하면 이 모든 것이 현재(I AM WHO I AM)라는 이름을 갖고 계신 하나님 사랑의 또 다른 표현일 수 있기 때문입니다.

> "우리가 살아도 주를 위하여 살고 죽어도 주를 위하여 죽나니 그러므로 사나 죽으나 우리가 주의 것이로다"(롬 14:08)

우리는 성경의 기록을 통하여 꿈의 사람을 지칭하기에 주저 없이 요셉(Joseph)을 이야기 합니다. 요셉의 꿈은 무엇이었을까요? 요셉은 자신의 꿈을 총리대신에 두고 있었을까요? 어림 반 푼 어치도 없는 이야깁니다. 만약 요셉이 언감생심 미래에 총리대신을 꿈꾸고 있었다면 필자생각에 아마도 하나님께서는 그를 왕궁 옥에서 그냥 죽게 내버려 두셨을 것입니다. 왜냐하면 그 꿈은 꿈이 아니라 죽음에 이르는 병일 수 있기 때문입니다.

요셉이 총리대신이 된 것은 꿈의 성취가 아니라 현재의 꿈(하나님을 사랑하고 하나님께 의지하는 삶)을 간직한 대가로 자신에게 허락된 말 그대로 인생(꿈을 이루기 위해 지쳐가는) 자체였을 뿐 그 이상도 이하도 아닐 것입니다.

총리대신이 꿈의 성취라면 왕은 이보다 더한 꿈의 성취라고 할 것입니다. 왜냐하면 왕은 총리대신 위에 있기 때문입니다. 기록에 비추어, 북이스라엘과 남유다 모든 왕의 일대기를 돌이켜 볼 때, 그들은 어느 누구도 예외없이 비참한 죽음의 말로를 접하게 됩니다. 이것이 꿈이었고 꿈의 성취라고 보아도 무리가 없을까요? 아브라함과 이삭과 야곱에게 향하신 하나님의 축복이 그들이 소원하였던 꿈이었을까요? 만약 이러한 꿈이 진정 꿈이 되기에 마땅한 것들이라면, 이 땅위에 오신 예수님은 적어도 유대왕 하나쯤은 수중(手中)에 지니고 오셨어야 합니다. 뿐만 아니라 오병이어(五餅二魚)로는 부족하고 산해진미(山海珍味)의 또 다른 오병이어로 우리를 배불리게 하셨어야 마땅할 것입니다. 따라서 그것은 그들의 인생 자체였고 예수님 또한 처지는 다름이 없을 것입니다. 모두가 한결같이 꿈을 현재(하나님의 사랑과 기쁨의 성취)에 두고 있었고 또한 두시고 계셨습니다.

우리의 꿈은 결단코 미래에 두어서는 안 될 것입니다. 마땅히 현재에 두어야 합니다. 꿈을 미래에 두고 호도(糊塗)하거나 왜곡(歪曲)하여서도 안 될 것입니다. 마땅히 하나님 사랑과 기쁨의 성취에 두어야 할 것입니다. 또한 이 땅위에 거하는 동안 하나님의 축복을 하나님께 요구하거나 강요하는 일은 없어야 할 것입니다. 왜냐하면 우리의 인생이 우리의 것이 아닐진대 축복 또한 우리의 것이 아니기 때문입니다.

예수님을 닮아 고난도 꿈일 수 있어야 합니다. 실패와 넘어짐도 꿈일 수 있어야 합니다. 가난도 슬픔도 심지어는 죽음마저도 꿈일 수 있어야 합니다. 현재되신 하나님 사랑을 이루기 위해서라면 말입니다.

"나의 간절한 기대와 소망을 따라 아무 일에든지 부끄러워하지 아니하고 지금도 전과 같이 온전히 담대하여 살든지 죽든지 내 몸에서 그리스도가 존귀하게 되게 하려 하나니"

"이는 내게 사는 것이 그리스도니 죽는 것도 유익함이라"(빌 01:20-21)

거두어 가시는 것도 하나님의 손에 붙들려져 있으며, 넉넉히 채워주시는 것도 하나님 손에 붙여져 있다면, 우리는 오로지 현재에 두고 있는 꿈을 이루기 위하여 하나님의 자비와 사랑만을 구하여야 할 것입니다.

그러기에 축복의 통로를 미래에 걸쳐두고 앞세워서는 곤란합니다. 회개와 참회가 곧 현재를 향한 축복의 통로이자 꿈의 성취를 위한 통로임을 다시금 바로 깨달아야 할 것입니다.

키에르케고르의 말에 담긴 신앙적 의미를 다시금 올곧게 깨달아 우리 꿈의 성취에 대한 새로운 역사가 이후로부터 자랑스럽게 재차 쓰여질 수 있기를 기대합니다.

유언의 진수

"데라가 그 아들 아브람과 하란의 아들인 그의 손자 롯과 그의 며느리 아브람의 아내 사래를 데리고 갈대아인의 우르를 떠나 가나안 땅으로 가고자 하더니 하란에 이르러 거기 거류하였으며 데라는 나이가 이백오 세가 되어 하란에서 죽었더라"(창 11:31-32)

위 기록에서 우르(Ur)는 현재 페르시아만(Persian Gulf)의 골 패인 언저리 인근으로 역사적으로 인류 최초의 수메르(Sumer) 문명이 탄생한 지역이고, 성경에서 에덴동산, 바벨탑 등의 배경이 된 장소이기도 합니다.

기록에 비추어, 아브라함(Abraham)의 부친이었던 데라(Terah)가 무슨 이유로 우르를 버리고 가나안(Canaan)에 이주하려고 했는지는 밝히지 않고 있지만, 이하의 기록과 경외전(經外傳) 유디트(Judith)서를 참고할 때, 아마도 당시 우르의 월신숭배(月神崇拜)나 그곳의 악한 사회풍속이 신실한 데라의 일가족이 살아가기에는 견딜 수 없었기 때문이 아니었을까 생각됩니다.

물론 우르를 떠나기 전에 데라와 그의 가족들 또한 다른 잡신(雜神)들을 섬겼을 수 있었을 것이나, 그럼에도 불구하고 우르를 떠난 이후로 그들

가족 모두는 하나님의 사랑에 붙들려 특단의 회심(悔心)이 있었을 것으로 생각됩니다.

"여호수아가 모든 백성에게 이르되 이스라엘의 하나님 여호와께서 이같이 말씀하시기를 옛적에 너희의 조상들 곧 아브라함의 아버지 나홀의 아버지 데라가 강 저쪽에 거주하여 다른 신들을 섬겼으나"(수 24:02)

"그러므로 이제는 여호와를 경외하며 온전함과 진실함으로 그를 섬기라 너희의 조상들이 강 저쪽과 애굽에서 섬기던 신들을 치워 버리고 여호와만 섬기라"(수 24:14)

한편 일각의 학설로서 사래(Sarai)와 밀가(Milcah)라는 이름이 월신숭배(月神崇拜)와 관련된 명칭이라는 주장도 있습니다. 나중에 하나님께서 믿음의 조상으로서 아브라함(Abraham)을 택하신 후 사래의 이름을 사라(Sarah)라고 바꾸어 부르게 하신 것이 증거라고 합니다.

만약 그렇다면 데라는 맹모삼천지교(孟母三遷之敎)의 효시(嚆矢)가 되는 셈입니다. 그런데 공교롭게도 데라의 이주(移住)계획과 하나님께서 아브람(Abram)에게 이르신 이주명령은 어김없이 일치하고 있음을 엿볼 수 있습니다.

"여호와께서 아브람에게 이르시되 너는 너의 고향과 친척과 아버지의 집을 떠나 내가 네게 보여 줄 땅으로 가라"

"… 아브람이 그의 아내 사래와 조카 롯과 하란에서 모은 모든 소유와 얻은 사람들을 이끌고 가나안 땅으로 가려고 떠나서 마침내 가나안 땅에 들어갔더라"(창 12:01, 05)

성경의 기록에서는 셈(Shem)의 족보에서 유독 데라의 족보를 따로 떼어 구분하고 있는데, 어찌된 영문인지 그 이유는 밝히지 않고 있습니다. 필자의 생각에 아마도 그 이유는(아브라함을 포함하여) 데라의 회심을 강조하고 그를 신실한 사람으로 취급하기 위함이 아닌가 여겨집니다.

그렇지만 데라는 우르를 떠나 서북방 하란을 거쳐 가나안에 이르는 소위 '비옥한 초승달 지대'(Fertile Crescent)를 지나는 약 1,600km의 여정을 끝마치지 못하고 205세를 일기로 하란(Haran)에서 숨을 거두고야 맙니다.

여기서 그가 그토록 원했던 가나안 땅에 발을 디디지 못한 이유는, 외견상 200세가 넘은 나이에 우르로부터 서북쪽 880km에 이르는 하란까지의 대장정을 감당하기에는 한계가 있었을 것이라는 추측도 있지만, 그보다는 신앙적으로 그가 우르에서 온갖 잡신을 섬겼다는 사실이 보다 큰 이유가 되었으리라 생각됩니다. 마치 모세가 가나안 땅에 발을 디디지 못한 것과 매한가지로 말입니다.

"여호와께서 그에게 이르시되 이는 내가 아브라함과 이삭과 야곱에게 맹세하여 그의 후손에게 주리라 한 땅이라 내가 네 눈으로 보게 하였거니와 너는 그리로 건너가지 못하리라 하시매"(신 34:04)

만약 회심한 데라가 가나안에 이르지 못하고 숨을 거두기 직전에 사랑하는 아들 아브람에게 남긴 유언이 있었다면 내용이 무엇이었을까요? 우르를 떠날 때의 이유가 후세를 향한 맹모삼천지교와 마찬가지였다면 모르긴 해도 다음과 같지 않았을까 생각해 봅니다.

"나는 비록 우르에서 여호와를 떠나 있었던 까닭에, 그 원죄로부터 내가 원했던 가나안에 이르지 못하고 여기서 죽는다마는, 우리가 우르를 떠난 이유였던 것과 마찬가지로, 이후로도 행여 그곳 사람들의 행실을 본받지 말고, 그 행악과 패악으로부터 떠나 너희를 향하신 여호와의 사랑에 거하라."

"태초로부터 나와 너희를 선택하셔서 사랑하신 여호와께서 너희를 반드시 약속하신 땅 가나안에 이르게 하실 것이니, 그곳에서 창대하고 번성하여 땅에 충만한 가운데 여호와를 기쁘시게 하는데 전력할 수 있기를 바란다."

"내가 이 땅위에서 못다 이룬 소원을 이 하란에 묻고 간다만, 늙은 이 육신을 선택하지 않으시고, 특별히 사랑하는 내 후손들을 선택하신 여호와께 더한 감사함을 드린다."

"여호와의 무한하신 사랑에 이 늙은 아비의 기도를 더하여, 너희를 택하신 여호와께서 그 마음에 너희를 향한 희망이 솟을 수 있도록, 그 뜻과 명령을 준행하는 영광된 삶이 보전되기를 바란다.

"셈의 하나님 여호와를 영원무궁토록 찬송하리로다."

실제 데라의 모습은 이와는 다를 수 있을 것입니다. 그렇지만 우리 마음속에 살아 숨 쉬고 있는 하나님의 사랑은 결코 위에서 본 데라의 유언과 다름이 없어야 할 것입니다. 여기서 남긴 하란에서의 데라의 유언, 이 땅에서 곧이곧대로 우리의 유업(遺業)이 될 수 있었으면 하고 기대해 봅니다.

고대 오리엔트(Ancient Orient, Ancient Near East)에 속한 애굽, 곧 이집트에서는 사람의 죽음을 영적사상에 결부하고 있었던 까닭에, 인위적인 미이라[목내이(木乃伊), Mummy] 제작기술이 발달하였습니다. 이때 영적사상이라고 함은, 죽은 자의 시신을 미이라로 만들어 사후세계에서 소생시키려고

한 당시의 현세의식을 일컫습니다.

여기서 역사적 시각 하나를 되짚어 둡니다. 역사적으로 고대(Ancient)라고 함은, '고대 오리엔트'를 지칭합니다. 무대는 '사막'과 '강'이 됩니다. 범위는 동쪽 이란[Iran. 과거에는 페르시아(Persia. 성경에서는 '바사')라 했으나, 1935년 '아리아인(Aryan)의 나라'라는 뜻을 가진 지금의 이란으로 국명이 바뀌었습니다]에서부터 서쪽으로 소아시아(Asia Minor, Anatolia. 지금의 '터키')를 거쳐, 이집트에 이르는 반경 약 1600km의 지역이 이에 포함됩니다.

오리엔트(Orient)의 일반적 의미는 아시아의 동쪽 끝, 즉 한반도와 일본을 포함하는 극동(極東)으로 이해되고 있지만, 이에 고대(古代)라고 하는 한정사를 붙여 '고대 오리엔트'라고 지칭하는 경우에는 지리학적 용어가 아닌 역사학적 개념으로 인식하여야 합니다. 따라서 '고대 오리엔트'를 이해함에 있어서는 시간적으로나 공간적으로 역사상 최초의 문명을 강조하고 있다는 점을 우선 분별하여야 하고, 또한 이 같은 최초 문명이 시작된 사회의 넓이를 '고대 오리엔트'라는 지역적 범위와 동일시하여야 합니다.

한편 이집트의 미이라는 B.C.3000년 이전 오랜 옛날부터 행해졌고, 그 제작과정에 있어 내장적출(內臟摘出) 등 보존기술이 상당하였습니다. 미이라 형성과정은 사후에 즉시 옷을 벗기고, 미이라 전용탁자에서 시행하는데, 뇌수(腦髓)는 콧구멍으로, 내장은 왼쪽 옆구리를 절개하여 적출하게 됩니다. 다만 심장은 예외로서 제거하지 않았는데, 그 이유는 심장이 생명을 상징하고 있다고 믿고 있었기 때문이었습니다. 내장적출 이후에 흉부는 야자술(Toddy) 등으로 세척하였습니다. 인공 및 자연적으로 합성된 나트륨(Na, Sodium)에서 시신을 상당기간 보존하여 탈수시키고, 머리부분에는 나무의 진을 배어들게 한 천을 봉입하고, 몸체는 마포 · 톱밥 · 흙

등이 들어 있는 주머니를 채워 넣었습니다. 개구부(開口部)는 나무의 진 · 밀랍 · 마포 등으로 막고 금속판 등으로 씌웠습니다. 최종단계는 목걸이 · 팔찌 등을 붙이고 20여 겹의 천으로 감고 그 위에 나무진이나 고무액을 발라 굳히게 됩니다. 마지막으로 천으로 감긴 얼굴 위에 마스크가 놓이게 되면 이로써 미이라는 완성되기에 이릅니다. 때로는 인공안구를 끼워 넣거나, 입술이나 볼을 붉게 물들이기도 했습니다.

창세기에는 시조 아브라함의 손자인 야곱이 죽자, 그 아들 요셉은 아버지 야곱의 얼굴에 입을 맞추며 통곡하였다고 합니다. 또한 애굽 사람들도 당시 요셉이 총리대신의 지위에 있었던 만큼, 야곱을 위해 애굽 관습대로 70일간 곡을 하였다고 전합니다.

"요셉이 그의 아버지 얼굴에 구푸려 울며 입 맞추고 그 수종드는 의원에게 명하여 아버지 몸을 향으로 처리하게 하매 의원이 이스라엘에게 그대로 하되 사십 일이 걸렸으니 향으로 처리하는 데는 이 날수가 걸림이며 애굽 사람들은 칠십 일 동안 그를 위하여 곡하였더라"

"… 야곱의 아들들이 아버지가 그들에게 명령한 대로 그를 위해 따라 행하여 그를 가나안 땅으로 메어다가 마므레 앞 막벨라 밭 굴에 장사하였으니 이는 아브라함이 헷 족속 에브론에게 밭과 함께 사서 매장지를 삼은 곳이더라 요셉이 아버지를 장사한 후에 자기 형제와 호상꾼과 함께 애굽으로 돌아왔더라"(창 50:01-14)

요셉은 야곱을 장사지내기 위하여 자신의 주치의[主治醫, 수종의원(隨從醫員)]에게 야곱의 시신에 향료와 향유를 넣어 미이라를 만들게 하였습니다. 주치의들은 요셉의 명령대로 야곱을 미이라로 만들었는데, 이를 위한 기간이 약 40일이나 걸렸다고 합니다.

당시 향을 시신에 넣어 미이라를 만드는 일은 전문적인 애굽인들에 의하여 종교적인 의식과 함께 이루어졌는데, 야곱의 장례법은 당시 애굽의 것을 그대로 답습하고 있었습니다. 그러나 요셉은 이교적인 의식은 행치 않았고, 다만 야곱의 시신을 오래 보존하기 위해 주치의에게 이 일을 부탁하였습니다. 이후 요셉 또한 110세에 죽은 후 같은 방법으로 장례를 치르게 됩니다.

구약성경의 기록은 정확히 애굽의 장례풍습과 일치하고 있음을 엿볼 수 있습니다. 결국 요셉은 애굽에서 입관되어 장사되었으나, 이스라엘 백성이 애굽 땅에서 나올 때, 그의 유언에 따라 모세에 의하여 유골이 취하여져, 그의 자손들과 함께 애굽을 등지게 됩니다. 그가 그의 형제들에게 남긴 마지막 유언은 다음과 같습니다.

> "나는 죽을 것이나 하나님이 당신들을 돌보시고 당신들을 이 땅에서 인도하여 내사 아브라함과 이삭과 야곱에게 맹세하신 땅에 이르게 하시리라 하고"
> "요셉이 또 이스라엘 자손에게 맹세시켜 이르기를 하나님이 반드시 당신들을 돌보시리니 당신들은 여기서 내 해골을 메고 올라가겠다 하라 하였더라"
> "요셉이 백십 세에 죽으매 그들이 그의 몸에 향 재료를 넣고 애굽에서 입관하였더라"(창 50:24-26)

애굽을 탈출하여 하나님의 계획에 따라 시나이광야에서 혹독한 연단과정을 치른 이스라엘은 드디어 가나안 입성을 눈앞에 두게 됩니다. 그 과정에서 이스라엘은 야곱의 쌍둥이 형인 에서(Esau)의 땅 에돔(Edom)을 지나게 되는데 당시 에돔왕의 거절에 따라 그 땅을 가로질러 지나지 못하고 에돔땅을 우회하여 지나게 됩니다.

이윽고 이스라엘은 가나안을 목전에 둔 호르산(Hor Mt.)에 이르게 되는데, 그때 모세의 형으로서 대제사장 아론(Aaron)의 죽음을 맞보게 됩니다. 성경의 기록은 이를 다음과 같이 묘사하고 있습니다.

"너는 아론과 그의 아들 엘르아살을 데리고 호르 산에 올라 아론의 옷을 벗겨 그의 아들 엘르아살에게 입히라 아론은 거기서 죽어 그 조상에게로 돌아가리라"

"모세가 여호와의 명령을 따라 그들과 함께 회중의 목전에서 호르 산에 오르니라 모세가 아론의 옷을 벗겨 그의 아들 엘르아살에게 입히매 아론이 그 산 꼭대기에서 죽으니라"(민 20:25-28)

하나님께서 이처럼 에돔땅 변경의 호르산에서 아론을 죽게 하신 것은 므리바(Meribah)에서 하나님의 명을 거역한 것이 결정적인 이유가 되었습니다. 이는 모세도 다름이 없었습니다.

어눌한 모세의 언변을 대신했던 아론은 이스라엘을 이끌어 내고자 애굽에 들어갈 때부터 모세와 늘 함께 있었습니다. 비록 모세가 자신의 동생이었음에도 불구하고 아론은 묵묵히 하나님의 택함을 입은 모세의 뜻을 존중하고 순종한 신앙의 인물이었습니다.

돌이켜 보기에, 아론이 때마다 하나님을 거역한 이스라엘의 원성과 불평을 잠재우지 못하고 때로는 그들이 하자는 대로 내버려 둔 것에 비추어, 모세처럼 그렇게 출중한 능력을 보유한 지도자는 아니었다고 하더라도, 그간에 모세의 곁에서 묵묵히 자신에게 주어진 책임과 사명을 다하고자 안타깝게 애썼을 것으로 보아 참다운 대제사장으로 인정할 수 있을 것 같습니다.

한때 아론은 그의 아들들(나답과 아비후)이 하나님의 명을 거역하여 제단 앞에서 불살라지는 모습을 보면서도(레 10:01-02), 단 한 마디 불평도 원망도 없이 하나님께 그리고 모세에게 묵묵히 순종했던 사실에 비추어, 그러한 그의 삶을 돌이켜 볼 때 참으로 모세의 형답다는 생각이 듭니다.

모세에게 주어진 무거운 짐을 곁에서 지켜보면서, 또한 모세가 때마다 이스라엘을 위하여 하나님께 통탄(痛嘆)해 마지않게 기도하고 청원하는 모습을 보면서 아론은 어떠한 생각과 마음을 가졌을까요? 그간에 모세에게 주어진 하나님의 사명을 생각하고 동생 모세를 지켜본 형 아론의 마음은 어떠했을까요? 필자 생각에는 아마도 피곤해 지쳐 있는 동생의 이부자리를 다독여 주고 시시때때로 동생 모세의 자는 모습을 보면서 이처럼 하나님께 간절히 기도했을 것입니다.

"만군의 여호와여, 애굽으로부터 우리를 인도해 내신 전지전능하신 여호와여, 이스라엘의 지도자로 세우신 당신의 종 모세가 여호와께서 주신 그 사명을 바로 감당할 수 있도록 늘 강건하게 하시고, 결코 죄 많은 이스라엘로 인하여 시험들지 않도록 그 행사를 넉넉히 살펴 주시기를 간절히 원하나이다."

이후로 호르산에서 아론은 어떠한 유언[기도(祈禱)]을 남겼을까요? 죽음에 이르고자 호르산을 오르며 사랑하는 동생 모세와 아들 엘르아살(Eleazar)의 손을 붙잡고 이 세상에서의 마지막 기도를 어떻게 남겼을까요? 기록에서는 보이지 않고 있지만 필자는 아마도 이와 같지 않았을까 생각해 봅니다.

"만군의 여호와여, 애굽으로부터 우리를 인도해 내신 전지전능하신 여호와여, 이 땅위에서 여호와의 종 아론이 마지막으로 아뢰나이다."

"보잘 것 없는 이 늙은 몸 또한 구별하여 택하셔서, 여호와의 신실한 종 모세와 함께 여호와의 사명을 감당할 수 있도록 자비를 베풀어 주시고, 이에 더하여 지금까지 여호와의 거룩한 제단불을 지킬 수 있는 영광을 허락해 주셨음에, 그 은혜를 돌아보아 진정으로 감사를 드리나이다."

"황망하게도 택하신 여호와의 신실한 종 모세와 제 아들 엘르아살을 곁에 두고 지금 여기 호르산에서 죽게 하셨사오매, 그 은혜에 또 다시 감사를 드리나이다."

"이제 이 땅에서의 마지막 화목제를 제 몸으로 여호와께 드리고자 하오매, 청컨대 부디 기쁘게 열납하여 주시기를 원하나이다."

"원컨대, 지금까지 이 광야의 도상에서 여호와의 백성 이스라엘이 무지하여 범한 죄를 모두 제게 떠 짊어지게 하셔서, 이후로 이스라엘이 약속하신 땅에 들어가게 되는 날, 여호와의 영광을 온 세상에 나타내 보일 수 있도록, 그래서 여호와께서 기뻐하실 수 있는 자랑스러운 선민이 될 수 있도록, 그들의 앞날을 굽어 살펴 지켜주시기를 간절히 또 간절히 원하나이다."

"여호와의 종 모세여, 이 늙은 종의 과오를 부디 용서해 주시고, 외람되나마 남겨진 못난 종의 아들 엘르아살이 여호와께서 주신 율법과 규례를 어김없이 지켜갈 수 있도록, 시시때때로 여호와께 간구하여 주시기를 원하나이다."

"그간 여호와의 종 신실한 모세, 그리고 한 배에서 난 형제로서 내 동생 모세와 함께 했던 지난날들이 내게는 너무도 큰 영광이자 행복이었음을 고백하나이다."

"거룩하고도 영광스런 여호와의 존전 앞에서 다시 볼 수 있기를 간절히 소원하오매, 그때까지 강건 또 강건하소서."

아론의 죽음 이후 하나님께서는 모세를 모압평지에서 느보(Nebo)산으로 이끄시게 됩니다. 그리고 길르앗(Gilead) 온 땅과 단(Dan) 나아가 사해(死海, Dead Sea)까지 한 눈에 보여주셨습니다.

이윽고 하나님께서는 모세에게 보여주신 땅이 하나님께서 그의 조상 아브라함과 이삭과 야곱에게 맹세하여 그의 후손에게 주리라 언약하신 땅이라 말씀하시면서, 그러나 모세로 하여금 이 땅을 보는 것에 그치고 그리로 건너가는 것을 허락하지 않을 것이라고 말씀하셨습니다. 모세는 하나님의 말씀대로 120세를 일기로 그곳 느보산에서 하나님 곁으로 향하게 됩니다.

"이에 여호와의 종 모세가 여호와의 말씀대로 모압땅에서 죽어 벳브올 맞은편 모압 땅에 있는 골짜기에 장사되었고 오늘까지 그의 묻힌 곳을 아는 자가 없느니라"

"모세가 죽을 때 나이 백이십 세였으나 그의 눈이 흐리지 아니하였고 기력이 쇠하지 아니하였더라"

"이스라엘 자손이 모압 평지에서 모세를 위하여 애곡하는 기간이 끝나도록 모세를 위하여 삼십 일을 애곡하니라"(신 34:05-08)

그렇게 모세는 이스라엘과 우리 곁을 떠나갔습니다. 하나님의 구원사역을 이루기 위하여 생애 전부를 털어 혼신의 힘과 정성을 다했던 모세는 그렇게 느보산 위에서 홀로 쓸쓸히 최후의 삶을 마감하여야 했습니다.

적국(敵國)의 땅에서 태어나 따뜻한 제 어미 품에 안겨보지도 못한 채, 그것도 태어나자마자 나일강에 버려져 하마터면 수장(水葬)될 운명에 빠질 수도 있었지만, 하나님의 구속사적(救贖史的) 계획에 따라 뜻밖에도 애굽왕족으로서 젊은 청춘을 보낸 그때 그 모세였습니다. 하나님 보시기에도 그렇게 아름다웠던 모세는 당시 세계 최대의 축성술(築城術)을 보유하였던 강성대국 애굽에서 누릴 수 있는 그 모든 것들을 부족함 없이 향유하며 피 끓는 젊은 시절을 보냈습니다.

그럼에도 불구하고 모세는 처참했던 동족의 실상을 외면하지 못하고 토해 낸 한 때의 울분 때문에 급기야 미디안(Median)땅으로 피하는 초라한 신세로 급락(急落)하고야마는 운명을 접합니다. 이곳에서 그는 장래 이스라엘의 지도자로서 하나님의 계획에 따라 장장 40년에 걸친 혹독한 연단(鍊鍛)의 세월을 보내게 됩니다. 그곳에서 모세는 우연히도 타지 않는 떨기나무 가운데 하나님의 음성을 듣고 장차 이스라엘의 지도자로서 하나님께 택함을 받게 됩니다.

불같았던 성격 때문이었는지는 몰라도, 그의 언변은 그다지 화사하지는 못했습니다. 이에 하나님께서는 모세의 대변자로서 그의 형 아론을 붙이셔서 장장 430여년이나 그대로 두셨던 하나님의 백성 이스라엘을 구원하시고자 드디어 권능의 두 팔을 걷어붙이시게 됩니다.

하나님의 구원사역은 수많은 군사를 대동하고 전신갑주를 걸친 채 나아가는 그야말로 보무도 당당한 광채 나는 길이 아니었습니다. 고작 80세가 넘은 백발노인 둘을 앞세운 그야말로 초라하고 무모(無謀)하기 짝이 없는 보잘 것 없는 길이었습니다.

그러나 하나님께서는 버린 돌을 모퉁이의 머릿돌로 쓰시고자 계획하고 계셨습니다(마 21:42, 막 12:10, 눅 20:17, 행 04:11, 벧전 02:07). 그 과정은 유월(踰越)의 하나님으로 대단원의 막을 내리게 되고, 이로써 이스라엘은 그토록 염원하던 해방의 기쁨을 만끽하게 됩니다. 그때 80이 넘은 버린 돌과 같았던 하나님의 사람 모세는 급기야 애굽왕 '바로의 신'(God to Pharaoh)이 되기에 이릅니다(출 07:01).

이윽고 하나님께서는 장엄히도 홍해를 가르셔서 이스라엘을 이끄셨고, 구름기둥과 불기둥으로 이스라엘을 보호하시면서 젖과 꿀이 흐르는 약속의 땅 가나안으로 그들의 발걸음을 향하게 하셨습니다. 그러나 이스라엘의 연약함과 우매함을 익히 알고 계셨던 하나님께서는 그들의 발걸음을 시나이반도에 한동안 붙잡아 두셨는데, 이유는 불로써 쇠를 다루듯 이스라엘을 하나님 사랑에 단단히 묶어 두시기 위한 계획 때문이었습니다. 그 세월 또한 모세가 거쳤던 연단의 세월과 마찬가지로 40년이었습니다.

시나이광야는 모세와 이스라엘을 연단하기 위해 하나님께서 마련해 놓으신 신학교였고, 그곳에서 가르치시고자 준비해 두셨던 교재가 바로 이스라엘의 죄와 죄 된 것의 사함에 대한 율법이었습니다. 그럼에도 불구하고 이스라엘은 시나이광야를 지치는 동안 므리바에서(출 17), 마라에서(출 15), 시내산(출 32) 등에서 하나님께 씻을 수 없는 불충을 저지르게 되고 이로부터 때마다 하나님의 징벌을 면치 못하게 됩니다.

그러나 하나님께서는 이스라엘의 열조에게 약속하신 언약을 다름없이 이루시기 위하여 이스라엘을 끝까지 포기하지 않으시고, 끝까지 인내하시면서 이윽고 대망의 구속사적 성업을 성취하시게 됩니다.

모두가 이스라엘로 하여금 하나님을 찾아 발견하게 하시고 알게 하셔서 하나님의 사랑 가운데 단단히 옭아매 놓으시기 위한, 한없는 사랑에서 비롯된 추상같은 역사였습니다.

그렇지만 이스라엘의 죄는 속죄제가 없이는 사함 받을 수 없었습니다. 그 속죄제로서의 희생제물이 다름 아닌 모세였습니다. 모세는 이스라엘의 죄를 모두 뒤집어쓴 속죄제물로서 하나님의 명과 부르심에 따라 느보산에서 최후를 마치게 됩니다. 그나마 멀리서 하나님께서 약속하셨던 가나안을 보게 된 것이 그나마 위안이었다면 위안이었다고 볼 수 있습니다.

모세는 하나님과 직접 대화를 나눈 다시 볼 수 없는 이스라엘의 위대한 영도자였습니다. 뿐만 아니라 하나님께서 직접 '하나님의 등'(출 33:23)을 보여주시기까지 한 불세출의 위대한 신앙인이었습니다.

그렇지만 모세는 이스라엘의 지도자로서 하나님의 뜻을 따라 그 말씀을 준행하며 살아가야 했던 까닭에, 그는 항상 외로웠고 쓸쓸했으며 곤고할 수밖에 없었습니다. 모두가 이스라엘의 미숙한 신앙과 그들의 장래 때문이었습니다.

모세는 하나님의 무한하신 사랑과 온전하심을 익히 잘 알고 있었던 까닭에, 하나님과 마찬가지로 이스라엘의 패악한 본성을 하나님의 사랑 가운데 붙잡아 두기 위하여 그의 인생 전부를 바쳤습니다. 이 같은 노력은 그야말로 처절함 그 자체였습니다. 그렇게 처절함 속에서 보낸 세월이 더도 덜도 아닌 120년이었습니다.

홀로 쓸쓸히 느보산에 올라 지난날을 회상하면서 아마도 모세는 감격하지 않을 수 없었을 것입니다. 우여곡절이 태산 같았던 인생이었다고는 하나, 그것이 아무런 이정표 없이 이리저리 떠돌아 지금의 느보산에까지 이르게 된 것은 아니었습니다. 올실과 날실에 의해 촘촘히 짜내려간 장막의 천처럼, 모두가 하나님의 치밀하신 계획에 따라 어김없이 이끌려진 인생이었음을 모세는 뒤돌아보아 바로 알고 있었을 것입니다.

느보산. 모세는 이곳에서 홀로이 그렇게 쓸쓸히 이스라엘과 우리 곁을 떠나갔습니다. 그의 형 아론이 느보산에서 최후를 마감할 당시의 기도에서처럼 이제 모세의 마음을 필자의 마음에 담아 그의 마지막 기도를 미루어 회상해 보기로 합니다.

"사랑과 은혜가 풍성하신 내 하나님이시여, 지금까지 지켜주시고 보호해 주신 그 사랑에 이 종의 생명을 전집물(典執物)로 삼아 감사를 드립니다."

"아무 공로 없이 죽을 수밖에 없는 이 죄인을 하나님의 도구로 택해주시고, 하나님의 사랑 가운데 거하게 하셔서, 또 다시 이 세상에 하나님의 무한하신 사랑을 전할 수 있는 하나님의 하쵸츠라로 쇼파르로 사용해 주셨던 은혜에 감사를 드립니다."

"저 영원한 하나님의 나라에 임하여 주의 낯을 뵙기 전에, 이제 이 땅위에서의 마지막 기도를 주께 고하오니, 청컨대 이 못난 종의 기도를 열납하여 주시기를 간절히 간절히 원하나이다."

"바람에 나는 겨와 같이 연약하고 미약하기 그지없는 주의 백성을 어여삐 보시사, 그들의 죄를 저들이 시시때때로 사하는 것과 같이 깨끗하게 도말하여 주시고, 그들로 하여금 하나님의 사랑 가운데 거하고자 하나님의 사랑을 바로 알고자 안타깝게 애쓸 수 있는 신실함을 허락하여 주사, 곤고한 이 세상을 능히 이길 수 있는 힘을 더하여 주시기를 간절히 원하옵나이다."

"반석이시고 피난처 되시는 내 주 하나님, 이제 택하신 주의 백성이 약속하신 땅으로 그 첫 발걸음을 내딛고자 하오매, 그들의 호주가 되시고 주인이 되시고 왕이 되셔서, 음란과 행악이 창궐한 그 땅에서 행여 곁길로 가지 않도록, 지금까지 인도해 주신 것과 마찬가지로 눈동자와 같이 보호해 주시기를 그렇게 또 간절히 원하나이다."

"하나님의 이름을 부르는 자에게 천대까지 그 은혜를 베풀어 주시겠다고 언약해 주신 내 하나님이시여, 그 언약을 저들의 입에서 떠나지 않도록 그들 마음에 역사하여 주시고 그 은혜의 말씀이 그들과 후세들에게 간증이 되고 찬양이 되게 하실 뿐만 아니라 이로 인하여 뭇 백성들이 그들의 참된 신앙을 본받아 그 축복의 길에서 함께 화답할 수 있도록, 그 큰 역사 이루어 주시기를 원하나이다."

"이 못난 죄인의 기도를 열납해 주심에 미리 감사하면서, 내 하나님께 무한한 영광을 돌립니다."

"내 주 하나님을 곧 뵈올 때에, 이 종이 이 땅에서 마지막으로 부르짖는 기도의 응답이 지금 제게 보여주신 저 너른 가나안땅에 낱낱이 이루어질 수 있도록, 그 크신 은혜 베풀어 주시길 간절히 원하옵나이다."

"지금까지 제게 호흡을 붙여 주신 내 주되신 하나님이시여, 그 사랑과 은총을 내 사랑하는 이스라엘 후사들에게 남긴 노래에 덧붙여(신 33) 이 땅위에서의 마지막 호흡에 붙여 큰 소리로 찬송하나이다."

"내 주되신 하나님이여, 이곳에서나 그곳에서나 영원무궁토록 변치 않을 이 못난 종의 고백이 있기로"

"내가 내 주되신 여호와를 진정 사랑하나이다."

이하 누구에게나 말하기 거북스럽고 이 지면에 적어 두기에 민망하기 짝이 없는 이야길 수 있지만, 그럼에도 불구하고 이상의 유언에 덧대어 일점의 유익이 될 수 있으리라는 생각과 기대에 의지하여 조심스럽게 몇 자 적어보기로 합니다.

필자가 지금껏 하나님께 대한 사랑, 곧 신앙을 지킬 수 있기까지 그 푯대가 되어 주신 분은 다름 아닌 필자의 외조모이셨습니다. 외조모께서는 명색이 필자 가문에 하나님의 사랑을 유업으로 이어갈 수 있게 기초를 놓아 주셨음은 물론이거니와, 평생의 삶이 젊어서부터 청상(靑孀)으로 홀로 외롭게 지쳐갈 수밖에 없었던, 곧 누가보기에도 힘들고 지친 여정이었음에도 불구하고 불꽃처럼 이 세상에서의 사명을 다하신 분이라고 자랑스럽게 기억하고 있습니다.

필자 일가붙이 중에서도 특별히 필자는 초등학교 입학하기 전까지 부모와 떨어져 외조모와 단 둘이서 함께 생활했던 까닭에, 누구보다도 외조모의 각별한 사랑을 체험할 수 있었고, 또한 어려서부터 바른 신앙의 기초를 차곡차곡 다질 수 있었습니다.

기억하기에, 말도 떼지 못한 어린 나이에 외조모 무릎에 누워 자면서도 새벽기도에 그 손을 붙잡고 따라다녔으며, 그 때문인지는 몰라도 '나의 사랑하는 책'(234장), '주는 나를 기르시는 목자'(453장), '주의 친절한 팔에 안기세'(458장), '예수께로 가면'(300장), '주의 발자취를 따름이' 등의 찬송가는 당시 필자에게는 찬송가가 아닌 항상 입에서 떼지 않았던 동요가 되었습니다.

외조모께서는 필자에게 아침 저녁으로 늘 기도하는 습관을 떠나지 않게 하셨는데, 돌이켜보면 그때 외조모께서 무슨 기도를 하셨는지는 속속들이 기억할 수 없지만, 오직 한 가지 항상 마무리는 "저희는 아무 공로 없사오나, 예수 이름으로 비옵나이다"라고 마무리하신 것은 지금껏 잊지 않고 기억하고 있습니다.

외조모께서는 향년 90세에 소천(召天)하셨는데, 외조모를 여읜 때가 올 해로 정확히 20년이 되었습니다. 지금 필자는 그때 외조모께서 남겨주신 유언장을 접하고 있습니다. 지금은 물론 때마다 이 유언의 내용을 읽어 볼 때마다 어느 때고 필자는 벅찬 기쁨의 눈물을 흘리곤 합니다.

"내 문상에 오신 손님들을 정성으로 대접하고, 행여 나를 위해 눈물을 보이지 않도록 너희들도 웃음으로 또한 기쁨으로 맞이 하거라."

"내 시신은 모르는 사람에게 맡기지 말고, 심서방(필자의 아버님)이 염(殮)할 수 있게 부탁한다. 그 자리에는 활라와 귀라(필자의 이모님과 어머님)만이 볼 수 있도록 하여라."

"나 보다 앞서 간 내 자식 철웅이(필자의 외삼촌)의 사진을 내 곁에 두되, 내 영정과 철웅이의 사진은 지금까지 사진 중에 가장 밝은 모습이 깃든 사진으로 세워두기를 바란다."

"남편 먼저 앞세우고, 그간 나를 위해 수고로 고생한 우리 며느리에게 사랑한다고 전한다. 그 수고가 이 땅위에서 끝나는 날, 내가 제일 앞서 너를 맞이하려 한다."

"이제는 늙은 어미를 위해 기도하지 말고, 오직 남겨진 사랑하는 우리 후세들에게 내가 잇고 간 하나님 사랑의 동아줄이 끊이지 않도록 쉬지 말고 기도할 수 있기를 바란다."

"새로 태어나는 우리의 자손들은 때마다 어김없이 내 앞에 보여주고, 이 세상에서 할미의 기도했던 바를 그대로 전해주길 부탁한다. 나 또한 저 천국에서 내 자손들을 위하여 하나님께 간구할 것이다."

"내가 죽은 것은 이 세상에서 다시 볼 수 없다는 것일 뿐, 그 아무것도 아니니, 이 천국에서 너희들을 다시 보게 되는 날, 지난 세월을 기억하고 함께 웃어볼 날 가슴에 품고 간다."

"지금 나는 그토록 소원하던 벅찬 소망을 이루었음에, 그 소망이 이 땅에서 더욱 빛날 수 있도록, 너희들 또한 그날까지 하나님과 동행하는 삶 변치 않고 이어가길 바란다."

우리는 지금까지 5가지의 유언을 접했습니다. 내일 당장 하나님께서 우리를 부르신다면 우리는 어떤 유언을 남겨야 할까요? 생각해 본 적이 없다면 그러기에 어떠한 모습으로 저 천국에 입성하여야 할까요? 하나님의 부르심을 입어 당당하게 입성하여야 할까요? 하나님의 성호를 찬양하며 기쁘고 즐겁게 입성하여야 할까요? 하나님의 품에 뛰어 달려가 기쁨의 눈물을 흘려야 할까요? 보무도 당당하게 이 땅에서의 수고를 내려놓고 홀가분한 마음으로 마치 개선장군처럼 들어가야 할까요?

필자가 묻는 것은 이 땅위에서 가슴에 둔 생각을 묻고 있습니다. 필자 같으면 천국 길에 가슴을 찢는 마음으로 피흘리며 가겠습니다. 너무도 부끄럽고 민망하여 감히 하나님의 얼굴은커녕 천국 문을 뒤로하여 뒷걸음 치며 들어가겠습니다. 두 손을 땅에 엎어 자복하는 마음으로 기어갈 것 같습니다. 큰 소리로 울며불며 들어갈 것 같습니다. 한없는 기쁨과 영광은 다음의 일일 것 같습니다.

이 땅에 숨 쉬고 있는 우리의 자랑스러운 목회자들 또한 필자의 변과 같을 수 있기를 기대합니다. 그것이 이상의 5가지 유언에 담긴 올곧은 뜻이라 생각합니다.

사노라면

우리가 간직하고 있는 신앙은 새파랗게 젊습니다. 이 경우 우리 나이가 많고 적음은 문제되지 않습니다. 왜냐하면 우리의 신앙은 저 천국에 소망을 두고 있기 때문입니다. 우리가 간직한 신앙의 본질은 다음의 말씀 한절이면 족합니다.

> "하나님이 세상을 이처럼 사랑하사 독생자를 주셨으니 이는 그를 믿는 자마다 멸망하지 않고 영생을 얻게 하려 하심이라"(요 03:16)

그러기에 우리가 간직하고 있는 신앙은 우리 나이의 많고 적음에 관계없이 항상 새파랗게 젊습니다. 하나님의 영광은 마치 어제와 다름없이 오늘도 우리를 비추고 있는 해와도 같습니다. 우리의 신앙은 이 해 때문에 새파랗게 젊습니다. 왜냐하면 이 해는 하나님의 영광을 머금고 우리가 저 천국에 이를 때까지 우리를 살아 호흡하게 하는 근원이기 때문입니다.

세간에 '사노라면'이라는 노래가 있습니다. 필자가 가장 즐겨부르고 있는 노래 중에 하나입니다. '젊음'을 '우리가 간직한 신앙'으로 '해'를

'하나님의 영광'으로 바꾸어보면 아마도 의미가 남다를 것이라 생각합니다. 그 의미를 되새겨 나지막이 함께 불러보았으면 좋겠습니다.

"(1) 사노라면 언젠가는 밝은 날도 오겠지. 흐린 날도 날이 새면 해가 뜨지 않더냐."

(고단한 인생을 살다보면 언젠가 하나님의 영광을 비추일 날이 있을 것입니다. 곤고한 인생 중에도 하나님께서는 그 영광을 이내 우리로 하여금 비추이게 하실 것입니다.)

"새파랗게 젊다는 게 한밑천인데, 째째하게 굴지 말고 가슴을 쫙 펴라."

(우리가 간직한 신앙은 저 천국에 소망을 두고 있는 까닭에, 우리의 삶이 비록 고단하더라도 우리는 당당할 수 있습니다. 왜냐하면 우리 삶의 목적은 하나님의 영광에 있기 때문입니다.)

"내일은 해가 뜬다. 내일은 해가 뜬다."

(내일은 하나님의 영광이 우리에게 비추어 질 것임을 우리는 확신합니다.)

"(2) 비가 새는 작은 방에 새우잠을 잔데도, 고운 님 함께라면 즐거웁지 않더냐."

(고단한 인생길이라고 하더라도 하나님께서는 늘 우리와 함께 계십니다. 그 믿음 때문에 우리는 항상 즐거워 할 수 있습니다.)

"오순도순 속삭이는 밤이 있는 한, 째째하게 굴지 말고 가슴을 쫙 펴라."

(하나님과 동행하는 삶, 우리는 매일 같이 하나님과 오순도순 속삭입니다. 그러기에 하나님께서는 우리에게 항상 새로운 힘을 더하여 주십니다. 크리스천으로서 당당할 수 있는 이유입니다.)

"내일은 해가 뜬다. 내일은 해가 뜬다."

(내일 그리고 또 내일 하나님의 영광은 늘 우리와 함께 하실 것입니다.)

"(3) 사노라면 언젠가는 밝은 날도 오겠지. 흐린 날도 날이 새면 해가 뜨지 않더냐."

(고단한 인생을 살다보면 언젠가 하나님의 영광을 비추일 날이 있을 것입니다. 곤고한 인생 중에도 하나님께서는 그 영광을 이내 우리로 하여금 비추이게 하실 것입니다.)

"새파랗게 젊다는 게 한밑천인데, 한숨일랑 쉬지 말고 가슴을 쫙 펴라."

(우리가 간직한 신앙은 저 천국에 소망을 두고 있는 까닭에, 우리의 삶이 비록 고단하더라도 우리는 당당할 수 있습니다. 그러기에 우리에게 낙심과 절망이란 있을 수가 없습니다.)

"내일은 해가 뜬다. 내일은 해가 뜬다."

(내일 그리고 또 내일 우리가 이 땅위에서 삶을 마치는 순간까지 하나님의 영광은 늘 우리와 함께 하실 것입니다.)

성경의 기록에 삭개오(Zacchaeus)라는 인물이 있습니다. 우리가 익히 잘 알고 있는 바와 같이 그의 직업은 세리장(稅吏長, Chief Tax Collector, Chief of Revenue Officer)이었습니다. 당시 세리들에게 향한 유대인들의 시선은 곱지 못했습니다. 왜냐하면 그들은 로마의 앞잡이로서 동족의 고혈(膏血)을 빨아 자신들의 배를 불리고 있었기 때문입니다. 삭개오도 이와 다르지 않았습니다. 더군다나 세리의 우두머리로 보아 그의 삶이 얼마나 풍요로웠는지는 누구라도 쉽게 눈치 챌 수 있습니다. 성경에서는 이를 부자라고 칭하고 있습니다.

"삭개오라 이름하는 자가 있으니 세리장이요 또한 부자라"(눅 19:02)

삭개오는 마음속에 항상 자괴감(自愧感)에 휩싸여 있었을 것으로 추측됩니다. 그도 그의 동족과 마찬가지로 유대인이었음에도 불구하고 곤고한 자신의 동족들과는 달리 풍요로운 삶을 영위하고 있었던 까닭에, 마음 한 켜에는 삶의 회의(懷疑)로부터 비롯된 불안한 속내를 감추고 있었을 것입니다. 곧 풍요가 그의 삶에 넉넉한 평안은 주지 못하고 있었을 것입니다.

이 같은 마음에 일말의 평안을 얻고자 삭개오가 취할 수 있었던 행동은 돌무화과나무(Sycamore-Fig Tree, *Shiqmah*, שִׁקְמִים)에 오르는 것이었습니다. 삭개오의 마을을 지나가시게 된 예수님을 보고자 했던 것이 이유였습니다. 키가 작고 사람이 많았던 까닭에, 삭개오는 힘든 수고를 감당해야 했습니다. 세리장으로서 돌무화과나무에 오르는 그의 모습을 생각해 볼 때, 아마도 그는 그때 자신의 모든 것을 내려놓았을 것입니다. 체면이고, 지위고, 품위고 간에 모든 것을 말입니다.

그런데 뜻밖의 일이 발생합니다. 놀랍게도 예수님께서 오늘 밤 삭개오의 집에 유(留)하시겠다는 것이 그것이었습니다. 예수님을 따르던 수많은 유대인들은 수군거립니다. 예수님께서 그것도 죄인의 집에 유하러 들어가셨다고 말입니다. 그렇지만 삭개오는 돌무화과나무에서 급히 뛰어 내려와 예수님을 기꺼이 영접합니다. 예수님께서는 모두 다 알고 계셨습니다. 삭개오가 내려놓은 그 모든 것을 말입니다.

"그가 예수께서 어떠한 사람인가 하여 보고자 하되 키가 작고 사람이 많아 할 수 없어 앞으로 달려가서 보기 위하여 돌무화과나무에 올라가니 이는 예수께서 그리로 지나가시게 됨이러라"

"예수께서 그 곳에 이르사 쳐다 보시고 이르시되 삭개오야 속히 내려오라 내가 오늘 네 집에 유하여야 하겠다 하시니"

"급히 내려와 즐거워하며 영접하거늘"

"뭇 사람이 보고 수군거려 이르되 저가 죄인의 집에 유하러 들어갔도다 하더라"(눅 19:03-07)

예수님을 대한 삭개오는 마음의 평안을 찾았습니다. 들뜬 마음은 표현할 길이 없었습니다. 꿈인지 생신지도 모르게 벌어졌던 이 같은 놀라운 일에 그저 그의 기쁨은 하늘을 찌를 듯 했을 것입니다. 지금까지 살아온 인생을 통해 이 보다 더 큰 기쁨과 평안은 없었을 것입니다. 삭개오는 그 기쁨과 평안을 주신 예수님께 자신이 소유한 재산의 절반(50%)과 그간 자신의 악한 행실로부터 자신의 동족에게 행한 죄의 대가를 4배로 쳐서 되갚겠다고 서원하기에 이릅니다.

> "삭개오가 서서 주께 여짜오되 주여 보시옵소서 내 소유의 절반을 가난한 자들에게 주겠사오며"
> "만일 누구의 것을 속여 빼앗은 일이 있으면 네 갑절이나 갚겠나이다"
> "예수께서 이르시되 오늘 구원이 이 집에 이르렀으니 이 사람도 아브라함의 자손임이로다"
> "인자가 온 것은 잃어버린 자를 찾아 구원하려 함이니라"(눅 08:10)

삭개오의 서원에 비추어, 왜 자신의 재산 전부를 바치지 않고 그것도 절반만을 내놓았느냐고 비아냥거릴 수도 있겠지만, 필자는 결코 그렇게 생각하지 않습니다. 당시 율례로부터 비롯된 유대인의 관습에는 불법행위(不法行爲)에 기한 손해배상금(損害賠償金)이 20%였습니다(레 05). 그렇다면 삭개오는 120%에 머무르지 않고 본래 손해(속여 빼앗은 것)의 400%에 해당하는 값을 치루겠다고 예수님께 서원하고 있는 것입니다.

자신의 죄를 고백한 이후 그 마음에 넘쳐난 평안의 결과라고 이야기 할 수 있습니다. 예수님 보시기에 잃어버린 자가 되었던 삭개오는 찾은 자가 되어 영광스럽게도 아브라함의 자손으로 인치이게 됩니다. 모두 다 내려놓은 결과가 이처럼 엄청난 영광으로 삭개오에게 되돌려지게 된 것입니다.

오늘날 우리 교회에 가장 절실한 것이 있다면, 아마도 삭개오의 마음이 아닐까 생각합니다. 채우고자 애쓰는 것에 앞서 모든 것을 내려놓을 수 있는 그 갸륵한 마음 말입니다. '사노라면'에서와 같이 하나님이 영광을 이 땅에 올곧게 나타내어야 할 교회가 만약 세리처럼 이 민족 앞에 서슬 퍼런 지탄을 면치 못하고 있다면 우리가 이를 어찌 보아야 할까요?

삭개오의 서원대로라면 우리 교회는 가진 소유의 절반과 세상의 지탄에 대한 대가로 4배의 배상을 치러야 할 것입니다. 그러나 필자 생각에는 교회가 가진 재산의 절반은 차치하고서라도 그 소유 전부를 손해배상금으로 충당한다고 해도 턱없이 부족할 것 같습니다. 그만큼 작금의 우리 교회가 세상에 끼친 허물과 죄가 많다는 이야깁니다.

가난한 사람을 돌보기는커녕 예루살렘 성전에 비할 수 있는 화려한 교회를 세우고자 기를 쓰고, 회개와 참회로부터 하나님의 영광을 드러내기에 앞서 교회안팎에 근본도 배경도 없는 기복(祈福)으로 회칠(灰漆)하고자 애를 쓰고, 그늘지고 척박한 우리 사회의 곳곳에 하나님의 영광을 드러내는 것 보다 비단쉬인 밝고 화려한 채색 옷으로 자신의 겉모습만을 꾸리기에 혈안이 되어 있고, 돌무화과나무를 대신하여 세상의 높은 지위와 품위를 엘리베이터에 가두어 두고자 중지를 모으고 있는 모습을 볼 때, 그곳 교회에 예수님께서 유하실 수 있을까요? 그곳이 정녕 우리의 꿈을 설계할 수 있는 '사노라면'의 집이 될 수 있을까 말입니다.

교회는 내관이나 외관이나 할 것 없이 말 그대로 장막이 되어야 할 것입니다. 우리네 옛날 객잔(客棧, 주막)처럼 그렇게 포근한 곳이 되어야 할 것입니다. 세상에 뒤섞여 살다가 그곳에만 가면 푸근한 안식을 찾을 수 있고, 따뜻한 국밥 한 그릇에 몸을 녹일 수 있는 그런 곳이 되어야 합니다. 모르는 사람들과 한데 어울려 '사노라면'의 노래를 부를 수 있고, 그러기에 새우잠을 잔대도 오순도순 속삭이는 즐거움이 있기에 마냥 기껍기만 한 그런 평안한 곳이어야 합니다. 국밥을 데치는 주인장이 우리의 목회자가 될 수 있다면, 품을 팔고 있는 선머슴이 우리의 장로님들이 될 수 있다면, 또 다른 객을 맞이하기 위하여 야무진 손길로 질그릇을 훔치고 닦고 있는 객잔아낙들이 우리의 집사들이 될 수 있다면 우리 인생의 '사노라면'이 하나님 보시기에 얼마나 복되고 영광스러울까요? 예루살렘 성전이 이 보다 더 화려할까요? 엘리베이터가 필요가 있을까요? 비단 섞인 채색 옷이 허리춤에 둘러진 행주치마보다 더 아름다울까 말입니다.

'사노라면'이 머물고 있는 그곳 객잔에는 넉넉한 인심이 있습니다. 설령 무일푼으로 가진 것 없이 유했다고 하더라도 어느 누구도 채근하지 않는 푸근함이 있습니다. 그렇지만 그들은 무위도식(無爲徒食)하지는 않습니다. 품을 팔아서라도 이를 되갚기 위해 안타깝게 애쓸 것입니다. 왜냐하면 '사노라면'을 알고 있기 때문입니다. 무엇보다도 그곳 객잔에 제일 많이 찾아오는 단골손님은 예수님이십니다. 항상 오실 때마다 국밥도 남김없이 드시고, '사노라면'의 노래도 부르시고, 새우잠도 주무시고, 우리와 함께 밤을 지새우며 오순도순 속삭이기도 하시고, 비가 새는 천정도 고쳐주시기도 하면서, 때로는 우리가 추울까봐 아궁이에 불도 지펴 주십니다. 그 때마다 한결같이 입에서 떼시지 않고 있는 노래가 바로 '사노라면'입니다.

그렇지만 예수님께서는 이웃 객잔에는 자주 들리시지 않습니다. 아니 자주가 아니라 아예 거들떠도 보지 않고 계십니다. 그곳은 이곳보다 더 화려하기 때문입니다. 객잔의 방이 99칸입니다. 각 방마다 지체 높은 어른들이 있습니다. 그들은 한결같이 주색(酒色)과 투전(投錢)에 빠져 있습니다. 그 때문인지 항상 시끄럽고 때마다 싸움질이 난무합니다. 어느 때는 관아의 포졸들이 들이닥치기도 합니다. 가야금 소리에 어우러지는 노래는 '사노라면'이 아니라 '제대로 살기 위해서라면'입니다. 그들은 해보다 달을 더 좋아합니다. 주색이나 투전은 낮보다 밤이 제격이기 때문입니다. 괴나리봇짐을 멘 객들이나 패랭이를 쓴 객들은 이곳에서 단 한 사람도 찾아볼 수 없습니다. 왜냐하면 너무 비싸고 호화스럽기 때문입니다. 이곳 주인은 항상 채색 옷을 입고 있습니다. 국밥을 끓이는 사람들도 없습니다. 이곳에 차려지는 것이라곤 주연(酒宴)이 전부이기 때문입니다.

한 번은 예수님께서 이곳에 유하시려고 하시다가 큰 낭패를 보신 적이 있었습니다. 왜냐하면 타고오신 차가 말도 아닌, 외제 가마도 아닌, 그것도 나귀였기 때문입니다. 그때 예수님께서는 차마 떨어지지 않는 발걸음을 뒤로 하시면서 미리 준비해 둔 편지를 주인에게 가져다주라고 이르셨습니다. 그러시면서 행여 이곳에 거하고 있는 사람 중에 또 다른 삭개오라는 사람이 있을까 염두에 두시고는 그 편지와 함께 돌무화과나무 묘목 한 그루 또한 잊지 않고 전해 주셨습니다.

"이 후에 내가 돌아와서 다윗의 무너진 장막을 다시 지으며 또 그 허물어진 것을 다시 지어 일으키리니"

"이는 그 남은 사람들과 내 이름으로 일컬음을 받는 모든 이방인들로 주를 찾게 하려 함이라 하셨으니 즉 예로부터 이것을 알게 하시는 주의 말씀이라 함과 같으니라"(행 15:16-18)

교회는 그 심령뿐만 아니라 가진 것 또한 가난하고 빈곤하여야 합니다. 아껴 쓰고, 나눠 쓰며, 쪼개고 또 쪼개는 가운데 청빈하기 그지없어야 합니다. 뭉치고, 거두고, 모으는 일에 힘쓸 경우라면 이미 무너진 것이나 다름없습니다. 무너진 것은 고사하더라도 그곳에 예수님께서 임재(臨在)하여 유하고 계실 리 만무합니다. '사노라면'이라는 노래가 오늘날 우리에게 주는 신앙적 교훈이라고 보아 이 지면에 바로 새겨둡니다.

"예수께서 이르시되 네가 온전하고자 할진대 가서 네 소유를 팔아 가난한 자들에게 주라 그리하면 하늘에서 보화가 네게 있으리라 그리고 와서 나를 따르라 하시니"(마 19:21, 막 10:21)

"예수께서 제자들을 불러다가 이르시되 내가 진실로 너희에게 이르노니 이 가난한 과부는 헌금함에 넣는 모든 사람보다 많이 넣었도다"(막 12:43, 눅 21:03)

"주의 성령이 내게 임하셨으니 이는 가난한 자에게 복음을 전하게 하시려고 내게 기름을 부으시고 나를 보내사 포로 된 자에게 자유를, 눈 먼 자에게 다시 보게 함을 전파하며 눌린 자를 자유롭게 하고 주의 은혜의 해를 전파하게 하려 하심이라 하였더라"(눅 04:18-19)

"잔치를 베풀거든 차라리 가난한 자들과 몸 불편한 자들과 저는 자들과 맹인들을 청하라"(눅 14:13)

"근심하는 자 같으나 항상 기뻐하고 가난한 자 같으나 많은 사람을 부요하게 하고 아무 것도 없는 자 같으나 모든 것을 가진 자로다"(고후 06:10)

"우리 주 예수 그리스도의 은혜를 너희가 알거니와 부요하신 이로서 너희를 위하여 가난하게 되심은 그의 가난함으로 말미암아 너희를 부요하게 하려 하심이라"(고후 08:09)

"내 형제들아 영광의 주 곧 우리 주 예수 그리스도에 대한 믿음을 너희가 가졌으니 사람을 차별하여 대하지 말라"

"만일 너희 회당에 금가락지를 끼고 아름다운 옷을 입은 사람이 들어오고 또 남루한 옷을 입은 가난한 사람이 들어올 때에"

"너희가 아름다운 옷을 입은 자를 눈여겨보고 말하되 여기 좋은 자리에 앉으소서 하고 또 가난한 자에게 말하되 너는 거기 서 있든지 내 발등상 아래에 앉으라 하면 너희끼리 서로 차별하며 악한 생각으로 판단하는 자가 되는 것이 아니냐"

"내 사랑하는 형제들아 들을 지어다 하나님이 세상에서 가난한 자를 택하사 믿음에 부요하게 하시고 또 자기를 사랑하는 자들에게 약속하신 나라를 상속으로 받게 하지 아니하셨느냐"(야 02:01-05)

미련한 전도

수년 전 필자가 회사에 재직하던 당시 러시아 블라디보스톡(Vladivostok)의 스베틀란스카야(Svetlanskaya) 거리에 있는 베르살(Versailles)이라고 하는 호텔에서 겪었던 일입니다. 당초 출장 차 2주 일정으로 그곳에 머물 계획이었는데, 뜻밖에도 예상치 못한 일이 발생하여 한 달이 넘게 더 머물러 있어야 했습니다.

그렇지만 전혀 따분하지 않았던 것은 무엇보다도 호텔 어디에서나 직원들 모두가 한결같은 밝은 미소로 필자에게 넉넉한 기쁨을 선사해 주었기 때문이었습니다. 처음에는 밤낮 구분 없이 수시로 직원들이 필자 방에 찾아와 '필요한 것은 없느냐', '불편한 것은 없느냐'는 등 꼬치꼬치 물어보는 것에 적잖은 부담도 느꼈지만, 그도 하루 이틀 아니게 대하다보니 만성이 되었던지 조금 지나고선 당연한 듯 아무렇지도 않게 되었습니다. 필자 나름 오래 머물다 보니 이처럼 신경 써 주는 것이 어쩌면 당연한 일일 것이라는 생각에 그럭저럭 마음만은 푸근하였습니다.

떠나오던 날 필자는 베르살 호텔 인근 시장에서 양복바지를 2벌을 샀습니다. 왜냐하면 2벌밖에 되지 않았던 바지로는 한 달여의 기간을 그것도 외지에서 버텨내기가 버거웠기 때문이었습니다.

그런데 문제는 새로 산 바지 길이가 한 뼘은 족히 길어 당장 입을 수 없었다는 것이었습니다. 그래도 다음 기착지 일본 고베(Kobe)로 가는 비행기를 타기까지 족히 하루는 여유가 있었던 까닭에 필자는 그곳 호텔 내 세탁소에 새로 산 바지의 수선을 부탁할 수 있었습니다.

그렇지만 다음 날 시간이 다해 호텔을 떠날 때까지 수선된 바지는 찾을 수가 없었습니다. 그간 직원들이 내게 보여준 친절과 호의가 한 순간에 물거품이 되는 절체절명(絶體絶命)의 순간이었습니다. 여유시간도 알려 주었고 필자의 처지(여행일정)도 알려주면서 그렇게 신신당부를 했었건만 여하튼 무척 난감하고 불쾌하였습니다. 그래도 새로 산 바지가 그다지 비싼 것은 아니었기 때문에 그냥 없었던 것으로 치부했습니다. 그렇지만 호텔 프론트데스크 여지배인에게 '필자를 마지막으로 이 같은 실수는 두 번 다시 있어서는 안 될 것'이라는 당부는 분명히 해 두었습니다.

일본 고베에 다다를 때까지 왠지 모르게 자꾸 새로 산 바지가 마음에 쓰였습니다. 고베에서 용무를 다 마치고 이제는 오사카(Osaka)로 넘어 갔습니다. 시간이 어느 정도 지났던 때문이었던지 그때 제 기억 속에 새로 산 바지는 이미 지워져 있었습니다.

그런데 예약된 오사카 호텔 프론트에서 예약을 확인하는 중에 필자의 신원을 확인한 호텔직원이 필자에게 잘 포장된 우편물 하나를 건네주었습니다. 그때 필자는 아무 생각 없이 으레 호텔에서 제공하는 기념품이겠거니 생각하고 이를 무심히 받아만 두었습니다. 이내 객실에 올라와 우편물을 뜯어보던 순간 필자는 그만 소스라치게 놀랄 수밖에 없었습니다.

그 우편물 속에는 블라디보스톡 시장에서 산, 베르살 호텔에 맡겨

두었던 수선된 바지가 들어있었고, 이에 뜻밖에도 영문 모를 실크 넥타이 2장이 덤으로 끼워져 있었기 때문이었습니다. 그 위에 손으로 쓴 편지 한 통이 있었습니다. 이후로 지금까지 베르살 호텔은 필자의 평생 단골이 되었습니다.

"선생님, 정말 죄송합니다."

"머무시는 동안 너무도 깔끔하게 방을 정돈해 주셔서 항상 우리가 감사하고 미안했었습니다."

"그때 우리 호텔 세탁소 담당 여직원은 한 명이었는데, 그날이 여직원의 딸 결혼식이었습니다. 당일 휴가가 있었다는 것을 그만 제가 깜빡 잊고 확인하지 못했던 것이 이러한 불미스런 일을 계기가 되었던 것 같습니다."

"이유야 어떻든지 선생님께 돌이킬 수 없는 잘못을 한 것 같습니다. 그렇더라도 다시금 뵐 수 있기를 기대합니다."

"동봉한 실크 넥타이에 이런 저희의 마음을 담습니다. 늘 건강하세요. 스베타(M'GR. Sveta) 올림"

일본 도쿄(Tokyo) 신주쿠(Shinjuku)에 곤바치(權八)라는 일식집이 있습니다. 그곳에서 필자는 스기야마(杉山)라고 하는 동갑내기 회사직원과 저녁식사를 한 적이 있었습니다. 그날 일정이 너무도 빡빡하고 피곤하였던지라 그와 필자는 여유를 찾지 못하고 저녁식사에 임할 때까지 줄곧 날카로운 신경을 곤두세우고 있었던 상황이었습니다. 오후 내내 진행된 우리의 브리핑에 담당 임원이 그다지 썩 좋지 않은 평가를 했기 때문이었습니다.

그날 저녁식사는 어떻게든 하루를 잘 마무리하고 이후로 심기일전(心機一轉) 해보자는 취지에서 서로가 의기투합해 마련한 자리였습니다. 다다미

(疊) 방에 마주 보고 앉아 서로의 마음을 확인하고, 한동안 안 좋았던 마음을 추스르려고 하는 순간, 스기야마는 영문도 없이 갑자기 큰 소리로 고래고래 소리를 질러댔습니다.

이유인 즉, 그가 한술 뜨려고 했던 미소장국에 쌀 한 톨 크기의 나방이 빠져 있었기 때문이었습니다. 그럴 수도 있다는 생각에, 또 자리가 자리였던 만큼 그를 진정시켜 보려고 했으나 이미 물은 엎질러져 있었습니다.

그러나 스기야마의 호통에 우리 앞에 불려온 주방장은 필자가 예상했던 모습과는 전혀 딴 판이었습니다. 곧 다다미에 무릎을 꿇고 연신 조아리면서 같은 말만 되풀이 하고 있었던 것이었습니다.

"죄송합니다. 죽을 죄를 지었습니다. 용서해 주십시오"

"오늘 저녁식사는 저희가 속죄하는 마음으로 정성껏 무료로 차려드리겠습니다. 죄송합니다. 용서해 주십시오"

"부탁드립니다. 부디 너그럽게 용서해 주십시오"

저녁식사를 마치고 그 집을 나오면서 필자와 한동안 실랑이가 있었음에도, 끝내 주방장은 저녁식사 값을 받질 않았습니다. 이후로 지금까지 곤바치 식당은 필자의 평생 단골이 되었습니다.

꽤나 오래된 이야깁니다. 퇴근하고 종로에 있는 대형책방을 들린 적이 있었습니다. 3-4권의 책을 구입하고 늦은 시간에 집으로 향하던 때였습니다. 당시 필자 집은 서울 근교였던 까닭에, 한 번에 직접 가는 버스는 없었고 종로에서 청계천까지 걸어가 그곳에서 근처까지 가는 버스를 탄 뒤, 망우리 전에 내려 다시금 집 앞까지 가는 버스를 바꾸어 타야 했습니다.

한 동안 기다리다 조금은 한산했던 그 버스를 타게 되었습니다. 그런데 버스 앞문에 채 한 발을 걸치기도 전에 버스기사의 입에 걸쳐진 자그마한 마이크를 통해서 낭랑한 인사말이 들려 왔습니다.

"어서 오세요. 많이 피곤하시지요?"

지금은 평상일 수도 있겠지만, 그때까지 버스를 타면서 이런 인사말을 들어본 적이 없었던 까닭에, 당시 필자는 무척 당황했었습니다. 기사의 이 같은 생경한 인사말에 무슨 말로 어떻게 대답해야 할지 그저 난감할 따름이었습니다.

그렇지만 마음 한 켜에서는 푸근한 마음이 들었습니다. 필자는 버스기사의 바로 뒤쪽에 자리를 잡고 앉아 그간 전혀 경험해 보지 못한 세상에서 가장 즐거운 여행을 경험할 수 있었습니다.

"지금 이 버스는 좌회전 할 겁니다. 손잡이 단단히 붙드세요."

"할머니께서 타셨어요. 어느 분이나 자리 양보하실 때까지 이 버스는 안 떠납니다."

"고마워요. 학생. 제가 윙크하는 거 봤죠? 아마 내일은 재수가 좋을 거에요."

"다음은 청계8가에요. 아주머니 내리실거에요? 뭐 빠뜨리신 물건 있는지 다시 한 번 둘러보세요. 지갑 같은 거 말이에요. 그렇다고 지갑만 보지 마시고 다른 것도 함께 말입니다."

"학생 내릴 겁니까? 시험 얼마 안 남았지요? 이 시간에 집에 가는 걸 보니 아마도 틀림없이 좋은 성적 나올 겁니다. 파이팅!"

"책 사신 선생님 내리십니까? 무슨 책인지는 잘 모르겠지만 읽어보시고 책 내용 좋으면 다음 번 제게도 좀 추천해 주세요. 피곤해보이시네요. 조심해서 들어가시고요."

필자는 이내 버스에 내려 한 동안 아무 생각 없이 그저 멍하게 서있기만 했었습니다. 버스가 시야에서 사라지는 순간까지 필자 머릿속은 온통 비어 있었습니다. 이후 필자는 생각다 못해 이 이야기를 그대로 글로 써서 한 방송국에 투고하게 되었고, 운이 좋았던지 필자의 편지가 채택이 되어 방송국에서는 그때 버스기사에게 푸짐한 선물을 안겼었습니다.

이후 그 기사는 어찌어찌해서 필자 연락처를 알게 되었고, 우린 다시금 짧으나마 못다 했던 나머지 이야기를 나눌 수가 있었습니다. 당시 버스는 태릉교통 45번 버스였고, 그 회사버스는 지금까지 내 평생의 버스가 되었습니다.

"선생님, 아무 것 아닌 일에 뭐라 말씀드려야 할지. 부끄럽고 죄송해서 뭐라고 말씀을 못 드리겠습니다."

"앞으로 이 천직을 통해 더욱 보람 있게 그리고 열심히 분발하라는 의미로 알고 보내주신 선물 감사히 받겠습니다."

"그리고 우리 회사에서 방송에 나왔다고 난리도 아닙니다. 그 때문인지 다른 기사분들도 저처럼 마이크 한 대씩 사겠다고 야단법석이랍니다."

"아무튼 이런 계기를 마련해 주신 선생님과 하나님께 감사를 드립니다. 늘 건강하세요."

우리 속담에 "말 한마디로 천 냥 빚을 갚는다"는 말이 있습니다. 물론 천 냥 빚을 말 한마디로 갚을 사람이 어디 있겠습니까마는 그만큼 말 한마디가 소중할 수 있다는 의미인 것 같습니다.

그렇다면 앞에서 스베타와 주방장과 버스기사가 한 가지로 이야기했던 바가 무엇이었을까요? 생각할 것도 없이 고객에 대한 사랑이 아니었을까 생각해 봅니다. 늦은 감이 없진 않지만, 이 지면을 빌어 필자에게 지극한 사랑으로써 평생 단골이 되게 한 그들에게도 하나님의 넘치는 사랑이 저마다 평생에 거할 수 있게 되기를 간절히 기대해 봅니다.

"누구든지 자기의 유익을 구하지 말고 남의 유익을 구하라"(고전 10:24)

"내가 사람의 방언과 천사의 말을 할지라도 사랑이 없으면 소리 나는 구리와 울리는 꽹과리가 되고"

"내가 예언하는 능력이 있어 모든 비밀과 모든 지식을 알고 또 산을 옮길 만한 모든 믿음이 있을지라도 사랑이 없으면 내가 아무 것도 아니요"

"내가 내게 있는 모든 것으로 구제하고 또 내 몸을 불사르게 내줄지라도 사랑이 없으면 내게 아무 유익이 없느니라"(고전 13:01-03)

이상의 사례를 통해 필자가 여기서 이야기하고자 하는 것은 위 필자의 옛 추억에 비추어 전도(傳道)에 관한 것입니다. 사전에서 '전도'는 '기독교의 교리를 세상에 널리 전하여 믿지 아니하는 사람에게 신앙을 가지도록 인도하는 것이나 또는 그런 일'로 풀이됩니다.

성경말씀으로 보자면 다음의 말씀으로 일축할 수 있지 않을까 생각합니다. 예수님께서도 공생애 기간 중에 전도를 게을리 하지 않으셨음을 우리는 잘 알고 있습니다.

"오직 성령이 너희에게 임하시면 너희가 권능을 받고 예루살렘과 온 유대와 사마리아와 땅 끝까지 이르러 내 증인이 되리라 하시니라"(행 01:08)

"예수께서 열두 제자에게 명하기를 마치시고 이에 그들의 여러 동네에서 가르치시며 전도하시려고 거기를 떠나 가시니라"(마 11:01)

"이르시되 우리가 다른 가까운 마을들로 가자 거기서도 전도하리니 내가 이를 위하여 왔노라 하시고 이에 온 갈릴리에 다니시며 그들의 여러 회당에서 전도하시고 또 귀신들을 내쫓으시더라"(막 01:38-39)

"예수께서 이르시되 내가 다른 동네들에서도 하나님의 나라 복음을 전하여야 하리니 나는 이 일을 위해 보내심을 받았노라 하시고 갈릴리 여러 회당에서 전도하시더라"(눅 04:23-44)

"자기 때에 자기의 말씀을 전도로 나타내셨으니 이 전도는 우리 구주 하나님이 명하신 대로 내게 맡기신 것이라"(딛 01:03)

하나님께서는 우리로 하여금 전도라는 사명을 맡기셨습니다. 말로 형언할 수 없는 구원의 은사에 감격하여 사는 마땅한 크리스천이라면 전도의 사명은 곧 크리스천의 모든 사명이라고 해도 과언을 아닐 것입니다. 왜냐하면 그 안에 '이웃사랑'이 숨 쉬며 있고 그 안에 '하나님의 사랑'이 고스란히 녹아있기 때문입니다.

그렇지만 전도는 쉬운 일이 아닙니다. 우리의 선대들은 이를 위하여 그 생명까지도 초개와 같이 아낌없이 던져두었음을 우리는 익히 잘 알고 있습니다. 그렇지만 하나님께서는 미련한 전도로부터 총명한 것들을 폐하셨습니다. 말씀은 이를 추상같이 증하고 있습니다.

"십자가의 도가 멸망하는 자들에게는 미련한 것이요 구원을 받는 우리에게는 하나님의 능력이라"

"기록된 바 내가 지혜 있는 자들의 지혜를 멸하고 총명한 자들의 총명을 폐하리라 하였으니 지혜 있는 자가 어디 있느냐 선비가 어디 있느냐 이 세대에 변론가가 어디 있느냐 하나님께서 이 세상의 지혜를 미련하게 하신 것이 아니냐"

"하나님의 지혜에 있어서는 이 세상이 자기 지혜로 하나님을 알지 못하므로 하나님께서 전도의 미련한 것으로 믿는 자들을 구원하시기를 기뻐하셨도다"(고전 01:18-21)

그런데 전도함이 없이도 성령의 역사하심을 따라 그들 스스로 하나님 앞에 서고자 했던 신앙의 위인들도 있습니다. 우리가 잘 알고 있는 스바(Sheba)의 여왕과 앞서 본 에디오피아의 신하 간다게(Candace)가 그들입니다. 기록에서 차례로 보면 다음과 같습니다. 두 사람 모두 그들 믿음은 '들음'에 있었습니다.

"스바의 여왕이 여호와의 이름으로 말미암은 솔로몬의 명성을 듣고 와서 어려운 문제로 그를 시험하고자 하여 예루살렘에 이르니 수행하는 자가 심히 많고 향품과 심히 많은 금과 보석을 낙타에 실었더라"

"그가 솔로몬에게 나아와 자기 마음에 있는 것을 다 말하매 솔로몬이 그가 묻는 말에 다 대답하였으니 왕이 알지 못하여 대답하지 못한 것이 하나도 없었더라"

"스바의 여왕이 솔로몬의 모든 지혜와 그 건축한 왕궁과 그 상의 식물과 그의 신하들의 좌석과 그의 시종들이 시립한 것과 그들의 관복과 술 관원들과 여호와의 성전에 올라가는 층계를 보고 크게 감동되어 왕께 말하되 내가 내 나라에서 당신의 행위와 당신의 지혜에 대하여 들은 소문이 사실이로다"

"내가 그 말들을 믿지 아니하였더니 이제 와서 친히 본즉 내게 말한 것은 절반도 못되니 당신의 지혜와 복이 내가 들은 소문보다 더하도다"

"복되도다 당신의 사람들이여 복되도다 당신의 이 신하들이여 항상 당신 앞에 서서 당신의 지혜를 들음이로다"

"당신의 하나님 여호와를 송축할지로다 여호와께서 당신을 기뻐하사 이스라엘 왕위에 올리셨고 여호와께서 영원히 이스라엘을 사랑하시므로 당신을 세워 왕으로 삼아 정의와 공의를 행하게 하셨도다 하고"

"이에 그가 금 일백이십 달란트와 심히 많은 향품과 보석을 왕에게 드렸으니 스바의 여왕이 솔로몬 왕에게 드린 것처럼 많은 향품이 다시 오지 아니하였더라"(왕상 10:01-10)

"주의 사자가 빌립에게 말하여 이르되 일어나서 남쪽으로 향하여 예루살렘에서 가사로 내려가는 길까지 가라 하니 그 길은 광야라"

"일어나 가서 보니 에디오피아 사람 곧 에디오피아 여왕 간다게의 모든 국고를 맡은 관리인 내시가 예배하러 예루살렘에 왔다가 돌아가는데 수레를 타고 선지자 이사야의 글을 읽더라"

"성령이 빌립더러 이르시되 이 수레로 가까이 나아가라 하시거늘 빌립이 달려가서 선지자 이사야의 글 읽는 것을 듣고 말하되 읽는 것을 깨닫느냐"

"대답하되 지도해 주는 사람이 없으니 어찌 깨달을 수 있느냐 하고 빌립을 청하여 수레에 올라 같이 앉으라 하니라"

"읽는 성경 구절은 이것이니 일렀으되 그가 도살자에게로 가는 양과 같이 끌려갔고 털 깎는 자 앞에 있는 어린 양이 조용함과 같이 그의 입을 열지 아니 하였도다"

"그가 굴욕을 당했을 때 공정한 재판도 받지 못하였으니 누가 그의 세대를 말하리요 그의 생명이 땅에서 빼앗김이로다 하였거늘 그 내시가 빌립에게 말하되 청컨대 내가 묻노니 선지자가 이 말한 것이 누구를 가리킴이냐 자기를 가리킴이냐 타인을 가리킴이냐"

"빌립이 입을 열어 이 글에서 시작하여 예수를 가르쳐 복음을 전하니 길 가다가 물 있는 곳에 이르러 그 내시가 말하되 보라 물이 있으니 내가 세례를 받음에 무슨 거리낌이 있느냐"

"이에 명하여 수레를 멈추고 빌립과 내시가 둘 다 물에 내려가 빌립이 세례를 베풀고 둘이 물에서 올라올 새 주의 영이 빌립을 이끌어간지라 내시는 기쁘게 길을 가므로 그를 다시 보지 못하니라"

"빌립은 아소도에 나타나 여러 성을 지나다니며 복음을 전하고 가이사랴에 이르니라"(행 08:26-40)

한편 성경의 기록을 통틀어 가장 위대한 전도 왕을 꼽으라면 필자는 단연코 요나(Jonah)를 꼽을 수 있을 것 같습니다. 요나는 당시 '고대 오리엔트'(Ancient Orient)를 제패했던 강성대국 앗시리아(Assyria, 성경에서는 '앗수르')의 가장 큰 도시였던 니네베(Nineveh, 성경에서는 '니느웨')를 통째로 들어엎어 회개의 길에 들어서게 합니다. 실로 가공할만한 전도의 힘이었습니다. 당시 앗시리아 왕은 아닷니라리 III세(Adad-nirari III, 재위 B.C.811-783)였습니다. 기록은 이를 다음과 같이 증하고 있습니다.

"여호와의 말씀이 두 번째로 요나에게 임하니라 이르시되 일어나 저 큰 성읍 니느웨로 가서 내가 네게 명한 바를 그들에게 선포하라 하신지라"

"요나가 여호와의 말씀대로 일어나서 니느웨로 가니라 니느웨는 사흘 동안 걸을 만큼 하나님 앞에 큰 성읍이더라"

"요나가 그 성읍에 들어가서 하루 동안 다니며 외쳐 이르되 사십 일이 지나면 니느웨가 무너지리라 하였더니 니느웨 사람들이 하나님을 믿고 금식을 선포하고 높고 낮은 자를 막론하고 굵은 베 옷을 입은지라"

"그 일이 니느웨 왕에게 들리매 왕이 보좌에서 일어나 왕복을 벗고 굵은 베 옷을 입고 재 위에 앉으니라"

"왕과 그의 대신들이 조서를 내려 니느웨에 선포하여 이르되 사람이나 짐승이나 소 떼나 양 떼나 아무것도 입에 대지 말지니 곧 먹지도 말 것이요 물도 마시지 말 것이며 사람이든지 짐승이든지 다 굵은 베 옷을 입을 것이요 힘써 하나님께 부르짖을 것이며 각기 악한 길과 손으로 행한 강포에서 떠날 것이라"

"하나님이 뜻을 돌이키시고 그 진노를 그치사 우리가 멸망하지 않게 하시리라 그렇지 않을 줄을 누가 알겠느냐 한지라"

"하나님이 그들이 행한 것 곧 그 악한 길에서 돌이켜 떠난 것을 보시고 하나님이 뜻을 돌이키사 그들에게 내리리라고 말씀하신 재앙을 내리지 아니하시니라"

그런데 오늘날 우리는 전도를 '교회에 이끌고 나오는 것'으로 잘못 이해하고 있는 것 같습니다(본래 '전도'는 '복음'과 같은 뜻 동일한 단어로 새겨야 합니다). 그것도 전도하는 사람이 소속된 교회로 말입니다. 물론 전도자와 함께 한 교회에서 지체를 이루어 신앙생활 하는 것도 그다지 나쁜 일은 아닐 것이라 봅니다만, 여기서 필자가 지적하고자 하는 것은 전도의 본래 취지와 그 핵심입니다.

앞서 본 스베타나 주방장이나 버스기사에서의 사례와 같이 필자는 그들의 권유에 따라 호텔이나 일식집이나 버스를 평생 단골로 둔 것은 아닙니다. 그 이유는 오로지 그들의 마음과 행실로부터 비롯된 것입니다.

만약 그들의 이 같은 마음과 행실에 우선하여 필자를 고객으로 이끌기 위한 속내를 우선시 해두었더라면 필자는 결코 그들의 호의를 거절하였을 것입니다.

그들은 처음부터 고객에 대한 따뜻한 사랑으로 일관하고 있었습니다. 그것은 그들 직장생활의 이유였고 나아가 삶의 목적이었다고 생각합니다. 만약 이러한 이유와 목적을 올바로 분별하고 있지 못했더라면 아마도 그들 삶에 기쁨과 보람은 없었을 것입니다. 그러기에 호텔과 일식집과 버스회사는 이들로 인하여 존재할 수 있었을 것입니다.

그런데 그들의 입에서 떠나지 않고 있었던, 보다 정확히는 한결같은 이구동성의 공통점은 "죄송합니다"라는 말 한마디였습니다. 그들이 필자에게 보여준 따뜻한 마음은 어디에도 내세우지 않고 오로지 "죄송합니다" 라는 말로 일관하고 있는 것입니다. 참으로 미련스럽기 그지없는 말이 아닐 수 없습니다. 그렇지만 이 같은 미련스러운 말 한마디를 가지고 필자의 마음에 평생이라고 하는 말을 심게 했습니다.

그럼에도 불구하고 우리의 전도는 너무도 지혜로운 것 같습니다. 점점 더 그 지혜가 고도화되고 정교해 지는 것 같습니다. 세상의 지혜를 발아래 두고 말입니다. 그러기에 이끌려고 합니다. 보다 정확히는 전도를 교회로 이끌고 나오는 것으로 혼동하고 있는 듯 보입니다. 특히나 교회는 전도에 담긴 올곧은 뜻을 왜곡하고 그 폭과 범위에 구애됨이 없이 무조건 교회로 이끌고 나오라고 강요하고 있는 것 같습니다.

필자가 여기서 지적하고자 하는 핵심은, 이끌고 나오라는 것이 잘못된 것이라기보다 전도의 의미를 왜곡하고 그것도 강요하고 있다는 현실 그 자체입니다. 곧 한 사람을 교회에 이끌고 나오기 위하여 그에게 접근하는 방법, 말씀을 전하는 태도, 이렇게 나오면 저렇게, 저렇게 나오면 이렇게, 이런 저런 모양으로 대접하고, 또 이러한 환심을 통해 그 마음을 사두고, 그들에게 보일 수 있는 그 밖의 특단의 행동과 모습을 비추어 결국에는 교회에 나올 수밖에 없는 형국으로 몰아가야 한다는 그 지혜를 적시하고 있는 것입니다. 그렇다면 이 같은 지혜가 앞선 사례에서 이야기했듯이 스베타나 주방장이나 버스기사가 필자를 고객으로 이끌기 위한 속내와 다를 것이 그 무엇이겠습니까?

이제는 전도의 형식과 방법을 바꾸어야 합니다. 미련한 것으로 말입니다. 우리의 얼굴에 하나님의 사랑을 품고, 매사에 남을 나보다 낫게 여기는 중에, 항상 기쁨이 넘치고, 매일같이 감사한 마음에 기껍기만 하고, 오른손이 하는 일을 왼손이 모르게 하면서, 때로는 은밀하게 구제하고, 나의 가진 것으로 남을 돌보며, 그들의 자랑을 내 기쁨으로 그들의 슬픔을 더한 나의 슬픔으로 삼기를 마다하지 않고, 나아가 하나님의 영광을 위해서라면 우리의 선대들과 마찬가지로 생명까지 내어놓을 수 있는 마음을 품고 있다면 필자는 이것이 하나님께서 우리에게 가르쳐주신 그대로 미련하기 그지없는 전도의 진수(眞髓)일 것이라 생각합니다.

멀리 있는 교우라면 가까운 교회를 천거하고, 비좁아 앉을 수 없이 교회가 빽빽하다면 나누어 쪼개고, 때로는 우리 교회가 저들의 교회가 되고 때로는 저들의 교회가 우리의 교회가 되며, 서로서로 합력하여 선을 이루는 중에 하나님의 영광을 드러내기에 힘쓰고, 부족하면 채워주고 더함이 있으면 나누면서, 그렇게 빛과 소금의 역할을 올곧게 감당하는 것이 전도의 본질일 것이라 생각합니다.

하나님께서는 우리에게 전도의 다림줄(수평이나 수직을 헤아려 보기 위하여

추를 달아 위에서 늘어뜨린 줄)을 내려 주셨습니다. 이것을 따라 하나하나 차곡차곡 쌓아갈 수 있도록 말입니다. 그러기에 전도는 우러러보아야 합니다. 내리깔고 보는 것이 아닙니다. 그러기에 전도는 피를 깎는 모범이 있어야 합니다. 얼렁뚱땅 소위 '새 생명 전도축제'라는 등의 행사로 일시에 치루고 거두는 것이 아닙니다.

오늘날 이 같은 전도의 본질을 왜곡하고 있는 배경은 그 한 중심에 분명 '교만'(驕慢)이 주리를 틀고 있을 것이라 생각합니다. 보다 크게, 보다 많게, 보다 화려하게 꾸미고자 하는 그 흉악한 본심 말입니다. 스베타, 주방장, 버스기사, 스바의 여왕, 간다게 등이 우리에게 보여준 행실로부터 처음부터 하나하나 전도의 진수를 다져갈 때라고 생각합니다. 그 수단은 미련한 것이 되어야 하고 그 목적은 하나님의 사랑에 두어야 할 것입니다.

"이같이 너희 빛이 사람 앞에 비치게 하여 그들로 너희 착한 행실을 보고 하늘에 계신 너희 아버지께 영광을 돌리게 하라"(마 05:16)

엘리야의 아들이 된 엘리사

좀 지난 최근 중학교 3학년인 필자 딸내미 민주는 필자에게 성경의 인물이름이 모두가 엉터리라는 불평 섞인 변(辯)을 늘어놓았습니다. 곧 자신이 보고 온 오페라제목이 '삼손과 데릴라'인데 성경에서는 느닷없이 '들릴라'(Delilah)라고 하고, '데이빗'을 왜 '다윗'(David)이라고 하며, '조수아'를 왜 '여호수아'(Joshua)라고 하며, '에이브러햄 링컨'(Abraham Lincoln)과 철자가 같은데 왜 성경에서는 '아브라함'이라고 틀리게 기록하고 있느냐는 것이 핵심이었습니다.

민주의 불평은 한동안 꼬리에 꼬리를 물었습니다. '조셉'과 '요셉'(Joseph), '지저스'(Jesus)와 '예수', '제이콥'(Jacob)과 '야곱' 등 한 두 가지가 아니었습니다. 그 중에서도 이집트(Egypt)와 애굽은 불만의 백미(白眉)가 되었습니다. 민주의 불평불만에 필자는 이내 고개를 숙일 수밖에 없었습니다. 무엇보다도 그간에 민주의 신앙교육을 무주공산(無主空山)에 방치에 두었다는 모진 열패감 때문이었습니다.

필자의 어린 시절 '가정성서이야기'라는 책이 있었습니다. 출판사는 잘 기억이 나질 않지만 총 10권으로 구성된 책이었습니다. 필자가 이를 접했을 당시 지금의 삼국지처럼 얼마나 재미있고 흥미진진했던지 여태 그 추억을 잊지 않고 있습니다. 어떤 목사님께서 우스갯소리로 구약성경을 '이스라엘 무협지'라고 말씀하셨던 것은 이에 빗댄 이야기가 아닐까 생각합니다.

필자의 아버님께서는 이 책을 그저 책꽂이에 꽂아만 두셨습니다. 간혹 이를 보시며 때로는 심각하게 때로는 미소를 머금으시면서 그렇게 필자의 흥미를 유도하신 것 말고는 읽어보라는 권유도 읽어보아야 한다는 강요도 덧붙이시지를 않으셨습니다. 호기심에 읽어 본 그 책은 필자에게 말 그대로 이스라엘 무협지와 다름이 없었습니다. 손에 땀을 쥐기도 하고, 가슴을 쓸어내리기도 하고, 혀를 차기도 하고, 카타르시스를 만끽하기도 하고, 때로는 펑펑 울기도 하면서 그렇게 유년시절을 지났던 것 같습니다.

그런데 이제는 필자의 무심한 방관 속에 내던져진 민주가 스스로 이 같은 불평불만을 필자에게 쏟아냈음에 이로 인한 필자의 자괴감은 그 어디에 비할 바가 없었습니다. 이 통한의 죄를 어떻게 추슬러야 할지 그저 막막하기만 했습니다. 그때 필자는 지난 날을 기억하고 필자 또한 아버님의 방법을 따르기로 다짐하고 내로라하는 책방으로 무거운 발걸음을 이끌게 된 것은 모두가 이 때문이었습니다. 책방에 가는 내내 필자의 머릿속에서 맴맴 돌았던 책명은 오직 '가정성서이야기'였습니다.

그런데 책방에 이르러 필자는 큰 충격에 사로잡히고야 말았습니다. 어디에도 '가정성서이야기'는 보이지 않았습니다. 보다 정확히 이야기하면 '가정성서이야기'와 같은 부류의 책이 없었습니다. 기껏해야 한 권으로 된 만화책이나 그도 하룻밤에 읽는 성경이야기 등이 고작이었습니다. 손에 땀을 쥐고 보았던 기드온(Gideon)과 300용사, 기손강(Kishon Riv.)가에서 바알선지자를 처단하는 엘리야(Elijah)의 무용담, 거짓선지자 발람(Balaam), 앗수르 산헤립(Sennacherib)의 군대 18만 5천의 괴멸, 기생 라합(Rahab)의 기지(機智), 다윗과 요나단(Jonathan)의 우정 및 골리앗(Goliath)과의 싸움, 길보아산(Gilboa Mt.)에서 사울(Saul)과 요나단의 죽음, 잔인하기 그지없었던 느부갓네살(Nebuchadnezzar II), 북이스라엘과 남유다의 분열 등의 이야기를 우리 후세들의 눈높이에 맞춰 생생하고도 멋들어지게 꾸민 책은 그 어디에서도 찾아볼 수 없었습니다.

그렇지만 이에 반하여 신앙적 자기계발서는 무궁무진하였습니다. 한 대형교회의 목사님의 수상록, 간증서, 신앙지침서, 성지답사후일담, 고백록, 참회록 등을 비롯하여 난해하기 이를 데 없는 신학전공서적은 물론 기독교 비판서적 등은 이곳저곳에 넘쳐나고 있었습니다. 그도 신학과 관련한 전공서적이라고 해도 몇 권되지 않았고, 어떤 것은 명화(名畵)로 보는 신구약성경이라는 제목 하에 그것도 비닐커버에 쌓여 머리말 보는 것도 불가능 했습니다.

책방 여직원에 물어보니 그의 변이 찾는 사람이 없다고 했습니다. 이에 덧붙여 필자가 찾는 전집(全集)은 지금까지 자신이 책방에 근무한 이후 단 한 번도 보지 못했고 그나마 단행본마저도 이제는 출판사는 물론이고 찾는 사람 또한 없음을 명확히 해 두었습니다.

이후로 필자는 발걸음을 교회로 옮길 수밖에 없었습니다. 교육목사님에게나 전도사님에게 물어보았더니 그분들이 필자에게 건네 준 것이라고는 오늘의 말씀, QT 교재, 전도지 내지는 그간의 설교를 묶은 자체적으로 제작한 주일공과교재가 전부였습니다. 그 와중에 교육관에서는 워십댄스 연습이 한창이었습니다. 아무리 눈을 비비고 머리를 쥐어보아도 필자

눈앞에 '가정성서이야기'는 어디에도 보이지가 않았습니다. 어찌된 영문일까요? 그 이유가 어디에 있을까요? 참으로 비참한 현실이 아닐 수 없습니다. 어쩌다가 이지경이 되었을까요? 이하의 말씀을 가슴에 두고 그 이유를 찬찬히 되짚어 보기로 합니다.

"내 백성이 지식이 없으므로 망하는도다 네가 지식을 버렸으니 나도 너를 버려 내 제사장이 되지 못하게 할 것이요"

"네가 네 하나님의 율법을 잊었으니 나도 네 자녀들을 잊어버리리라"(호 04:06)

"믿음으로 말미암아 그리스도께서 너희 마음에 계시게 하시옵고 너희가 사랑 가운데서 뿌리가 박히고 터가 굳어져서 능히 모든 성도와 함께 지식에 넘치는 그리스도의 사랑을 알고"

"그 너비와 길이와 높이와 깊이가 어떠함을 깨달아 하나님의 모든 충만하신 것으로 너희에게 충만하게 하시기를 구하노라"(엡 03:17-19)

"오직 우리 주 곧 구주 예수 그리스도의 은혜와 그를 아는 지식에서 자라 가라 영광이 이제와 영원한 날까지 그에게 있을지어다"(벧후 03:18)

모름지기 구약성경은 우리에게 그다지 친숙한 책은 아닌 것 같습니다. 이 속에 잠겨있는 지난 세월이 얼추 반만년에 이르고 있고, 그것도 혈통(血統)과 계통(系統)이 낯선 먼 나라 이스라엘의 기원과 역사만이 갈피마다 그득하다는 시각에서입니다.

필자 또한 우리 모두가 한 번쯤은 경험해 보았을 것으로, 언제고 새로운 각오와 다짐으로 구약성경을 다잡아 보았지만 그럼에도 불구하고 얼마 지나지 않아 이내 힘에 부치고 다루기가 버거웠던 기억도 돌이켜보면 모두가 이 때문이 아니었을까 생각됩니다.

코 밑에 괴인 저마다의 손끝 감각이 아닐 수 없기에, 최후의 세대로서 가장 나중의 삶을 살아가고 있는 우리의 호흡은 분주한 현 시대의 아귀다툼에 휘말려 언제나 가쁘고 거칠기 그지없다고 생각됩니다. 이러한 호흡에 어찌 태곳적 시대를 아우르고 있는 구약성경의 장구한 숨결을 짜깁기하기가 녹록할 수 있겠습니까마는, 하여간 구약성경은 우리에게 그리 친숙한 책은 아닌 것 같습니다.

더군다나 이틀을 하루의 쳇바퀴에 담아 사는 우리의 옹색한 형편과 처지를 생각할 때, 제아무리 넉넉한 여유를 변통하여 이를 구약성경 이해(理解)의 대가로 되판다손 치더라도, 이것이 애초 우리의 생각과도 같이 그렇게 수지맞는 일은 아닐 것이라 봅니다. 왜냐하면 구약성경은 본래가 길고도 고른 숨으로 삯을 치르지 않으면 종국에는 덤은커녕 본밑천도 갉는 선천적인 습성이 있기 때문일 것입니다.

그간 우리의 손끝으로 짚어 본 구약성경의 맥도 이와 다르지 않을 것입니다. 곧 그것이 따뜻하고 온화하며 어깨를 들썩일 수 있는 양(陽)의 기운이었다기보다도, 오히려 무섭고 잔인하며 때로는 피와 복수에 버무려진 음(陰)의 기운이 강했다는 이유에서, 언제나 구약성경은 이 같은 우리의 진맥(診脈) 때문이라도 결코 회생할 수 없는 딱한 처지가 되어, 늘 마음 한 귀퉁이 후미져 그늘진 곳에서 그렇게 숨죽인 채 너부러져 있었다고 봅니다.

이러한 시각과 경험칙이 우리 앞에 떡 버티고 서있기 때문인지는 몰라도, 오늘날 명색이 내로라하는 신학자임에도 불구하고 놀랍게도 구약성경의 무용론(無用論)을 주창하고 있는 사람도 꽤나 있을 뿐 아니라, 일각에서는 여기에 한술 더 떠 그 폐지론(廢止論) 또한 역설(力說)하고 있는 사람도 숱합니다.

이 같은 시류에, 혹자는 구약성경을 인생의 말년 즈음, 넉넉한 여유를 갖고 한땀 한땀 읽는 것이 보다 현명한 처사라며, 간혹 핀잔의 골무를 끼고 이곳저곳 싸다니며 주위 사람 옆구리를 쿡쿡 찌르기도 합니다. 그 때문인지 우리는 주변에서 코끝에 걸친 돋보기 안경너머로 구약성경의 책갈피를 넘기는 신앙의 선대들을 그다지 어렵지 않게 찾아볼 수 있습니다.

이 같은 형편은 교회에서도 그 처지가 다르지 않음을 바로 볼 수 있습니다. 죄악과 심판 그리고 멸망, 그 결과로서 지옥을 강론하는 것은 가물에 콩 나듯 드문드문하고, 축복과 감사 그리고 영생, 그 결과로서 천국을 설교하는 것이 이제는 별다른 기색 없는 일상이 되어버린 것 같습니다.

이 뿐만이 아닙니다. 구약성경의 역사적 사실성(史實性) 또한 앞의 무용론이나 폐지론의 흐름에 부화뇌동(附和雷同)하고 있음을 봅니다. 곧 이적(異蹟)과 소위 기적(奇蹟)에 관한 기사는 둘째치더라도, 구약성경의 역사적 실재(實在)가 보편적인 인류의 역사와 다름없이 일치하고 있는가에 대한 공공연한 의문은 제아무리 신실한 크리스천이라고 하더라도 언제고 한 번쯤은 가슴 한 켜에 품어 보았을 것입니다.

만약 이 모든 것이 다름없는 사실이라면, 이 시대에 구약성경은 이미 설자리를 잃었다고 보아야 할 것 같습니다. 그렇다면 구약성경은 앞서 본대로 우리에게 그다지 친숙하지 않은 책이라기보다, 지금 이후로는 버리기도 아깝고 그렇다고 버릴 수도 없는 마치 계륵(鷄肋)과 같은 책이라고 보아야 함이 마땅할 것입니다.

구약성경에 결부된 이상의 모든 부정적 견해와 극단의 주장 그리고 존재의 무가치 등에 관한 시각과 경험칙을 종합할 때, 한 쪽으로 치우친 필자만의 생각일는지는 모르겠으나, 그 밑바탕에는 구약의 하나님과 신약의 하나님은 아마도 다를 것이라는 뜻 모를 인식이 한 중심에 터 잡고 있기 때문이라고 생각됩니다. 모름지기 부인하기 어려운 사실로서, 오늘날 구약성경은 이처럼 우리의 눈 밖에 그것도 멀찌감치 후미진 외딴 곳에 격리되어 있음이 분명하다고 생각됩니다.

어떤 사람은 오늘의 세대를 지쳐가는 중에, 이제는 구약의 하나님은 필요 없고, 신약의 예수님만 필요할 뿐이라고 이야기합니다. 한걸음 더 나아가 자신에게 지옥은 관심 밖의 대상이고, 오로지 천국에만 관심이 있다고 합니다. 또한 심판과 멸망은 관심 밖이고, 오로지 축복과 감사 그리고 영광에만 관심이 있다고 합니다. 그러기에 암울하기 짝이 없는 구약성경에는 관심이 없고, 오로지 평안하기 이를 데 없는 신약성경에만 관심이 있다고 합니다.

가까이 보기에, 하늘이 있으면 땅이 있고, 아버지가 있으면 어머니가 있고, 여름이 있으면 겨울이 있기 마련인 것이 자연의 이치라 할 때, 이 어떤 사람의 이야기는 하늘과 아버지와 여름은 필요하지만, 땅과 어머니와 겨울은 그다지 필요치 않다는 말로 바꾸어 이해할 수 있을 것 같습니다. 그렇다면 이 어떤 사람의 논리는 마치 두 발 달린 책상처럼 그저 반쪽짜리에 불과한 논리로 접어두어도 괜찮지 않을까요?

멀리 보기에, 천국이 있으면 지옥이 있고, 영광이 있으면 심판이 있고, 축복이 있으면 멸망이 있기 마련인 것이 말씀의 이치라 할 때, 이 어떤 사람의 이야기는 천국과 영광과 축복은 인정하면서도, 지옥과 심판과 멸망은 그다지 인정할 수 없다는 말로 바꾸어 이해할 수 있을 것 같습니다.

그렇다면 이 어떤 사람의 믿음은 마치 윗돌 없는 맷돌처럼 그저 반쪽짜리에 불과한 믿음으로 접어두어도 괜찮지 않을까요?

우리의 올곧은 믿음이 성경으로부터 비롯된, 보다 정확히는 하나님의 말씀으로부터 비롯된, 바라는 것들의 실상이요 보이지 않는 것들의 증거라 할 때, 이 어떤 사람의 믿음은 그의 해괴한 입맛에 따라 취사되어진 뜻 모를 공염불로 보아 마땅하지 않을까요? 이 어떤 사람의 뜻 모를 공염불을 경계하기 위하여, 어거스틴(Augustine, Sanctus Aurelius Augustinus, 354-430)이 남긴 추상같은 명언이, 곧 "신약은 구약에 감춰져 있고, 구약은 신약에서 나타난다"*(Novum Testamentum in Vetere latet, Vetus Testamentum in Novo patet)*는 말일 것입니다.

구약성경은 그 어떤 사람의 입맛이나 기호에 따라, 손가는 대로 그럭저럭 취하거나 바꾸거나 할 수 있는, 이를테면 그 흔하디흔한 자기계발서나 소양지침서가 아닙니다. 그렇다고 시대의 역사를 풍미하고 있는 일편의 역사서도, 언감생심 뜻 모를 전래민담은 더더욱 아닐 것입니다.

모름지기 구약성경은 처음부터 '스스로 계셨던 하나님'(I AM WHO I AM)께서 우리에게 이르시고 또 약속하고 계신 언약의 기록임과 동시에 생명의 책입니다. 하나님 스스로 창조하신 사람을 향하여, 그 극진하신 사랑을 낱낱이 표현해 두고 있는 그야말로 보면 볼수록 가슴 벅찬 책인 것입니다.

무릇 구약성경은 처음부터 스스로 계셨고 영원무궁토록 우리와 함께 하실 하나님께서 스스로 우리에게 이르시고 또한 약속하고 계신 영원히 사라지지 않을 책인 까닭에 구약성경은 누가 뭐라 해도 그야말로 우리 가슴을 항시 뛰게 하는 소중한 책인 것입니다. 이 책에는 우리 사람에게 향하신 '하나님의 사랑'과 또 '축복의 말씀'이 고스란히 담겨져 있다. 그 중심에 '영원한 사랑'과 '영원한 축복'이 면면히 살아 숨 쉬고 있습니다. 곧 영원한 생명의 말씀으로서 구약성경은 하나님께서 저마다에게 주신 삶의 목적을 온전히 발견하게 하시고, 그 뜻대로 이 세상에서 주어진 사명을 바로 감당하게 하시고, 또한 그곳 세상으로 담대하게 나아갈 수 있게 할 뿐만 아니라 끝내는 저 영원한 천국에 이를 수 있는 영생의 그림자를 드리우고 있는 추상같은 하나님의 말씀인 것입니다.

그런데 보통의 경우라면 이 생명의 책을 올곧게 접하는 것이 그다지 쉽지만은 않을 것이라 생각합니다. 어딘가 모르게 바삐 달려가고 있는 이 곤고한 세상과 그곳에 거하고 있는 우리의 환경과 처지를 생각할 때, 더더욱 그러할 것이라 봅니다. 이는 복잡다단한 현대의 실상이 잠잠한 가운데 구약성경을 바로 접하여야 할 우리에게 크나 큰 장애가 되고 있음을 시사합니다.

그럼에도 불구하고, 이 같은 척박한 환경 속에서나마 친절하게 그리고 낱낱하고도 상세하게 구약성경을 설명하고 있는 책이 그다지 흔치 않음은 어떠한 이유에서일까요? 설령 있다손 치더라도 그것이 쉽게 그리고 아늑하게 접할 수 있는 것이 아니고, 뜻 모를 중압감에 딱딱하게 짓눌려져 있는 마치 오래된 족보처럼 퀴퀴하게 묵혀진 것이라면, 이 딱한 처지를 어떻게 이해하고 또 설명하여야 할까요? 이 보다 더욱 중한 사실로서, 이 땅에 쉽게 내보여지지도 않고 있고 또한 쉽게 보이지도 않고 있는, 이를테면 쉽고도 넉넉하게 이해할 수 있는 구약성경의 가이드북이 어딘가 모르게 꼭꼭 숨어있거나 숨겨져 있다면, 마찬가지로 이 딱한 처지를 어떻게 이해하고 또 설명하여야 할까요?

구약성경은 그들만이 구별할 수 있는 책이 되어서도, 저들만이 쉽게 이해할 수 있는 책이 되어서도 안 될 것입니다. 나아가 성경은 그들만이 알고 저들만이 이해하여 품속에 꼭꼭 담아두고 이를 시시때때로 모르는 이들에게 전하는 소위 비밀장부와도 같은 책이 되어서는 더더욱 안 될 것입니다.

혹시나 그간에 우리가 구약성경에 덧붙여진 가이드북을 바로 볼 수 있는 그리고 찾을 수 있는 기회가 없었던 까닭에, 그러기에 딱딱하게 짓눌려진 또 다른 모습 때문에, 친숙하지 않게, 때로는 필요가 없다고 치부하면서, 서로가 서로에게 있어도 그만 없어도 그만인 것처럼, 그저 그렇게 구약성경을 필요악 내지는 무용지물로 취급하고 있었던 것은 아닐까요?

정녕 그렇다면 이 모든 것이 누구의 책임이라고 보십니까? 찾는 사람이 없었던 이유에서 어느 누구의 책임도 아니라고 보아야 할까요? 타산이 맞지 않아 이러한 종류의 책 발간을 도외시하고 있었던 출판사의 책임일까요? 이도 저도 아니면 신구약성경 보다 주일설교로 모든 것을 대신하고 있는 나태한 선데이 크리스천의 책임이라고 할까요? 그도 저도 아니면 필자처럼 가정에서의 신앙교육을 제대로 하지 못했던 우리의 책임일까요?

필자가 생각하기엔 그 모든 이유가 교회와 교회지도자 특히나 목회자에게 있다고 생각합니다. 생각해 보기에 돈이 되는 일에, 자신의 이름을 드러내기 위한 이해(利害)에 관심을 두지 않았다면, 자기계발서, 수상록, 간증서, 신앙지침서, 성지답사후일담, 고백록, 참회록 등은 무엇 때문에 이 보다 앞세워 두었는가요? 자라나는 우리의 후세들의 신앙교육보다 이따위의 것들이 더 소중하였기 때문인가요? 돈과 욕심이 아니었다면 그 이유가 도대체 어디에 있단 말입니까?

바로보기에, 교육관이 들썩대야 교회의 부흥이 뒤따를 것입니다. 우리 후세들의 얼굴에서 예수님의 얼굴을 볼 수 있어야 이 땅위에 하나님 나라를 확장해 갈 수 있을 것입니다. 교회의 빈자리는 교육관에서 찾아야 합니다.

아브라함이 이삭의 아들인지, 예수님의 제자가 몇 명인지, 구약의 사울이 신약의 사울인지, 하와의 또 다른 딸이 이브인지, 엘리야의 아들이 엘리사인지, 모세의 아들이 여호수아인지, 남이스라엘과 북유다인지, 가나안이 도대체 지금의 어디에 붙어 있는 국가인지, 골고다는 어디이고 갈보리는 또 어디인지, 다니엘의 세 친구가 함과 셈과 야벳인지, 사도바울의 동생이 사울인지, 더 이상 얼마나 헷갈려해야 하고 고민해야 할까요? 우리는 지금 이러한 것들에는 전혀 관심이 없는 것 같습니다. 오로지 초미의 관심사는 워십댄스의 율동에, 젊은이를 위한 예배랍시고 흥겨운 프로그램 구성에 온통 혈안이 되어 있을 뿐입니다. 아니 그런가요?

가슴에 손을 얹고 생각해 보세요. 우리의 후세들이 자기계발서, 수상록, 간증서, 신앙지침서, 성지답사후일담, 고백록, 참회록 등을 접하면서 언감생심 그것도 손에 땀을 쥐고, 가슴을 쓸어내리고, 혀를 차고, 카타르시스를 만끽하기도 하고, 때로는 펑펑 울기도 하면서 그렇게 유년시절을 보내야 할까요?

다음과 같은 앞선 선대의 고백이 이 땅의 여기저기서 울려 퍼질 수 있는 그날이 속히 임할 수 있기를 간절히 소원합니다.

"네게서 날 자들이 오래 황폐된 곳들을 다시 세울 것이며"

"너는 역대의 파괴된 기초를 쌓으리니"

"너를 일컬어 무너진 데를 보수하는 자라 할 것이며"

"길을 수축하여 거할 곳이 되게 하는 자라 하리라"(사 58:12)

한가지의 거짓명제

여러분은 법(法)이라는 단어를 듣거나 말할 때 어떤 선입견이 드십니까? 모르긴 해도 딱딱하거나 어렵거나 지루하고 골치 아픈 것이라고는 생각하지 않으십니까? 법학자로서 필자 또한 처음에는 이러한 생각을 가져 보았습니다만, 이제는 이 분야가 먹고사는 밥줄이다 보니 그도 시간이 지남에 따라 감각이 무뎌져 이제는 떼려야 뗄 수 없는 그런 친숙한 분야가 되었습니다. 이 지면에서는 법의 실체와 본질을 그것도 신앙의 눈으로 한 번 조명해 보겠습니다.

"법이란 무엇인가?"

법의 정의(正義)에 대해서는 주장하는 사람만큼이나 설(說)이 다종다양합니다. 그렇지만 이 모든 것을 한데 묶어 우리식대로 이야기하면 '강제력을 수반하는 사회규범'이라고 말할 수 있습니다. 아울러 통상 그 목적은 복지(福祉)에 두고 있습니다. 이 경우 강제력(Enforcement)은 쉽게 이야기하기에 크게 두 가지로 구분할 수 있는데, 하나는 '하라'는 것과 다른 하나는 '하지 말라'는 것으로 대별할 수 있습니다. 여기서 바로 볼 것은, 복지란 요즘 세간에서 흔히들 이야기하고 있는 무상급식이나 무상의료 등과 같은 허접한 개념이 아니고 '사람답게 생활할 수 있는 가장 기초적이고도 원초적인 틀'을 의미합니다.

역사적으로 문헌에서 발견할 수 있는 가장 오래된 법은 지금부터 약 4,200년 전 아브라함이 고향으로서 수메르(Sumer) 우르(Ur)의 왕이었던 우르남무(Ur-Nammu, 재위 B.C.2124-2107)가 공포한 것(소위 우르남무 법전)을 효시(嚆矢)로 두고 있습니다.

당시 우르남무의 법전에서는 왕을 목자(牧者)라고 표현하고 있는데, 이처럼 왕이 백성들의 목자라고 칭했던 사고방식은 목축민적 착상에서 비롯된 결과로 이는 후대에 우리가 익히 잘 알고 있는 함무라비법전(Code of Hammurabi)에 계수되고, 이후 약 2000년이 지나 신약성경에서도 이를(목자) 그대로 이어받게 됩니다. 결국 목자라는 단어는 법의 최고집행자로서 뿐만 아니라 왕의 이상상(理想像)이라고 말할 수 있습니다.

"… 네게서 한 다스리는 자가 나와서 내 백성 이스라엘의 목자가 되리라 하였음이니이다"(마 02:06)

그런데 여기서 우리가 바로 보아야 할 것은, 법이 복지(법의 목적)를 이룰 수 있는 수단 그 자체는 아니라는 것입니다. 곧 법은 복지를 실현할 수 있는 가장 기본적이고도 원초적인 틀만을 제공하고 있는 것이지 이를 지킴으로 해서 응당 그 목적을 달성할 수 있는 것은 아니라는 사실입니다. 바꾸어 이야기하면 법은 사람다운 생활을 보호하는 것에 본연의 목적을 두고 있습니다. 그렇다면 법의 목적은 '복지의 실현을 위한 사람다운 생활의 보호'에 있으며 그 힘의 원천은 강제력에 있다고 말할 수 있습니다.

예를 들면 다음과 같습니다. "도둑질 하지 말라"는 것은 법이 아닙니다. 왜냐하면 강제력이 없기 때문입니다. "도둑질을 하면 100원당 곤장 1대씩에 처한다" 이것이 법입니다. 곧 도둑질을 하더라도 이에 따른 법의 제재가 없다면 이는 법의 형체만 뒤집어쓰고 있는 허울에 불과하다고 볼 수 있습니다. 이를 우리는 법과 구별할 수 있는 개념으로서 흔히 도덕(道德)이라 합니다.

'하라'는 시각에서도 마찬가지입니다. "네 부모를 공경하라"는 것 또한 법이 아닙니다. 이것이 법이 되기 위해서는 마찬가지로 법의 제재, 곧 강제력이 수반되어야 합니다. "네 부모에게서 탄식이 한 번 들릴 때마다 곤장 100대씩에 처한다" 이것이 법입니다. 오래전 앞서 본 우르남무 법전에서는 이를 다음과 같이 규정하고 있습니다. 결국 법은 수단이 아니라 틀이고 강제력이 있어야 하는데서 존재의 이유를 바로 볼 수 있습니다.

"만약 아들이 그 아버지에게 '나의 아버지가 아니다'라고 말할 때에는 그의 머리를 깎고 노예의 표지를 붙여 은으로 팔아 넘겨야한다."

"만약 아들이 그 어머니에게 '나의 어머니가 아니다'라고 말할 때에는 그의 앞머리를 깎고 시중을 끌고 다닌 다음에 집에서 추방한다."

"만약 아내가 남편을 싫어하여 그에게 '내 남편이 아니다'라고 말할 때에는 아내를 강물에 던져야 한다."

그런데 우리는 혹간 법에 대응하는 말을 잘못 사용하고 있는 경향이 많습니다. 법의 반대말은 무법(無法)도 불법(不法)도 아닌 비법(非法)입니다.

이 경우 '무법'은 '법이 없는 것'이고, '불법'은 '법을 어긴 것'이 되며, '비법'은 그것이 '법이 아닌 것'입니다. 다만 이 경우 비법은 통상 불법과 같은 말로 의제(擬制, 본질은 같지 않지만 법률에서 다룰 때는 동일한 것으로 처리하여 동일한 효과를 주는 일)되어 사용되기 일쑤이나 본질은 다름에 유의하여야 합니다. 참고로 소크라테스(Socrates)가 이야기한 악법(惡法)은 법임에도 불구하고 법의 목적에 반하거나 왜곡되어 있는 또 다른 법을 말합니다.

여기서 우리가 생각해 볼 것은 우리의 복지를 이루기 위한 틀입니다. 곧 그 틀은 법과 비법으로 이루어져 있다고 볼 수 있습니다. 이 경우 법은 '하라'는 것과 '하지 말라'는 것으로 구분할 수 있고, 달리 비법은 '해도 그만 안 해도 그만'인 것으로 구분할 수 있습니다. 그렇지만 이 경우 법이 존재하지 않게 되면 비법 또한 아무런 존재의 이유를 찾을 수 없이 다만 무법에 수용될 것입니다. 결국 비법은 법의 존재를 그 조건에 두고 있음을 살필 수 있습니다. 법 또한 이와 다름이 없습니다. 법이 존재하기 위해서는 비법이 있어야 합니다. 만약 비법이 없다면 법은 그 자체가 존재의 이유를 상실하고 말 그대로 무법이 될 수밖에 없을 것입니다.

그렇지만 법의 테두리 밖에 있는 개념으로서 강제력이 없는 도덕은 사람 사는 세상 어디나 존재합니다. 왜냐하면 사람의 마음속에는 항상 '양심'(良心)이라고 하는 본성이 자리잡고 있기 때문입니다. 이 경우 양심은 도덕의 핵심이 됩니다. 그러나 양심 또한 처한 환경이나 시대적 변천에 따라 모습을 달리합니다. 법도 마찬가지입니다. 옛날에는 그랬는데 지금은 아니라는 둥 지금은 그랬는데 옛날은 아니었다는 둥의 이야기를 예전의 도덕과 지금의 도덕, 지금의 법과 예전의 법에 비추어 보면 쉽게 납득할 수 있을 것입니다.

한편 법도 아닌 도덕도 아닌 우리 생활의 규범이 있을 수 있습니다. 우리는 이를 일컬어 '관습'(慣習)이라고 합니다. 이 경우 관습은 아직 법에는 이르지 못했지만 어떤 사회에서 오랫동안 지켜져 내려와 사회구성원들이 널리 인정하는 질서나 풍습 등을 말합니다. 이러한 관습이 사회구성원의 지지를 얻어 확신에 이르게 되면 급기야 법으로 탈바꿈하게 됩니다. 이것이 관습의 특성입니다. 우리식대로 이야기하면 관습은 겉모습만 법의 옷을 입고 있는 준법(準法)이라고 이야기 할 수 있을 것입니다.

그런데 단순하게 법을 생각해 보면 법은 우리의 생활을 불편하게 하는 일련의 구속(拘束)이라고도 볼 수 있습니다. '하지 말라'는 것은 그런대로 하지 않고 내버려 두면 괜찮을지 모르겠지만, '하라'는 것은 하지 않으면 신체적 혹은 경제적인 제재를 받을 수 있기 때문에 이는 경우에 따라 짜증이고 불편이 될 수 있습니다.

그렇다면 법은 나 자신을 위하는 것 보다 서로서로를 위하는 것에 보다 큰 비중과 무게를 두고 있음을 엿보아 알 수 있습니다. 곧 법은 우리의 복지를 최선에, 나 자신의 복지를 차선에 두고 있는 것이라 취급할 수 있습니다. 생각건대 법을 달리 질서(秩序)라고 부르고 있는 것은 아마도 이 때문이 아닐까 여겨집니다.

이상과 같이 법에 대한 간략한 필자의 설명은 여기서 그치기로 하고 이제는 화제를 성경으로 돌려보겠습니다. 구약성경과 신약성경을 우리식대로 그것도 법문(法文)의 형식을 빌려 한마디로 정리(整理)하면 어떻게 표현할 수 있을까요? 필자는 다음의 말씀을 기초하여 이렇게 표현할 수 있을 것 같습니다.

"지키라(A) (그리하면) 이루리라(B)"[전자(P), 구약성경],

"믿으라(A') (그리하면) 얻으리라(B')"[후자(Q), 신약성경].

"네가 오늘 여호와를 네 하나님으로 인정하고 또 그 도를 행하고 그의 규례와 명령과 법도를 지키며 그의 소리를 들으라"

"여호와께서도 네게 말씀하신 대로 오늘 너를 그의 보배로운 백성이 되게 하시고 그의 모든 명령을 지키라 확언하셨느니라"

"그런즉 여호와께서 너를 그 지으신 모든 민족 위에 뛰어나게 하사 찬송과 명예와 영광을 삼으시고 그가 말씀하신 대로 너를 네 하나님 여호와의 성민이 되게 하시리라"(신 26:17-18)

"하나님이 세상을 이처럼 사랑하사 독생자를 주셨으니 이는 그를 믿는 자마다 멸망하지 않고 영생을 얻게 하려 하심이라"

"하나님이 그 아들을 세상에 보내신 것은 세상을 심판하려 하심이 아니요 그로 말미암아 세상이 구원을 받게 하려 하심이라"(요 03:16-17)

이 같은 정리는 적어도 크리스천의 명패를 두른 사람이라면 누구나가 공감할 수 있을 것이라 생각합니다. 왜냐하면 이것이 '말씀의 법'이기 때문입니다. 그렇다면 이를 수학적(數學的)으로 풀어 그 뜻을 명료히 정리해 보겠습니다.

이 경우 수학적으로 명제(命題, Proposition, 위에서 P 또는 Q)는 참(True)과 거짓(False)을 명확하게 구분할 수 있는 문장을 의미합니다. 일반적으로 명제(P)가 참이면 그 부정명제(-P)는 거짓이고, P가 거짓이면 그 부정 -P는 참으로 성립합니다. 이 경우 -P의 부정은 P가 됩니다. 이를 공식화하면 다음과 같습니다.

$$P = -(-P)$$

이 공식에 위의 명제 P[지키라 (그리하면) 이루리라]와 Q[믿으라 (그리하면) 얻으리라]를 각각 대입해 보겠습니다.

지키면 이룰 수 있다(P), 지키면 이룰 수 없다(-P)

지키면 이룰 수 있다(P) = 지키면 이룰 수 없다(-P)는 것은 아니다[-(-P)]

믿으면 얻을 수 있다(P), 믿으면 얻을 수 없다(-P)

믿으면 얻을 수 있다(P) = 믿으면 얻을 수 없다(-P)는 것은 아니다[-(-P)]

모두가 올곧게 성립합니다. 그런데 여기서 두 문장을 '이면'이라는 단서를 붙여 참과 거짓을 구별할 수 있는 명제로 합쳐둘 수 있습니다. 곧 "P(Q)이면 Q(P)이다"[P(Q) → Q(P)]의 꼴로 나타낼 수 있습니다. 이를 공식화하면 다음과 같이 나타낼 수 있습니다.

P(Q) → Q(P) 가 참(True)일 때에는 $P \Rightarrow Q$

P(Q) → Q(P) 가 거짓(False)일 때에는 $P \nRightarrow Q$

마찬가지로 위 공식에 신구약 명제를 각각 대입해 보겠습니다.

지켜 이룰 수 있으면, 믿어서 얻을 수 있다 (P → Q) … ①

믿어서 얻을 수 있으면, 지켜 이룰 수 있다 (Q → P) … ②

이제 상황은 점점 꼬여만 갑니다. 위 명제에서 A(지키라)를 A'(믿으라)로 B(이루리라)를 B'(얻으리라)로 각각 바꾸어 또 다른 명제를 만들어 보면 다음과 같이 정리할 수 있습니다.

지키면 얻을 수 있다 (P) … ③
믿으면 이룰 수 있다 (Q) … ④

위의 ③과 ④ 두 명제를 마찬가지로 P(Q) → Q(P)의 꼴로 표현해 보겠습니다.

지켜 얻을 수 있으면, 믿어서 이룰 수 있다 (P → Q) … ⑤
믿어서 이룰 수 있으면, 지켜 얻을 수 있다 (Q → P) … ⑥

이상과 같이 우리는 하나님께서 우리에게 주신 말씀의 법을 단순화하여 이를 곧이곧대로 수학공식에 대입해 보았습니다. 그렇다면 이제 이상의 각 명제에 대한 참(True)과 거짓(False)을 분별해 내는 일만 남았습니다. 하나하나 따져 보겠습니다.

이 경우 '지키라'는 것의 핵심은 '하나님의 말씀(율법)'일 것이고 '이루리라'라는 것의 내용은 '하나님의 백성(성민)'일 것입니다. 마찬가지로 '믿으라'라고 하는 것은 예수님께서 우리의 죄를 대속해 주신 '보혈의 공로'를 의미하고, '얻으리라'는 것은 응당 '영생'이 될 것입니다.

먼저 ①의 명제는 참이라고 생각하십니까? 곧 "하나님의 말씀을 지켜 성민이 된 사람이라면 보혈의 공로를 믿어 영생을 얻은 사람이다"라는 명제는 참일까요? 이 땅위에 하나님의 말씀을 따라 그 사랑과 영광을 드러내는 사람이 어찌 하나님의 성민이 되지 않을 수 있겠으며, 그러기에 그런 사람이 어찌 저 천국을 소유하지 않을 수 있겠습니까? 이 명제는 재론의 여지없이 참(True)으로 성립합니다.

②의 명제로서 그렇다면 "보혈의 공로를 믿어서 천국을 소유한 자라면 하나님의 말씀을 지켜 이루는 사람이다"라는 명제는 참일까요? 이는 달리 따져볼 것도 없습니다. 천국을 이미 소유한 것과 진배없는 사람이 구원의 확신을 통해 하나님의 말씀과 사랑을 끊어버리고 이에 등지고 있겠습니까? 말도 안 되는 소립니다. 때로는 떠날 수 있을지는 몰라도 이 사람은 하나님 사랑에서 결단코 자유로울 수 없습니다. 왜냐하면 이 사람은 하나님께서 피로 값 주고 사신 사랑하는 자녀이기 때문입니다. 이 명제 또한 다름없이 참(True)으로 성립합니다.

③은 어떨까요? "하나님의 말씀을 지켜 행하는 자는 영생을 얻은 자이다"라는 명제는 참일까요? 말을 바꿔 지금도 구약의 율법을 올곧게 지키고 있는 유대인들이 영생을 소유하였다고 볼 수 있을까요? 이 명제는 필자가 보기엔 거짓(False)이라고 생각합니다. 단 1%이 가능성이나 개연성이 있다면 이는 다름없이 거짓(False)으로 보아야 합니다. 왜냐하면 법은 예외가 없기 때문입니다. 예외가 있다면 그것은 법이 아니라 비법입니다. 다음의 말씀이 이를 증하고 있습니다.

"그러므로 율법의 행위로 그의 앞에 의롭다 하심을 얻을 육체가 없나니 율법으로는 죄를 깨달음이니라"

"그런즉 자랑할 데가 어디냐 있을 수가 없느니라 무슨 법으로냐 행위로냐 아니라 오직 믿음의 법으로니라"

"그러므로 사람이 의롭다 하심을 얻는 것은 율법의 행위에 있지 않고 믿음으로 되는 줄 우리가 인정하노라"(롬 03:20, 27-28)

④의 경우는 어떨까요? "보혈의 공로를 믿고 있는 사람은 하나님의 백성이다"라는 명제는 참일까요? 영원히 죽을 수밖에 없는 우리의 죄를 대신하여 그 죄를 속량하시고자 십자가에 달려 돌아가시기까지 한 보혈의 공로를 가슴에 간직하고 있는 사람이 하나님의 백성이 아닐 수 있을까요? 이는 말이라고도 볼 수 없을 것입니다. 이 명제는 어디에 둘도 없는 참(True)입니다. 그것도 참(True)을 넘어 영원히 변치 않을 진리라 할 수 있을 것입니다.

⑤와 ⑥의 경우는 우리가 그 어떠한 명제보다도 앞세워 두어야 할 우리의 신앙고백이 되어야 할 것입니다. 이 땅위에서 하나님의 말씀을 올곧게 지키는 중에 그 사랑과 영광을 드러내고자 안타깝게 애쓰는 자가 그것도 가슴에 보혈의 공로를 하시라도 잊지 않고 있다면 그것으로 족할 것입니다. 왜냐하면 믿어서 이룰 수 있다고 함은 이미 얻은 것(영생)으로 성취되었기 때문입니다. 크리스천 된 우리 신앙의 눈으로 보아 이상의 모든 명제 중에 가장 뛰어난 참(True)의 명제라고 할 것입니다.

그렇다면 이상의 명제들 중에 가장 핵심이 되고 있는 법은 '믿으라'일 것입니다. 곧 '지키라', '이루리라', '얻으리라'는 모든 것의 주인은 다름 아닌 '믿으라'는 것입니다. 그러기에 예수님의 보혈의 공로를 의심의 여지없이 믿는 사람은 지키게 되고, 이루게 되며, 얻게 되는 것입니다.

여기서 필자가 눈여겨보고자 하는 것은 거짓명제로서 ③의 경우입니다. 보다 정확히는 때로는 거짓이 될 수 있는 ③의 명제에 대한 올바른 인식입니다. ③의 명제는 우리 삶을 무척 짜증나게도 피곤하게도 합니다. 더군다나 이것이 우리가 쉽게 빠질 수 있는 기복신앙(祈福信仰)과 연루되게 될 요량이면 나머지 모든 명제의 지위와 위상을 때로는 곤혹스럽게 할 수 있는 개연성이 크다는 시각에서입니다. 바꾸어 말하면 주인(믿으라)을 대신하여 종 된 이것이(지키라, 이루리라, 얻으리라) 마치 주인인 것처럼, 주인을 잠시 숨겨두고, 주인의 눈을 피해, 주인이 잠든 사이, 주인 모르게 이를 지나치게 강조하고는 있지 않은가 하는 생각에 그 이유가 있습니다.

"십일조를 바치면 30, 60, 100배의 축복이 있을 것입니다."

"3천명을 목표로 전도에 힘쓸 것을 당부합니다. 하나님께서 주시는 하늘의 상이 클 것입니다."

"그리스도의 몸 된 교회의 확장을 위해 물질적으로나 기도의 후원을 통해서나 적극 동참해 주십시오. 분명 하나님께서는 후세들에게 아브라함에게 주신 창대한 축복을 더하실 것입니다."

"우리는 양 무리의 목자(牧者)로서 주의 종 목회자를 마음을 다하여 섬겨야 할 것입니다. 보다 큰일을 행할 수 있도록 이 모양 저 모양으로 후원하기에 힘써야 할 것입니다."

"불치의 병이었음에도 불구하고 하나님께서는 기적과 같이 완전히 치유해주셨습니다. 말할 수 없는 그 은혜에 감사하고 또 감사할 따름입니다."

"믿고 바쳤더니 더한 것으로 채워주셨습니다. 저와 같이 더한 것으로 그 감사가 끊이지 않도록 여러분 또한 결단의 시간이 있기를 바랍니다."

이러한 언행과 행사가 모두 잘못되었다는 것은 아닙니다. 여기서 필자가 지적하고자 하는 것은 보다 한 차원 수준 높은 언행과 행사에 대한 요구입니다. 우리가 이미 천국의 상속자로서 영광된 지위와 위상을 점하고 있다면, 천국시민에 걸맞은 품위와 인격으로서 이 같은 언행과 행사에 품격을 높여야 한다는 것입니다.

만약 하나님께서 장차 우리가 이를 천국의 모습과 그곳의 상황을 우리에게 낱낱이 알려주셨다면 어떻게 되었을까요? 슬픔도, 눈물도, 재물도, 부귀영화도 결코 찾아볼 수 없는 곳으로서, 그것도 화려한 청옥색(青玉色)으로 물들여진 저 찬란한 천국의 면면을 우리에게 일일이 보여주셨다면 어떻게 되었을까요? 그도 저도 아니면 성경의 기록을 통해서나마 잠시잠깐이라도 보여주셨다면 또 어떻게 되었을까요? 아마도 이 세상에서의 온갖 잡다한 것은 허상에 불과했을 것입니다. 하루빨리 이 땅을 떠나 그곳 천국에 이르기를 간절히 소망하여 살았을 것입니다.

그럼에도 불구하고 이 세상에 속한 재물에, 명예에, 지위에 관심을 두고 허덕이고 있는 모습을 지켜볼 때마다 그저 개탄스럽기 그지없을 따름입니다. 언감생심 우리를 자녀삼아 그것도 천국의 상속자로서 인(印)쳐주신 하나님의 사랑을 깨닫고 있기에 잠깐 왔다가 가는 세상에 그 무엇이 필요하겠습니까? 주신 것도 감사하고, 주시지 않은 것도 감사하고, 그도 죽게 하시면 더더욱 감사한 일이 아니겠습니까? 우리에게 값없이 주신 천국의 유업에 대한 구원의 확신이 있다면 말입니다.

사탄은 우리에게 시시때때로 떡을 보입니다. 부귀영화를 보입니다. 자식과 남편의 영달을 보입니다. 이 땅위에서의 기복을 보입니다. 여러분은 이 같은 사탄의 유혹에서 벗어날 수 있다고 생각하십니까? 때마다 한 귀로 듣고 한 귀로 흘려버릴 수 있다고 생각하십니까? 예수님께서도 사탄의 유혹에 얼마나 많은 고초를 겪으셨는지 아십니까? 그러기에 언제고 어디서나 단호히 뿌리칠 수 있다고 생각하십니까? 이는 쉬운 일이 아닙니다. 다만 이를 물리치고 이겨낼 수 있는 방법이 하나 있기로 그것은 다름아닌 간절한 기도일 것입니다.

"그 때에 예수께서 성령에게 이끌리어 마귀에게 시험을 받으러 광야로 가사 사십 일을 밤낮으로 금식하신 후에 주리신지라"

"시험하는 자가 예수께 나아와서 이르되 네가 만일 하나님의 아들이어든 명하여 이 돌들로 떡덩이가 되게 하라"

"예수께서 대답하여 이르시되 기록되었으되(신 08:03) 사람이 떡으로만 살 것이 아니요 하나님의 입으로부터 나오는 모든 말씀으로 살 것이라 하였느니라 하시니"

"이에 마귀가 예수를 거룩한 성으로 데려다가 성전 꼭대기에 세우고 이르되 네가 만일 하나님의 아들이어든 뛰어내리라 기록되었으되 그가 너를 위하여 그의 사자들을 명하시리니 그들이 손으로 너를 받들어 발이 돌에 부딪치지 않게 하리로다 하였느니라"

"예수께서 이르시되 또 기록되었으되 주 너의 하나님을 시험하지 말라 하였느니라 하시니"

"마귀가 또 그를 데리고 지극히 높은 산으로 가서 천하만국과 그 영광을 보여 이르되 만일 내게 엎드려 경배하면 이 모든 것을 네게 주리라"

"이에 예수께서 말씀하시되 사탄아 물러가라 기록되었으되 주 너의 하나님께 경배하고 다만 그를 섬기라 하였느니라"(마 04:01-10)

그렇다면 우리 앞에 혹여 떡을 보이게 하는 것은 마귀의 역사입니다. 우리 앞에 세상의 부귀와 명예와 지식과 재물과 그 형편을 담보로 그보다 더한 또 다른 복을 미끼로 삼고 있다면 그것은 패악입니다. 자랑스러운 천국시민으로서 품위와 인격을 지켜야 할 것입니다. 천국은 멀리 있는 것이 아닙니다. 그렇다고 이 땅에 있는 것도 아님은 물론입니다. 분명히 보아야 할 것은 우리는 이미 천국을 소유한 자나 다름이 없다고 하는 사실입니다.

자랑스러운 천국시민으로서 품위와 인격을 지켜야 할 것입니다. 기품있게 그리고 의연하게 없으면 없는 대로 감사하며 쪼개고, 있으면 있는 대로 감사하며 나누고, 천국의 시민권을 손에 쥔 품격있는 하나님의 자녀로서 당당하고도 자랑스러운 모습을 보여야 할 때입니다.

배를 좀 곯았다손 치더라도 체통을 잃지 말고, 곡간이 넉넉하다고 해서 너스레 떨지 말고, 가난하다고 해서 움츠리지 말고, 부자라고 해서 기 펴지 말고, 가슴 흉패(胸牌)에 떡하니 붙여둔 천국 비자(VISA)를 보고 또 보는 중에 즐거워하면서 그렇게 좀 넉넉하게 품격 있는 천국의 선비들과 정실부인들이 되었으면 좋겠습니다.

차라리 그 돈이면

1999년 초가을에 접어든 블라디보스톡(Vladivostok) 인근 해변은 그다지 사람이 많지 않았습니다. 이곳은 1년을 통틀어 일광욕을 즐길 수 있는 시간이 기껏해야 3개월 정도가 고작이어서 필자의 가족이 여기에 도착하기 몇 주 전까지는 그야말로 북새통을 이루었다고 합니다.

이곳 사람들은 감성이 풍부하고 삶의 여유를 즐길 수 있는 마음이 항상 넉넉해서인지는 몰라도 대부분의 사람들이 우리 같으면 쉽게 성내고 분해할 일도 그냥 웃어넘기는 경우가 허다합니다. 또한 이곳 사람들은 한국 사람들에 대한 인식이 너무도 호의적이어서 때로는 과다한 친절에 당혹스러울 때가 많습니다.

그렇지만 중국과 일본 사람들에 대한 감정은 그다지 좋지 못한데, 그 이유는 중국과는 오랜 국경분쟁에 시달려야 했고, 일본은 영토분쟁과 그들의 이해타산적인 습성이 이곳 사람들의 정서와는 잘 맞지 않기 때문이라고 합니다. 한마디로 그곳 사람들은 우리의 정서와는 곧잘 통하는 데가 극히 많아, 지금도 필자는 기회가 되면 퇴직 후에 그곳에서 지냈으면 어떨까 하는 생각을 갖고도 있습니다. 물론 마음뿐이겠지만 말입니다.

필자는 그때 아내와 아들 그리고 뱃속에 든 딸을 데리고 휴가차, 정확히는 특별한 의도가 있어 이곳에 머무른 적이 있었습니다. 붉은 노을이 너무도 아름다웠던, 때 이른 저녁 해변에서 필자 아내 그리고 아들은 주변에 있는 여느 사람들과 매한가지로 넉넉하고도 여유로운 시간을 보내고 있었습니다.

필자는 혼자 저만치 동떨어져 어느 한 여인과 다소곳한 담소를 나누고 있었습니다. 그 여인은 찰랑이는 금발에, 다소곳한 몸매에, 어깨가 보일 듯 말 듯 한 블라우스를 걸치고, 한 뼘 종아리가 드러난 핑크색 바지에, 앞 코가 해어진 그렇지만 볼품없지 않았던 단화를 신고, 연약해 보이는 어깨에 조금은 무거운 듯 한 가방을 울러 매고 있었습니다.

해가 서편으로 넘어갈 즈음까지 한 참을 서 있다가, 그녀는 필자 어깨에 기대어 하염없는 눈물을 흘렸고, 이내 필자는 그녀를 살포시 안아 다독이면서 그녀의 가방을 대신 메고 해변을 뒤돌아서야만 했습니다. 필자 아내는 필자의 이런 모습을 끝까지 눈여겨보고 있었지만 그곳을 떠나기까지 아무 말도 하지 않았었습니다.

그녀가 루드밀라(Ludmila)였고, 그때가 정확히 1999년이었습니다. 지금부터 그녀를 알고 필자 품에 안아 서로가 하염없는 눈물을 흘릴 수밖에 없었던 사연을 낱낱이 이야기해 보고자 합니다.

필자가 직장생활에 임하고 있었을 때, 그곳 블라디보스톡에는 필자 회사의 물품을 수입하여 러시아 전역에 공급하고 있었던 바이어가 하나 있었는데, 회사명을 치비스(Chibis)라고 했습니다. 1995년 혹독히 추웠던 겨울 어느 한 날, 필자는 혈혈단신으로 치비스를 방문하게 되었는데, 당시 출장의 목적은 그간의 애로사항과 향후 그들 사업계획에 비추어 우리 회사가 도움을 줄 수 있는 이모저모를 협의하기 위함에 있었습니다.

치비스라는 회사는 극동에서 나름 성공한 굴지의 기업으로서 러시아 선철(銑鐵)을 직접 그들 선박에 실어 일본 고베(Kobe)에 내다 팔고, 대신 우리나라에서 여러 가지 생필품을 수입하여 러시아 전역에 공급하는, 곧 우리식대로 이야기하면 종합무역상사였습니다. 여하튼 필자는 당시 이 같은 목적을 갖고 처음으로 러시아 땅에 발을 딛게 되었습니다.

당시 치비스 회사의 사장과 처음으로 상견례를 할 때를 지금도 잊을 수가 없습니다. 30대 초반이었던 젊은 사장은 눈에서 사람을 압도하기에 충분한 광채가 빛났고, 영화배우 못지않은 생김새에, 같은 남자로서도 질투를 느끼게 할 정도의 당당함과 기품이 있었습니다. 소름이 끼칠 정도로 말입니다. 이내 그 소름은 현실이 되었는데, 곧 나중에 인근의 또 다른 바이어로부터 알게 된 사실로 그들은 명색이 종합무역회사로서 뿐만 아니라 소위 거대한 마피아 조직까지 회사내부에 두고 있었다는 사실이 단초가 되었습니다.

이 같은 배경에서인지는 몰라도 사장과 마주 앉아 상담에 임할 당시 필자는 특이한 광경을 목격하게 됩니다. 그것은 젊은 사장 외에 다른 부하직원들이 그 곁에 배석하지 않고, 모두들 주변에 어중간하게 서서 우리 두 사람의 대담을 지켜보고만 있었다는 것이 그것이었습니다. 이유를 알 수 없었던 필자는 딱딱한 분위기를 잠재우기 위해 젊은 사장에게 농담을 건넨 뒤 분위기를 무르게 한 후 상담에 임하고자 했습니다.

"사장님 시계가 너무도 멋있어 보이네요"

"모르긴 해도 어마어마하게 비싸게 보이는데, 한 번 차보면 안 될까요?"

젊은 사장은 영어를 제대로 구사하지 못했던 까닭에, 통역을 통해 필자의 말을 전해 듣게 되었는데, 통역이 필자의 말을 전하는 순간 필자는 직감적으로 주위의 분위기가 소름이 오싹할 정도로 뻣뻣하게 곧아 서감을 느낄 수 있었습니다. 이처럼 아무 것도 아닌 일에 젊은 사장은 짐짓 머뭇거리다 마지못한 눈초리를 던지며 필자에게 시계를 벗어 주었습니다. 동시에 통역은 필자에게 그 시계는 시가로 미화 3만 불을 호가한다고 귀뜸해 주었습니다. 필자가 태어나서 처음 접한 가장 비싼 시계였습니다. 필자는 시계를 이리 저리 만지작거리면서 연신 감탄사만 늘어놓고 그리고는 이내 한마디를 던졌습니다.

"제 평생 이런 시계를 차볼 때가 또 다시 있을는지 모르겠지만, 앞으로 치비스가 번창하여 주위에 계신 모든 직원들도 사장님과 마찬가지로 이 같은 시계를 골고루 하나씩 차고 있는 모습을 보았으면 좋겠습니다."

이 한마디 말을 마친 뒤에 필자는 테이블을 돌아 젊은 사장에게 직접 가서 시계를 채워 주고, 가벼운 윙크를 그의 시선에 내려놓고선, 다시금 필자의 자리로 돌아와 정색하고 앉았습니다. 이제는 본론으로 들어가야 했었기에 말입니다.

그렇지만 더 이상의 협의는 없었습니다. 젊은 사장은 필자가 의자에 걸터앉자마자 성큼성큼 필자에게 걸어와 으스러지게 한번 껴안고는 상담은 더 이상 할 것이 없고, 다만 오늘 저녁 자신의 집으로 초대할테니 지금 즉시 호텔예약을 취소하고 자신의 집으로 오라고 통역을 시켜 이야기 해 주었습니다. 그러면서 수하 2사람을 딸려 보내 주었습니다.

영문도 모른 채, 필자는 그들이 이끄는 대로 호텔예약을 취소하고 이윽고 젊은 사장집에 도착하게 되었습니다. 도착한 그 집은 필자의 상상을 초월했습니다. 마치 예전에 '바람과 함께 사라지다'의 영화에서 본 스칼렛 오하라(Scarlett O'Hara)의 집 보다 더하면 더했지 못하지는 않았던 것입니다.

영문은 이러했습니다. 그때 상담에서 필자가 이야기했던, "잠시 차보고 주겠다"는 말은 러시아의 관습상 "거져 달라"는 의미와 다르지 않았습니다. 그들에겐 남의 물건을 잠시 "빌려 달라"는 말은 여하히 있을 수가 없는 말로써, 곧 "달라"는 말과 같다는 것이었습니다. 그럼에도 불구하고 어찌 보면 그 젊은 사장이 필자에게 준 것과 다름이 없었던 시계를 다시 돌려준 행동 자체는 필자가 그들을 사업상 파트너이기 이전에 친구로 생각하고 있다는 것을 보여 준 것과 다름이 없었고, 이에 선뜻 젊은 사장은 필자를 신뢰할 수 있었다는 것이 그 이유의 변이었습니다. 필자를 그들의 사장 집까지 데려다 주는 길목에서 수하 2사람이 이구동성으로 들려주었던 이야기였습니다. 그 젊은 사장의 이름이 로마노프(Romanov)였고, 그곳에서 필자에게 성대한 저녁만찬과 또한 잠자리까지 돌보아주었던 장본인이 다름 아닌 그의 아내 루드밀라(Ludmila)였던 것입니다.

저녁식사 이후 로마노프는 필자에게 그의 어린 시절부터 지금까지 살아온 역정에 대하여 또한 아내 루드밀라를 만나 행복한 가정을 꾸릴 때까지의 과정을 하나도 남김없이 모두 이야기해 주었습니다. 다만 지금까지 그가 이루지 못했던 한 가지는 슬하에 자녀를 두지 못했다는 것이었습니다.

로마노프는 불행한 과거를 갖고 있었습니다. 그는 지금까지 그를 돌보아 준 부모님도 후견인도 그리고 친구도 없었을 뿐만 아니라 지금까지 그가 믿고 의지할 수 있었던 것은 소위 돈과 힘이었다고 했습니다. 곧 주위의 모든 사람들은 그의 재력과 힘 앞에 다들 모였을 뿐이지 정작 마음에서 우러난 뜻 깊은 사람과 사랑했던 대상은 결코 없었다는 것이 그 인생역정의 주요 골자였습니다.

그러면서 뜻밖에도 그는 필자에게 의형제를 맺자고 제안을 해왔습니다. 채 하루가 지나지도 않았는데, 로마노프는 필자에게 엄청난 요구를 하고 있었던 것입니다. 그도 어쩔 수 없이 필자는 그렇게 힘없이 로마노프와 의형제를 맺게 되었습니다. 엎친 데 덮친 격으로 불행히도 그가 필자의 손아래였던 까닭에, 필자는 그의 형이 될 수밖에 없었습니다. 졸지에 마피아 두목의 형으로서 등극하는 감격적인 순간이었습니다.

피를 나눈 형제지간은 아니었지만 이후로 필자의 동생 로마노프는 그간 개인적으로 필자에게 참으로 많은 도움을 주었습니다. 예컨대 필자가 학업에 전념할 수 있게끔 정신적으로나 경제적으로 뒷받침해 주었고 때마다 필자 집안의 대소사까지 일일이 챙겨주기까지 했습니다. 이후로 로마노프는 우리 부모님을 끝까지 설득하여 그의 소원대로 양자(養子)가 되기까지 했습니다.

그러나 무엇보다도 동생 로마노프가 필자에게 그리고 자신을 아는 모든 이들에게 사랑의 수고를 감당해 주었다는 것은 잊을 수 없는 추억이 되고 있습니다. 곧 그는 시나브로 하나님의 사랑과 사람의 사랑을 이해할 수 있게 되었고, 비로소 남은 삶을 무엇을 위해 또 어떻게 살아야 하는지를 넉넉히 깨우치게 되었습니다. 감사히도 여기까지 오는데 걸린 시간은 불과 1년이 채 걸리질 않았습니다.

필자의 아버님은 동생 로마노프를 양자로 맞으시면서 그의 한국식

이름을 하나님의 사랑을 모르는 뭇사람들에게 만 가지(萬) 은혜를 베풀어(露) 그들로 하여금 밝고 깨끗한(皓) 마음을 품을 수 있게 하라는 의미에서 '노만호'(露萬皓)라 지어주셨습니다. 이에 동생 만호는 극동(極東)에 그의 손이 미칠 수 있는 데까지 하나님의 영광을 위해 또한 그 사랑을 전하는 사람의 수고를 감당할 것임을 서원하게 되었습니다. 그렇게 필자의 동생 만호는 나실인(Nazir, Nazirite, נזיר)으로서 거듭나게 되었습니다. 우리 모두 앞에서 로마노프, 아니 노만호는 그렇게 하나님의 사람이 되었습니다.

그랬던 로마노프가 그가 서원했던 바와 같이 사랑의 수고를 감당하기 시작할 즈음, 하나님께서는 이 같은 수고를 그의 손에 붙이지 아니하시고 뜻밖에도 그를 거두어가셨습니다. 계기는 그의 주변에 있었던 세상의 나쁜 사람들에 의해서였습니다. 그를 미워했던 세상이 그를 그렇게 내버려 두질 않았던 것입니다. 1997년 이른 봄 즈음이었습니다.

"세상이 너희를 미워하면 너희보다 먼저 나를 미워한 줄을 알라 너희가 세상에 속하였으면 세상이 자기의 것을 사랑할 것이나 너희는 세상에 속한 자가 아니요 도리어 내가 너희를 세상에서 택하였기 때문에 세상이 너희를 미워하느니라"(요 15:18-19)

이후로 루드밀라는 고인이 된 남편 로마노프의 유지를 받들어 사재를 털어 블라디보스톡과 하바로프스크(Khabarovsk) 또한 저 멀리 사할린(Sakhalin)과 이르쿠츠크(Irkutsk)까지 아담하고도 예쁜 교회는 물론 노숙자나 알콜중독자를 위한 복지시설까지 하나하나 세워나갔습니다.

로마노프의 서원으로서 그의 손이 미칠 수 있는 데까지 사랑 깃든 사람의 수고를 감당하고자 했던 사명을 이제 아내 루드밀라가 가슴에 품고 그 뜻을 이루어가고 있는 것입니다. 피 흘린 다윗의 손에 성전을 붙이지 아니하시고, 그 아들 솔로몬의 유업으로 두신 것과 마찬가지로 말입니다.

그때 해변에서 필자에게 기댄 루드밀라는 필자에게 이런 말을 남겼습니다. 그것이 필자와 그를 서로가 북받쳐 하염없이 울게 한 이유가 되었습니다.

"하나님께 너무 감사해요. 그리고 너무 행복해요"

"제 모습을 보고 있는 남편도 아마 행복해 할 겁니다."

"그런데 … 오늘따라 … 남편이 너무너무도 보고 싶어요"

이후로 이 같은 소식을 전해들은 루드밀라에게 몇몇 교회는 자원하는 마음으로 선교를 위한 지원을 아끼지 않겠다고 나섰습니다. 그러나 그때마다 루드밀라는 그 제안을 단호히 거절하였습니다. 그 이유는 지원받을 자격이 없다는 것과 설령 지원을 받는다고 해도 그 지원을 이곳이 아닌 보다 척박하고 외진 선교의 볼모지에 전하는 것이 마땅하다는데 있었습니다.

한 번은 선교시찰을 위하여 한 교회의 일부교인이 루드밀라가 개척한, 보다 정확히는 동생 만호가 개척한 교회에의 방문을 요청한 적이 있었습니다. 그때에도 루드밀라는 어김없이 그 돈이면 차라리 선교의 볼모지에 선교자금으로 보내는 것이 마땅할 것이라며 이를 극구 사양하였습니다.

우리는 2006년에 다시 만났습니다. 어느 새 훌쩍 늙어버린 루드밀라의 모습을 보고 참으로 가슴이 저려왔지만, 다시보기에 그의 얼굴은 천사의 얼굴과 다름이 없었습니다. 저녁식탁에 둘러 앉아 생전에 남편 로마노프가 즐겨먹던 곰국을 대하고서는 또 다시 우리에게 하염없는 눈물을 보였습니다.

떠나는 날 우리는 루드밀라에게 내복 100여벌을 사주었습니다. 다차(Дача, 러시아에서 볼 수 있는 일반적인 간이 별장과 텃밭)에서 농사지으며 자립하고 있는 식구들을 위한 것이라며 필자에게 간곡히 요청했기 때문이었습니다. 그때 우리가 함께 읽은 말씀이었습니다.

"하나님의 뜻으로 말미암아 그리스도 예수 안에 있는 생명의 약속대로 그리스도 예수의 사도 된 바울은 사랑하는 아들(딸) 디모데(루드밀라)에게 편지하노니 하나님 아버지와 그리스도 예수 우리 주께로부터 은혜와 긍휼과 평강이 네게 있을지어다"

"내가 밤낮 간구하는 가운데 쉬지 않고 너를 생각하여 청결한 양심으로 조상적부터 섬겨 오는 하나님께 감사하고 네 눈물을 생각하여 너 보기를 원함은 내 기쁨이 가득하게 하려 함이니"

"이는 네 속에 거짓이 없는 믿음이 있음을 생각함이라 … 그러므로 내가 나의 안수함으로 네 속에 있는 하나님의 은사를 다시 불일 듯하게 하기 위하여 너로 생각하게 하노니 하나님이 우리에게 주신 것은 두려워하는 마음이 아니요 오직 능력과 사랑과 절제하는 마음이니 그러므로 너는 내가 우리 주를 증언함과 또는 주를 위하여 갇힌 자 된 나를 부끄러워하지 말고 오직 하나님의 능력을 따라 복음과 함께 고난을 받으라"

"하나님이 우리를 구원하사 거룩하신 소명으로 부르심은 우리의 행위대로 하심이 아니요 오직 자기의 뜻과 영원 전부터 그리스도 예수 안에서 우리에게 주신 은혜대로 하심이라"

"이제는 우리 구주 그리스도 예수의 나타나심으로 말미암아 나타났으니 그는 사망을 폐하시고 복음으로써 생명과 썩지 아니할 것을 드러내신지라"

"내가 이 복음을 위하여 선포자와 사도와 교사로 세우심을 입었노라 이로 말미암아 내가 또 이 고난을 받되 부끄러워하지 아니함은 내가 믿는 자를 내가 알고 또한 내가 의탁한 것을 그 날까지 그가 능히 지키실 줄을 확신함이라" "너는 그리스도 예수 안에 있는 믿음과 사랑으로써 내게 들은 바 바른 말을 본받아 지키고 우리 안에 거하시는 성령으로 말미암아 네게 부탁한 아름다운 것을 지키라 …"(딤후 01)

이후 때마다 필자는 뜻있는 지인들과 힘을 모아 내복은 물론이고 전기장판, 커피포트, 생필품 그 밖에 소소하나마 일정한 후원금을 보내고 있습니다. 하나님께서는 '노만호의 시계'로부터 이처럼 눈부시게 푸르른 선교의 싹을 농익게 하셨습니다. 앞서 필자가 기회가 되면 퇴직 후에 그곳에서 지냈으면 어떨까 하는 생각을 이야기 했던 것은 모두가 이 때문입니다.

노만호와 루드밀라의 유지를 가슴에 품고 이제 작금의 현실을 뒤돌아볼까 합니다. 온 교회의 성도 수십 명이 단기 해외선교를 명분으로 해외로 떠납니다. 물품을 준비하고, 프로그램을 계획하고, 저마다의 소질을 도구 삼아 그렇게 단기 해외선교를 떠납니다. 필자가 아는 한 교회는 무려 약 200여명이 떠났다고 하니 그 위세가 어떨지 상상이 갑니다. 쌀 포대를 나누어주고, 머리도 깎아주고, 학용품이나 생활용품도 나누어주며, 집벽에 페인트칠도 보수도 해주고, 의료용구나 의약품도 전달하고, 태권도도 가르쳐 주고, 즐거운 한마당을 열어도 보고, 그도 이 모든 활동을 사진폭에 담아 교회 입구에 쭉 붙여 놓은 것을 보면 그때마다 동생 만호와 루드밀라가 필자 곁에 있음을 느낍니다.

만약 그들이 이런 모습을 지켜보고 있었다면 무슨 말을 전했을까요? 그들의 마음이 어떠했을까요? 단기 해외선교가 나쁘다는 이유는 결코 아닙니다. 그렇지만 속이 많이 상하기는 부인할 수 없을 것 같습니다. 그러기에 더 이상 말을 잇지 못할 것 같습니다.

"차라리 그 돈이면 …"

우물의 이름

고대 근동(Ancient Near East)에서는 우물이 곧 생명이었습니다. 척박한 사막과 거친 광야에 맞서 저마다의 삶을 이어가기 위해서는 반드시 우물이 있어야 했기 때문입니다. 성경에서 기록된 우물은 이를 여실히 증하고 있습니다. 곧 이민족(異民族)과의 전쟁에 있어 우물을 먼저 선취하는 것은 승리를 담보할 수 있는 첩경이 되었고, 설령 전쟁에 참패하여 패주하는 경우라면 어김없이 우물을 메웠는데, 이는 상대방으로 하여금 이를 이용하지 못하도록 그래서 다시금 저들 땅으로 귀환할 수밖에 없는 빌미를 제공하기 위함이었습니다.

또한 유목민들에게 있어서 우물은 정착의 이유가 되기도 하였습니다. 그래서 우물이 생명을 다하여 마른 때에는 어김없이 새로운 정착지로의 이동을 모색하여야만 했습니다. 이 모두가 척박하고 곤고한 땅에서 우물은 생명의 연원이 되었던 까닭입니다. 성경은 이를 다음과 같이 증하고 있습니다.

"그 아버지 아브라함 때에 팠던 우물들을 다시 팠으니 이는 아브라함이 죽은 후에 블레셋 사람이 그 우물들을 메웠음이라 이삭이 그 우물들의 이름을 그의 아버지가 부르던 이름으로 불렀더라"(창 26:18)

"이삭이 거기서 옮겨 다른 우물을 팠더니 그들이 다투지 아니하였으므로 그 이름을 르호봇이라 하여 이르되 이제는 여호와께서 우리를 위하여 넓게 하셨으니 이 땅에서 우리가 번성하리로다 하였더라"(창 26:22)

"이삭이 그 곳에 제단을 쌓고 여호와의 이름을 부르며 거기 장막을 쳤더니 이삭의 종들이 거기서도 우물을 팠더라"(창 26:25)

"귀인들은 자기 사환들을 보내어 물을 얻으려 하였으나 그들이 우물에 갔어도 물을 얻지 못하여 빈 그릇으로 돌아오니 부끄럽고 근심하여 그들의 머리를 가리며"(렘 14:03)

그런데 성경에 기록된 많고 많은 우물가운데 필자는 3개의 우물을 주시하면서 이로부터 몇 가지 교훈을 추론해보고자 합니다. 첫 번째는 야곱의 우물입니다. 당시 우물은 유목민들에게 있어서는 생명과 같았기에 외지사람들로부터 행여 있을지도 모르는 훼손과 망실에 대비하여 한 두 사람이 아닌 여러 사람이 함께 들어야만 옮길 수 있는 큰 돌로 우물의 아귀를 막아두었습니다. 이를 성경에서는 다음과 같이 기록해 두고 있습니다.

"야곱이 길을 떠나 동방 사람의 땅에 이르러, 본즉 들에 우물이 있고 그 곁에 양 세 떼가 누워 있으니 이는 목자들이 그 우물에서 양 떼에게 물을 먹임이라 큰 돌로 우물 아귀를 덮었다가 모든 떼가 모이면 그들이 우물 아귀에서 돌을 옮기고 그 양 떼에게 물을 먹이고는 우물 아귀 그 자리에 다시 그 돌을 덮더라."(창 29:01-03)

야곱의 우물에서 물을 취하기 위해서는 여러 사람이 함께 힘을 합쳐 큰 돌을 옮겨야 합니다. 그리고 설령 물을 취했다고 하더라도 처음 마신 사람은 마지막 사람 또는 가축이 물을 취할 때까지 기다려 주어야 합니다. 이는 다음의 말씀을 통해 우리에게 시사하는바 크다고 생각합니다.

"우리가 알거니와 하나님을 사랑하는 자 곧 그의 뜻대로 부르심을 입은 자들에게는 모든 것이 합력하여 선을 이루느니라"(롬 08:28)

두 번째는 수가(Sychar)의 우물입니다. 본래 수가는 사마리아 도상의 어느 한 동네를 지칭합니다. 당시 유대인과 사마리아인은 극한 대립관계에서 서로 상종치도 않고 있었습니다. 예수님께서 사마리아 도상에 이르신 것은 유대로부터 갈릴리로 가심에 있어 지름길을 선택하신 때문이었는데, 당시 유대인은 사마리아 사람들과의 적의(敵意) 때문에 지름길임에도 이 길을 선택하지 않고 사마리아 변방을 돌아 갈릴리로 가는 먼 길을 택하는 것이 상례였습니다.

그렇지만 예수님께서는 굳이 사마리아의 도상을 우회하는 먼 길을 선택하실 이유가 없었습니다. 왜냐하면 적의(敵意)는 예수님의 본성에는 부합할 수 없는 우리 사람만의 심사이었기 때문이었습니다. 그 도상가운데 사마리아 수가에서 예수님께서는 야곱의 우물이라는 곳에서 한 사마리아 여인과 다음과 같은 대화를 나누셨습니다.

"사마리아 여자 한 사람이 물을 길으러 왔으매 예수께서 물을 좀 달라 하시니 사마리아 여자가 이르되 당신은 유대인으로서 어찌하여 사마리아 여자인 나에게 물을 달라 하나이까 하니 이는 유대인이 사마리아인과 상종하지 아니함이러라"

"예수께서 대답하여 이르시되 네가 만일 하나님의 선물과 또 네게 물 좀 달라 하는 이가 누구인 줄 알았더라면 네가 그에게 구하였을 것이요 그가 생수를 네게 주었으리라"

"여자가 이르되 주여 물 길을 그릇도 없고 이 우물은 깊은데 어디서 당신이 그 생수를 얻겠사옵나이까"

"예수께서 대답하여 이르시되 이 물을 마시는 자마다 다시 목마르려니와, 내가 주는 물을 마시는 자는 영원히 목마르지 아니하리니 내가 주는 물은 그 속에서 영생하도록 솟아나는 샘물이 되리라"(요 04:07-14)

당시 우물에서 물을 긷기 위해서는 그릇이 있어야 했습니다. 왜냐하면 옛날 우리처럼 공동두레박이 있었던 것이 아니고, 물을 사용하기 위해서는 저마다가 사용할 그릇을 반드시 지니고 있어야 했기 때문이었습니다. 그럼에도 불구하고 외딴 도상에서 허름하고 지쳐 보이는 한 청년이, 그것도 그릇도 지니지 않은 채, 유대인이 사마리아인에게 물을 달라 하고 있음에야, 그때 사마리아 여인은 이 같은 어처구니없는 예수님의 처사에 아연실색할 수밖에 없었을 것입니다.

예수님께서는 실상 우물물에는 관심이 없으셨습니다. 다만 사마리아 여인을 통해서 하나님께서 주시는, 곧 영원히 솟아나는 샘물을 가르치시기 위해 이처럼 그에게 다가가신 것이 아닐까 생각합니다. 그러기에 갈릴리까지의 먼 길이 아닌 지름길을 선택하신 것이라 봅니다.

당시의 정황을 고려하여 여기서 주목하여야 할 것은 그릇입니다. 예수님께서 일러주신 영생수를 담기 위해서는 우리 각자의 가슴속에 반드시 그릇이 있어야 할 것입니다. 그래야 예수님께서 말씀하신대로 영생수를 담을 수 있을 것이 아니겠습니까? 곧 예수님께 들려진바 되어 하나님의 선물로서 넘치는 영생수를 담기 위해서는 반드시 그릇이 필요하다는 말입니다. 이 그릇은 우리를 영원히 살릴 수 있는 도구가 될 수 있음은 물론이거니와 예수님을 모르는 사람들에게까지 예수님의 구원의 역사를 전할 수 있는 단초가 될 수 있고, 또한 이 험난한 세상을 지치는 중에 우리에게 참소망의 끈을 놓지 않을 수 있는 이유가 되기에 충분할 것입니다. 그때 사마리아 여인은 예수님께 다음과 같이 고백하였습니다. 우리의 고백 또한 이와 다르지 않기를 기대합니다.

"여자가 이르되 주여 그런 물을 내게 주사 목마르지도 않고 또 여기 물 길으러 오지도 않게 하옵소서 …"

"여자가 이르되 메시야 곧 그리스도라 하는 이가 오실 줄을 내가 아노니 그가 오시면 모든 것을 우리에게 알려 주시리이다 …"

"여자가 물동이를 버려두고 동네로 들어가서 사람들에게 이르되, 내가 행한 모든 일을 내게 말한 사람을 와서 보라 이는 그리스도가 아니냐 하니"

"여자의 말이 내가 행한 모든 것을 그가 내게 말하였다 증언하므로 그 동네 중에 많은 사마리아인이 예수를 믿는지라"(요 04:15-39)

세 번째는 다윗의 우물입니다. 본래 다윗의 고향은 베들레헴이었는데, 당시 베들레헴은 이스라엘의 영원한 숙적이었던 블레셋의 점령 하에 있었습니다. 이때 다윗은 아둘람 굴(The Cave of Adullam)에 숨어 지내며 블레셋과 대치하고 있었는데, 그는 한시도 고향에 대한 그리움과 향수를 잊지 않고 있었습니다. 얼마나 고향에 대한 그리움이 사무쳤는지는 성경의 기록을 통해서도 넉넉히 엿보아 알 수 있습니다.

> "그 때에 다윗은 산성에 있고 그 때에 블레셋 사람의 요새는 베들레헴에 있는지라. 다윗이 소원하여 이르되 베들레헴 성문 곁 우물물을 누가 내게 마시게 할까 하매"
>
> "세 용사가 블레셋 사람의 진영을 돌파하고 지나가서 베들레헴 성문 곁 우물물을 길어 가지고 다윗에게로 왔으나 다윗이 마시기를 기뻐하지 아니하고 그 물을 여호와께 부어 드리며 이르되"
>
> "여호와여 내가 나를 위하여 결단코 이런 일을 하지 아니하리이다 이는 목숨을 걸고 갔던 사람들의 피가 아니니이까 하고 마시기를 즐겨하지 아니하니라 세 용사가 이런 일을 행하였더라"(삼하 23:14-17)

모름지기 고향은 언제나 우리 가슴속에 잊히지 않는 안식처로서 한결같은 마음의 본향으로 자리잡고 있습니다. 이에 다윗도 예외가 아니었다고 봅니다. 살아있음에 늘 그립기만하고, 때마다 떠올려 볼수록 애틋한 정감이 살아 꿈틀대며, 언제고 찾아가 숨 쉬며 거닐고 싶은 그곳, 바로 고향이 아닐까 생각합니다.

그런데 여기서 우물을 우리 각자의 사람으로 치환하면 어떤 교훈이 아로새겨질 수 있을까요? 그 사람을 생각하면 기쁘기 한량없고, 때마다 만나고 보고 싶으며, 그 이름만으로도 누구에게나 자랑할 수 있고, 거친 삶의 질곡에서 편안한 안식처를 선사해 줄 수 있는 그런 사람이라면 마치 그토록 가보고 싶었던 다윗의 베들레헴처럼 그리고 그곳의 우물처럼 삶의 이유가 될 수 있지 않을까요? 필자는 이러한 삶의 이유를 가슴에 간직한 사람이 명분 있는 크리스천으로서 자랑스럽기 그지없는, 곧 우물과 같은 사랑 깃든 사람이라고 생각합니다.

"그러므로 너희가 기쁨으로 구원의 우물들에서 물을 길으리로다"(사 12:03)

이상의 3개의 우물을 신앙의 눈으로 조명하여 합체하면 다음과 같은 결론을 구할 수 있습니다. 곧 야곱의 우물은 신앙공동체로서 교회를 의미하고 있다고 봅니다. 크리스천 된 우리 서로서로가 신앙적 교통을 통해 저마다의 유익을 나누고 서로 격려하는 가운데 이 험악한 세상과 날마다 싸워 승리할 수 있는 영적 힘을 배가할 수 있고, 나아가 하나님의 영광과 그 사랑을 세상에 널리 전할 수 있는 근원으로서 우뚝 설 수 있는 그러한 교회 말입니다.

또한 수가의 우물은 하나님의 말씀으로 치환할 수 있습니다. 곧 영원히 죽을 수밖에 없는 우리를 위하여 예수님의 피로 대속해 주시고 이에 그 보혈의 공로를 가슴에 새길 수 있게끔 우리에게 영원히 목마르지 않는 영생수를 약속하고 계신 그 하나님의 말씀 말입니다.

나아가 다윗의 우물은 마땅히 우리의 본향으로서 천국을 의미한다고 할 것입니다. 날마다 그려보기에 꿈에 부풀고 기쁘기 한량없으며 우리의 자랑스러운 신앙의 선대들과 영원히 함께 할 수 있다는 생각에 날마다 가슴이 뛰고 감격스럽기 그지없는 저 천국 말입니다.

그렇다면 교회와 말씀과 천국은 이상의 우물들의 또 다른 이름이 될 수 있을 것입니다. '우물과 같은 교회', '우물과 같은 말씀', '우물과 같은 천국'과 같이 말입니다. 그러기에 교회에는 말씀이 충만하여야하고, 말씀은 저 천국에 그 기치를 두고 있어야하며, 천국은 우리교회와 말씀에 올곧게 담겨있다고도 말할 수 있습니다. 교회가 된 말씀과 천국, 말씀이 된 교회와 천국, 그리고 천국이 된 교회와 말씀, 이 모두는 우리가 이 땅위에 거하는 동안 우리 생명의 근원이 될 수 있습니다.

이러한 우물의 청지기가 이 땅의 우리 교회 목회자들이 되었으면 좋겠습니다. 아니 좋겠다는 것보다 마땅히 그렇게 되어야 한다고 생각합니다. 서로 퍼주기를 즐겨하고(말씀) 서로 나누기를 좋아하며(천국) 서로 이야기하기를 좋아하는(교회) 그런 자랑스러운 청기지 말입니다.

그럼에도 불구하고 자기만 마시고 뚜껑을 닫아둔다거나, 자기만 마시기 위하여 남을 괴롭게 한다거나, 자기만 알고 누리기 위해 두레박을 감추어 둔다면 그 청지기의 우물은 반드시 쉬이 바닥을 드러내고 이내 마르게 될 것입니다.

재론의 여지없이 지금 이 같은 우물은 이미 말라버린 상태라고 생각합니다. 교회의 사명도 말라버리고, 말씀에 기한 빛과 소금도 말라버리고, 우리의 눈물 또한 말라 버린 형편은 두 말할 것도 없다고 보아 저 천국은 눈에서 아련해져 가고만 있을 따름입니다.

세상은 갈급합니다. 항상 목말라 있습니다. 그러기에 항상 물고 뜯고 하는 경쟁에 시달리면서 그렇게 아귀다툼의 한 세월을 보내고 있는 실정입니다. 그들에게는 생명이 없습니다. 그 때문에 이 세상에서의 쾌락과 명예 그리고 재물에서 생명을 찾고자 합니다. 그것도 당대에 그치지 않고 후대들에게 대물림하고자 안타깝게 서로를 밟고 짓이기고 있는 실정입니다.

이 세상은 서로 퍼주기를 즐겨하면 도태되기 십상이라고 가르칩니다.

서로 나누기를 좋아하면 모자란 사람이라고 손가락질하기 일쑤입니다. 서로 이야기하기를 좋아하면 혹시나 하는 의심으로 짐짓 속내를 들여다보는 것이 다반사입니다. 은메달이나 동메달은 사람취급도 안합니다. 오직 금메달을 목에 걸은 사람의 후광에 함께 서고자 그렇게 온 정신과 노력을 집중하고 있습니다. 세상의 우물은 생명을 다한 지 이미 오래되었습니다. 이제는 한갓 창고로서 지위, 명예, 재물 등을 보관하는 용도로 바뀌어 버렸습니다. 그 귀한 우물의 물은 더 이상 찾아볼 수 없습니다. 그 어디에나 그저 달짝지근한 청량음료나 주스나 커피 등과 같은 중독성 있는 마실 것들만 산재해 있는 실정입니다.

만약 우리 목회자들이 이 같은 우물의 청지기라면 그 딱한 처지를 어떻게 이해해야 할까요? 언제고 마실 영생수이기에 이 땅에서 잠시 눈을 돌려 달짝지근한 청량음료만을 구하고 있다면 그 딱한 처지를 어떻게 이해해야 할까요?

지금은 새로운 우물을 팔 때입니다. 손에 피가 나도록 괭이를 움켜쥐고 속죄하는 마음으로 말입니다. 그도 죄가 관영하여 파도파도 물이 솟지 않는다면 우리의 눈물을 쏟아 부어서라도 그 우물을 채워야 할 때입니다. 눈물도 메말라 아무 소용이 없다면 피를 흘려서라도 채워야 할 것입니다. 왜냐하면 우물이 곧 우리의 생명이기 때문이고 나아가 교회고 말씀이고 천국이기 때문입니다. 다음의 질문에서 올곧은 해답을 찾을 수 있기를 기대합니다.

"어떤 관리가 물어 이르되 선한 선생님이여 내가 무엇을 하여야 영생을 얻으리이까"(눅 18:18)

칠언절구의 신앙고백

구약시대 하나님께서 이스라엘에게 주신 계명 가운데 제1계명은 “나 외에 다른 신들을 네게 두지 말라”는 것이었습니다. 곧 우상숭배(偶像崇拜)는 이스라엘이 하나님 앞에서 저지를 수 있는 죄 중에 가장 큰 것이었습니다. 그러고 보면 우리가 앞서 보았듯이 “지키라 그리하면 이루리라”는 것에서 “지키라”는 것의 핵심은 “다른 신들을 섬기지 말라”는 것으로 일괄할 수 있지 않을까 생각합니다.

그러나 이스라엘의 역사는 온통 제1계명을 지키지 않은 것으로 점철되어 있음을 우리는 잘 알고 있습니다. 이스라엘은 시나이광야에서나 가나안에서나 남북국시대에서나 끊임없이 제1계명을 어기는 가운데 그들의 삶을 지쳐갔습니다. 뿐만 아니라 바벨론 포로기 이후에도 이 같은 행사는 줄곧 이어져 마침내 이스라엘은 하나님 공의의 심판으로부터 더 이상 인류역사와 함께 하지 못한 채, 쓸쓸이 역사의 뒤안길로 사라지고야 마는 운명을 접합니다. 실로 비참하고도 개탄스러운 일이 아닐 수 없지만 이것이 그들의 운명이고 하나님의 계획이셨다고 보아 이 모습을 상고할 때마다 우리 또한 고개를 숙이지 않을 수 없습니다.

모두가 이스라엘의 한 중심에서 떠나지 않고 있었던 우상 때문이었습니다. 그 우상이 도대체 무엇이기에 이처럼 인류역사를 좌지우지 할 수 있었을까 싶게도 생각되지만, 그 우상은 지금도 어김없이 도도한 물결을 타고 인류역사와 함께 하고 있음을 생각할 때, 무척 두렵고 안타까운 마음 금할 길이 없습니다.

구약성경을 통틀어 헤아려보자니 '우상'이라고 하는 단어가 총 150번 정도 나타납니다. 모두가 하나님의 추상같은 말씀이었고, 모두가 준엄하고도 엄중한 선지자들의 경책과 경고였습니다. 그럼에도 불구하고 이스라엘은 이에 굴함이 없었습니다. 그렇지만 그들의 악한 심사가 우리의 심사였고 그들의 죄가 다름 아닌 우리의 죄였습니다.

죄가 죄 됨을 알게 되었을 때, 우리는 비로소 회개와 참회의 길에 들어서게 됩니다. 그때마다 통회하는 마음으로 되뇌어야 할 시조(時調)가 있다면 이보다 제격인 것을 찾아보기란 힘들 것입니다. 우리의 마땅한 신앙고백이 될 수 있기를 기대합니다.

此身死了死了	이 몸이 죽고 죽어
一百番更死了	일백 번 고쳐 죽어
白骨爲塵土	백골이 진토 되어
魂魄有也無	넋이라도 있고 없고
向主一片丹心	하나님을 향한 일편단심이야
寧有改理與之	가실 줄이 있으랴

(포은 정몽주, 1337-1392)

그런데 신약에 이르러서는 구약시대의 우상이라는 단어가 39개로 급격히 줄어든 모습을 보게 됩니다. 그것도 사도바울의 직설적 또는 은유적 표현에 그치고 있는 것이 전부이고 예수님께서는 단 한마디도 우상에 대한 말씀을 하고 계시지 않고 있음을 엿볼 수 있습니다.

그렇지만 예수님께서 가장 경계하고 계신 것이 하나 있기로 그것은 다름 아닌 재물(財物)입니다. 곧 재물을 우상과 다름없이 보아 그에 마음을 둔 우리로 하여금 경계케 하고 계신 것입니다. 이는 다음의 말씀이 증하고 있음을 봅니다.

"한 사람이 두 주인을 섬기지 못할 것이니 혹 이를 미워하고 저를 사랑하거나 혹 이를 중히 여기고 저를 경히 여김이라 너희가 하나님과 재물을 겸하여 섬기지 못하느니라"(마 06:24)

"가시떨기에 뿌려졌다는 것은 말씀을 들으나 세상의 염려와 재물의 유혹에 말씀이 막혀 결실하지 못하는 자요"(마 13:22)

"세상의 염려와 재물의 유혹과 기타 욕심이 들어와 말씀을 막아 결실하지 못하게 되는 자요"(막 04:19)

"예수께서 둘러보시고 제자들에게 이르시되 재물이 있는 자는 하나님의 나라에 들어가기가 심히 어렵도다 하시니"(막 10:23)

"가시떨기에 떨어졌다는 것은 말씀을 들은 자이나 지내는 중 이생의 염려와 재물과 향락에 기운이 막혀 온전히 결실하지 못하는 자요"(눅 08:14)

"자기를 위하여 재물을 쌓아 두고 하나님께 대하여 부요하지 못한 자가 이와 같으니라"(눅 12:21)

"집 하인이 두 주인을 섬길 수 없나니 혹 이를 미워하고 저를 사랑하거나 혹 이를 중히 여기고 저를 경히 여길 것임이니라 너희는 하나님과 재물을

겸하여 섬길 수 없느니라"(눅 16:13)

"예수께서 그를 보시고 이르시되 재물이 있는 자는 하나님의 나라에 들어가기가 얼마나 어려운지"(눅 18:24)

오늘날 우리에게 재물은 어쩌면 우리의 역사를 이스라엘처럼 사라지게 할 수 있는 또 다른 우상이 될 수 있을 것입니다. 그렇다면 이 시대에 우상은 우상 그 자체는 물론이거니와 재물 또한 매한가지로 취급할 수 있을 것입니다. 바로보기에 구약시대보다 하나의 우상이 더 생겨나게 된 셈입니다.

다시금 되짚어 두기에 죄가 죄 됨을 알게 되었을 때, 우리는 비로소 회개와 참회의 길에 들어서게 됩니다. 그때마다 통회하는 마음으로 되뇌어야 할 칠언절구(七言絶句)가 있다면 이보다 제격인 것을 찾아보기란 힘들 것입니다. 필자 또한 우리 모두의 마땅한 신앙고백이 될 수 있기를 기대합니다. 이 책의 결론에 붙입니다.

空手濯心仰日明　빈손으로 마음을 씻고 밝은 해를 우러르니
苦難不念平安生　고난이면 어떠하리 이 또한 내 평안이라
天主知愛艱難事　하나님의 지극하신 사랑을 내 어찌 헤아릴 수 있을까마는
基督信中胡願榮　예수님이 이 믿음 안에 있기로 내 어찌 영화를 바라랴

(심 종 석)

지금까지 우리는 『목사님, 우리 같이 술 한 잔 하실래요?』라는 제목하에서 오늘날 위기의 한국교회와 크리스천의 영성회복을 위한 참회의

술(述)을 나누어 보았습니다. 그 술의 정체는 아닌 게 아니라 실로 개탄스럽기 그지없고 가슴을 칠 수밖에 없는 참담함 그 자체였다고 할 것입니다.

무엇 때문에 세상으로부터 이 같은 조소와 지탄을 면치 못하고 있는 실정인가 하는 원인규명도 중요하겠지만 그보다는 앞으로 이 세상 앞에 어떻게 크리스천으로서의 사명을 올곧게 감당하여야 할 것인가에 대한 새로운 다짐과 마음가짐이 보다 중요할 것으로 생각합니다.

세상의 지혜와 지식은 우리 신앙인이 감당할 수 없을 만큼 폭과 깊이가 넓고 깊습니다. 그 세(勢) 또한 대양(大洋)과도 같이 감히 근접할 수 없을 만큼 도도하고 장엄하기만 합니다. 크리스천의 지혜와 지식이라고 해봐야 고작 깊은 산 그것도 심심산중의 한갓 개울에 불과할 따름입니다.

우리는 지금까지 세상의 그늘을 안식처로 두고 있었습니다. 쉴만한 푸른 초장에서 넉넉한 쉼을 찾아 헤매고 있었다기보다, 숨 막히는 고층빌딩의 숲속에서 번뜩이는 네온사인을 벗 삼아 그렇게 숨 가쁘게 생활했던 것 같습니다. 그렇지만 그곳 어디에서도 우리는 평안함을 찾지는 못했습니다.

그곳 세상은 무척 시끄럽고 소란하며 정신이 없었습니다. 그럼에도 불구하고 우리는 거기서 목청을 돋우기만 했습니다. 시끄럽고 소란하며 정신없었던 세상이 우리에게 눈을 돌려 우리를 바라볼 수 있게끔 하는데 목적이 있었기 때문이었습니다. 그렇지만 세상은 그렇게 녹록하지가 않았습니다. 왜냐하면 세상의 지혜와 지식은 우리 신앙인이 감당할 수 없을 만큼 폭과 깊이가 넓고 깊었기 때문이었습니다.

세상에는 밤낮이 따로 없었습니다. 왜냐하면 어디에도 쉴만한 곳이 없었기 때문입니다. 그러기에 날이면 날마다 우리는 깊은 잠을 청할 수가 없었습니다. 그러기에 항상 피곤하였고 때로는 지쳐 쓰러지기도

했습니다. 그 와중에도 우리는 쉴 곳을 찾기에 급급했습니다. 쉴만한 물가와 푸른 초장이 이 세상 어딘가에는 반드시 숨겨져 있을 것이라는 뜻 모를 확신 때문이었습니다.

그러기에 세상은 우리와 친구가 될 수밖에 없었습니다. 그런데 어느 때는 잠시잠깐 한때의 쾌락이 있었습니다. 그 쾌락이 우리가 그토록 찾아 헤매던 평안은 아니었지만 그도 그 속에서 일말의 달콤한 휴식을 찾을 수 있었습니다. 자주 찾아온 쾌락은 아니었다고 해도 그 달콤함은 이루 말할 수 없었습니다.

심심산중을 헤매며 비록 개울이나마 쉴만한 물가와 그늘을 찾아가는 것보다도 가까운 곳에서 때마다 찾아오는 일시의 쾌락으로 이를 대신하는 것이 보다 편하고 손쉬운 방법일 수 있었기 때문입니다. 그렇지만 우리는 세상의 한때 쾌락을 찾기 위해서 때로 우리 자신을 숨겨야만 했습니다. 보다 정확히는 스스로를 속여야만 했습니다.

한때나마 온몸에 생채기를 마다하지 않고 찾아간 그 개울은 더없이 맑고도 투명했을 뿐만 아니라 시원함이 그 어디에 비할 수 없었습니다. 물맛 또한 마찬가지였습니다. 온몸을 상쾌하게 하고 기쁘게 하며 창공을 나는 새처럼 기분 또한 날아갈 듯 했습니다.

우리는 분명히 알고 있었습니다. 개울이 강물이 되고 강물이 모여 바다를 이루는 자연의 이치를 말입니다. 그렇지만 이곳저곳의 생채기는 자연의 치유보다는 세상의 치유를 보다 간절히 원하고 있었습니다. 왜냐하면 빠르고 흉터도 남지 않았기 때문입니다. 생채기가 아물고 아문 것이 또 생채기가 되며 그렇게 쉬지 않고 개울을 찾다보면 어느새 피부에도 탄력이 있게 되고 내성이 붙어 그 어떠한 생채기에도 쉽게 괴로워하지 않을 것임을 넉넉히 알고는 있었지만 그보다는 아예 생채기를 잊는 것이 보다 편했습니다.

그러기에 우리는 힘든 등산보다도 안락의자에 머무는 시간이 더 많았고, 개울의 청량함보다도 사우나의 욕탕에 몸을 담그는 횟수가 더 많았고, 하산 길에서 취한 산나물과 열매 그리고 푸성귀보다도 육식을 탐닉하는 횟수가 보다 늘어갔습니다. 몸은 점점 병들고 죽어가고 있다는 사실을 모르는 바 아니었지만 그래도 편하게 늘어지는 것에 마음을 두었습니다.

세상은 너무도 빠르게 변했습니다. 오늘의 새것이 내일의 헌것이 되고 내일의 새것이 모레에 헌 것이 되었습니다. 오늘의 새것이 모레에는 더 할 수없는 불편이 되었습니다. 그러기에 우리는 항시 바꿔가야만 했습니다. 그렇지만 불편에서 벗어나기 위해서는 대가를 톡톡히 치러야 했습니다. 우리의 땀으로는 좇아갈 수가 없었습니다. 마치 뱁새가 황새 따라가다가 가랑이가 찢어질 요량이었던 까닭에 우리는 그때마다 또 우리 자신을 속여야만 했습니다.

우리의 친구가 된 세상은 우리에게 때마다 술(酒)을 권하였습니다. 끽연(喫煙)은 물론 유흥과 향락을 강요하기도 했습니다. 그렇지만 때마다 우리는 이를 단호히 거절하였습니다. 그 이유는 우리 자신도 모를 일이었습니다. 그때마다 세상은 우리를 향하여 손가락질을 서슴지 않았습니다. 왜냐하면 세상보다 우리가 더 풍요로웠고 넉넉했으며 모든 것이 넘쳐있었기 때문입니다.

세상은 점점 우리에게서 멀어져만 갔습니다. 세상이 멀어지면 멀어질수록 우리는 그 뒤를 좇아 더 빠르게 움직일 수밖에 없었습니다. 붙잡으면 멀어지고 앞서가면 어느새 뒤쳐져 있고 수십 수백 번을 그렇게 돌고 돌다보니 세상은 우리를 뿌리치고 저 멀리 요원한 곳에 터 잡고 있었습니다. 목 놓아 불러도 대답이 없었습니다. 그저 돌아오는 것은 아무짝에도 쓸모없는 공허한 메아리뿐이었습니다.

이제 세상은 우리를 적으로 두고 있습니다. 너무도 가진 것이 많고, 항상 너스레만 떨어대고, 꼴 같지 않은 거드름은 양반 수염보다도 더 길고, 어느새 커진 목소리는 세상의 귀를 막게 하고, 때로는 하늘을 찌르는 위세에 세상 누구나 길을 막고 바보취급하기 십상이고 이 때문에 우리는 이미 세상의 적이 되어버리고야 말았습니다.

그렇다면 이제 수습만이 남아 있을 따름입니다. 어떻게 해야 할까요? 어떻게 해야 이 세상을 감싸 안아 그들을 심심산중 실개울과 푸른 초장으로 이끌어 그 넉넉하고도 풍요로운 평안함을 보여주어야 할까요? 그것도 영원할 수 있는 그 평안함 말입니다.

외람되나마 필자의 생각으로는 무엇보다도 피를 토하는 처절한 회개와 참회가 있어야 할 것입니다. 하나님께는 물론이거니와 이 세상 앞에도 그간의 죄를 낱낱이 고하여야 할 것입니다. 앞으로 다시는 이런 일이 없을 것이라는 허울 좋은 말을 앞세워서는 곤란하고 예수님처럼 그렇게 십자가에 달려 죽을 수 있는 기회를 허락해 달라고 그렇게 하나님의 공의 앞에 무릎 꿇고 구하여야 할 것입니다. 왜냐하면 죽고자 하는 것이 사는 것이고 그래야만 용서를 받을 수 있기 때문입니다.

용서는 반드시 대가가 필요합니다. 그냥 싸안고 지난 것을 없애주는 것이 용서가 아님을 추상같이 바로 알아야 할 것입니다. 용서에는 피흘림이 있어야 합니다. 예수님께서도 우리의 죄를 그냥 말 한마디로 용서해 주실 수 있었다면 그토록 십자가에서의 고난은 피하셨을 것입니다. 그럼에도 불구하고 십자가의 고난을 피하지 않으셨던 것은 모두가 우리의 죄에 대한 대가가 필요했기 때문입니다. 그것이 용서입니다. 그것이 곧 사랑인 것입니다. 용서는 사랑과 피를 나눈 형제입니다. 십자가의 막대가 두 개인 것은 용서와 사랑 때문이라고 생각합니다.

그렇지만 용서의 대가로서 피흘림에 대한 고통은 이루 말할 수 없을 것입니다. 예수님께서도 더 할 수 없는 괴로움에 하나님께 호소하셨던 것을 보면 그 고통은 그렇게 가벼운 것이 아닐 것입니다. 차라리 '죽으면 죽었지'라는 우리식대로의 표현이 이에 걸맞은 말이라고 할 것입니다.

회개와 참회는 일시에 끝나는 것은 아닙니다. 우리의 죄는 평생을 갚아도 이를 되물릴 수 없을 정도로 태산과도 같은 것이기에 이것은 이 땅위에서 우리의 호흡이 다하는 그날까지 변함없이 지속되어야 할 것입니다. 개울이 일시에 바다가 되는 것은 아닙니다. 그 깨끗한 물이 바다에 차고 넘칠 때까지 우리의 회개와 참회는 올곧게 지속되어야 할 것입니다.

두 무릎을 꿇은 용서의 자리에 결단코 시끄럽거나 소란한 것이 개입해서는 안 될 것입니다. 오로지 그곳은 바다를 이룬 눈물만이 자리 잡고 있어야 합니다. 그 땀 또한 핏방울이 되어야 할 것입니다. 예수님의 발자취를 따르는 것은 이처럼 고단하고 힘든 것입니다.

이후로 『목사님, 우리 같이 술 한 잔 하실래요?』라는 식의 책이 또다시 이 세상 앞에 내비춰지지 않기를 소원합니다. 지금까지 그 누구도 말할 수 없었던 아픈 고백이 이것으로 대단원의 막을 내릴 수 있기를 소원합니다. 하나님의 영광을 노래하고 하나님의 성호를 찬양할 수 있는 그래서 하나님 앞에서나 이 세상 앞에서 자랑스럽기 그지없는 그런 빛나고 영광스러운 책다운 책이 우리의 신앙고백과 함께 이 땅에 선을 보일 수 있게 되기를 기대합니다.

이 모든 소원과 기대가 꼿꼿한 신앙의 선비로서 그리고 혈전의 선대로서 자랑스러운 우리 목회자의 '남겨진 몫'이 될 수 있었으면 하는 기대를 끝으로 『목사님, 우리 같이 술 한 잔 하실래요?』라는 책의 붓을 겸손히 분질러 꺾어둡니다. 금명간에 그토록 우리의 소원에 두고 있었던 저 천국에서 다시 뵐 수 있는 날을 또 다른 소원으로 가슴에 새겨둡니다.